MIDNIGHT MONOLOGUE

JYANOME

contents

Midnight Monologue

VON JYANOME

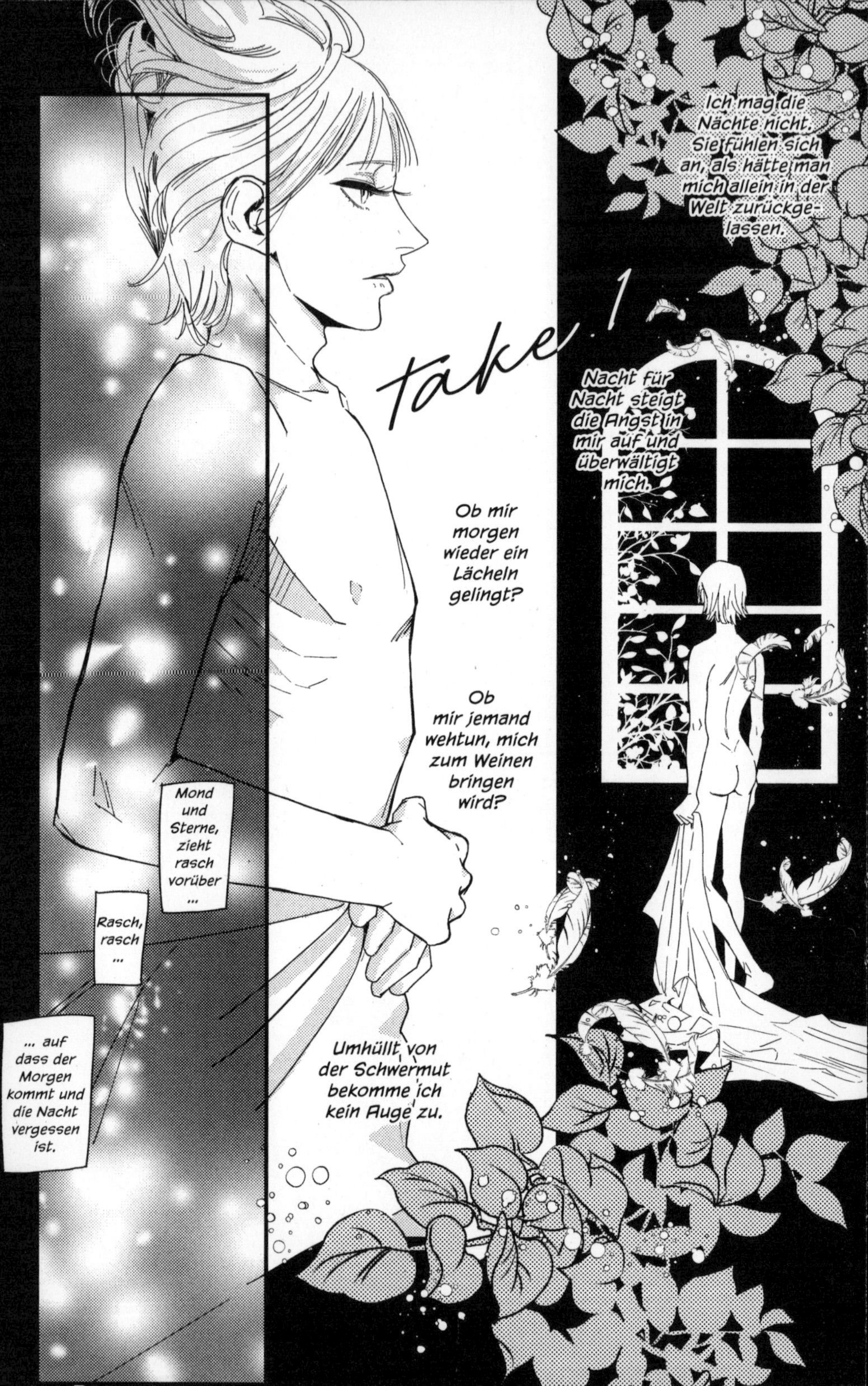
Ich mag die Nächte nicht. Sie fühlen sich an, als hätte man mich allein in der Welt zurückgelassen.
Take 1
Nacht für Nacht steigt die Angst in mir auf und überwältigt mich.
Ob mir morgen wieder ein Lächeln gelingt?
Ob mir jemand wehtun, mich zum Weinen bringen wird?
Umhüllt von der Schwermut bekomme ich kein Auge zu.
Mond und Sterne, zieht rasch vorüber ...
Rasch, rasch ...
... auf dass der Morgen kommt und die Nacht vergessen ist.

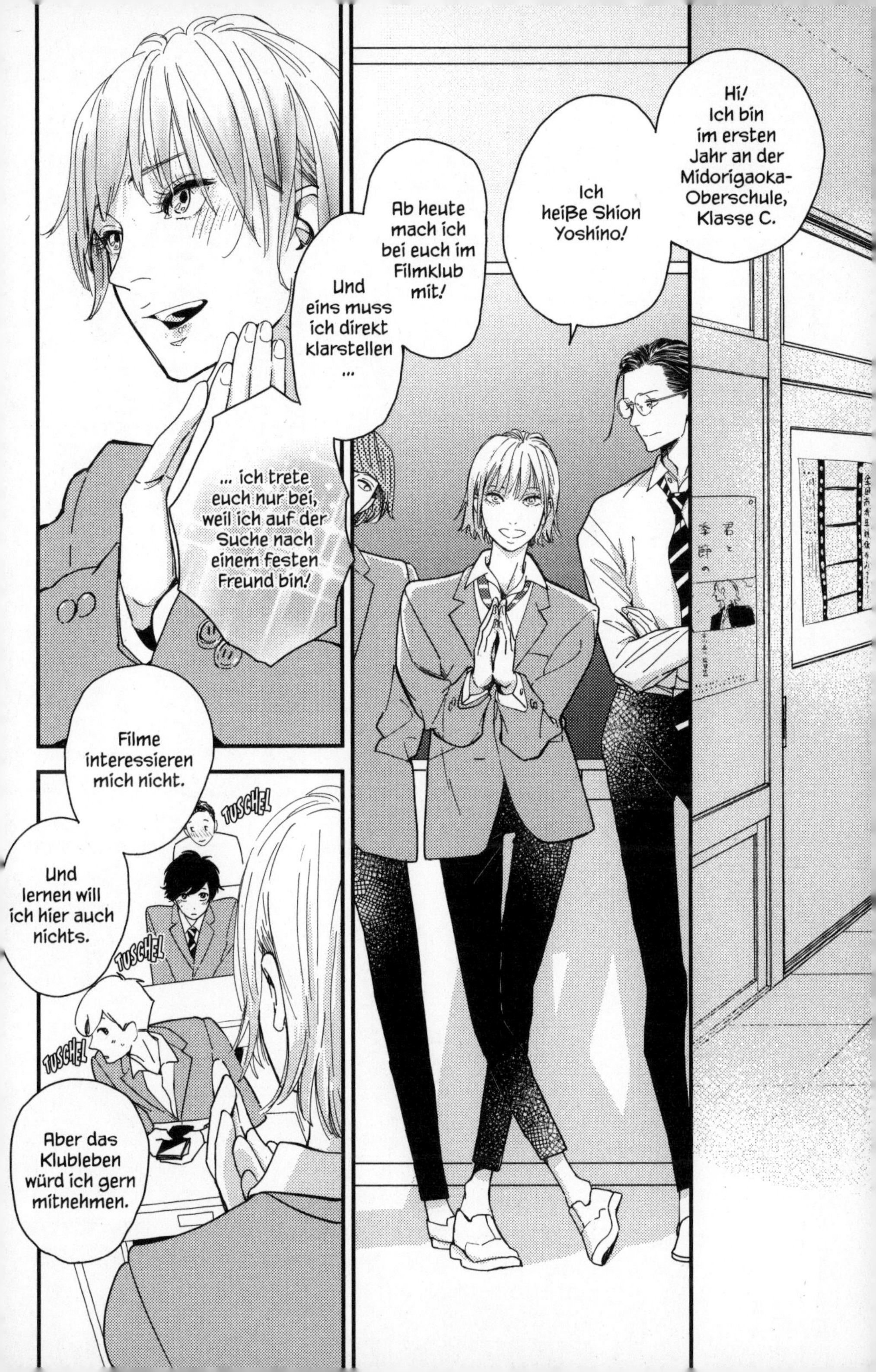
Hi! Ich bin im ersten Jahr an der Midorigaoka-Oberschule, Klasse C.
Ich heiße Shion Yoshino!
Ab heute mach ich bei euch im Filmklub mit!
Und eins muss ich direkt klarstellen ...
... ich trete euch nur bei, weil ich auf der Suche nach einem festen Freund bin!
Filme interessieren mich nicht.
TUSCHEL
Und lernen will ich hier auch nichts.
TUSCHEL
TUSCHEL
Aber das Klubleben würd ich gern mitnehmen.

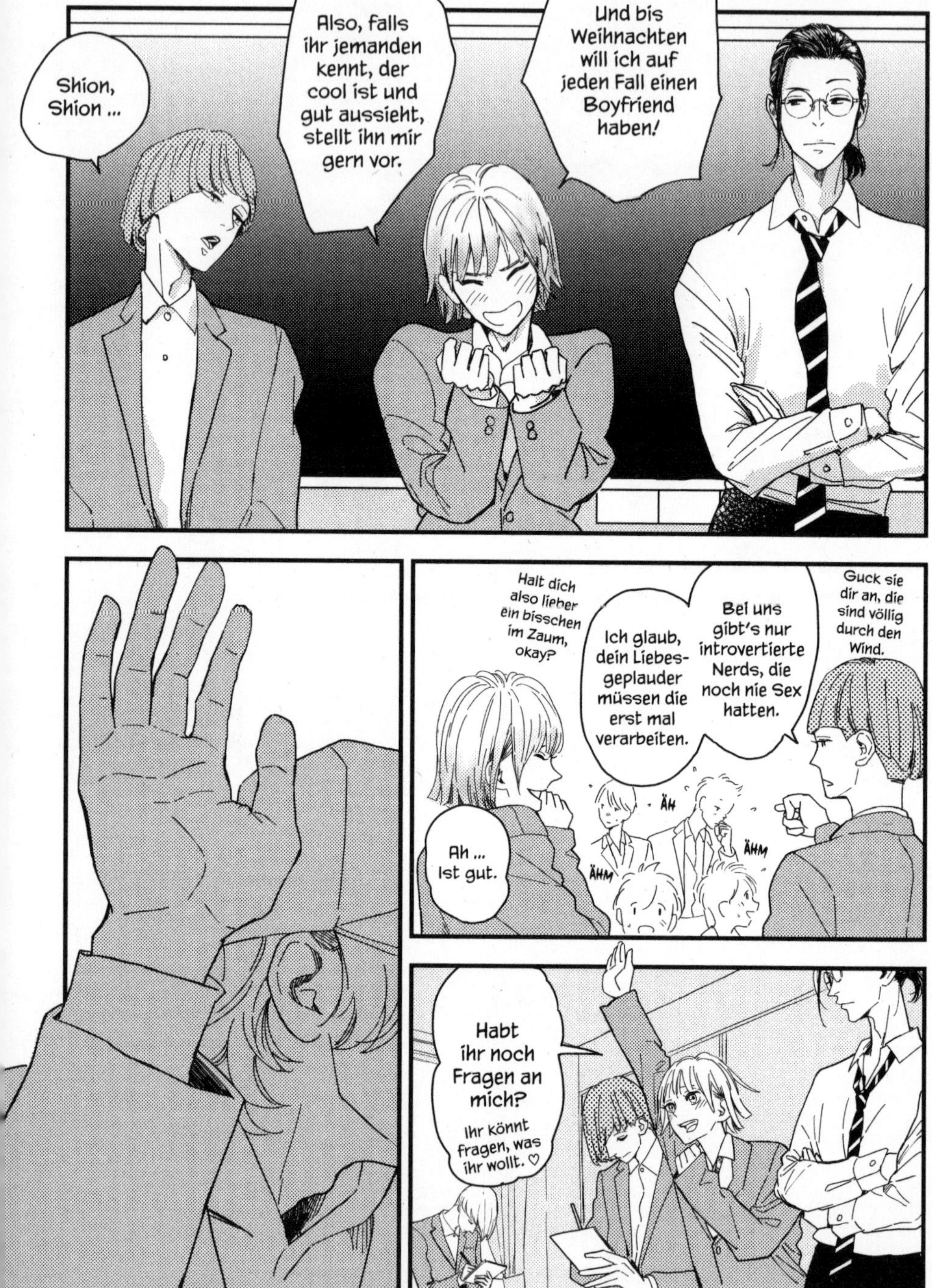
Und bis Weihnachten will ich auf jeden Fall einen Boyfriend haben!
Also, falls ihr jemanden kennt, der cool ist und gut aussieht, stellt ihn mir gern vor.
Shion, Shion ...
Guck sie dir an, die sind völlig durch den Wind.
Bei uns gibt's nur introvertierte Nerds, die noch nie Sex hatten.
Ich glaub, dein Liebesgeplauder müssen die erst mal verarbeiten.
Halt dich also lieber ein bisschen im Zaum, okay?
ÄH
ÄHM
ÄHM
Ah ... Ist gut.
Habt ihr noch Fragen an mich?
Ihr könnt fragen, was ihr wollt. ♡

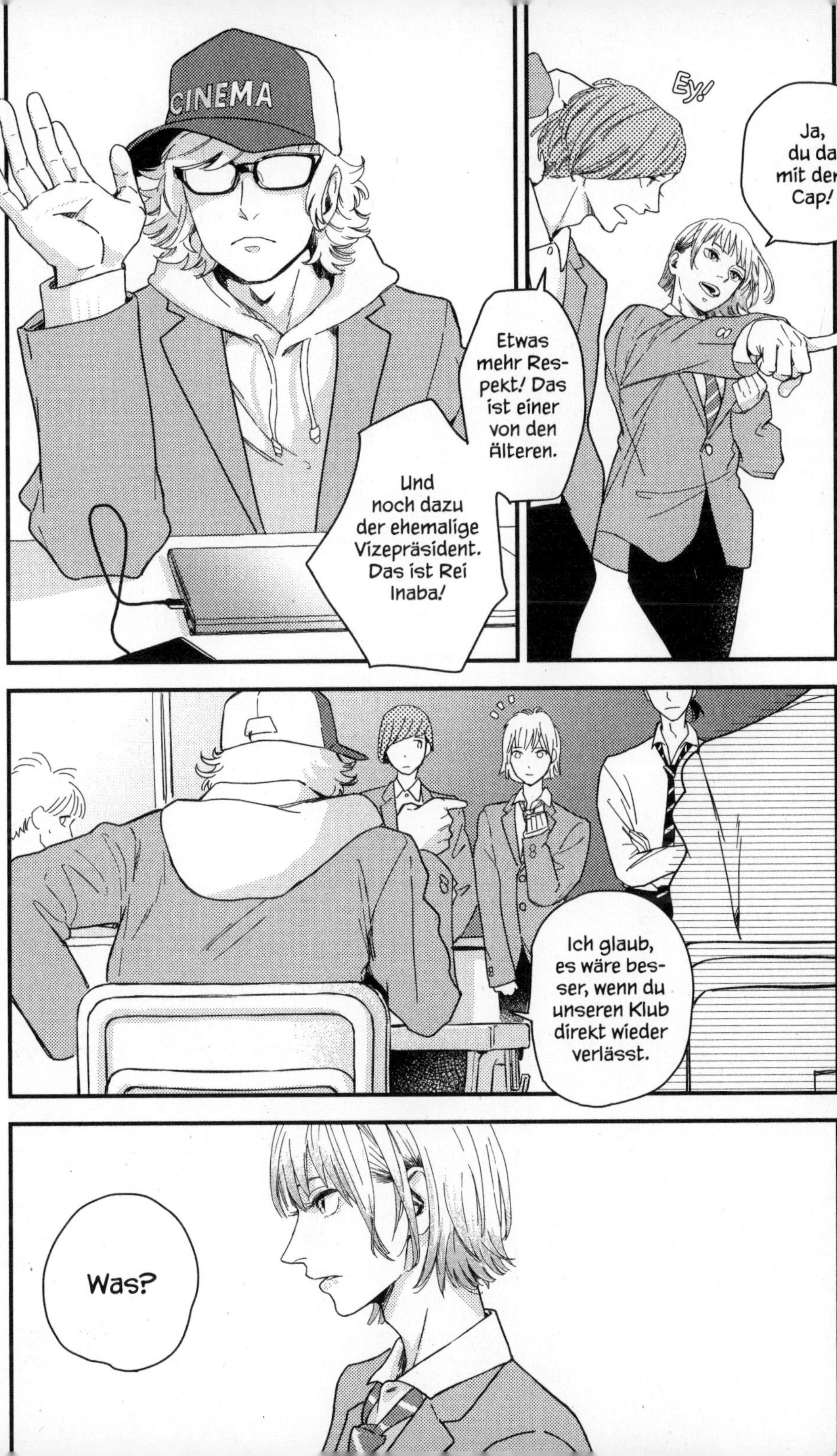
Ey!
Ja, du da mit dem Cap!
Etwas mehr Res-pekt! Das ist einer von den Älteren.
Und noch dazu der ehemalige Vizepräsident. Das ist Rei Inaba!
Ich glaub, es wäre bes-ser, wenn du unseren Klub direkt wieder verlässt.
Was?

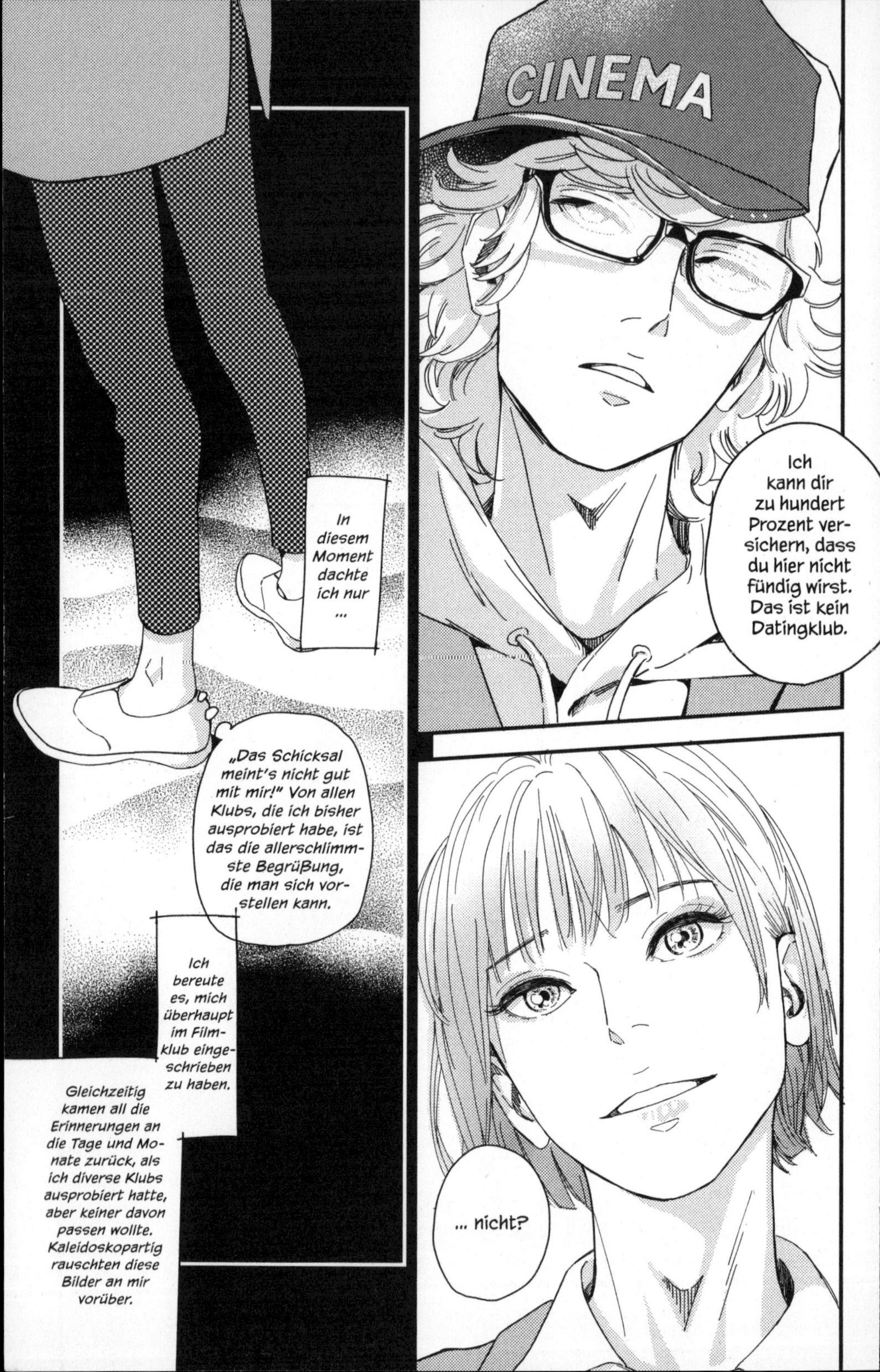
CINEMA
Ich kann dir zu hundert Prozent versichern, dass du hier nicht fündig wirst. Das ist kein Datingklub.
... nicht?
In diesem Moment dachte ich nur ...
„Das Schicksal meint's nicht gut mit mir!" Von allen Klubs, die ich bisher ausprobiert habe, ist das die allerschlimmste Begrüßung, die man sich vorstellen kann.
Ich bereute es, mich überhaupt im Filmklub eingeschrieben zu haben.
Gleichzeitig kamen all die Erinnerungen an die Tage und Monate zurück, als ich diverse Klubs ausprobiert hatte, aber keiner davon passen wollte. Kaleidoskopartig rauschten diese Bilder an mir vorüber.

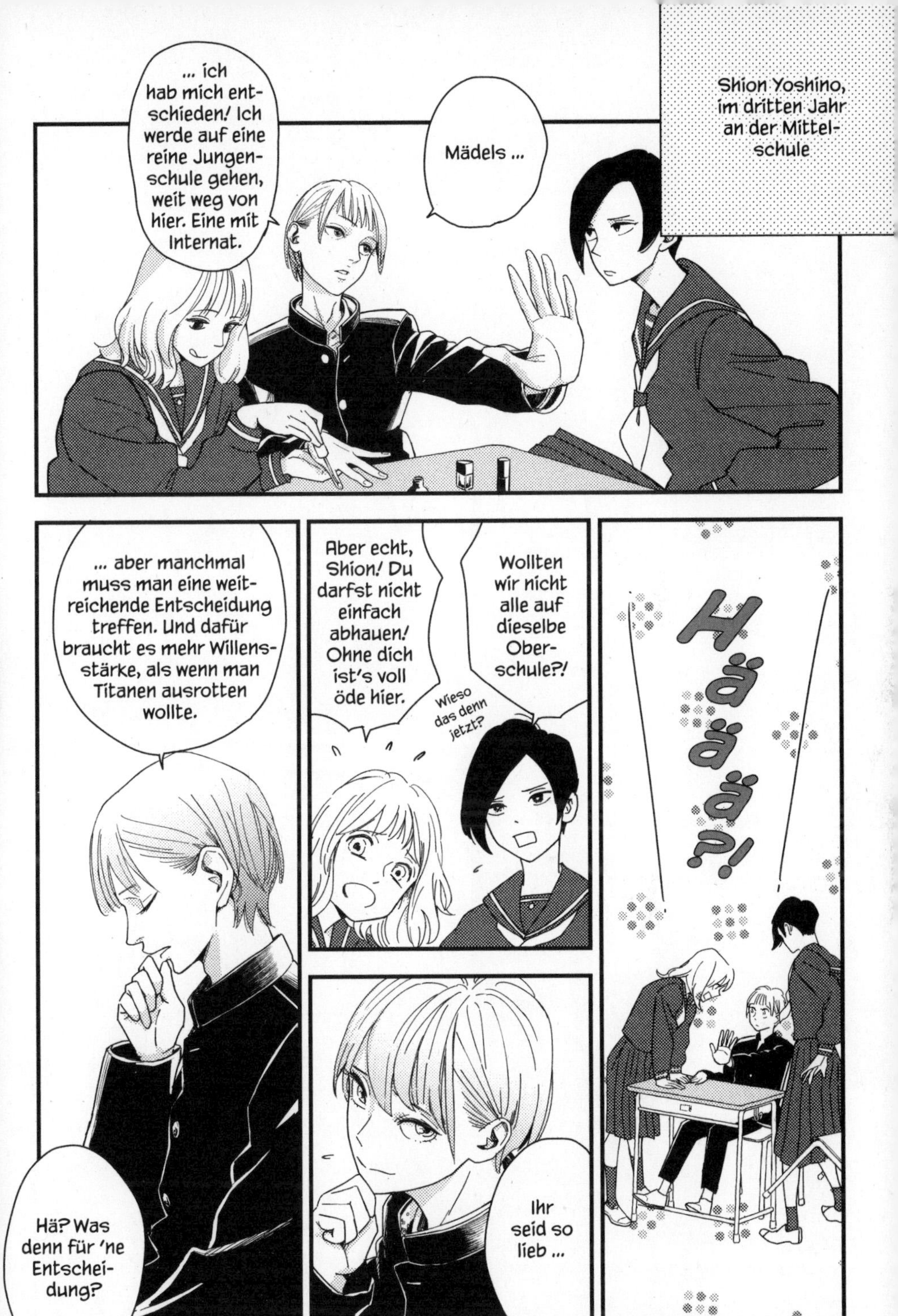
Shion Yoshino, im dritten Jahr an der Mittelschule
Mädels ...
... ich hab mich entschieden! Ich werde auf eine reine Jungenschule gehen, weit weg von hier. Eine mit Internat.
Hääää?!
Wollten wir nicht alle auf dieselbe Oberschule?!
Wieso das denn jetzt?
Aber echt, Shion! Du darfst nicht einfach abhauen! Ohne dich ist's voll öde hier.
Ihr seid so lieb ...
Hä? Was denn für 'ne Entscheidung?
... aber manchmal muss man eine weitreichende Entscheidung treffen. Und dafür braucht es mehr Willensstärke, als wenn man Titanen ausrotten wollte.

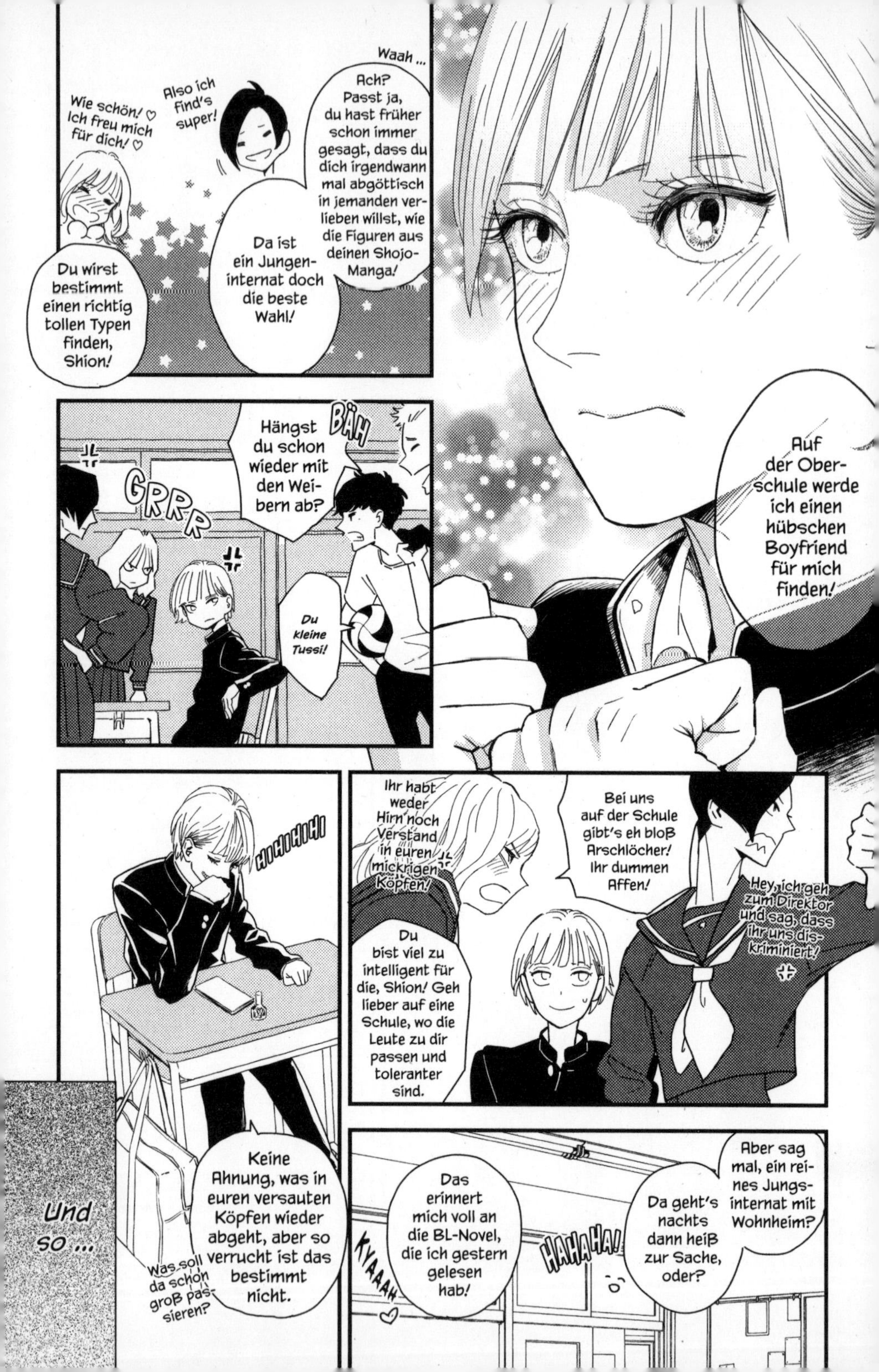

Auf der Oberschule werde ich einen hübschen Boyfriend für mich finden!
Waah ...
Ach? Passt ja, du hast früher schon immer gesagt, dass du dich irgendwann mal abgöttisch in jemanden verlieben willst, wie die Figuren aus deinen Shojo-Manga!
Also ich find's super!
Wie schön! ♡ Ich freu mich für dich! ♡
Da ist ein Jungeninternat doch die beste Wahl!
Du wirst bestimmt einen richtig tollen Typen finden, Shion!
BÄH
Hängst du schon wieder mit den Weibern ab?
GRRR
Du kleine Tussi!
Bei uns auf der Schule gibt's eh bloß Arschlöcher! Ihr dummen Affen!
Ihr habt weder Hirn noch Verstand in euren mickrigen Köpfen!
Hey, ich geh zum Direktor und sag, dass ihr uns diskriminiert!
Du bist viel zu intelligent für die, Shion! Geh lieber auf eine Schule, wo die Leute zu dir passen und toleranter sind.
HIHIHIHI
Aber sag mal, ein reines Jungsinternat mit Wohnheim?
Da geht's nachts dann heiß zur Sache, oder?
HAHAHA!
Das erinnert mich voll an die BL-Novel, die ich gestern gelesen hab!
KYAAAH ♡
Keine Ahnung, was in euren versauten Köpfen wieder abgeht, aber so verrucht ist das bestimmt nicht.
Was soll da schon groß passieren?
Und so ...

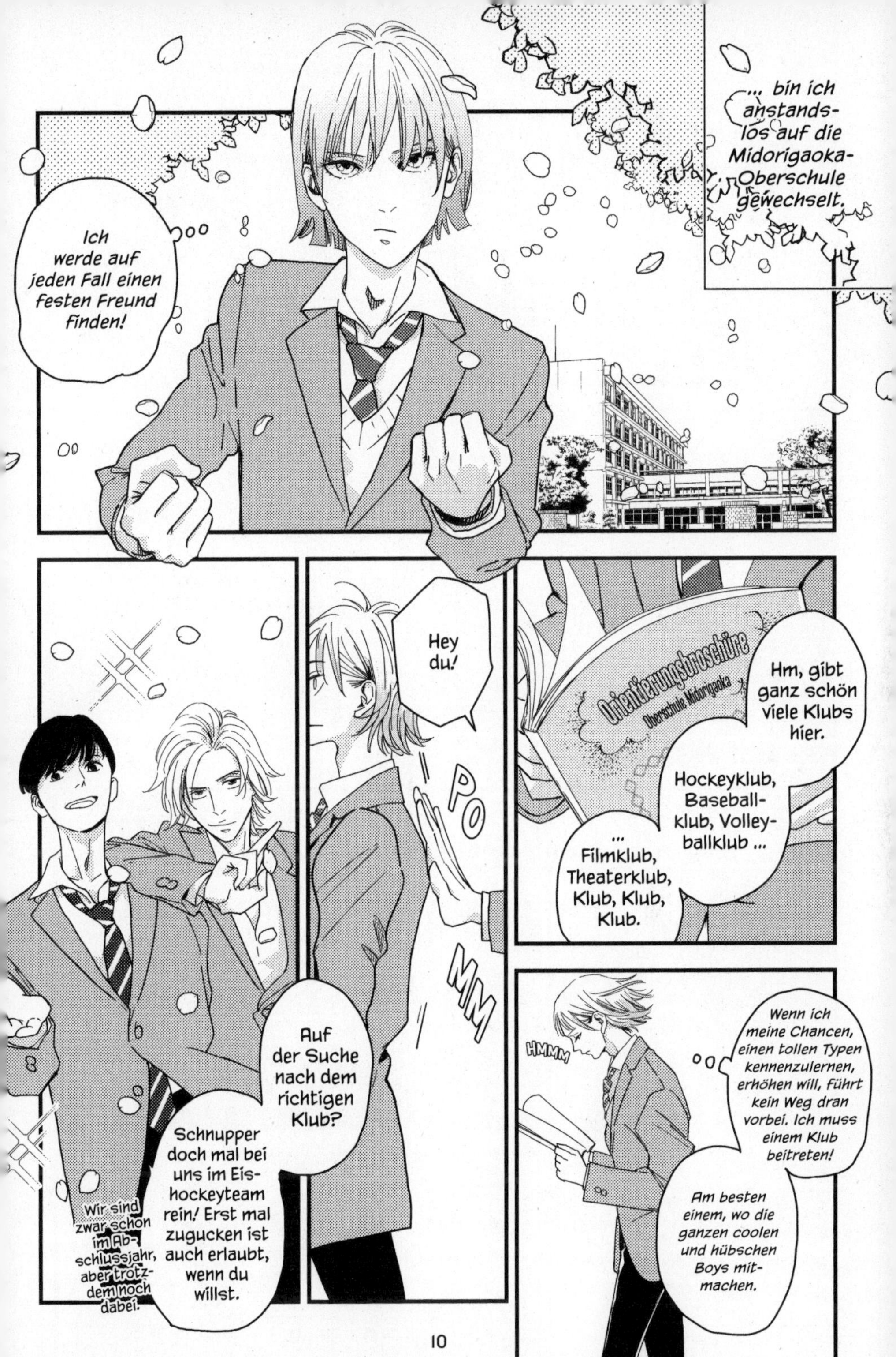

... bin ich anstandslos auf die Midorigaoka-Oberschule gewechselt.
Ich werde auf jeden Fall einen festen Freund finden!
Hey du!
POMM
Auf der Suche nach dem richtigen Klub?
Schnupper doch mal bei uns im Eishockeyteam rein! Erst mal zugucken ist auch erlaubt, wenn du willst.
Wir sind zwar schon im Abschlussjahr, aber trotzdem noch dabei.
Orientierungsbroschüre
Oberschule Midorigaoka
Hm, gibt ganz schön viele Klubs hier.
Hockeyklub, Baseballklub, Volleyballklub ...
... Filmklub, Theaterklub, Klub, Klub, Klub.
HMMM
Wenn ich meine Chancen, einen tollen Typen kennenzulernen, erhöhen will, führt kein Weg dran vorbei. Ich muss einem Klub beitreten!
Am besten einem, wo die ganzen coolen und hübschen Boys mitmachen.

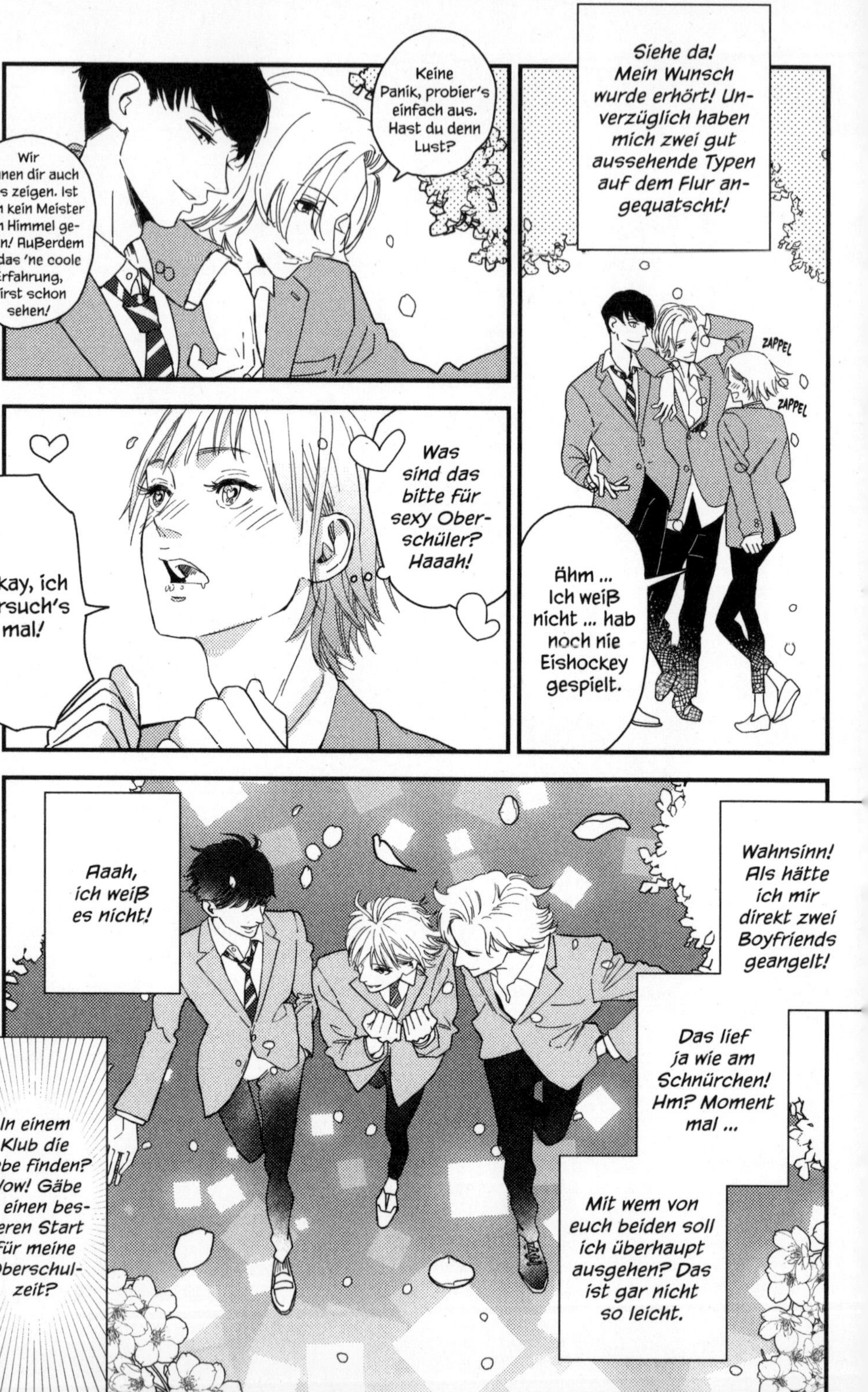

Siehe da! Mein Wunsch wurde erhört! Unverzüglich haben mich zwei gut aussehende Typen auf dem Flur angequatscht!
ZAPPEL
ZAPPEL
Ähm ... Ich weiß nicht ... hab noch nie Eishockey gespielt.
Keine Panik, probier's einfach aus. Hast du denn Lust?
Wir können dir auch alles zeigen. Ist noch kein Meister vom Himmel gefallen! Außerdem ist das 'ne coole Erfahrung, wirst schon sehen!
Was sind das bitte für sexy Oberschüler? Haaah!
Okay, ich versuch's mal!
Wahnsinn! Als hätte ich mir direkt zwei Boyfriends geangelt!
Aaah, ich weiß es nicht!
Das lief ja wie am Schnürchen! Hm? Moment mal ...
Mit wem von euch beiden soll ich überhaupt ausgehen? Das ist gar nicht so leicht.
In einem Klub die Liebe finden? Wow! Gäbe es einen besseren Start für meine Oberschulzeit?

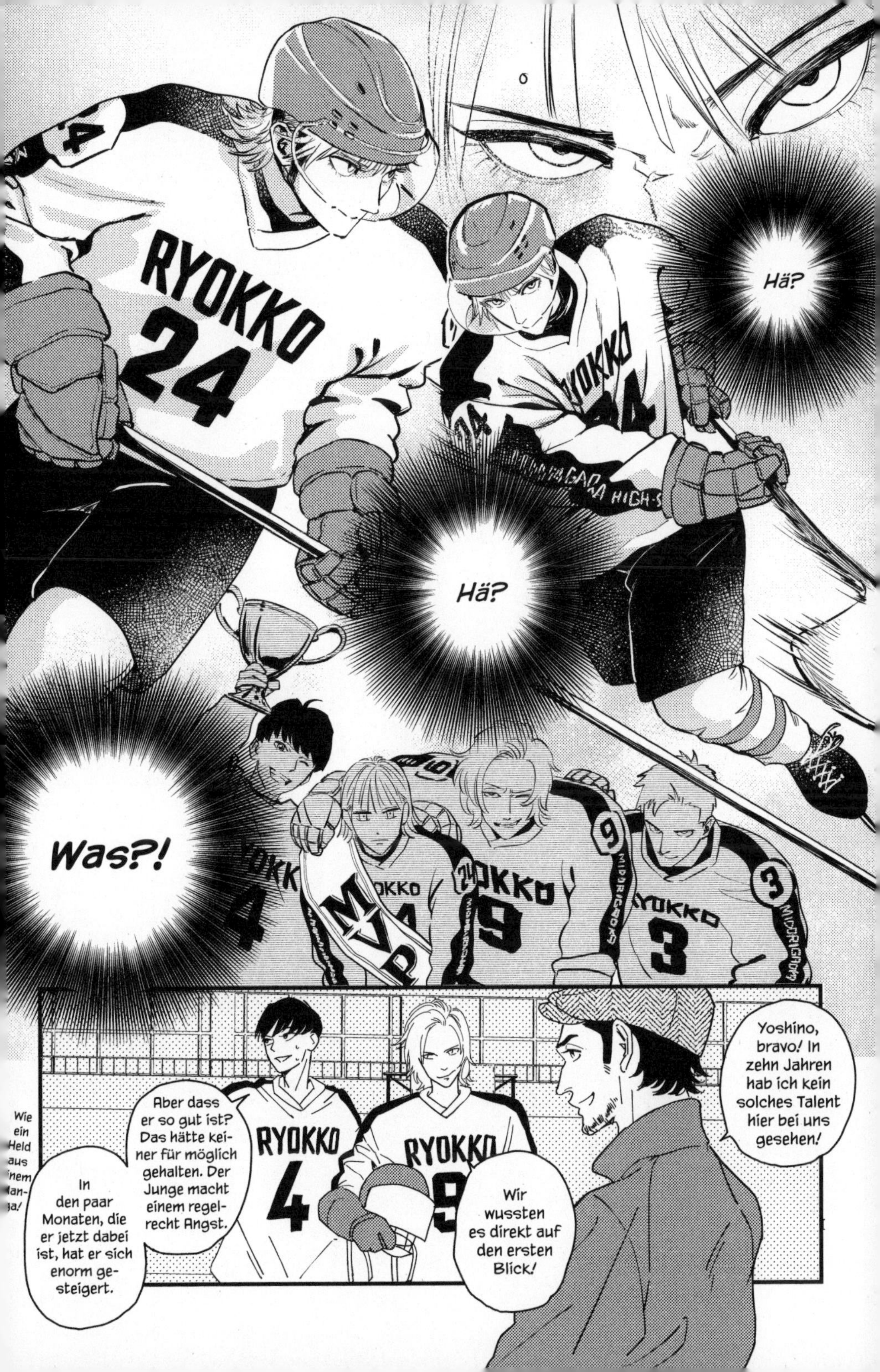
Hä?
Hä?
Was?!
Yoshino, bravo! In zehn Jahren hab ich kein solches Talent hier bei uns gesehen!
Wir wussten es direkt auf den ersten Blick!
Aber dass er so gut ist? Das hätte keiner für möglich gehalten. Der Junge macht einem regelrecht Angst.
In den paar Monaten, die er jetzt dabei ist, hat er sich enorm gesteigert.
Wie ein Held aus

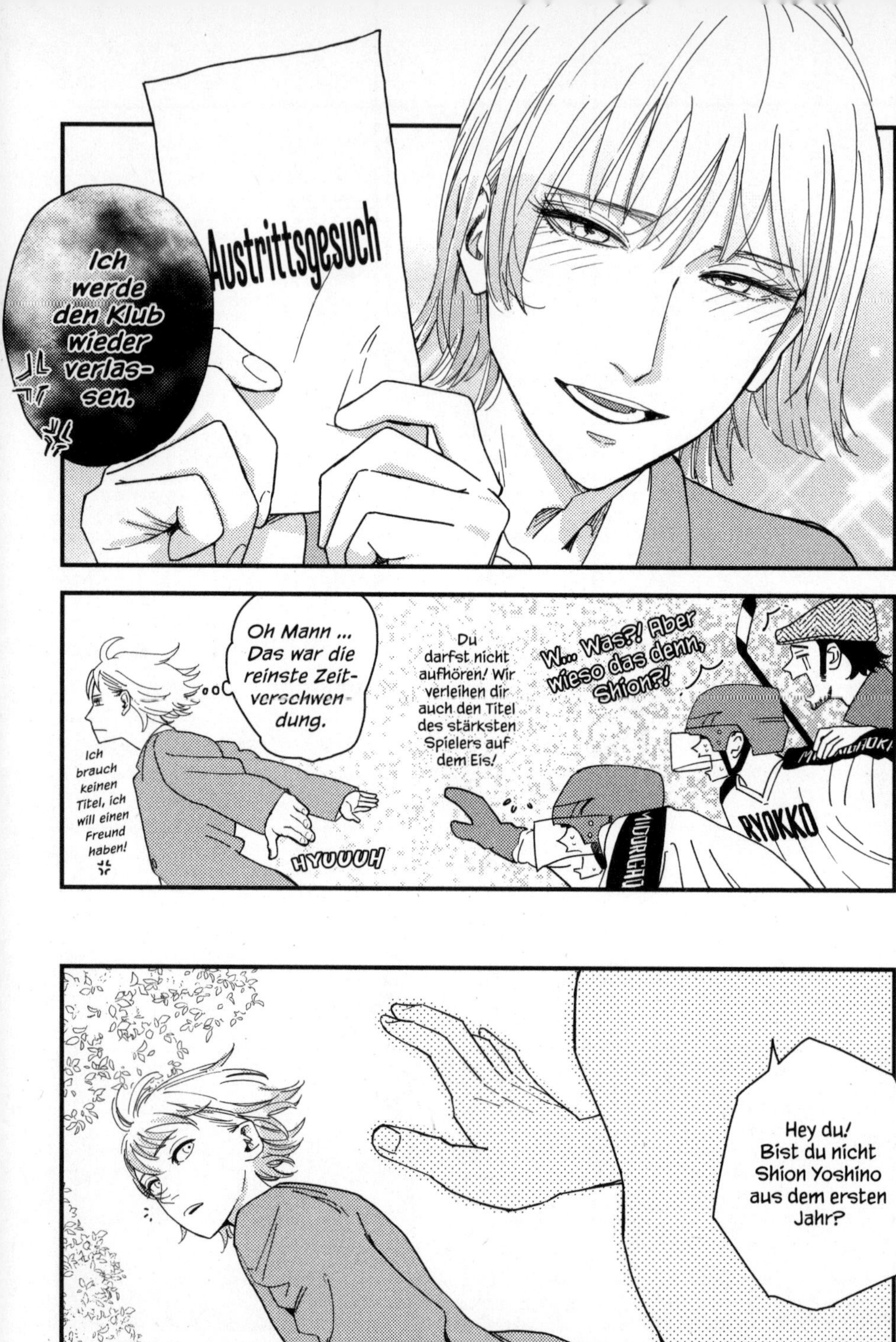
Austrittsgesuch
Ich werde den Klub wieder verlas-sen.
W... Was?! Aber wieso das denn, Shion?!
RYOKKO
Du darfst nicht aufhören! Wir verleihen dir auch den Titel des stärksten Spielers auf dem Eis!
Oh Mann ... Das war die reinste Zeit-verschwen-dung.
Ich brauch keinen Titel, ich will einen Freund haben!
HYUUUH
Hey du! Bist du nicht Shion Yoshino aus dem ersten Jahr?

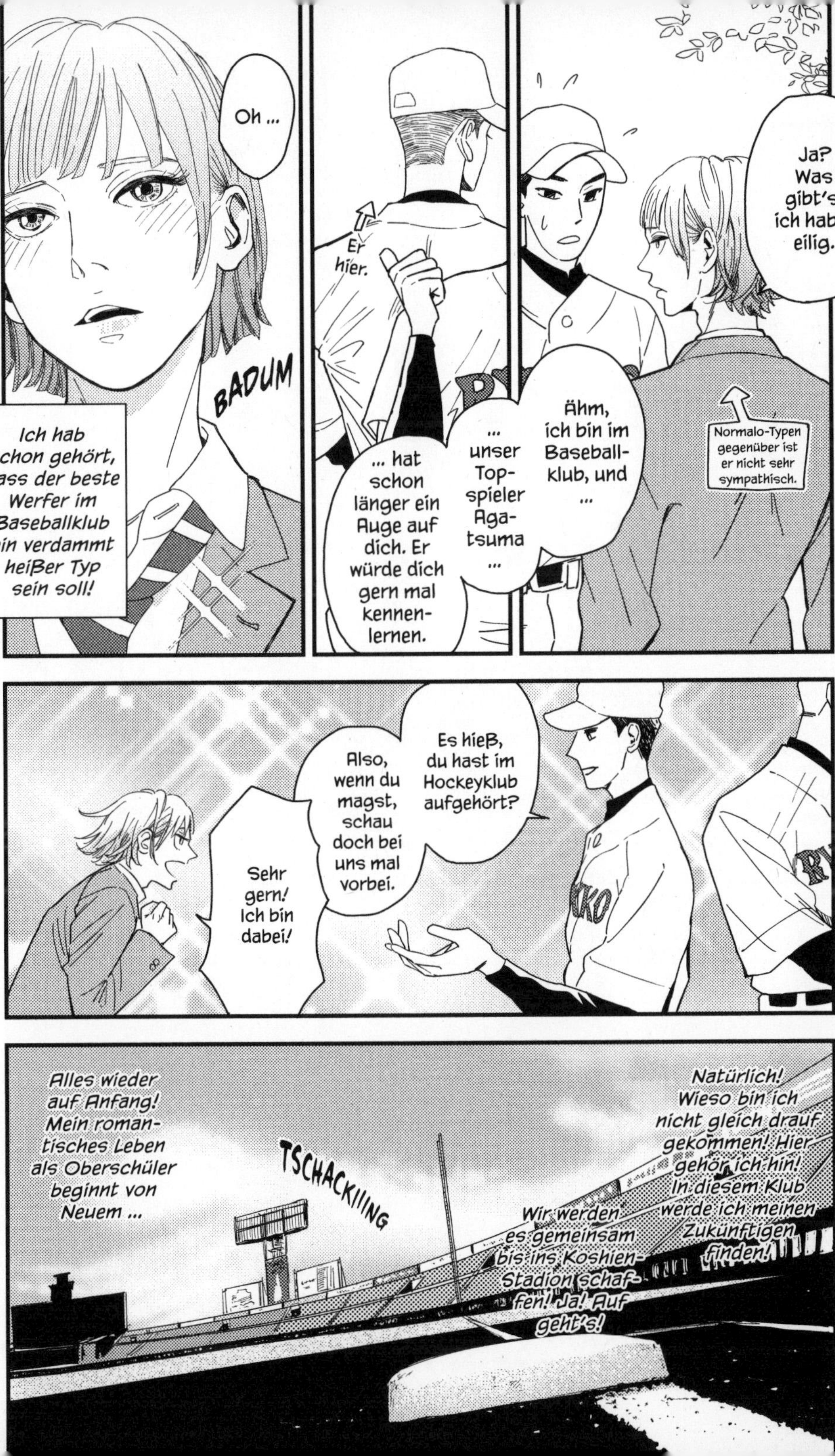
Ja? Was gibt's, ich hab's eilig.
Ähm, ich bin im Baseballklub, und ...
Normalo-Typen gegenüber ist er nicht sehr sympathisch.
Er hier.
... unser Topspieler Agatsuma ...
... hat schon länger ein Auge auf dich. Er würde dich gern mal kennenlernen.
Oh ...
BADUM
Ich hab schon gehört, dass der beste Werfer im Baseballklub ein verdammt heißer Typ sein soll!
Es hieß, du hast im Hockeyklub aufgehört?
Also, wenn du magst, schau doch bei uns mal vorbei.
Sehr gern! Ich bin dabei!
Natürlich! Wieso bin ich nicht gleich drauf gekommen! Hier gehör ich hin! In diesem Klub werde ich meinen Zukünftigen finden!
Wir werden es gemeinsam bis ins Koshien-Stadion schaffen! Ja! Auf geht's!
TSCHACKIIING
Alles wieder auf Anfang! Mein romantisches Leben als Oberschüler beginnt von Neuem ...

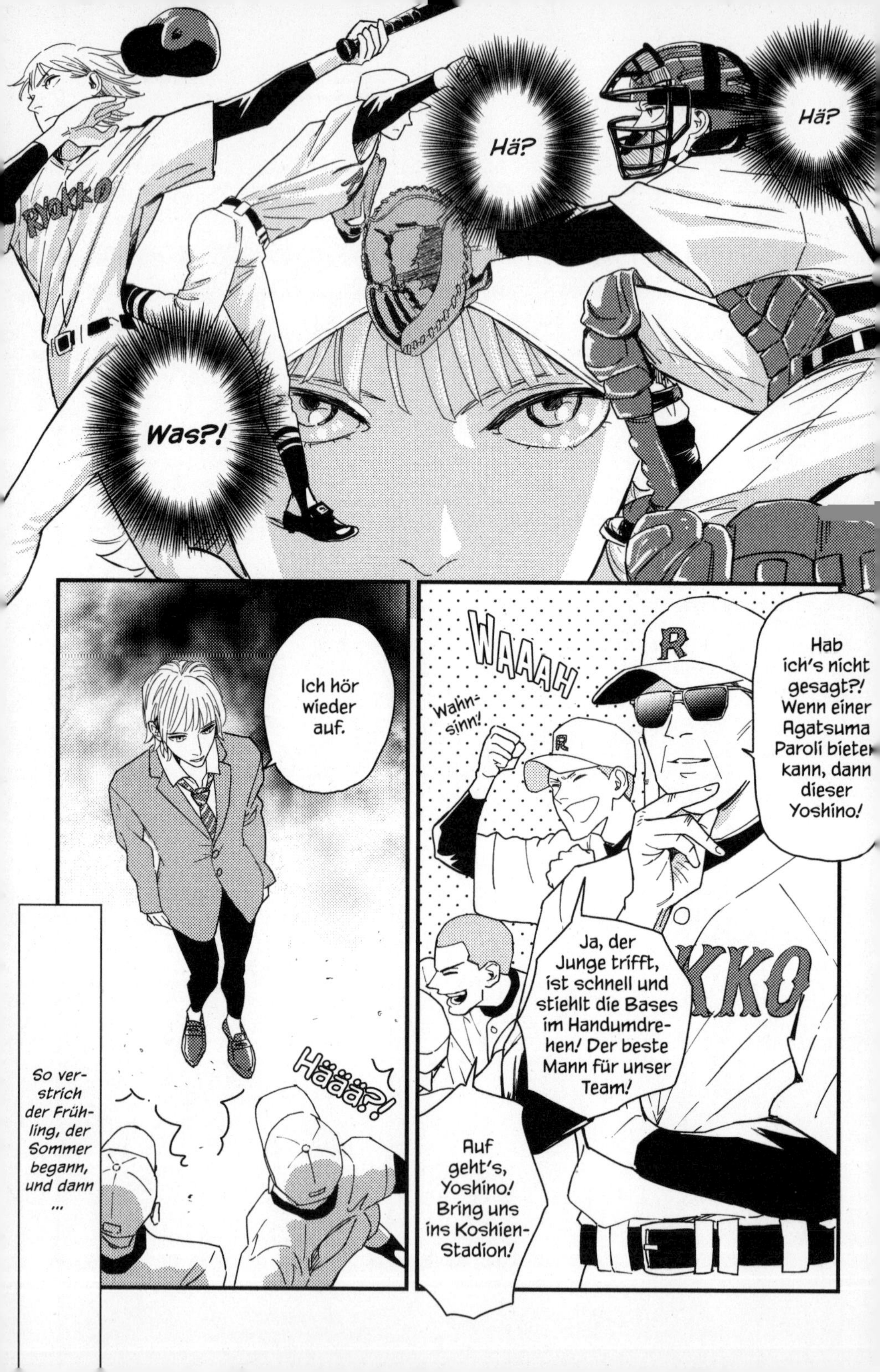

Hä?
Hä?
Was?!
Hab ich's nicht gesagt?! Wenn einer Agatsuma Paroli bieten kann, dann dieser Yoshino!
WAAAH
Wahnsinn!
Ja, der Junge trifft, ist schnell und stiehlt die Bases im Handumdrehen! Der beste Mann für unser Team!
Auf geht's, Yoshino! Bring uns ins Koshien-Stadion!
Ich hör wieder auf.
Häää?!
So verstrich der Frühling, der Sommer begann, und dann ...

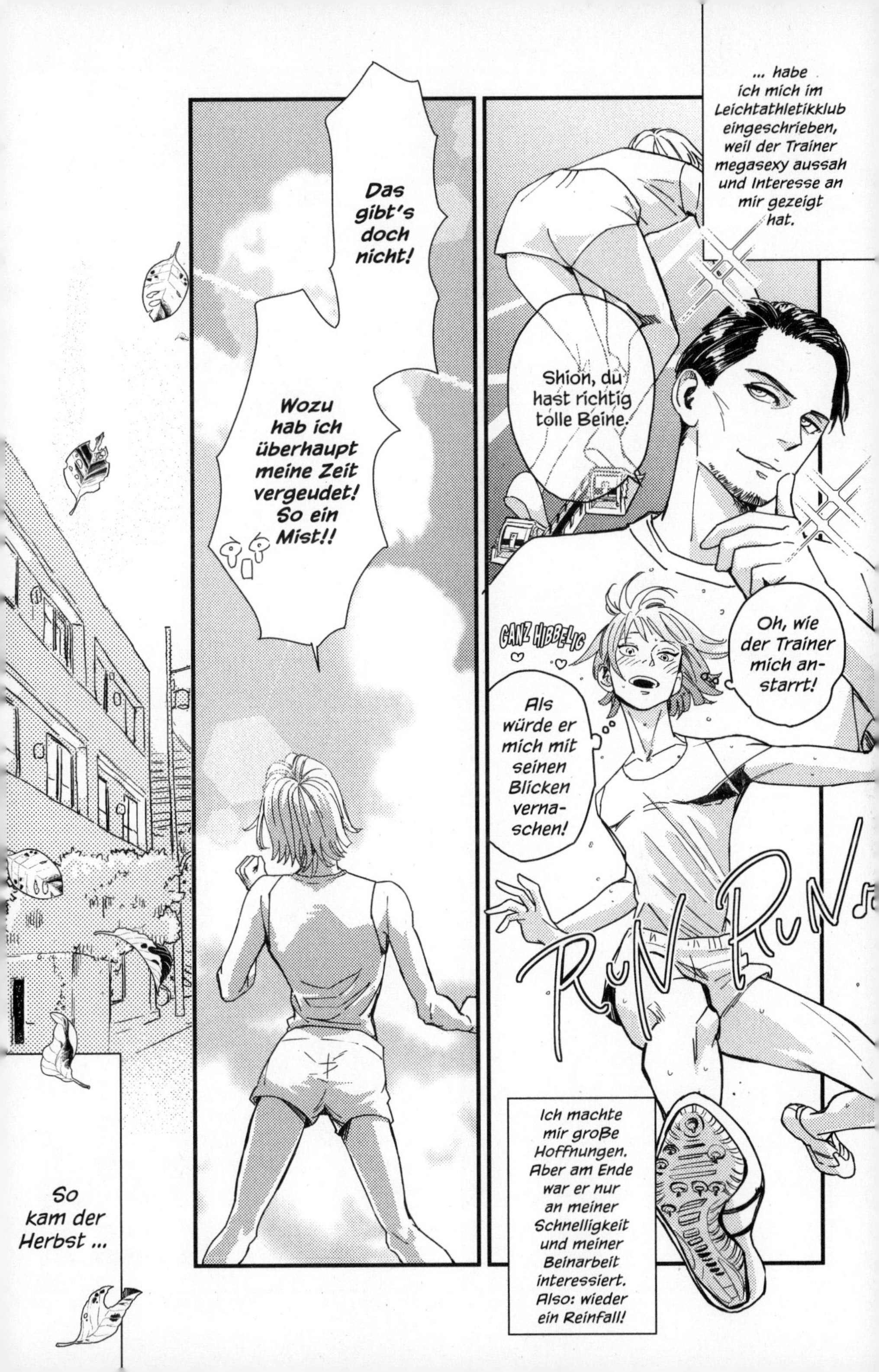
... habe ich mich im Leichtathletikklub eingeschrieben, weil der Trainer megasexy aussah und Interesse an mir gezeigt hat.
Shion, du hast richtig tolle Beine.
Oh, wie der Trainer mich anstarrt!
GANZ HIBBELIG
Als würde er mich mit seinen Blicken vernaschen!
RuN RuN
Ich machte mir große Hoffnungen. Aber am Ende war er nur an meiner Schnelligkeit und meiner Beinarbeit interessiert. Also: wieder ein Reinfall!
Das gibt's doch nicht!
Wozu hab ich überhaupt meine Zeit vergeudet! So ein Mist!!
So kam der Herbst ...

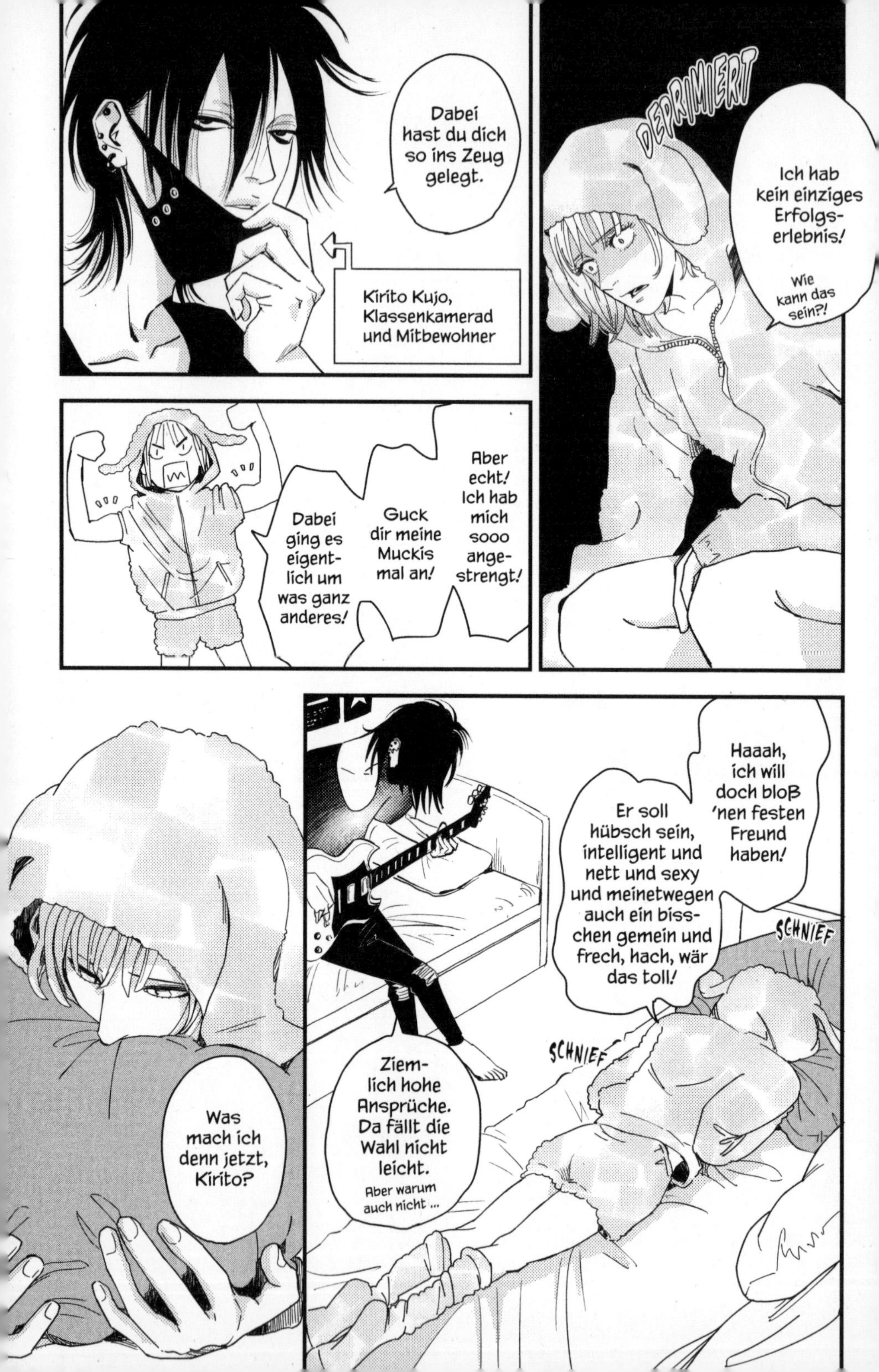
DEPRIMIERT
Ich hab kein einziges Erfolgs-erlebnis!
Wie kann das sein?!
Dabei hast du dich so ins Zeug gelegt.
Kirito Kujo, Klassenkamerad und Mitbewohner
Aber echt! Ich hab mich sooo ange-strengt!
Guck dir meine Muckis mal an!
Dabei ging es eigent-lich um was ganz anderes!
Haaah, ich will doch bloß 'nen festen Freund haben!
Er soll hübsch sein, intelligent und nett und sexy und meinetwegen auch ein biss-chen gemein und frech, hach, wär das toll!
SCHNIEF
SCHNIEF
Ziem-lich hohe Ansprüche. Da fällt die Wahl nicht leicht.
Aber warum auch nicht ...
Was mach ich denn jetzt, Kirito?

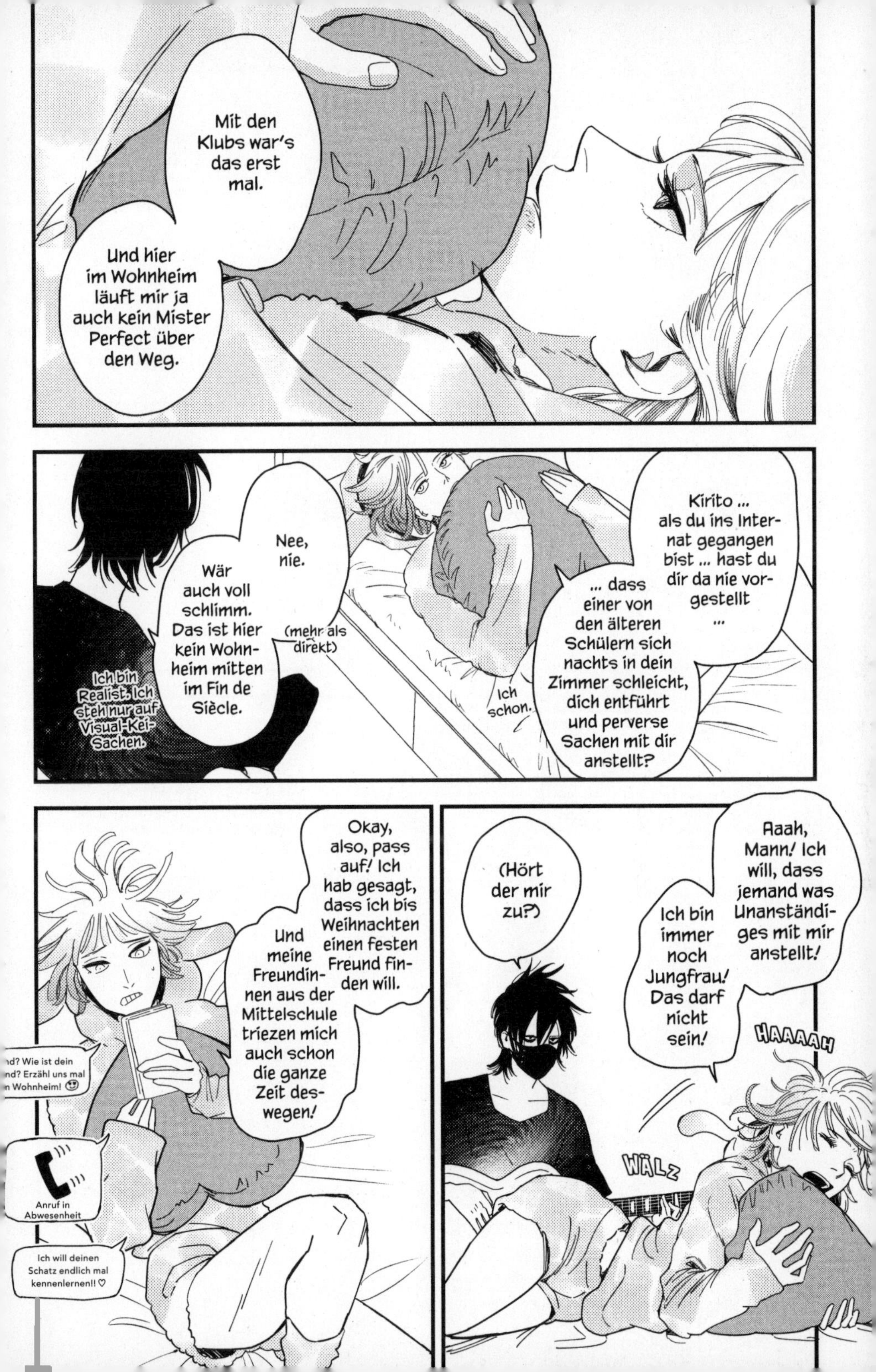

Mit den Klubs war's das erst mal.
Und hier im Wohnheim läuft mir ja auch kein Mister Perfect über den Weg.
Kirito ... als du ins Internat gegangen bist ... hast du dir da nie vorgestellt ...
... dass einer von den älteren Schülern sich nachts in dein Zimmer schleicht, dich entführt und perverse Sachen mit dir anstellt?
Ich schon.
Nee, nie.
(mehr als direkt)
Wär auch voll schlimm. Das ist hier kein Wohnheim mitten im Fin de Siècle.
Ich bin Realist. Ich steh nur auf Visual-Kei-Sachen.
Aaah, Mann! Ich will, dass jemand was Unanständiges mit mir anstellt!
Ich bin immer noch Jungfrau! Das darf nicht sein!
HAAAAAH
WÄLZ
(Hört der mir zu?)
Okay, also, pass auf! Ich hab gesagt, dass ich bis Weihnachten einen festen Freund finden will.
Und meine Freundinnen aus der Mittelschule triezen mich auch schon die ganze Zeit deswegen!
Anruf in Abwesenheit
Ich will deinen Schatz endlich mal kennenlernen!! ♡

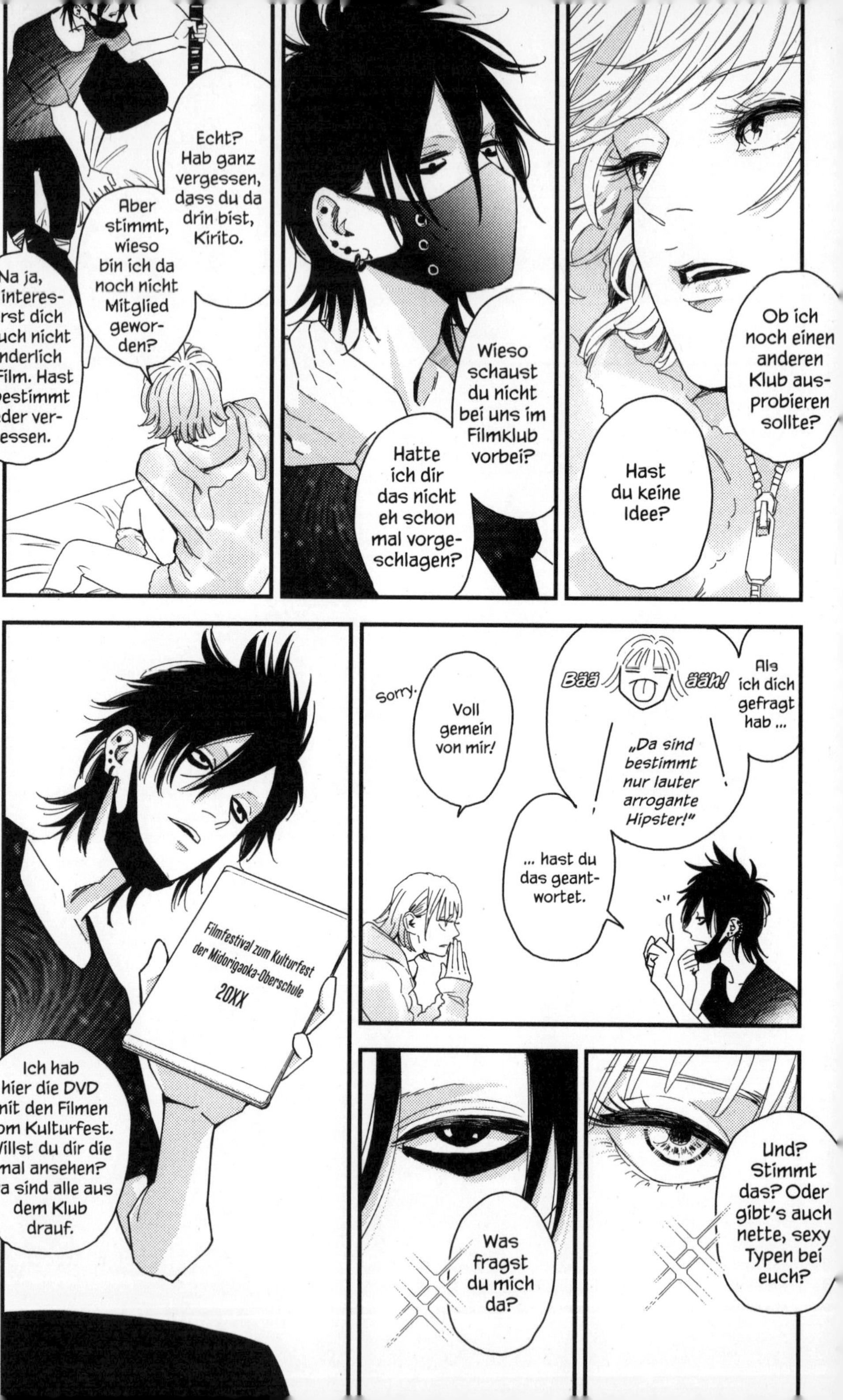

Ob ich noch einen anderen Klub ausprobieren sollte?
Hast du keine Idee?
Wieso schaust du nicht bei uns im Filmklub vorbei?
Hatte ich dir das nicht eh schon mal vorgeschlagen?
Echt? Hab ganz vergessen, dass du da drin bist, Kirito.
Aber stimmt, wieso bin ich da noch nicht Mitglied geworden?
Na ja, du interessierst dich ja auch nicht sonderlich für Film. Hast es bestimmt wieder vergessen.
Als ich dich gefragt hab ...
Bää äääh!
„Da sind bestimmt nur lauter arrogante Hipster!“
... hast du das geantwortet.
Voll gemein von mir!
Sorry.
Und? Stimmt das? Oder gibt's auch nette, sexy Typen bei euch?
Was fragst du mich da?
Filmfestival zum Kulturfest der Midorigaoka-Oberschule 20XX
Ich hab hier die DVD mit den Filmen vom Kulturfest. Willst du dir die mal ansehen? Da sind alle aus dem Klub drauf.

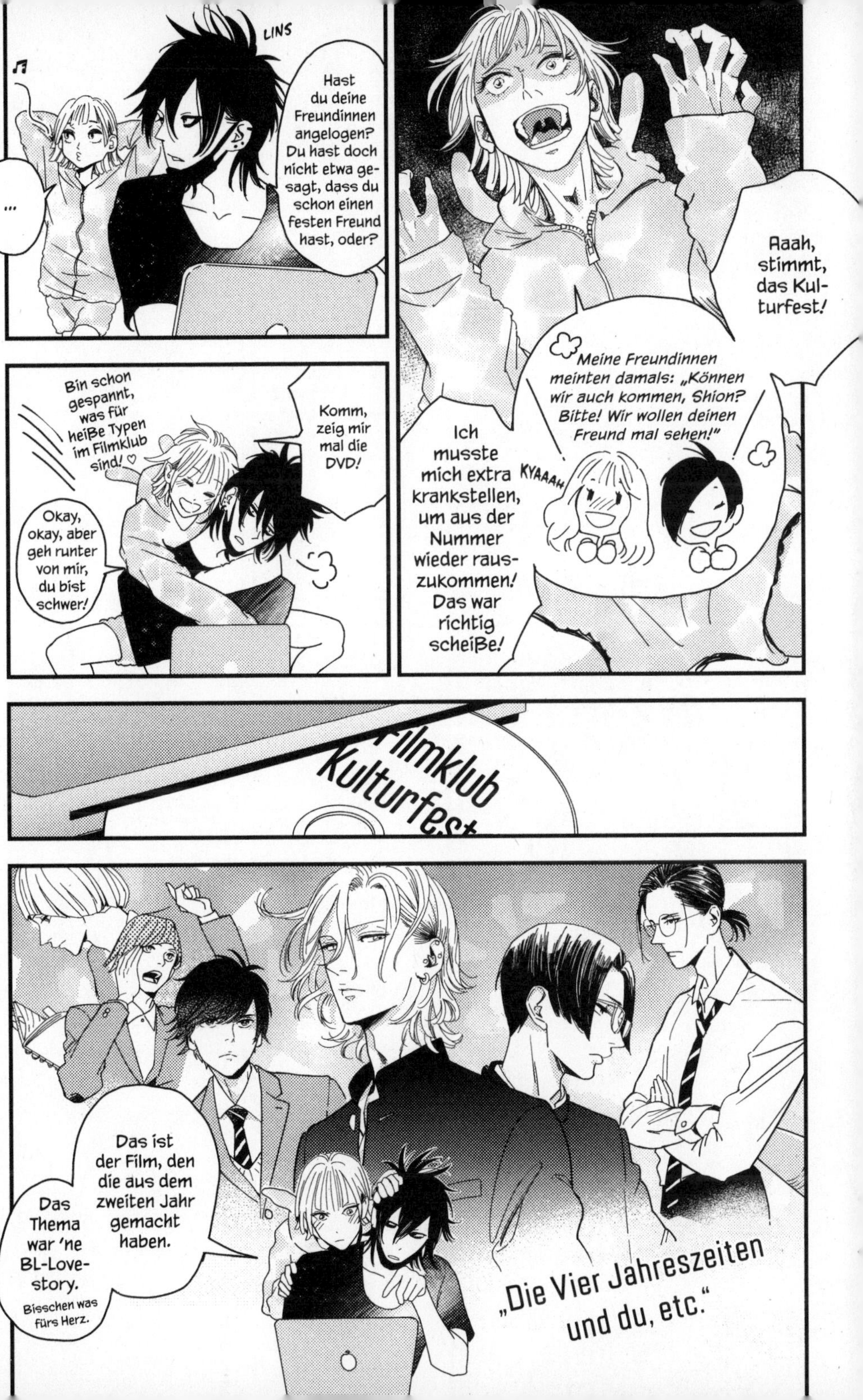
Hast du deine Freundinnen angelogen? Du hast doch nicht etwa gesagt, dass du schon einen festen Freund hast, oder?
LINS
...
Aaah, stimmt, das Kulturfest!
Meine Freundinnen meinten damals: „Können wir auch kommen, Shion? Bitte! Wir wollen deinen Freund mal sehen!"
KYAAAH
Ich musste mich extra krankstellen, um aus der Nummer wieder rauszukommen! Das war richtig scheiße!
Komm, zeig mir mal die DVD!
Bin schon gespannt, was für heiße Typen im Filmklub sind! ♡
Okay, okay, aber geh runter von mir, du bist schwer!
Filmklub Kulturfest
„Die Vier Jahreszeiten und du, etc."
Das ist der Film, den die aus dem zweiten Jahr gemacht haben.
Das Thema war 'ne BL-Lovestory.
Bisschen was fürs Herz.

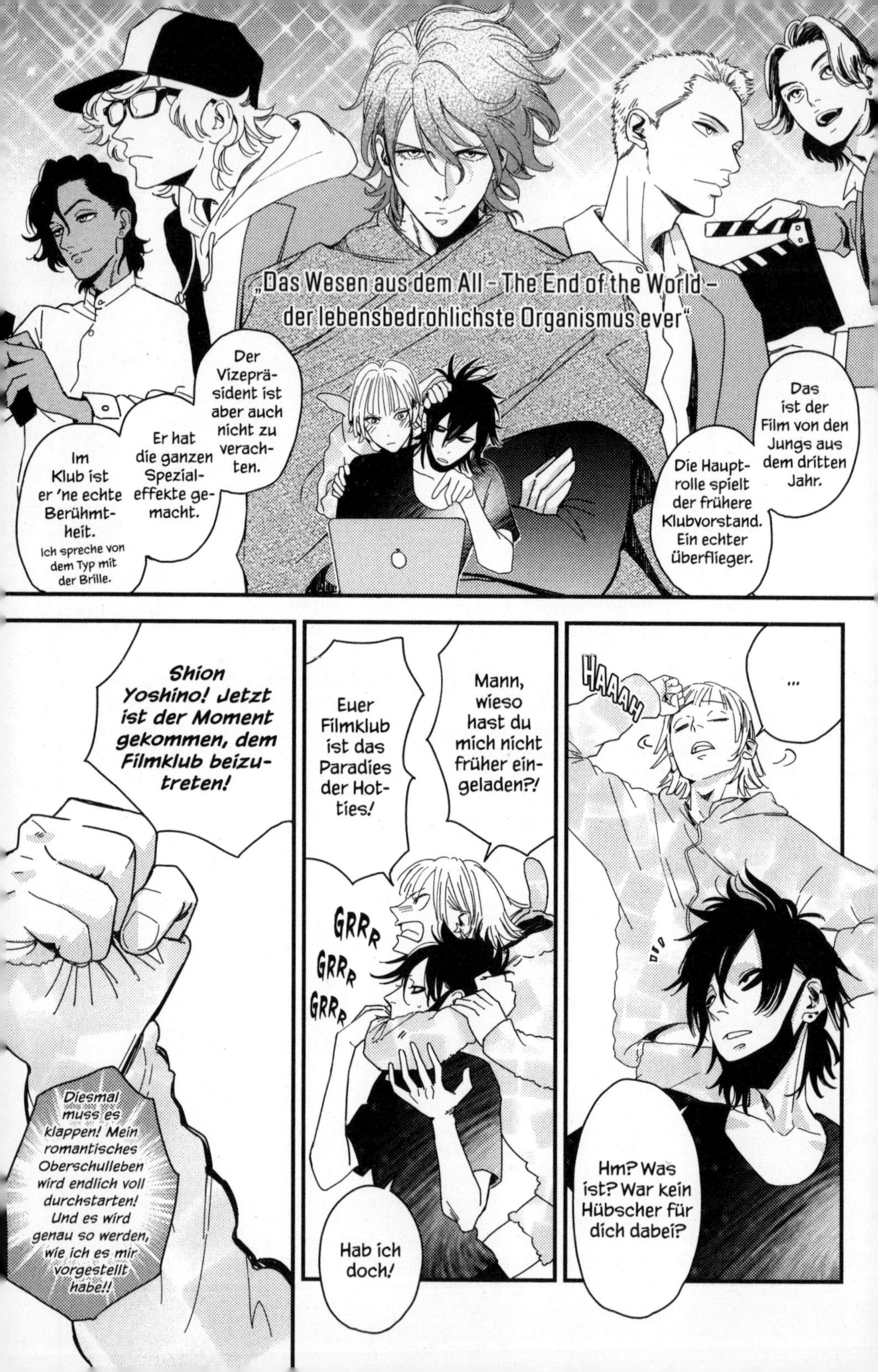
„Das Wesen aus dem All – The End of the World – der lebensbedrohlichste Organismus ever“
Das ist der Film von den Jungs aus dem dritten Jahr.
Die Hauptrolle spielt der frühere Klubvorstand. Ein echter überflieger.
Der Vizepräsident ist aber auch nicht zu verachten.
Er hat die ganzen Spezialeffekte gemacht.
Im Klub ist er 'ne echte Berühmtheit.
Ich spreche von dem Typ mit der Brille.
...
HAAAAH
Hm? Was ist? War kein Hübscher für dich dabei?
Mann, wieso hast du mich nicht früher eingeladen?!
Euer Filmklub ist das Paradies der Hotties!
GRRR GRRR GRRR
Hab ich doch!
Shion Yoshino! Jetzt ist der Moment gekommen, dem Filmklub beizutreten!
Diesmal muss es klappen! Mein romantisches Oberschulleben wird endlich voll durchstarten! Und es wird genau so werden, wie ich es mir vorgestellt habe!!

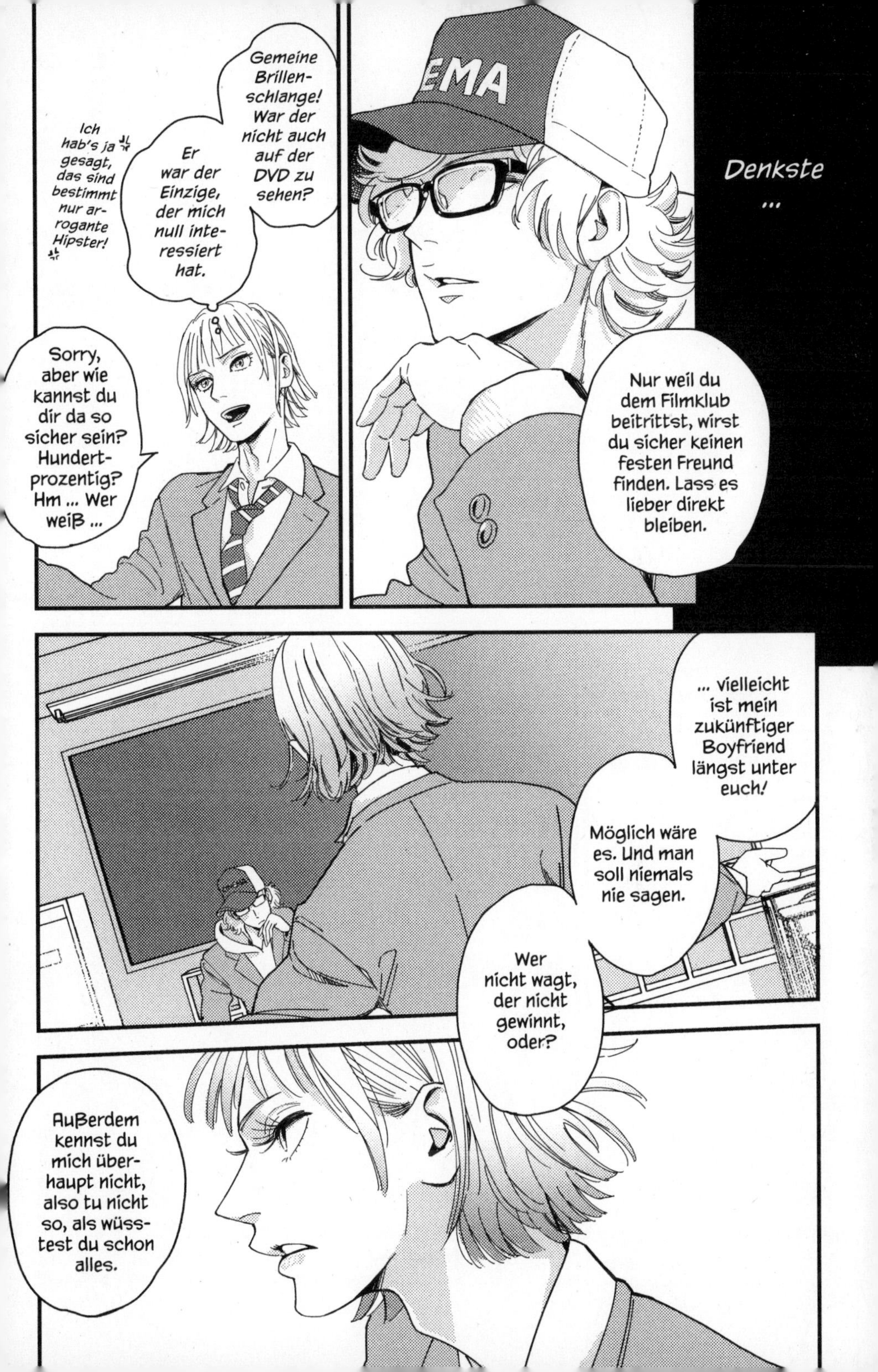

EMA
Nur weil du dem Filmklub beitrittst, wirst du sicher keinen festen Freund finden. Lass es lieber direkt bleiben.
Gemeine Brillenschlange! War der nicht auch auf der DVD zu sehen?
Er war der Einzige, der mich null interessiert hat.
Ich hab's ja gesagt, das sind bestimmt nur arrogante Hipster!
Sorry, aber wie kannst du dir da so sicher sein? Hundertprozentig? Hm ... Wer weiß ...
Denkste ...
... vielleicht ist mein zukünftiger Boyfriend längst unter euch!
Möglich wäre es. Und man soll niemals nie sagen.
Wer nicht wagt, der nicht gewinnt, oder?
Außerdem kennst du mich überhaupt nicht, also tu nicht so, als wüsstest du schon alles.

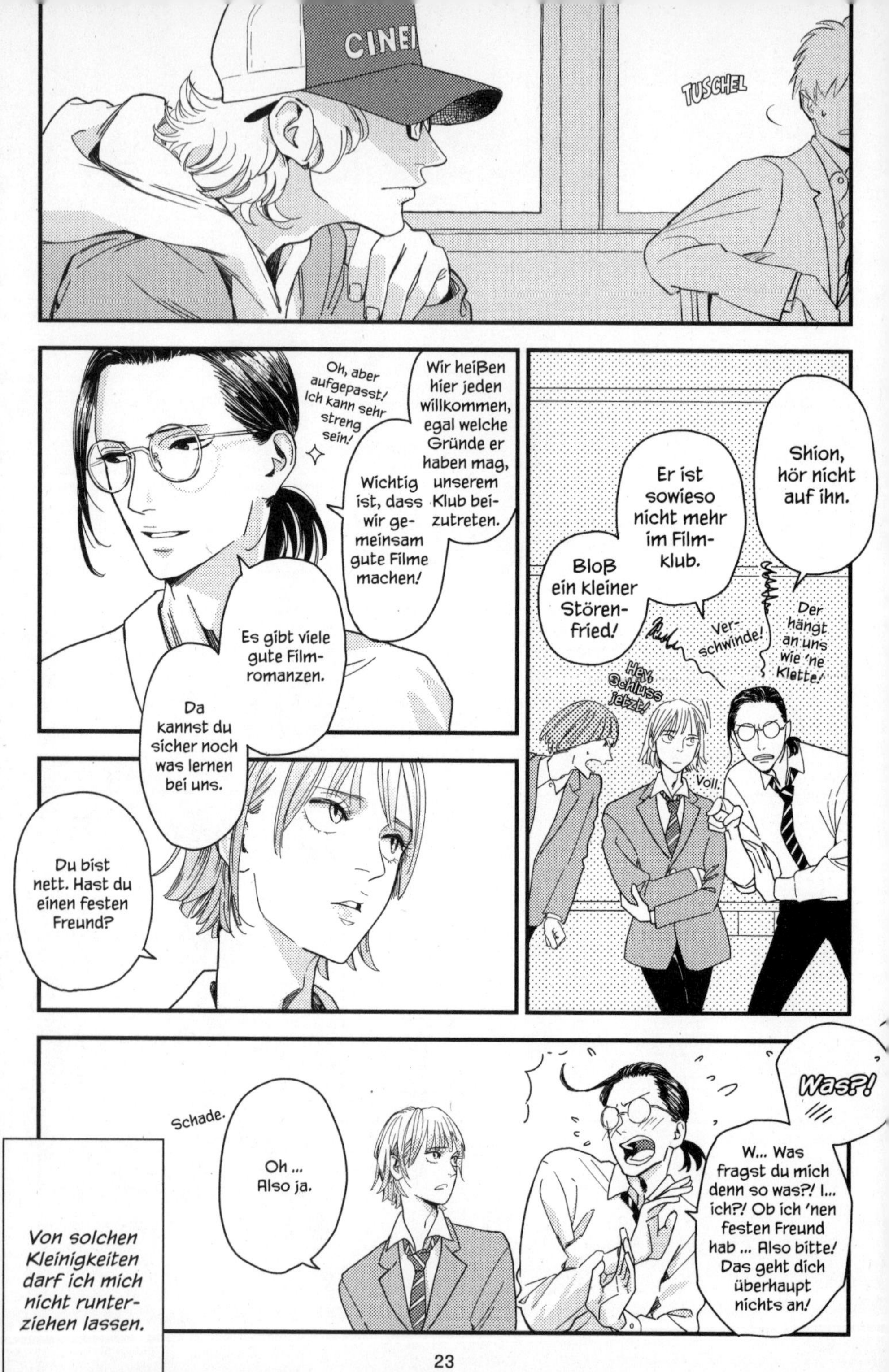

CINE
TUSCHEL
Shion, hör nicht auf ihn.
Er ist sowieso nicht mehr im Filmklub.
Bloß ein kleiner Störenfried!
Der hängt an uns wie 'ne Klette!
Verschwinde!
Hey, Schluss jetzt!
Voll.
Wir heißen hier jeden willkommen, egal welche Gründe er haben mag, unserem Klub beizutreten.
Oh, aber aufgepasst! Ich kann sehr streng sein!
Wichtig ist, dass wir gemeinsam gute Filme machen!
Es gibt viele gute Filmromanzen.
Da kannst du sicher noch was lernen bei uns.
Du bist nett. Hast du einen festen Freund?
Was?!
W... Was fragst du mich denn so was?! I... ich?! Ob ich 'nen festen Freund hab ... Also bitte! Das geht dich überhaupt nichts an!
Oh ... Also ja.
Schade.
Von solchen Kleinigkeiten darf ich mich nicht runterziehen lassen.

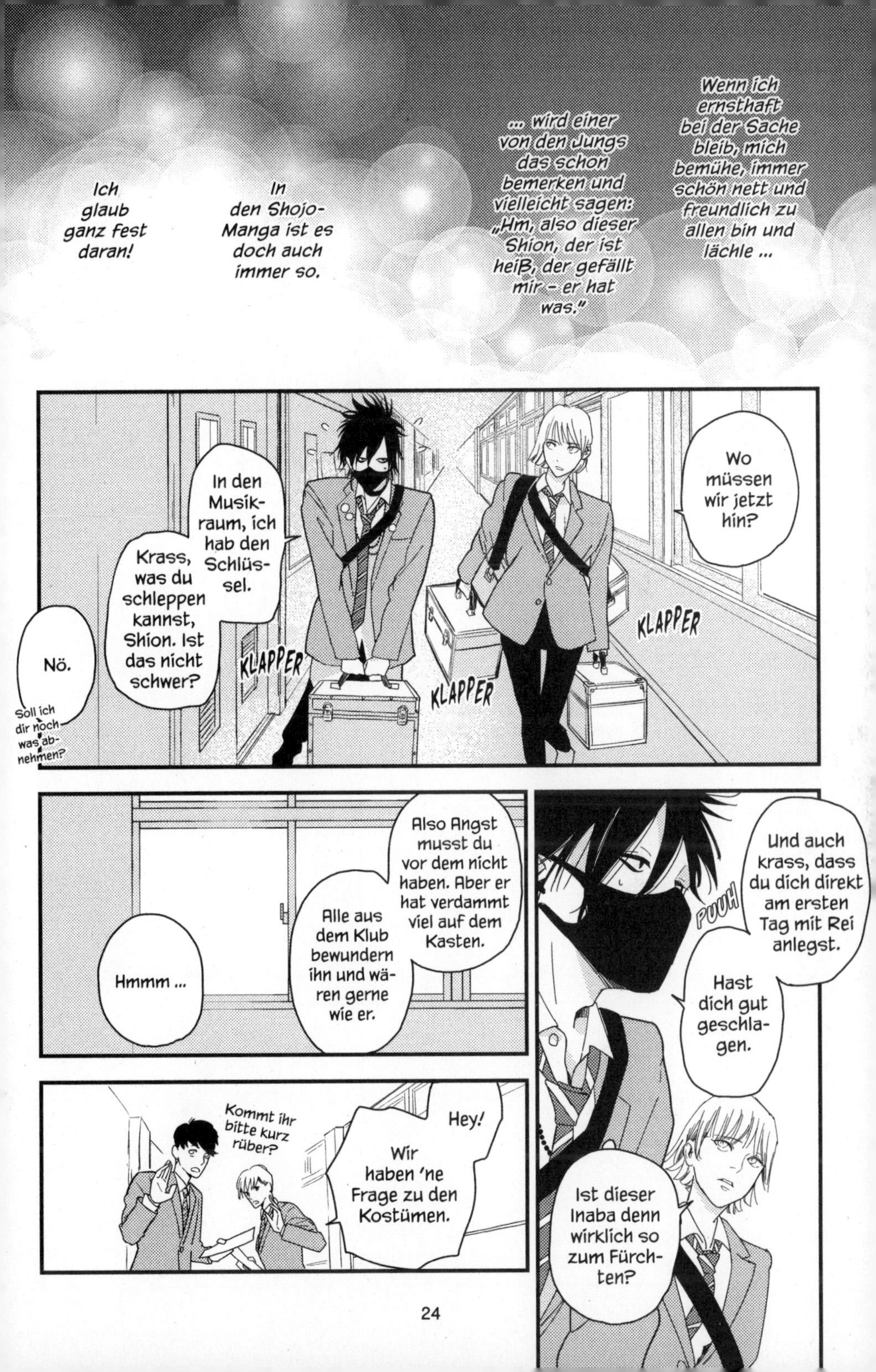
Wenn ich ernsthaft bei der Sache bleib, mich bemühe, immer schön nett und freundlich zu allen bin und lächle ...
... wird einer von den Jungs das schon bemerken und vielleicht sagen: „Hm, also dieser Shion, der ist heiß, der gefällt mir – er hat was.“
In den Shojo-Manga ist es doch auch immer so.
Ich glaub ganz fest daran!
Wo müssen wir jetzt hin?
In den Musikraum, ich hab den Schlüssel.
KLAPPER
KLAPPER
KLAPPER
Krass, was du schleppen kannst, Shion. Ist das nicht schwer?
Nö.
Soll ich dir noch was abnehmen?
Und auch krass, dass du dich direkt am ersten Tag mit Rei anlegst.
PUUH
Hast dich gut geschlagen.
Ist dieser Inaba denn wirklich so zum Fürchten?
Also Angst musst du vor dem nicht haben. Aber er hat verdammt viel auf dem Kasten.
Alle aus dem Klub bewundern ihn und wären gerne wie er.
Hmmm ...
Hey!
Wir haben 'ne Frage zu den Kostümen.
Kommt ihr bitte kurz rüber?

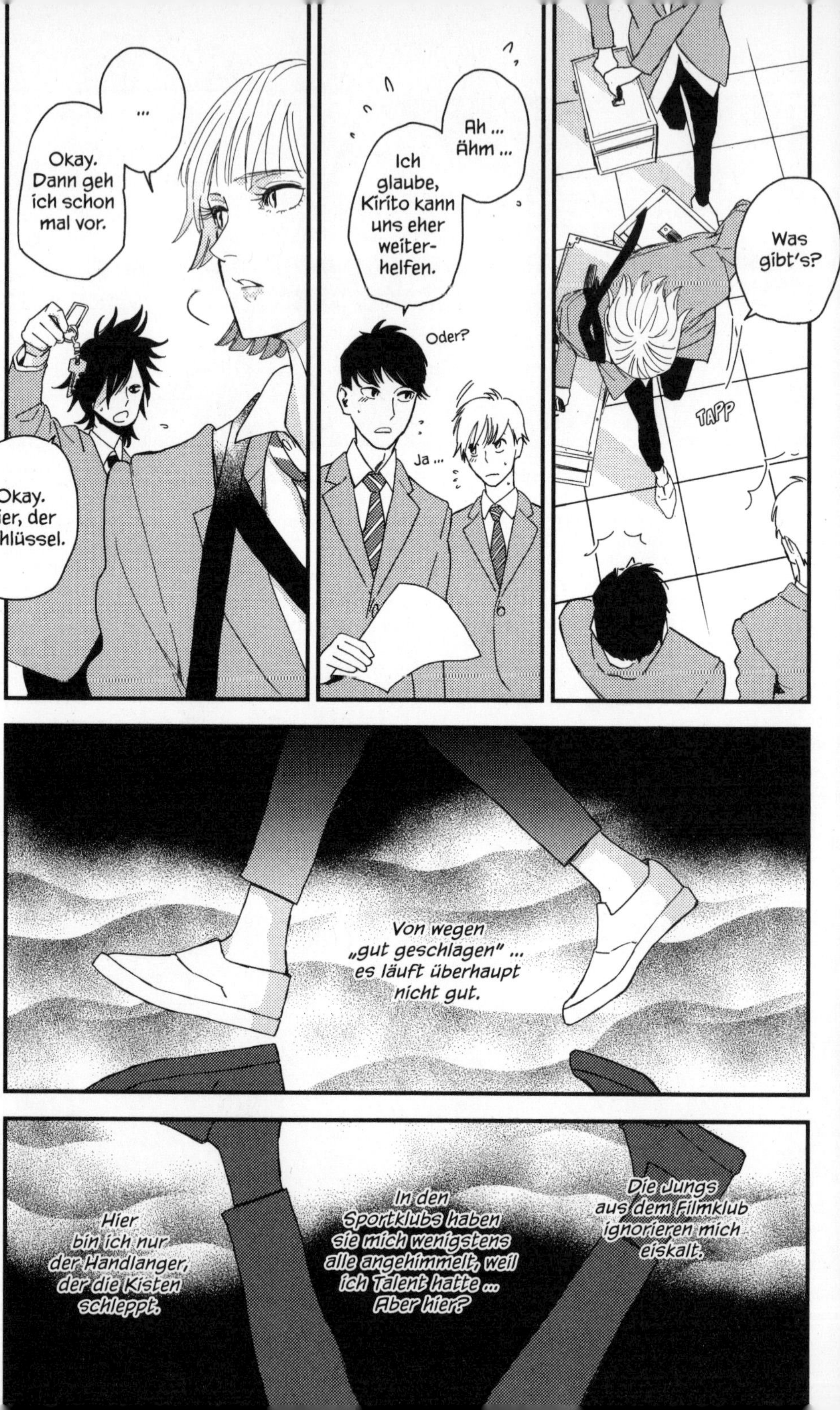
Was gibt's?
TAPP
Ah ... Ähm ...
Ich glaube, Kirito kann uns eher weiterhelfen.
Oder?
Ja ...
...
Okay. Dann geh ich schon mal vor.
Okay. Hier, der Schlüssel.
Von wegen „gut geschlagen" ... es läuft überhaupt nicht gut.
Die Jungs aus dem Filmklub ignorieren mich eiskalt.
In den Sportklubs haben sie mich wenigstens alle angehimmelt, weil ich Talent hatte ... Aber hier?
Hier bin ich nur der Handlanger, der die Kisten schleppt.

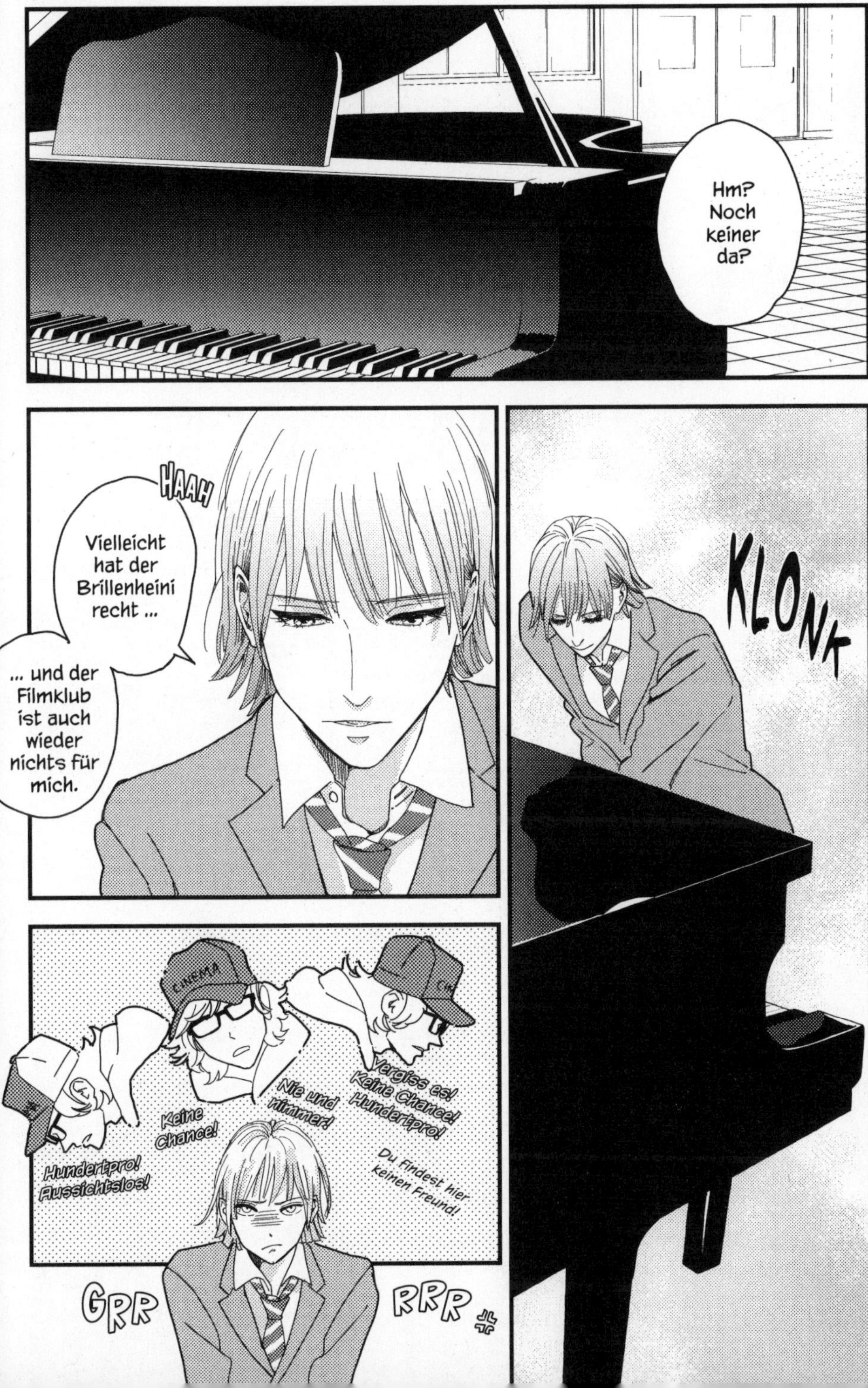
Hm? Noch keiner da?
KLONK
HAAH
Vielleicht hat der Brillenheini recht ...
... und der Filmklub ist auch wieder nichts für mich.
CINEMA
Du findest hier keinen Freund!
Vergiss es! Keine Chance! Hundertpro!
Nie und nimmer!
Keine Chance!
Hundertpro! Aussichtslos!
GRR
RRR

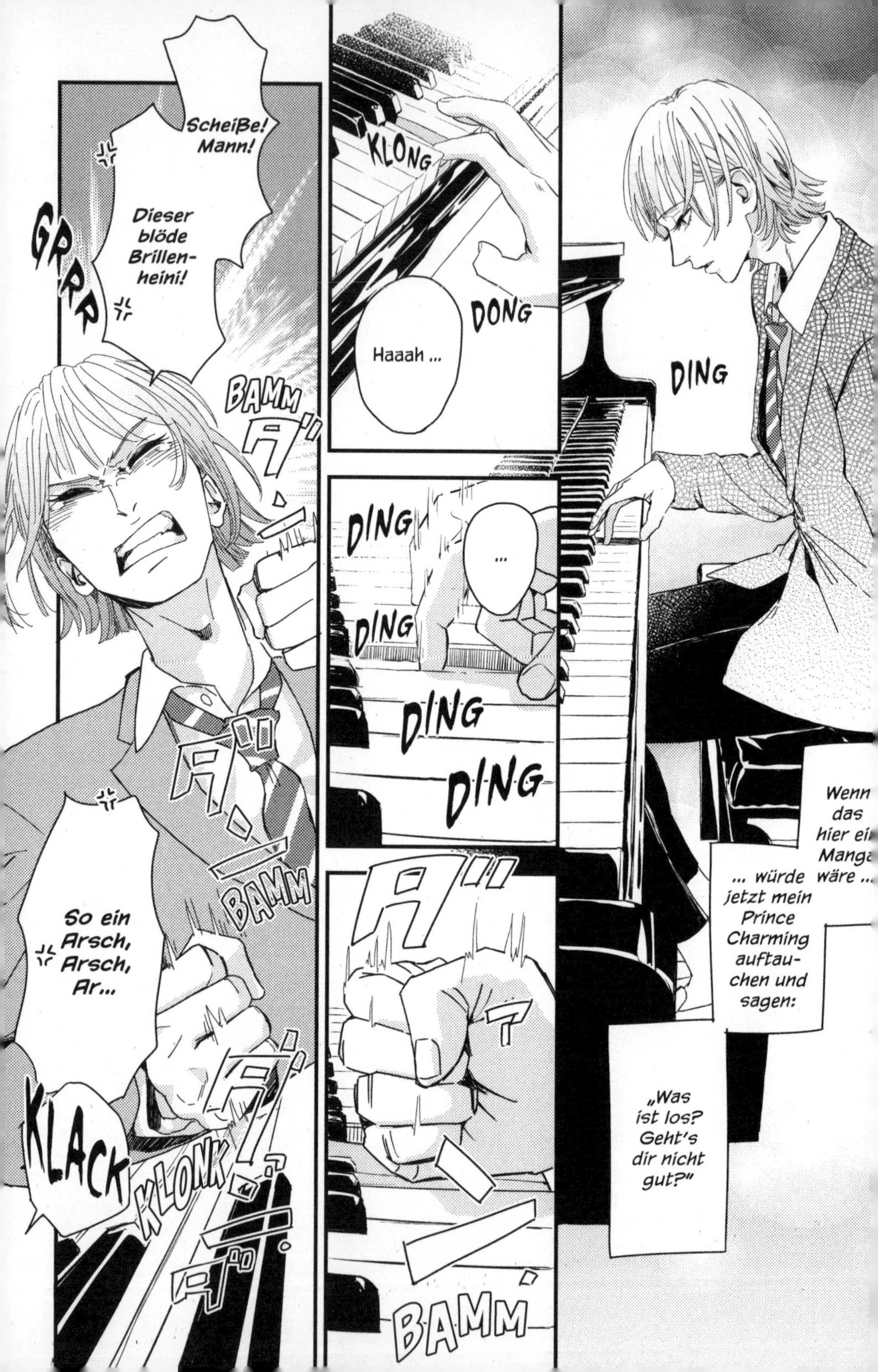
DING
Wenn das hier ei Manga wäre ...
... würde jetzt mein Prince Charming auftauchen und sagen:
„Was ist los? Geht's dir nicht gut?"
KLONG
DONG
Haaah ...
DING
DING
DING
DING
...
BAMM
Scheiße! Mann!
Dieser blöde Brillenheini!
GRRR
BAMM
BAMM
So ein Arsch, Arsch, Ar...
KLACK
KLONK

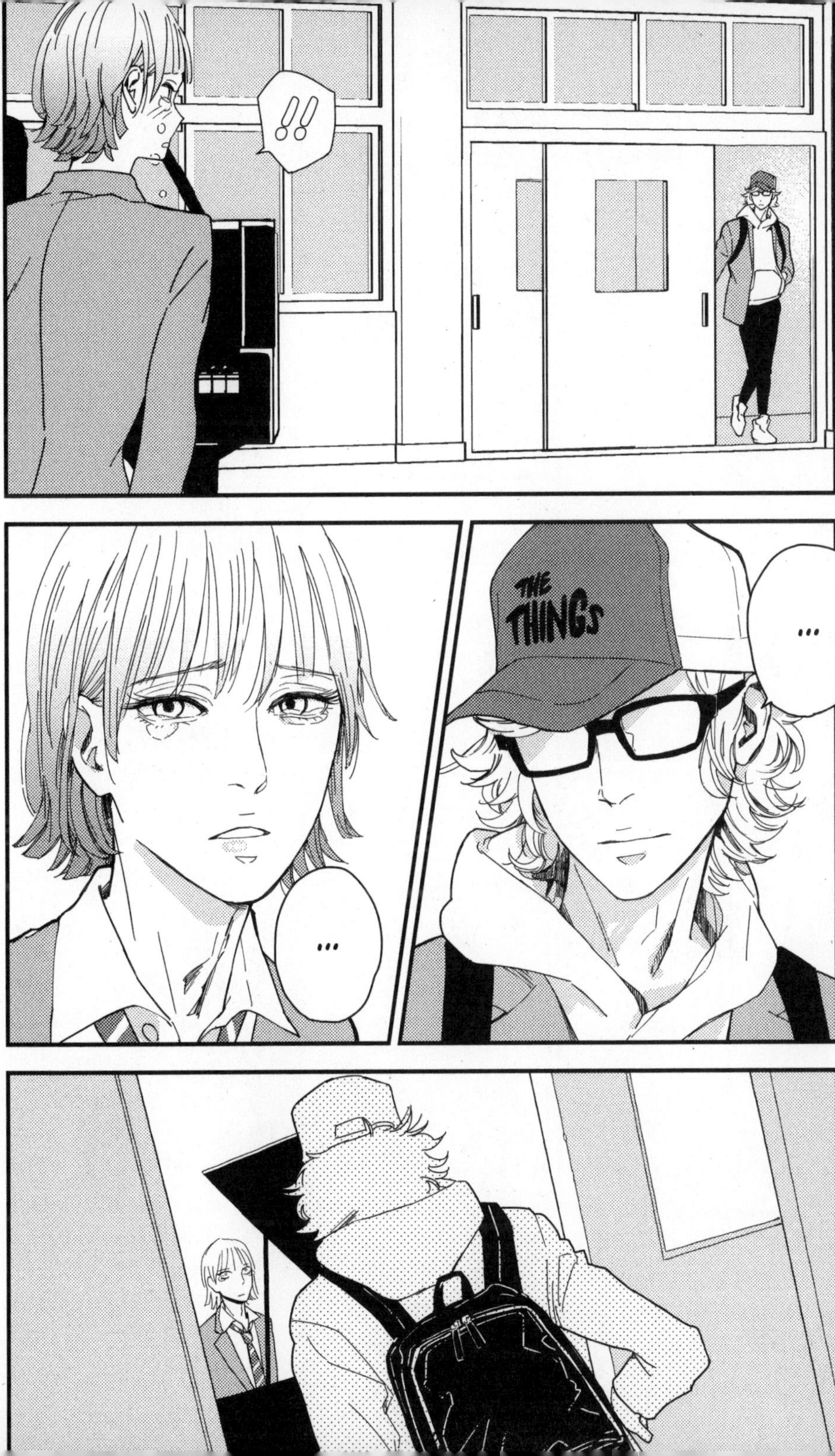
!!
...
...
THE THINGS

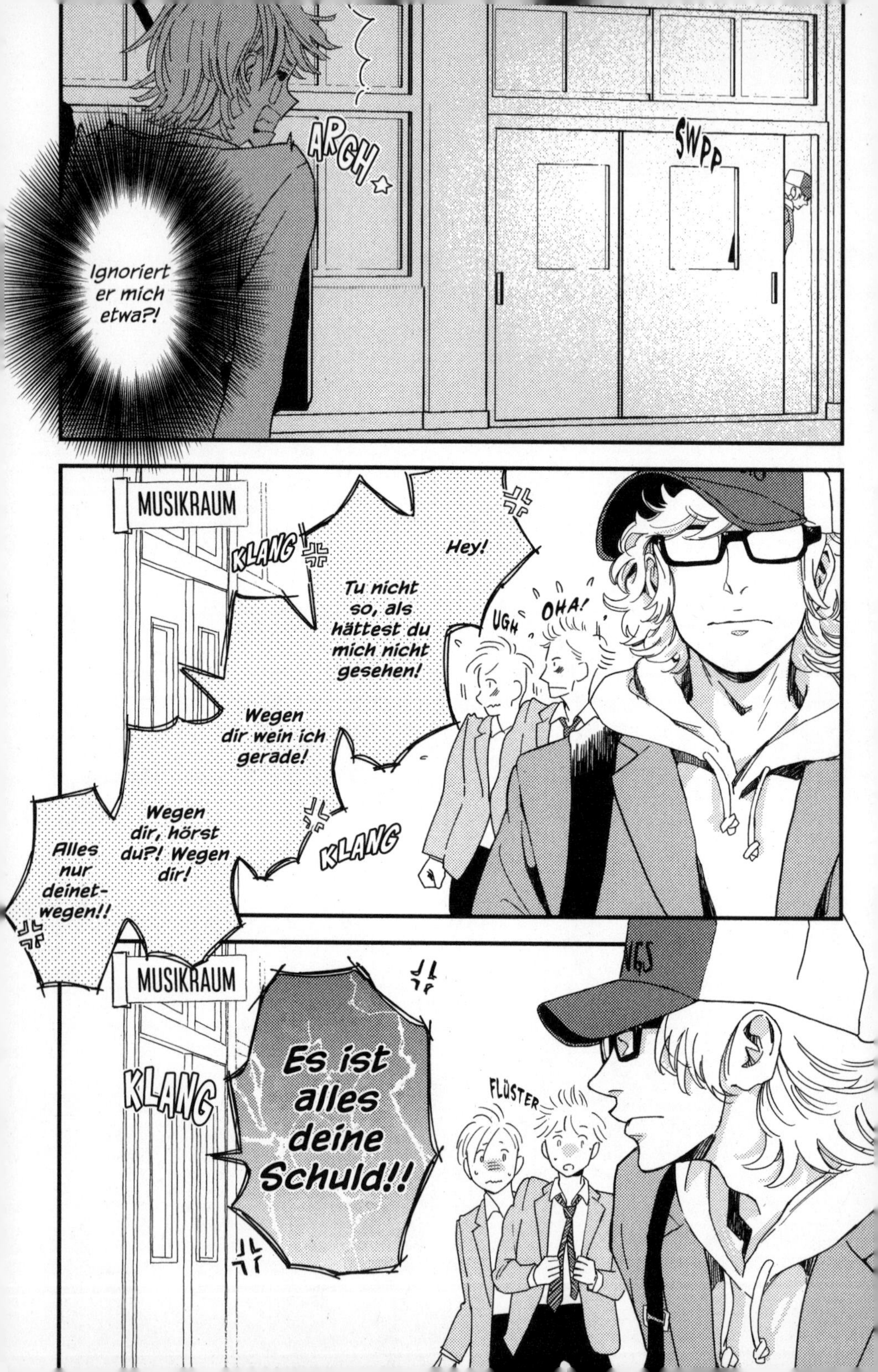
ARGH
SWPP
Ignoriert er mich etwa?!
MUSIKRAUM
KLANG
Hey!
Tu nicht so, als hättest du mich nicht gesehen!
UGH
OHA!
Wegen dir wein ich gerade!
Wegen dir, hörst du?! Wegen dir!
KLANG
Alles nur deinetwegen!!
MUSIKRAUM
KLANG
Es ist alles deine Schuld!!
FLÜSTER

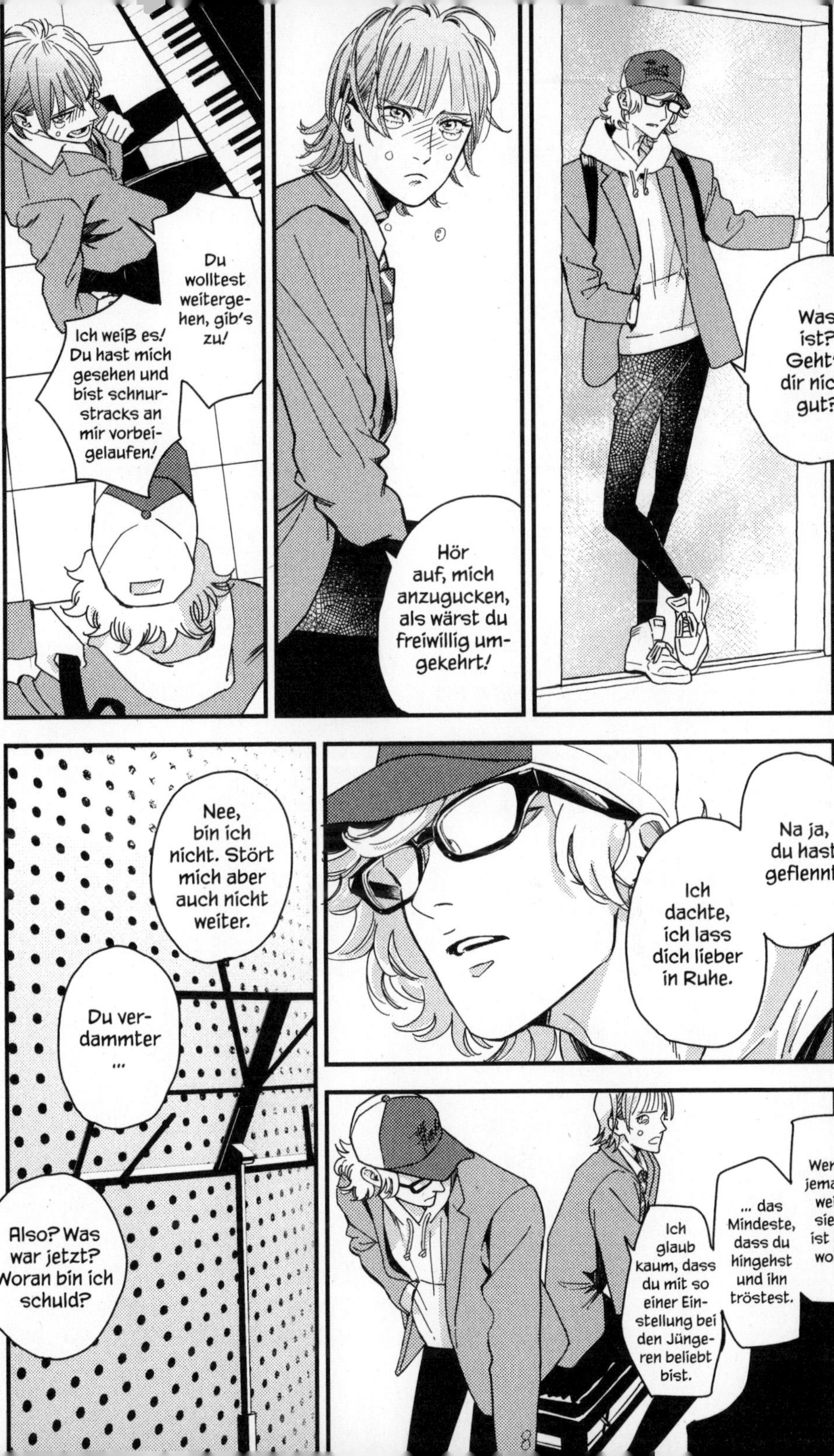
Was ist? Geht's dir nicht gut?
Hör auf, mich anzugucken, als wärst du freiwillig umgekehrt!
Du wolltest weitergehen, gib's zu!
Ich weiß es! Du hast mich gesehen und bist schnurstracks an mir vorbeigelaufen!
Na ja, du hast geflennt.
Ich dachte, ich lass dich lieber in Ruhe.
Wenn du jemanden weinen siehst, ist es ja wohl ...
... das Mindeste, dass du hingehst und ihn tröstest.
Ich glaub kaum, dass du mit so einer Einstellung bei den Jüngeren beliebt bist.
Nee, bin ich nicht. Stört mich aber auch nicht weiter.
Du verdammter ...
Also? Was war jetzt? Woran bin ich schuld?

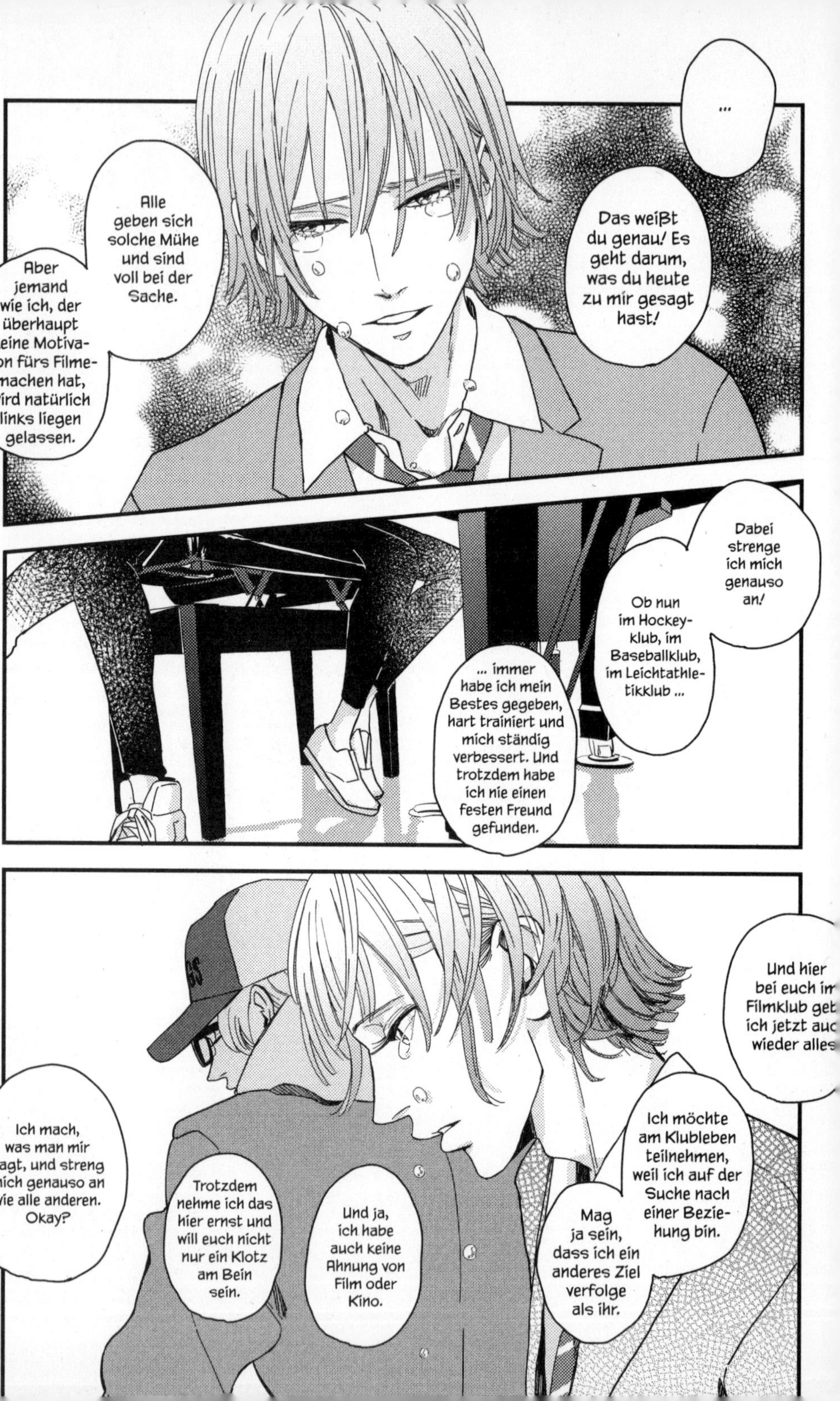
…
Das weißt du genau! Es geht darum, was du heute zu mir gesagt hast!
Alle geben sich solche Mühe und sind voll bei der Sache.
Aber jemand wie ich, der überhaupt keine Motivation fürs Filmemachen hat, wird natürlich links liegen gelassen.
Dabei strenge ich mich genauso an!
Ob nun im Hockeyklub, im Baseballklub, im Leichtathletikklub …
… immer habe ich mein Bestes gegeben, hart trainiert und mich ständig verbessert. Und trotzdem habe ich nie einen festen Freund gefunden.
Und hier bei euch im Filmklub geb ich jetzt auc wieder alles
Ich möchte am Klubleben teilnehmen, weil ich auf der Suche nach einer Beziehung bin.
Mag ja sein, dass ich ein anderes Ziel verfolge als ihr.
Und ja, ich habe auch keine Ahnung von Film oder Kino.
Trotzdem nehme ich das hier ernst und will euch nicht nur ein Klotz am Bein sein.
Ich mach, was man mir sagt, und streng mich genauso an wie alle anderen. Okay?

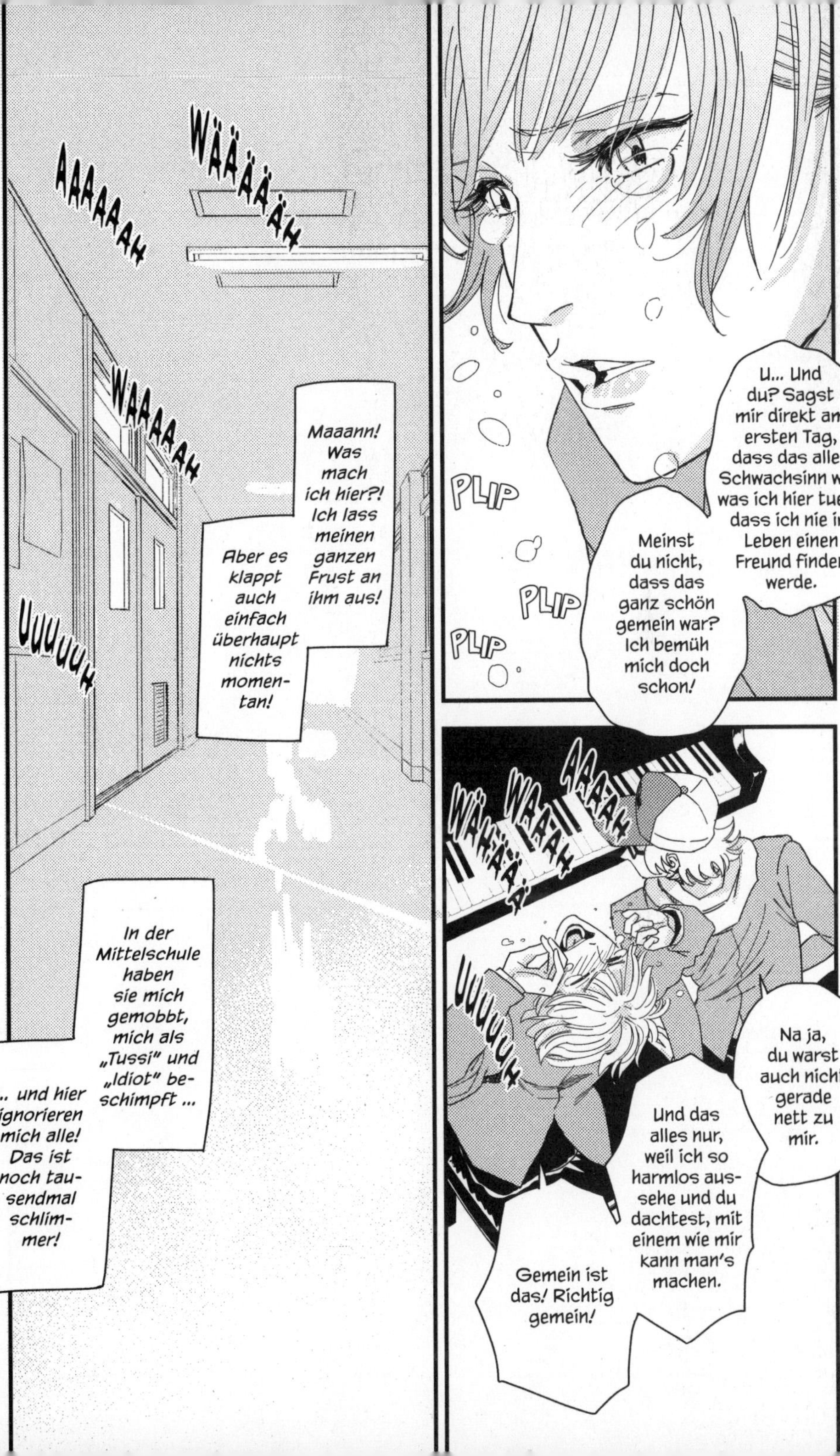
U... Und du? Sagst mir direkt am ersten Tag, dass das alles Schwachsinn wär, was ich hier tue ... dass ich nie im Leben einen Freund finden werde.
PLIP
PLIP
PLIP
Meinst du nicht, dass das ganz schön gemein war? Ich bemüh mich doch schon!
AAAAAH
WAAAAH
WÄÄÄÄÄ
UUUUUUH
Na ja, du warst auch nicht gerade nett zu mir.
Und das alles nur, weil ich so harmlos aussehe und du dachtest, mit einem wie mir kann man's machen.
Gemein ist das! Richtig gemein!
WÄÄÄÄH
AAAAAAH
Maaann! Was mach ich hier?! Ich lass meinen ganzen Frust an ihm aus!
Aber es klappt auch einfach überhaupt nichts momentan!
WAAAAAAH
UUUUUH
In der Mittelschule haben sie mich gemobbt, mich als „Tussi" und „Idiot" beschimpft ...
... und hier ignorieren mich alle! Das ist noch tausendmal schlimmer!

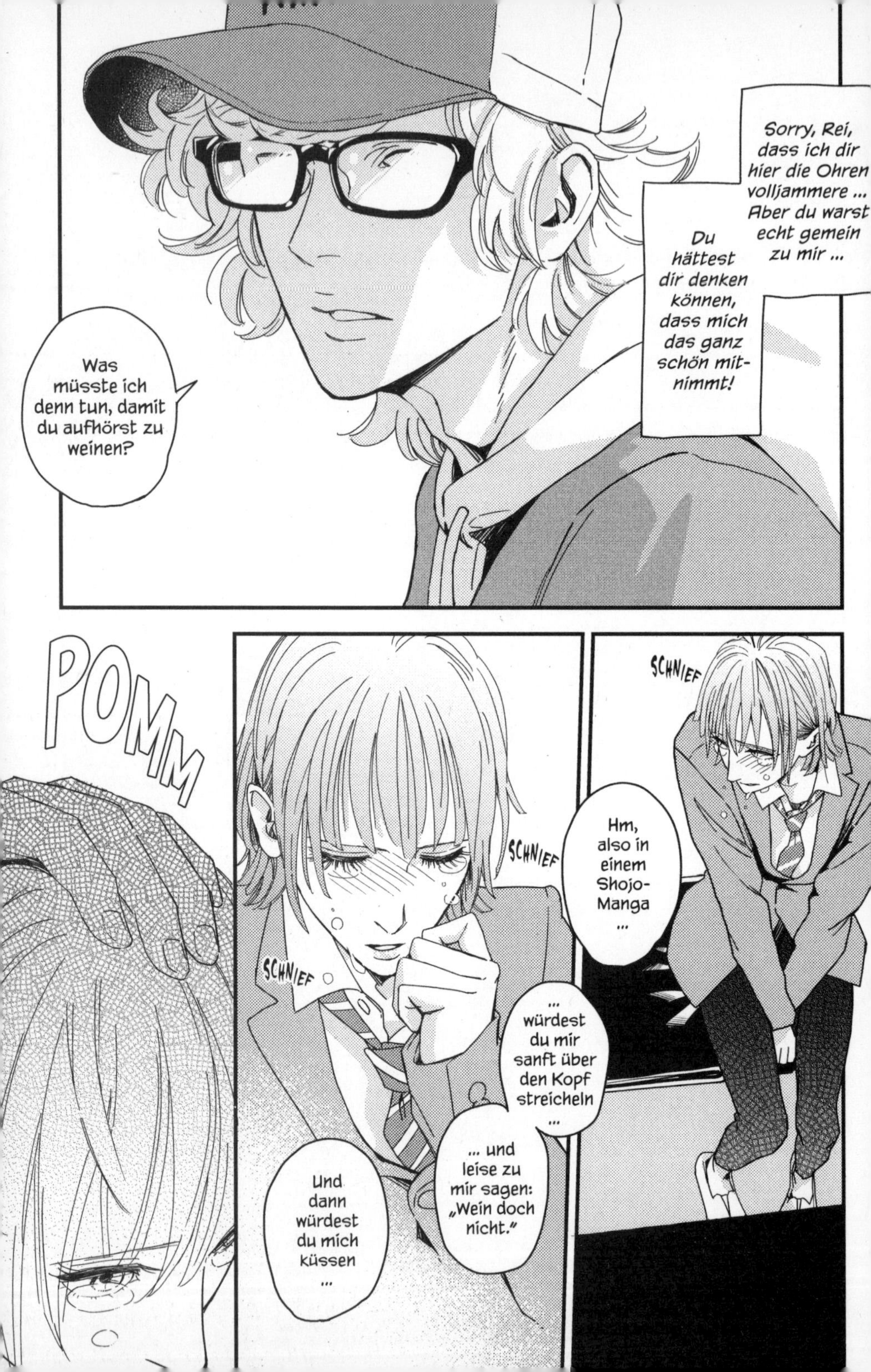

Sorry, Rei, dass ich dir hier die Ohren volljammere ... Aber du warst echt gemein zu mir ...
Du hättest dir denken können, dass mich das ganz schön mit-nimmt!
Was müsste ich denn tun, damit du aufhörst zu weinen?
SCHNIEF
Hm, also in einem Shojo-Manga ...
SCHNIEF
SCHNIEF
... würdest du mir sanft über den Kopf streicheln ...
... und leise zu mir sagen: „Wein doch nicht."
Und dann würdest du mich küssen ...
POMMM

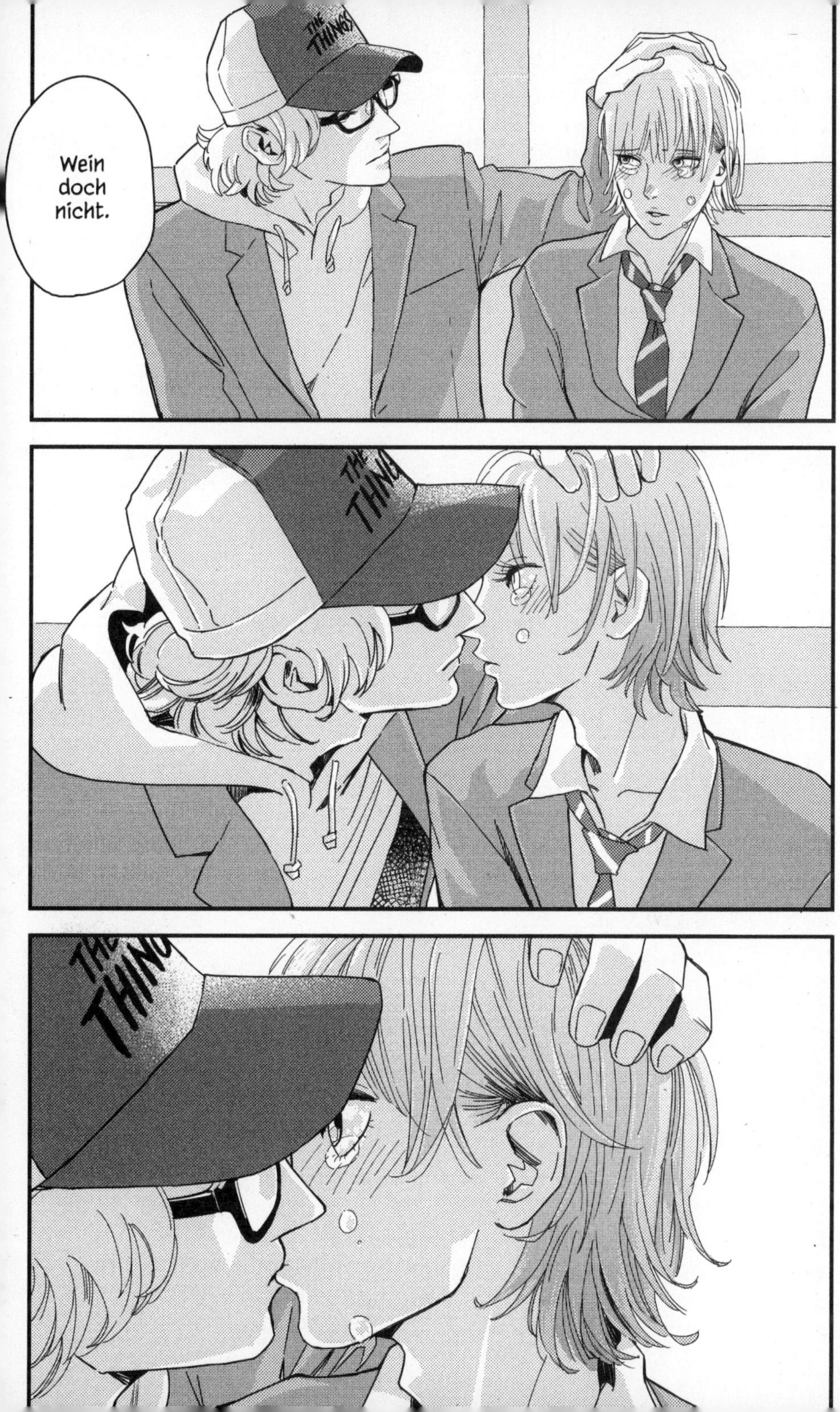
Wein doch nicht.
THE THINGS

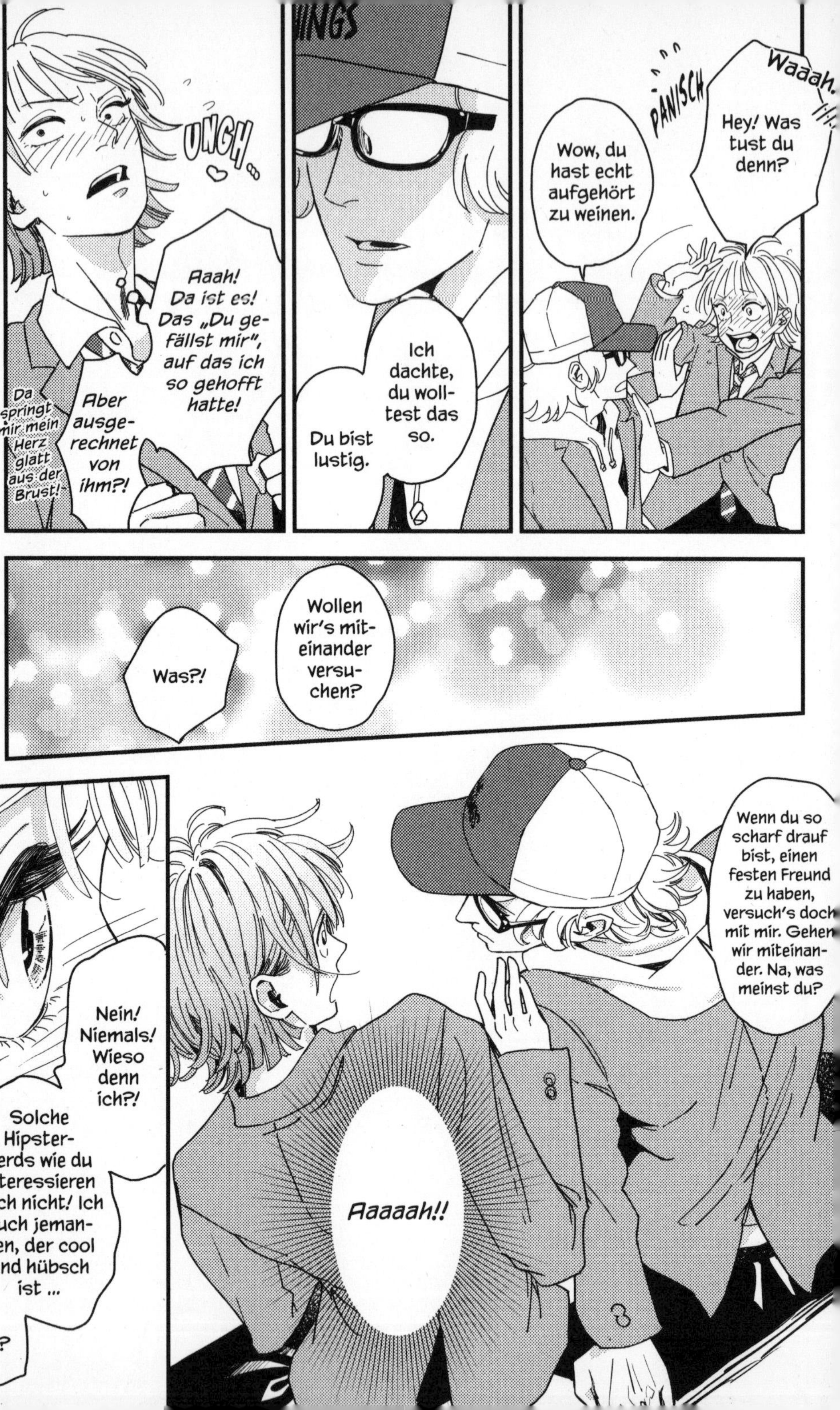

Waaah.
PANISCH
Hey! Was tust du denn?
Wow, du hast echt aufgehört zu weinen.
Ich dachte, du wolltest das so.
Du bist lustig.
UNGH..
Aaah! Da ist es! Das „Du gefällst mir", auf das ich so gehofft hatte!
Aber ausgerechnet von ihm?!
Da springt mir mein Herz glatt aus der Brust!
Wollen wir's miteinander versuchen?
Was?!
Wenn du so scharf drauf bist, einen festen Freund zu haben, versuch's doch mit mir. Gehen wir miteinander. Na, was meinst du?
Aaaaah!!
Nein! Niemals! Wieso denn ich?!
Solche Hipsternerds wie du interessieren mich nicht! Ich such jemanden, der cool und hübsch ist ...
... okay?

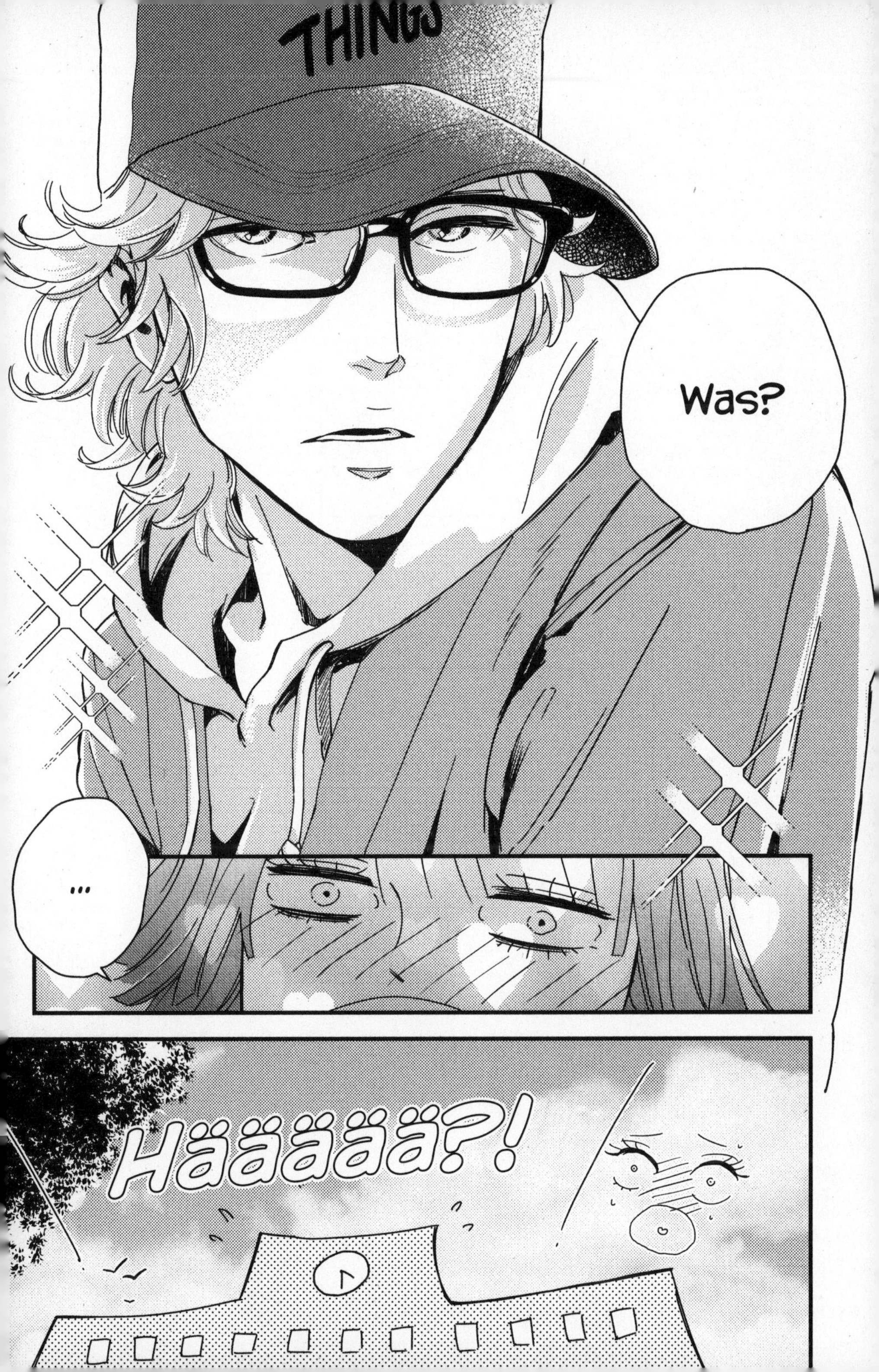
THINGS
Was?
...
Häääää?!

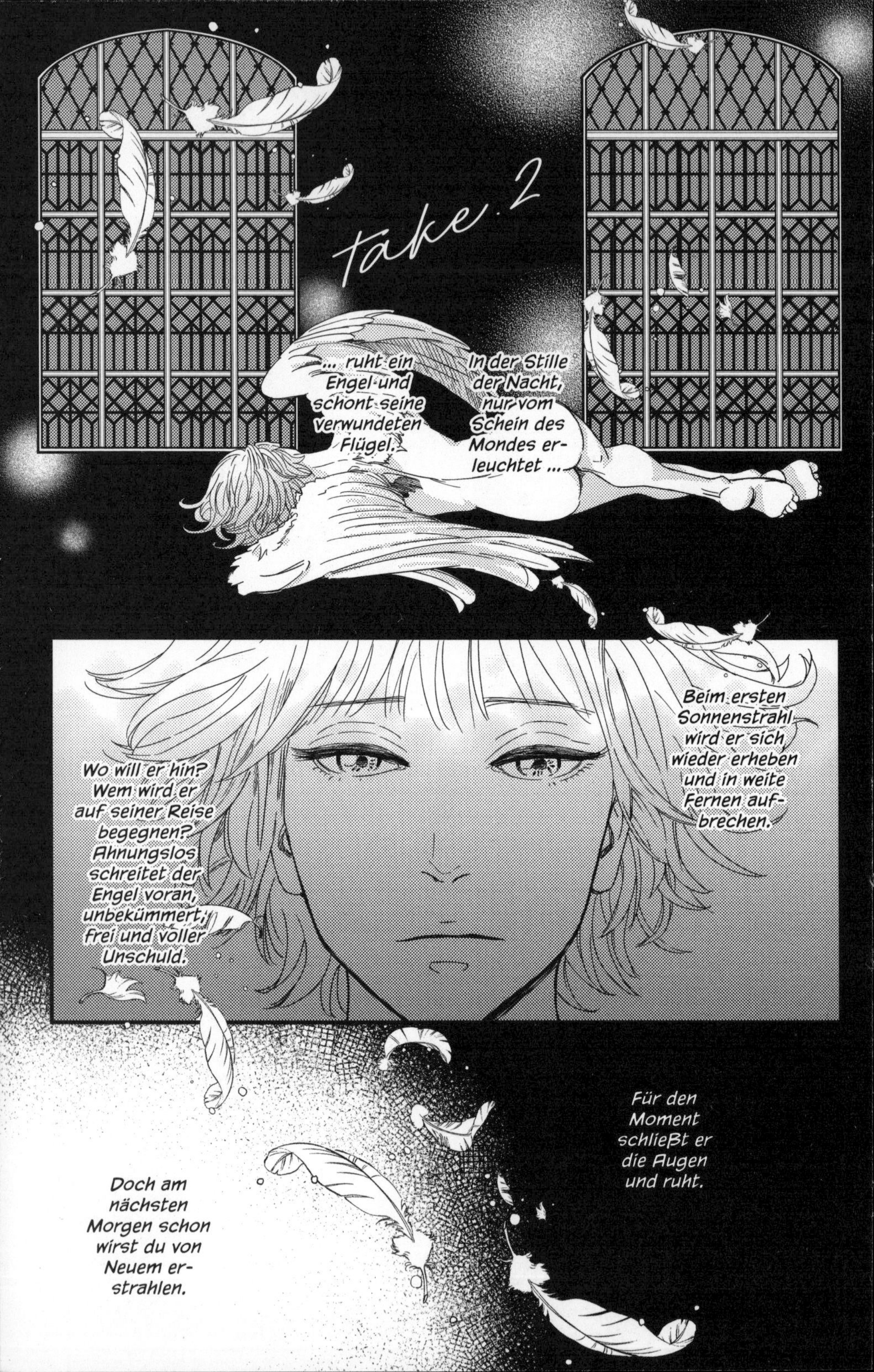
Take 2
In der Stille der Nacht, nur vom Schein des Mondes erleuchtet ...
... ruht ein Engel und schont seine verwundeten Flügel.
Beim ersten Sonnenstrahl wird er sich wieder erheben und in weite Fernen aufbrechen.
Wo will er hin? Wem wird er auf seiner Reise begegnen? Ahnungslos schreitet der Engel voran, unbekümmert, frei und voller Unschuld.
Für den Moment schließt er die Augen und ruht.
Doch am nächsten Morgen schon wirst du von Neuem erstrahlen.

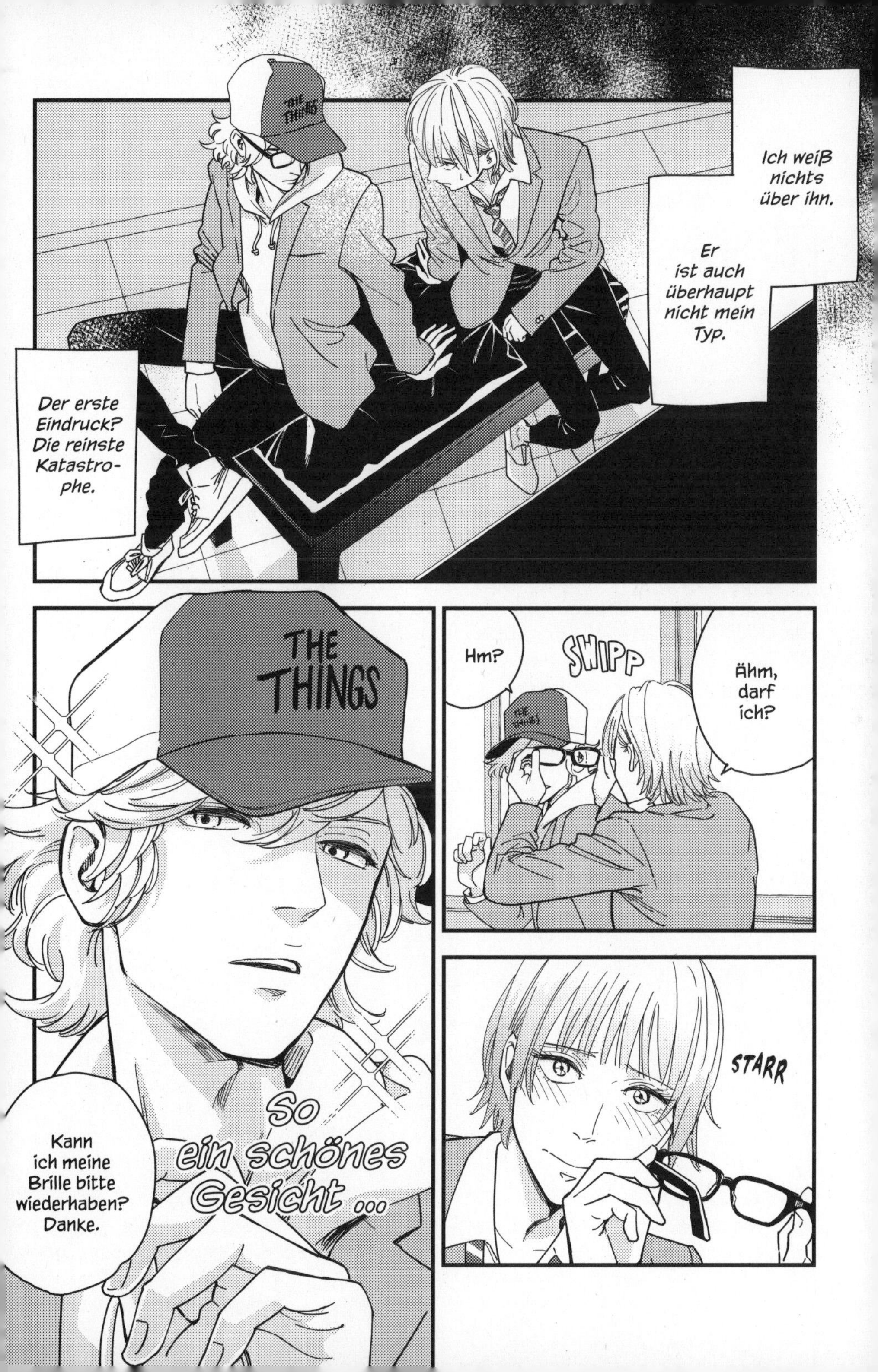
Ich weiß nichts über ihn.
Er ist auch überhaupt nicht mein Typ.
Der erste Eindruck? Die reinste Katastrophe.
THE THINGS
Hm?
SWIPP
Ähm, darf ich?
THE THINGS
So ein schönes Gesicht ...
Kann ich meine Brille bitte wiederhaben? Danke.
STARR

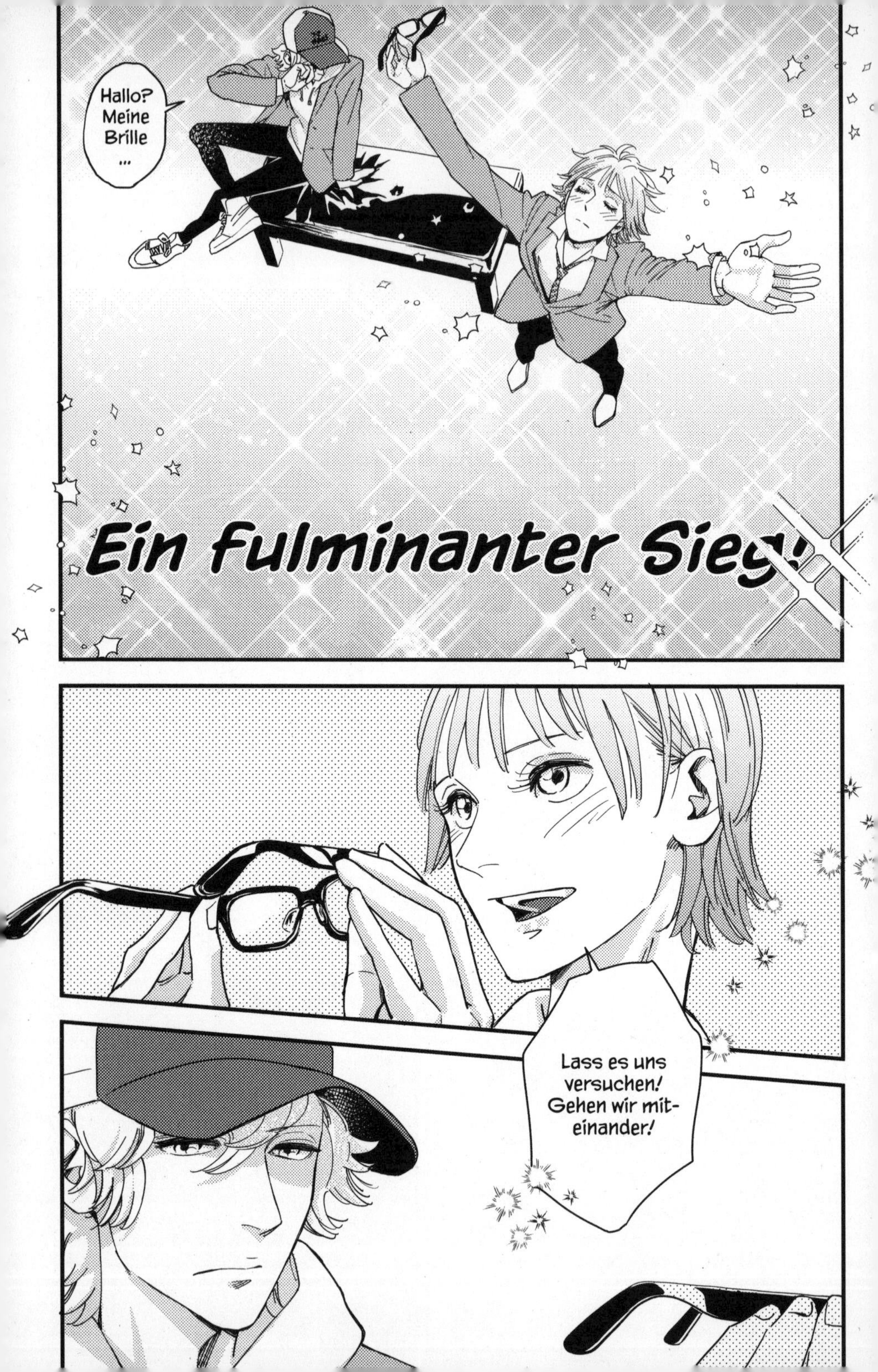
Hallo? Meine Brille ...
Ein fulminanter Sieg!
Lass es uns versuchen! Gehen wir miteinander!

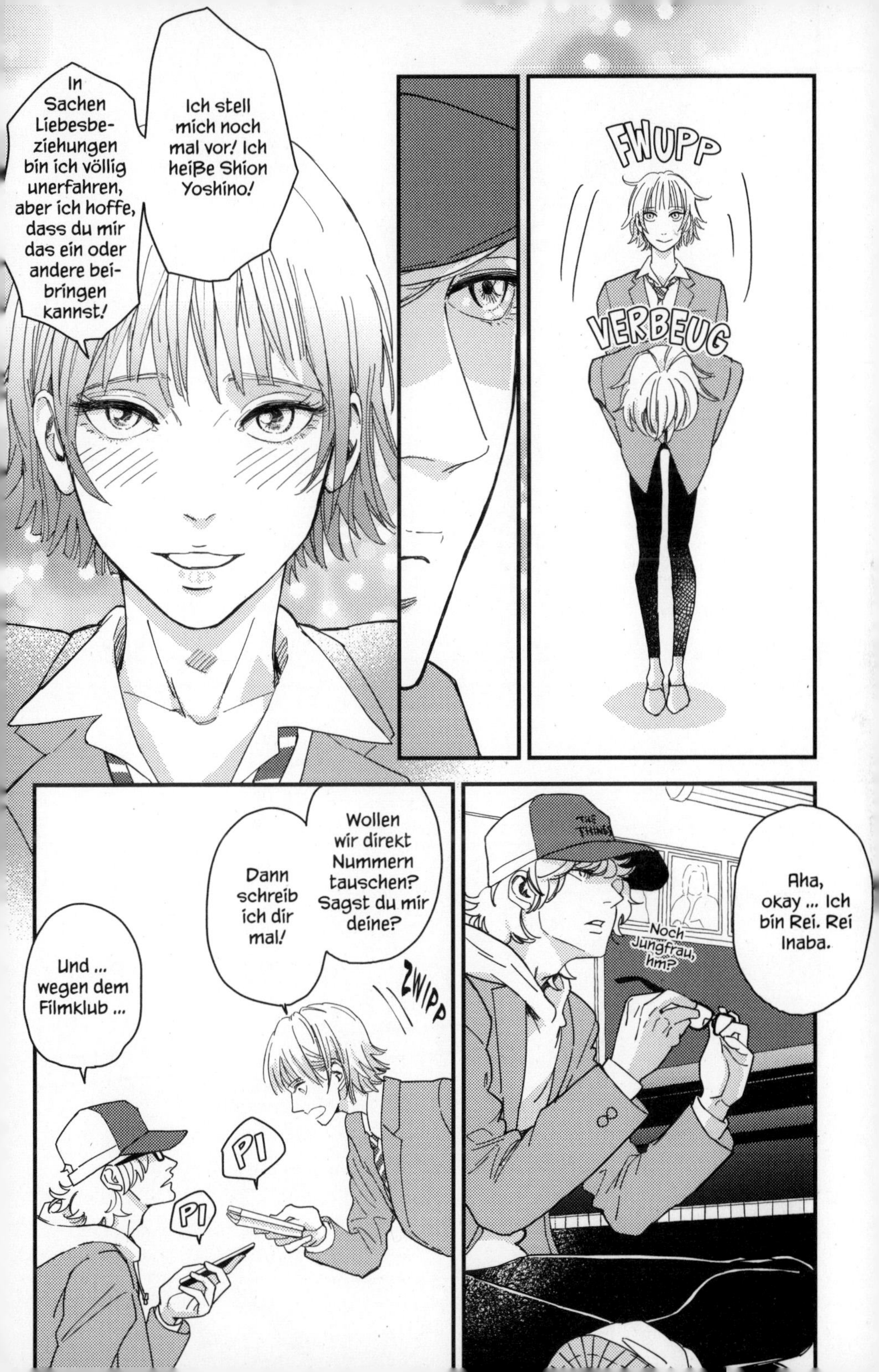
FWUPP
VERBEUG
Ich stell mich noch mal vor! Ich heiße Shion Yoshino!
In Sachen Liebesbeziehungen bin ich völlig unerfahren, aber ich hoffe, dass du mir das ein oder andere beibringen kannst!
Aha, okay ... Ich bin Rei. Rei Inaba.
Noch Jungfrau, hm?
Wollen wir direkt Nummern tauschen? Sagst du mir deine?
Dann schreib ich dir mal!
ZWIPP
Und ... wegen dem Filmklub ...
PI
PI

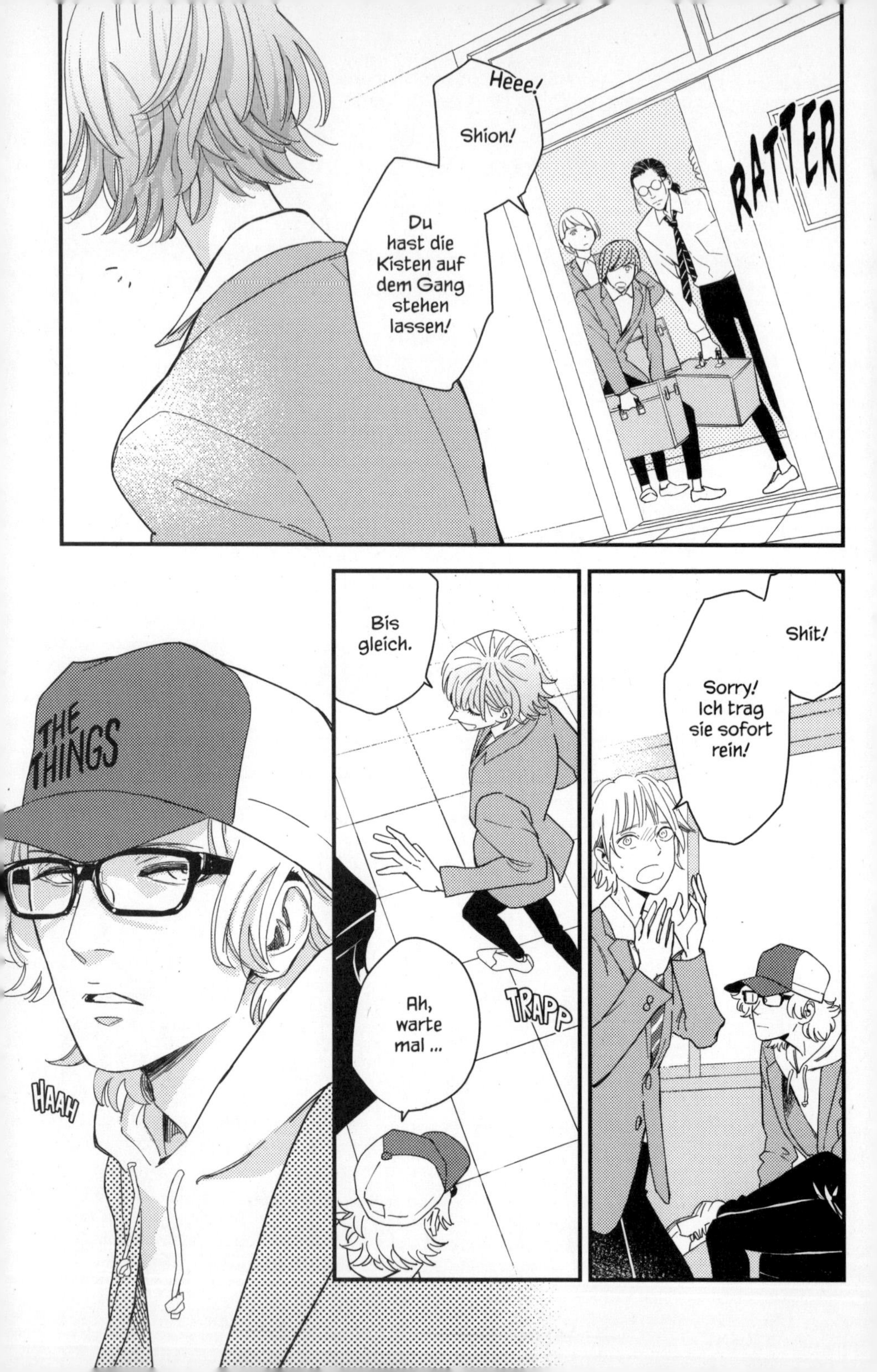
RATTER
Heee!
Shion!
Du hast die Kisten auf dem Gang stehen lassen!
Shit!
Sorry! Ich trag sie sofort rein!
Bis gleich.
TRAPP
Ah, warte mal ...
THE THINGS
HAAH

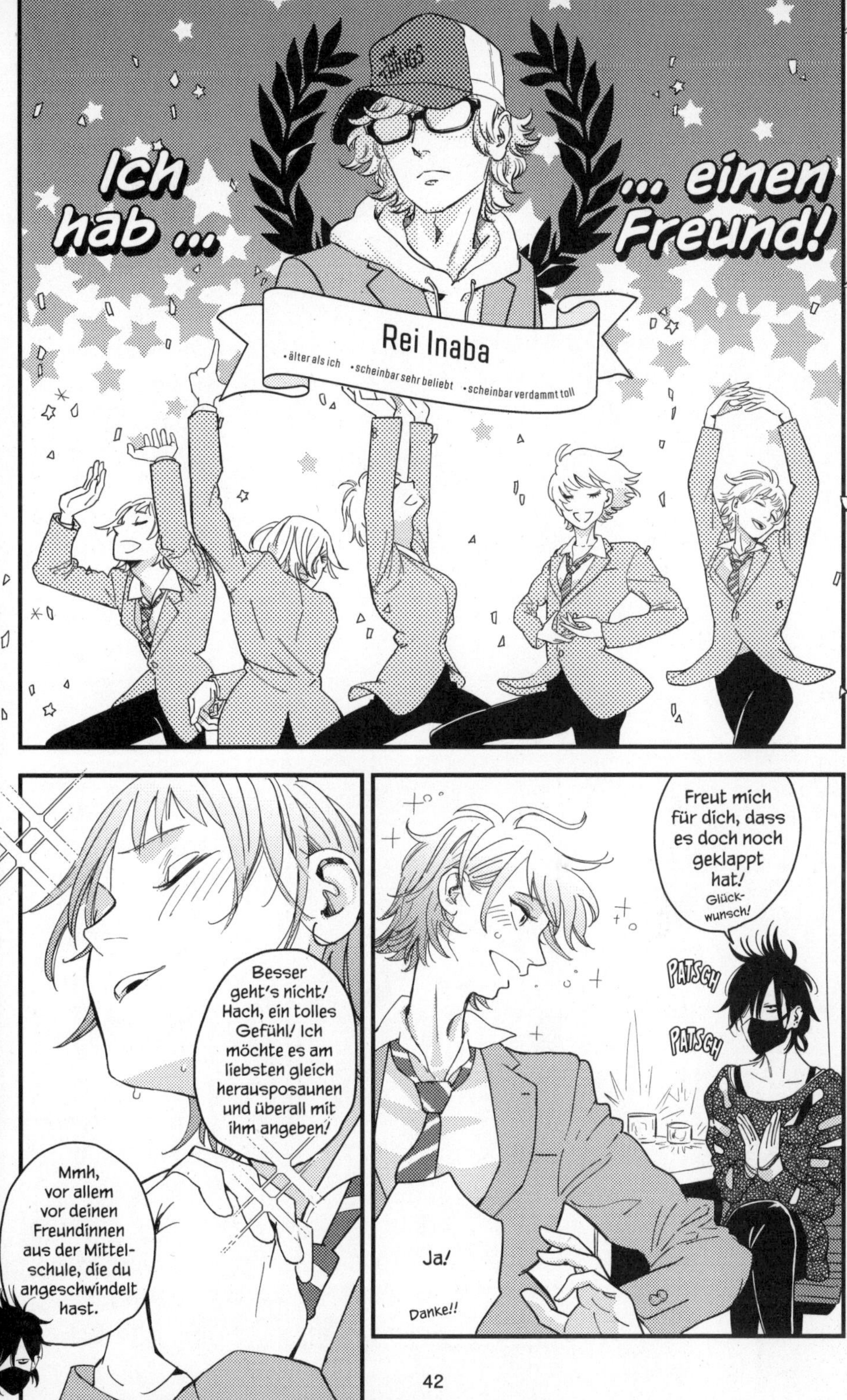
Ich hab ...
... einen Freund!
Rei Inaba
• älter als ich • scheinbar sehr beliebt • scheinbar verdammt toll
Freut mich für dich, dass es doch noch geklappt hat!
Glückwunsch!
PATSCH
PATSCH
Ja!
Danke!!
Besser geht's nicht! Hach, ein tolles Gefühl! Ich möchte es am liebsten gleich herausposaunen und überall mit ihm angeben!
Mmh, vor allem vor deinen Freundinnen aus der Mittelschule, die du angeschwindelt hast.

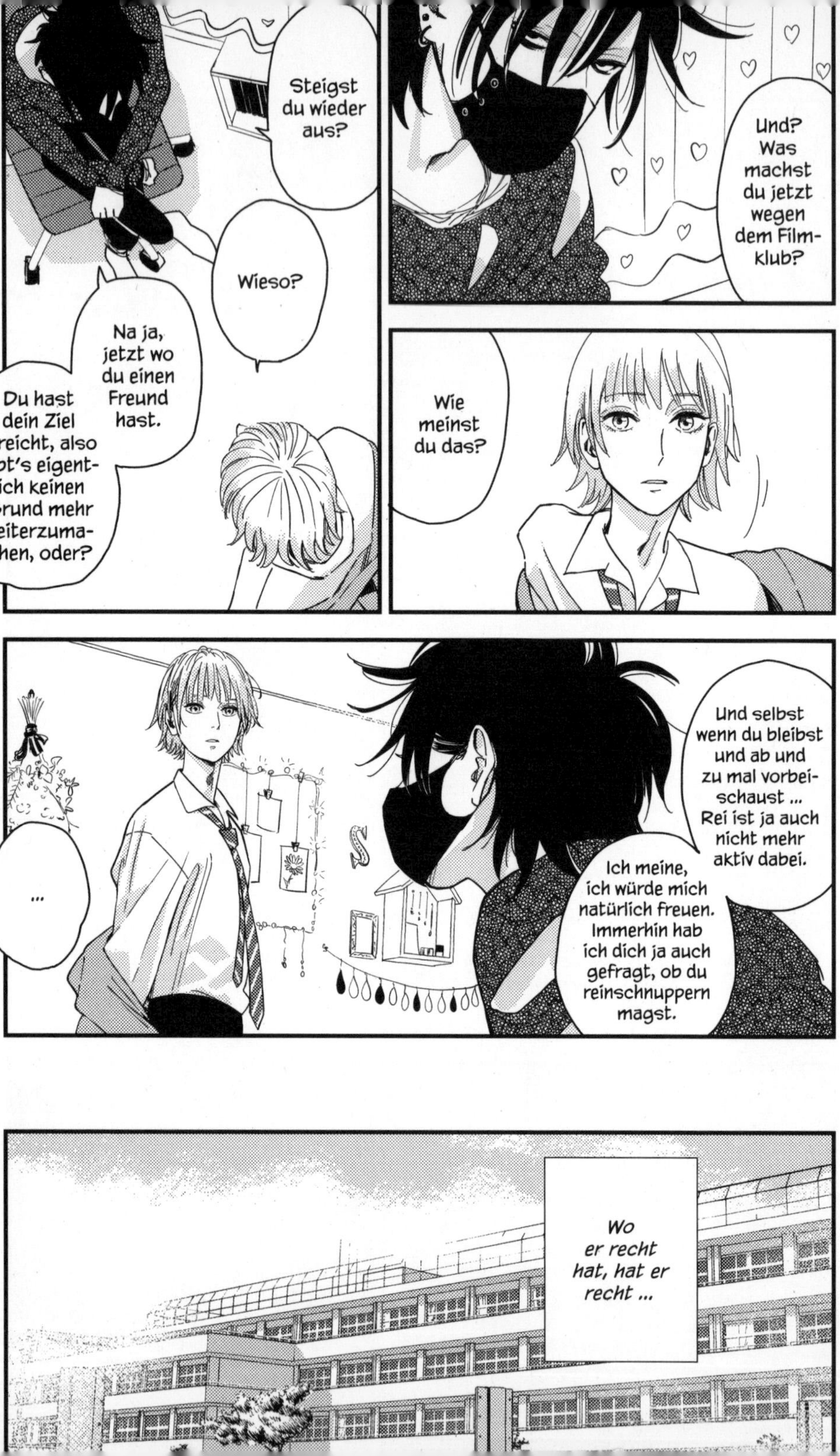
Und? Was machst du jetzt wegen dem Film-klub?
Wie meinst du das?
Steigst du wieder aus?
Wieso?
Na ja, jetzt wo du einen Freund hast.
Du hast dein Ziel erreicht, also gibt's eigent-lich keinen Grund mehr weiterzuma-chen, oder?
Und selbst wenn du bleibst und ab und zu mal vorbei-schaust ... Rei ist ja auch nicht mehr aktiv dabei.
Ich meine, ich würde mich natürlich freuen. Immerhin hab ich dich ja auch gefragt, ob du reinschnuppern magst.
...
Wo er recht hat, hat er recht ...

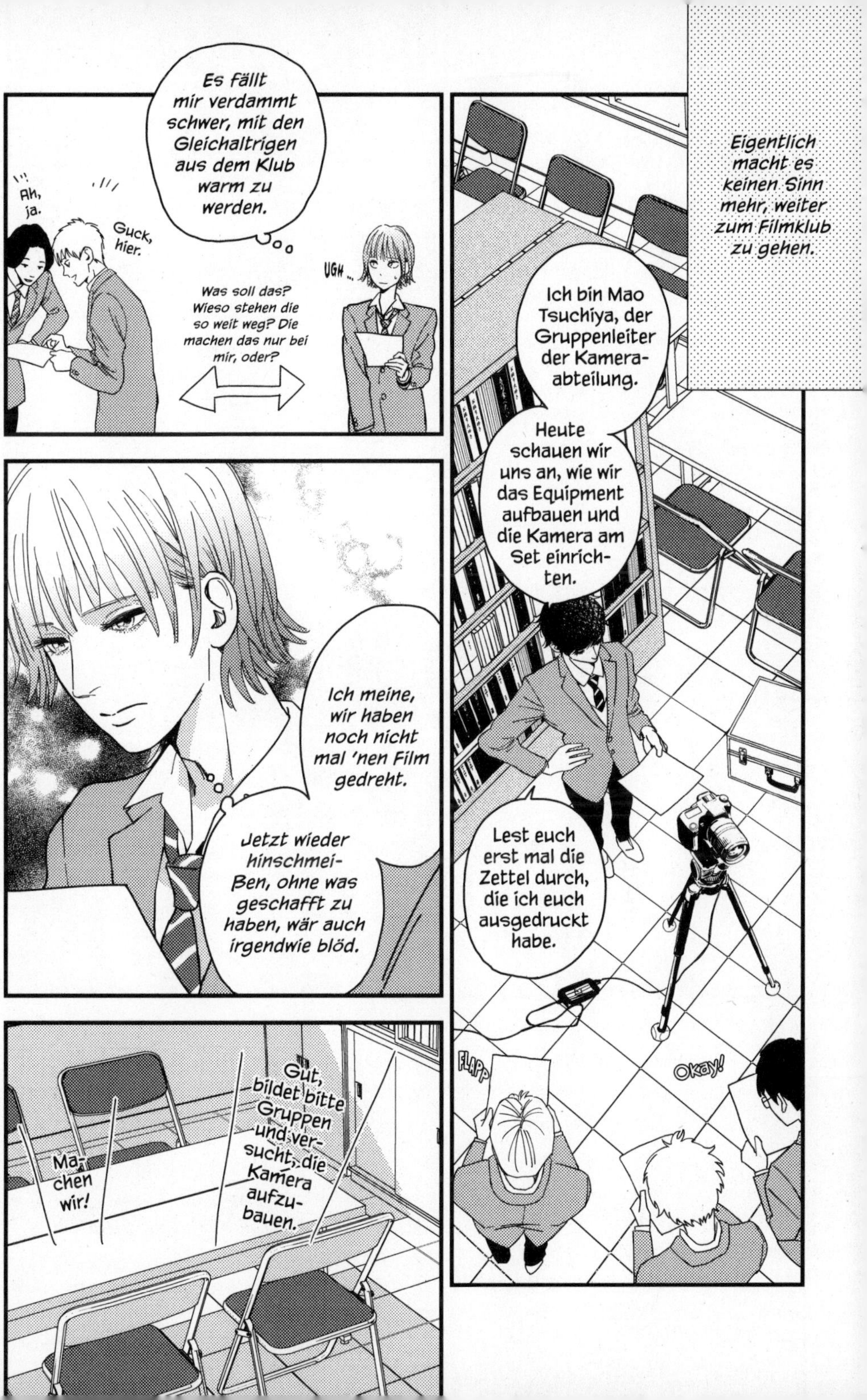
Eigentlich macht es keinen Sinn mehr, weiter zum Filmklub zu gehen.
Ich bin Mao Tsuchiya, der Gruppenleiter der Kamera-abteilung.
Heute schauen wir uns an, wie wir das Equipment aufbauen und die Kamera am Set einrich-ten.
Lest euch erst mal die Zettel durch, die ich euch ausgedruckt habe.
FLAPP
Okay!
Es fällt mir verdammt schwer, mit den Gleichaltrigen aus dem Klub warm zu werden.
!! Ah, ja.
Guck, hier.
UGH ...
Was soll das? Wieso stehen die so weit weg? Die machen das nur bei mir, oder?
Ich meine, wir haben noch nicht mal 'nen Film gedreht.
Jetzt wieder hinschmei-ßen, ohne was geschafft zu haben, wär auch irgendwie blöd.
Gut, bildet bitte Gruppen und ver-sucht, die Kamera aufzu-bauen.
Ma-chen wir!

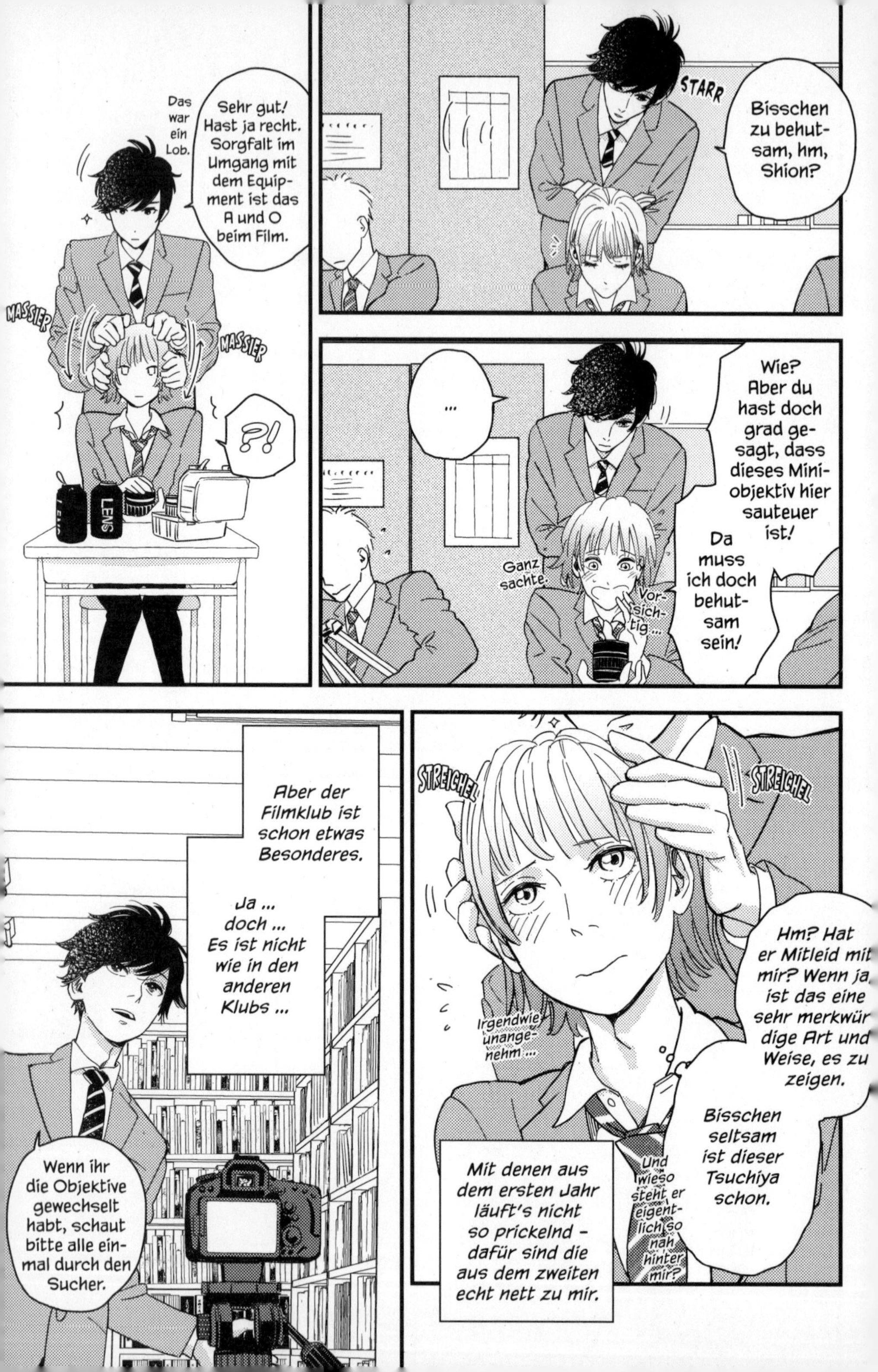

STARR
Bisschen zu behutsam, hm, Shion?
...
Wie? Aber du hast doch grad gesagt, dass dieses Miniobjektiv hier sauteuer ist!
Da muss ich doch behutsam sein!
Ganz sachte.
Vorsichtig ...
Das war ein Lob.
Sehr gut! Hast ja recht. Sorgfalt im Umgang mit dem Equipment ist das A und O beim Film.
MASSIER
MASSIER
?!
LENS
STREICHEL
STREICHEL
Hm? Hat er Mitleid mit mir? Wenn ja, ist das eine sehr merkwürdige Art und Weise, es zu zeigen.
Bisschen seltsam ist dieser Tsuchiya schon.
Irgendwie unangenehm ...
Und wieso steht er eigentlich so nah hinter mir?
Mit denen aus dem ersten Jahr läuft's nicht so prickelnd – dafür sind die aus dem zweiten echt nett zu mir.
Aber der Filmklub ist schon etwas Besonderes.
Ja ... doch ... Es ist nicht wie in den anderen Klubs ...
Wenn ihr die Objektive gewechselt habt, schaut bitte alle einmal durch den Sucher.

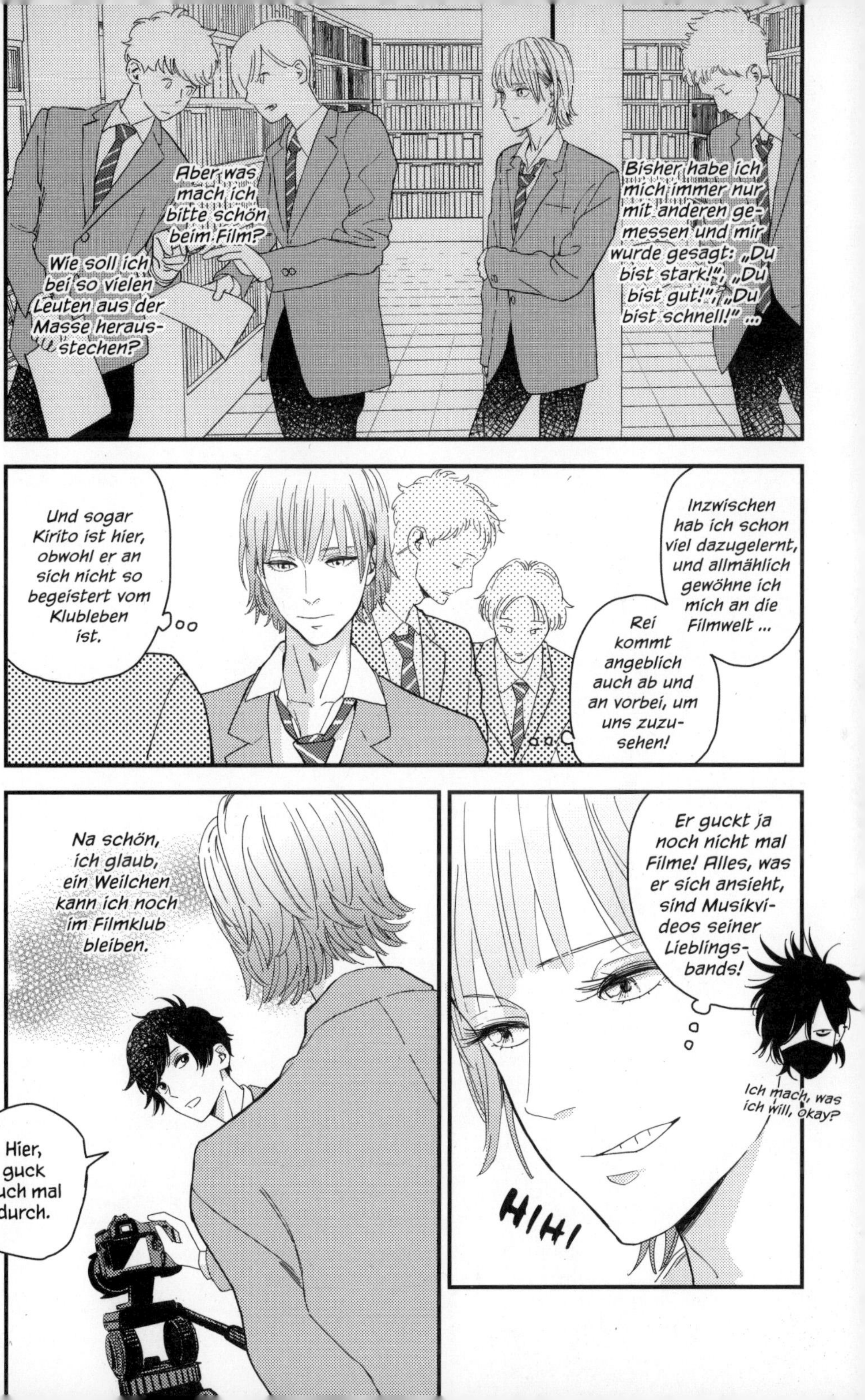
Bisher habe ich mich immer nur mit anderen gemessen und mir wurde gesagt: „Du bist stark!", „Du bist gut!", „Du bist schnell!" ...
Aber was mach ich bitte schön beim Film?
Wie soll ich bei so vielen Leuten aus der Masse herausstechen?
Inzwischen hab ich schon viel dazugelernt, und allmählich gewöhne ich mich an die Filmwelt ...
Rei kommt angeblich auch ab und an vorbei, um uns zuzusehen!
Und sogar Kirito ist hier, obwohl er an sich nicht so begeistert vom Klubleben ist.
Er guckt ja noch nicht mal Filme! Alles, was er sich ansieht, sind Musikvideos seiner Lieblingsbands!
Ich mach, was ich will, okay?
HIHI
Na schön, ich glaub, ein Weilchen kann ich noch im Filmklub bleiben.
Hier, guck auch mal durch.

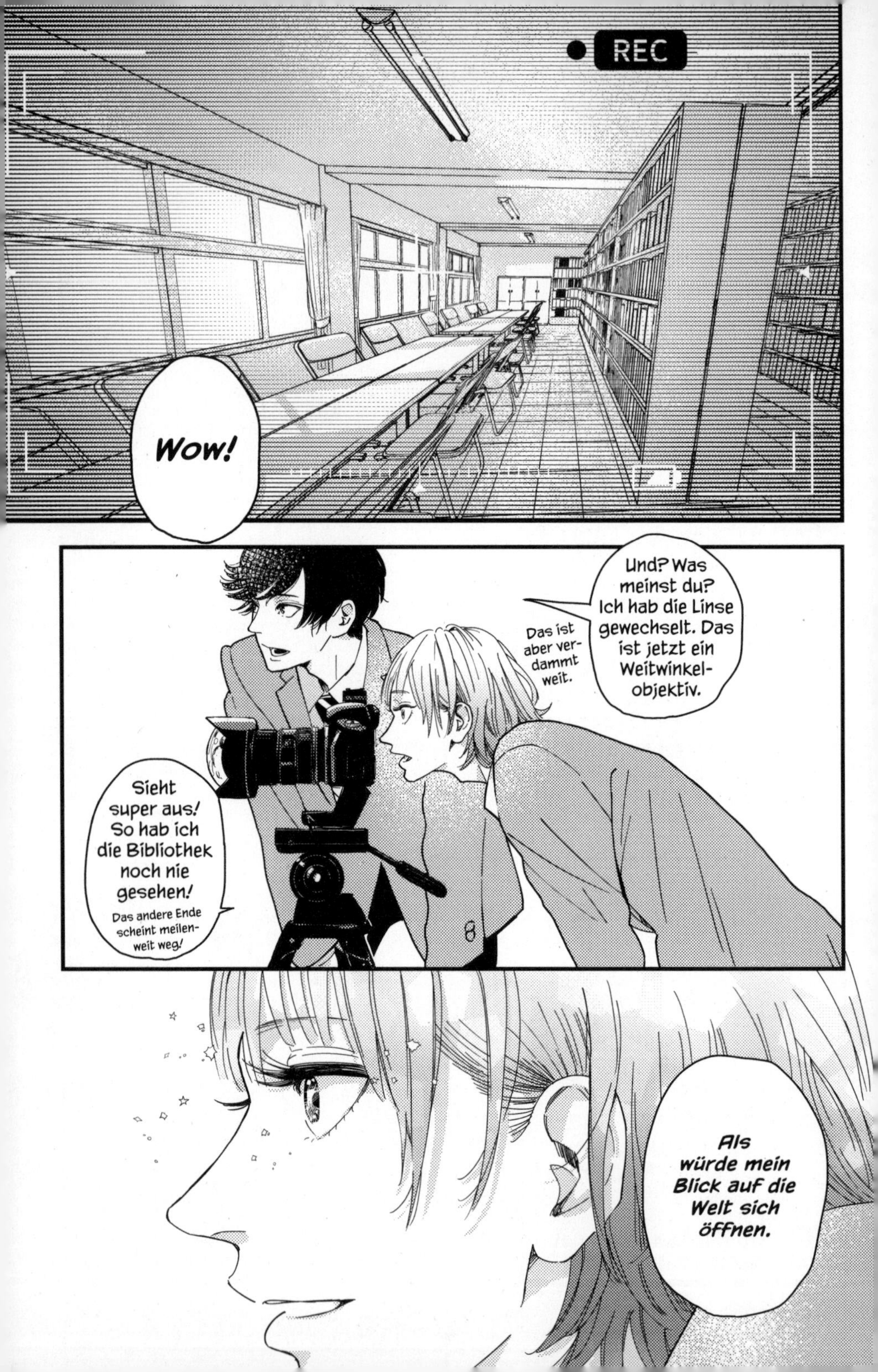
REC
Wow!
Und? Was meinst du? Ich hab die Linse gewechselt. Das ist jetzt ein Weitwinkel-objektiv.
Das ist aber verdammt weit.
Sieht super aus! So hab ich die Bibliothek noch nie gesehen!
Das andere Ende scheint meilenweit weg!
Als würde mein Blick auf die Welt sich öffnen.

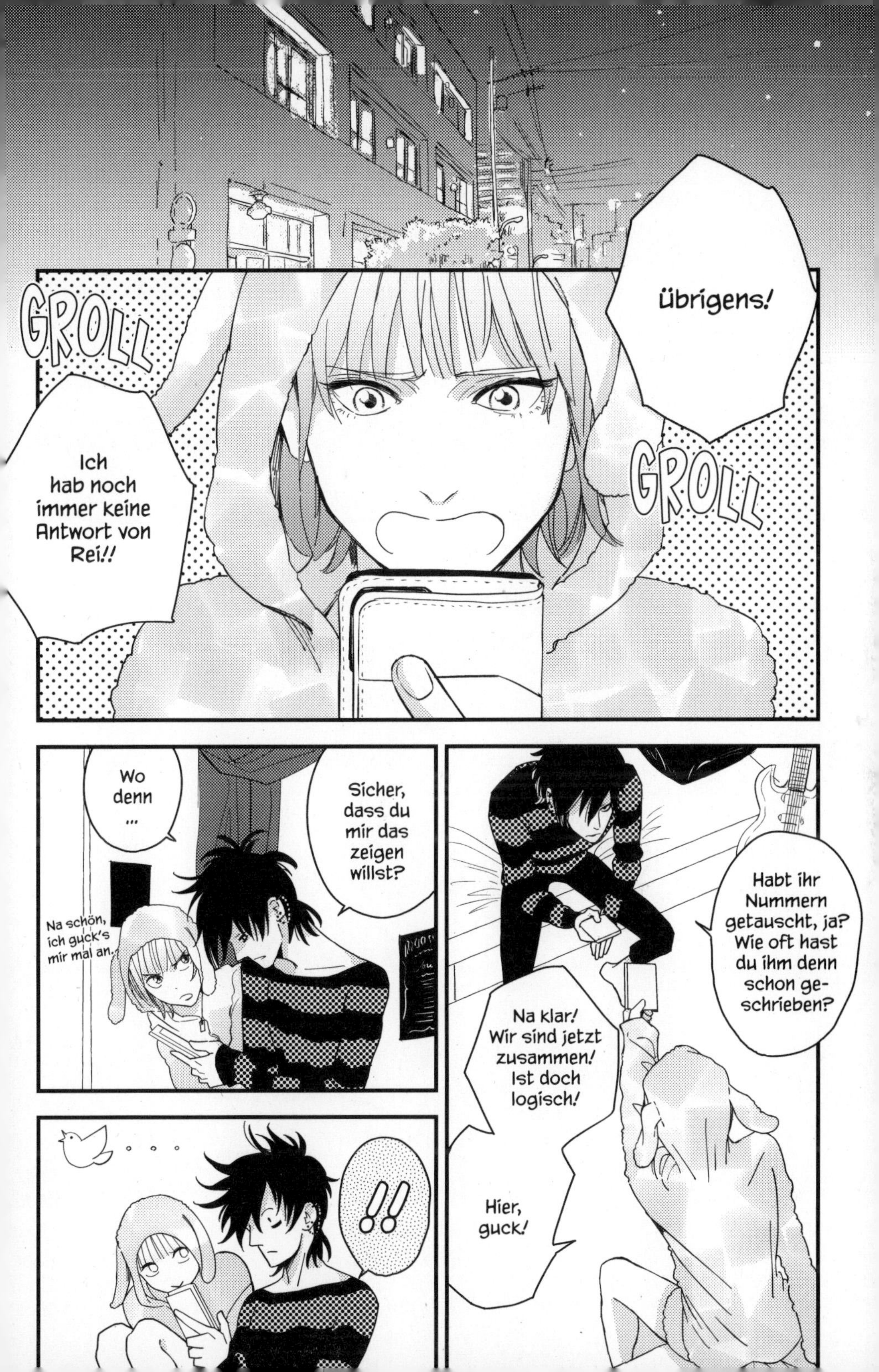
übrigens!
GROLL
GROLL
Ich hab noch immer keine Antwort von Rei!!
Habt ihr Nummern getauscht, ja? Wie oft hast du ihm denn schon geschrieben?
Na klar! Wir sind jetzt zusammen! Ist doch logisch!
Hier, guck!
Sicher, dass du mir das zeigen willst?
Wo denn ...
Na schön, ich guck's mir mal an.
!!

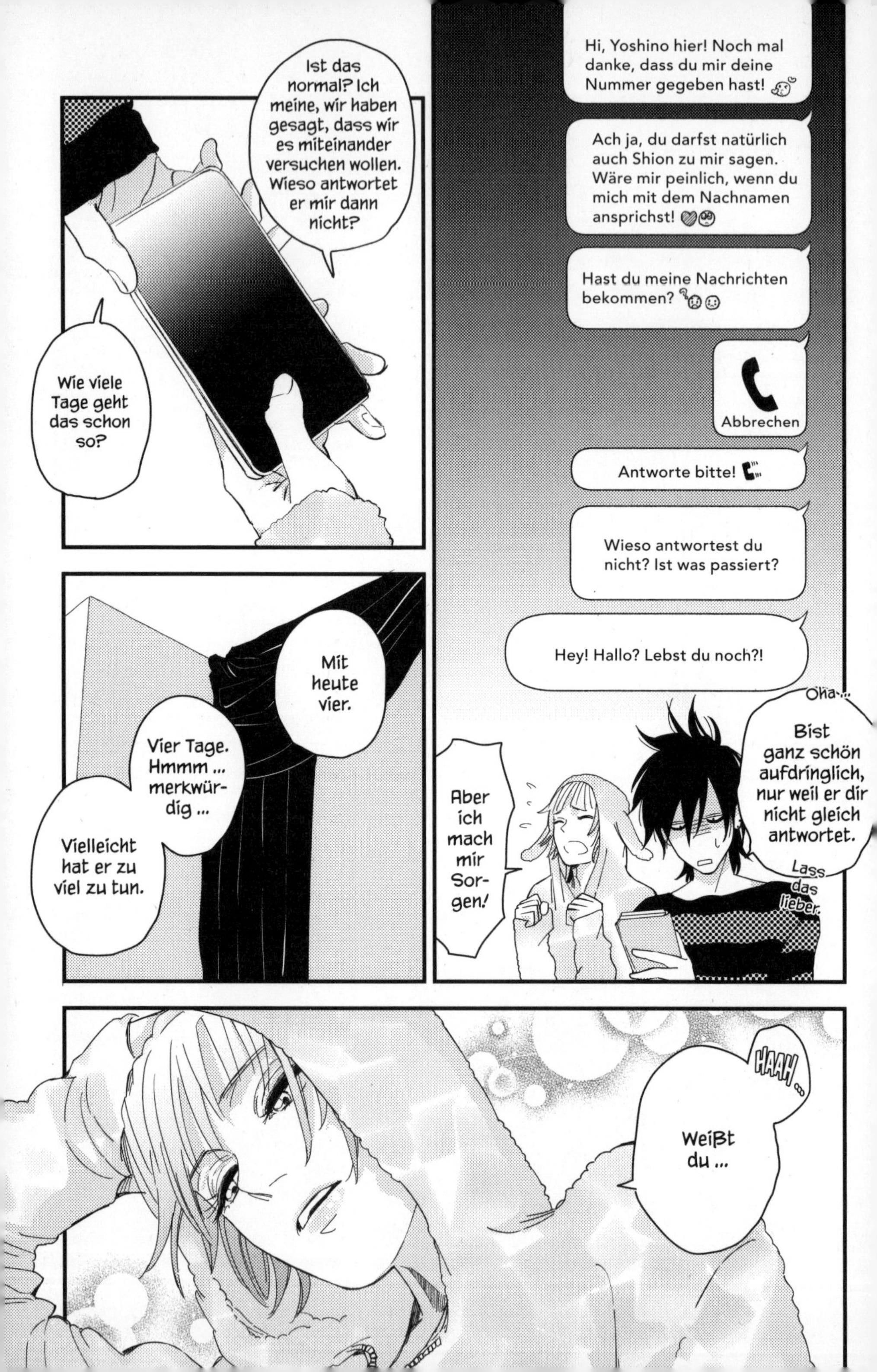

Hi, Yoshino hier! Noch mal danke, dass du mir deine Nummer gegeben hast!
Ach ja, du darfst natürlich auch Shion zu mir sagen. Wäre mir peinlich, wenn du mich mit dem Nachnamen ansprichst!
Hast du meine Nachrichten bekommen?
Abbrechen
Antworte bitte!
Wieso antwortest du nicht? Ist was passiert?
Hey! Hallo? Lebst du noch?!
Oha ...
Bist ganz schön aufdringlich, nur weil er dir nicht gleich antwortet.
Lass das lieber.
Aber ich mach mir Sor-gen!
Ist das normal? Ich meine, wir haben gesagt, dass wir es miteinander versuchen wollen. Wieso antwortet er mir dann nicht?
Wie viele Tage geht das schon so?
Mit heute vier.
Vier Tage. Hmmm ... merkwür-dig ...
Vielleicht hat er zu viel zu tun.
HAAH ...
Weißt du ...

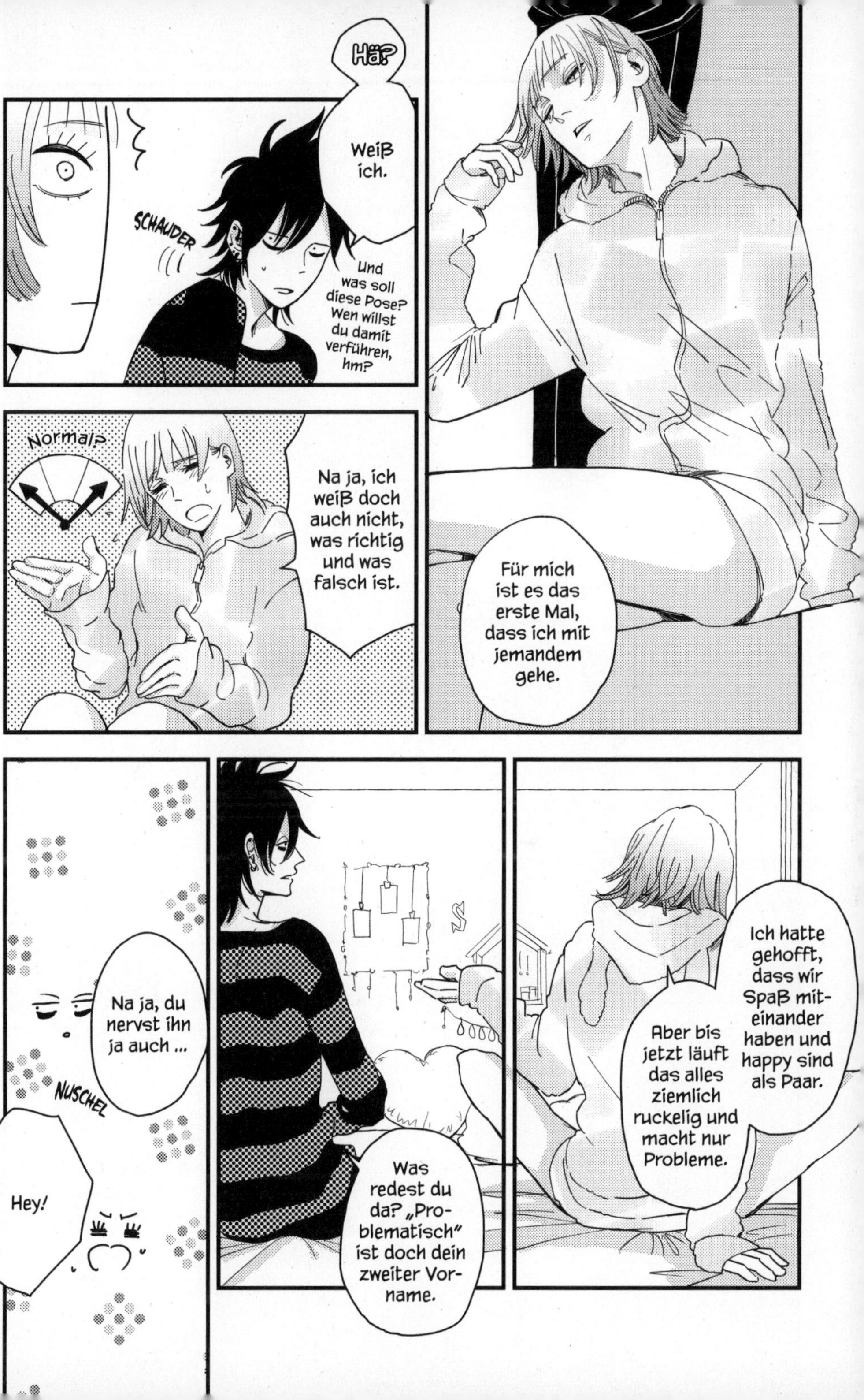
Hä?
Weiß ich.
SCHAUDER
Und was soll diese Pose? Wen willst du damit verführen, hm?
Normal?
Na ja, ich weiß doch auch nicht, was richtig und was falsch ist.
Für mich ist es das erste Mal, dass ich mit jemandem gehe.
Ich hatte gehofft, dass wir Spaß miteinander haben und happy sind als Paar.
Aber bis jetzt läuft das alles ziemlich ruckelig und macht nur Probleme.
Was redest du da? „Problematisch“ ist doch dein zweiter Vorname.
Na ja, du nervst ihn ja auch ...
NUSCHEL
Hey!

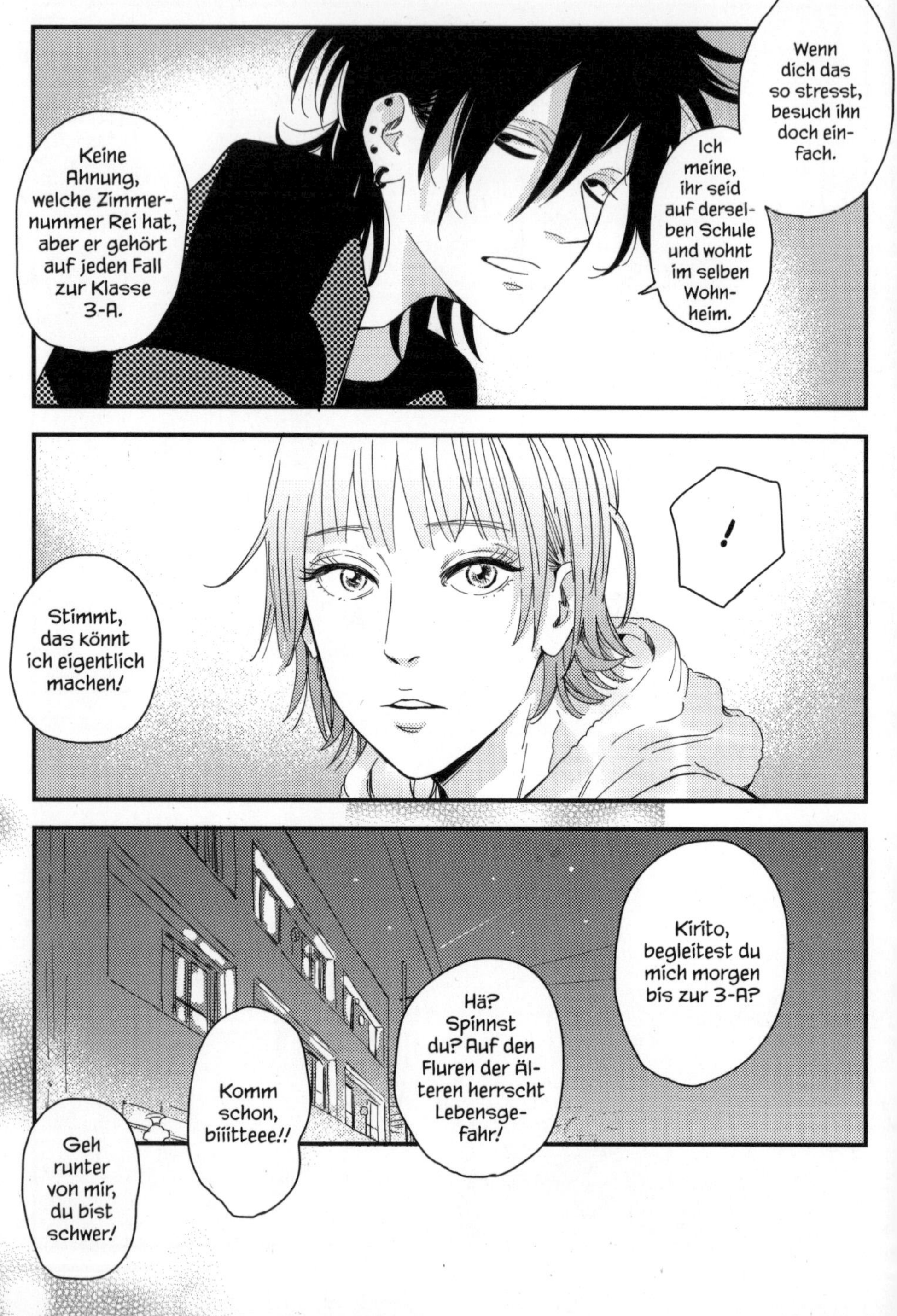
Wenn dich das so stresst, besuch ihn doch einfach.
Ich meine, ihr seid auf derselben Schule und wohnt im selben Wohnheim.
Keine Ahnung, welche Zimmernummer Rei hat, aber er gehört auf jeden Fall zur Klasse 3-A.
!
Stimmt, das könnt ich eigentlich machen!
Kirito, begleitest du mich morgen bis zur 3-A?
Hä? Spinnst du? Auf den Fluren der Älteren herrscht Lebensgefahr!
Komm schon, biiitteee!!
Geh runter von mir, du bist schwer!

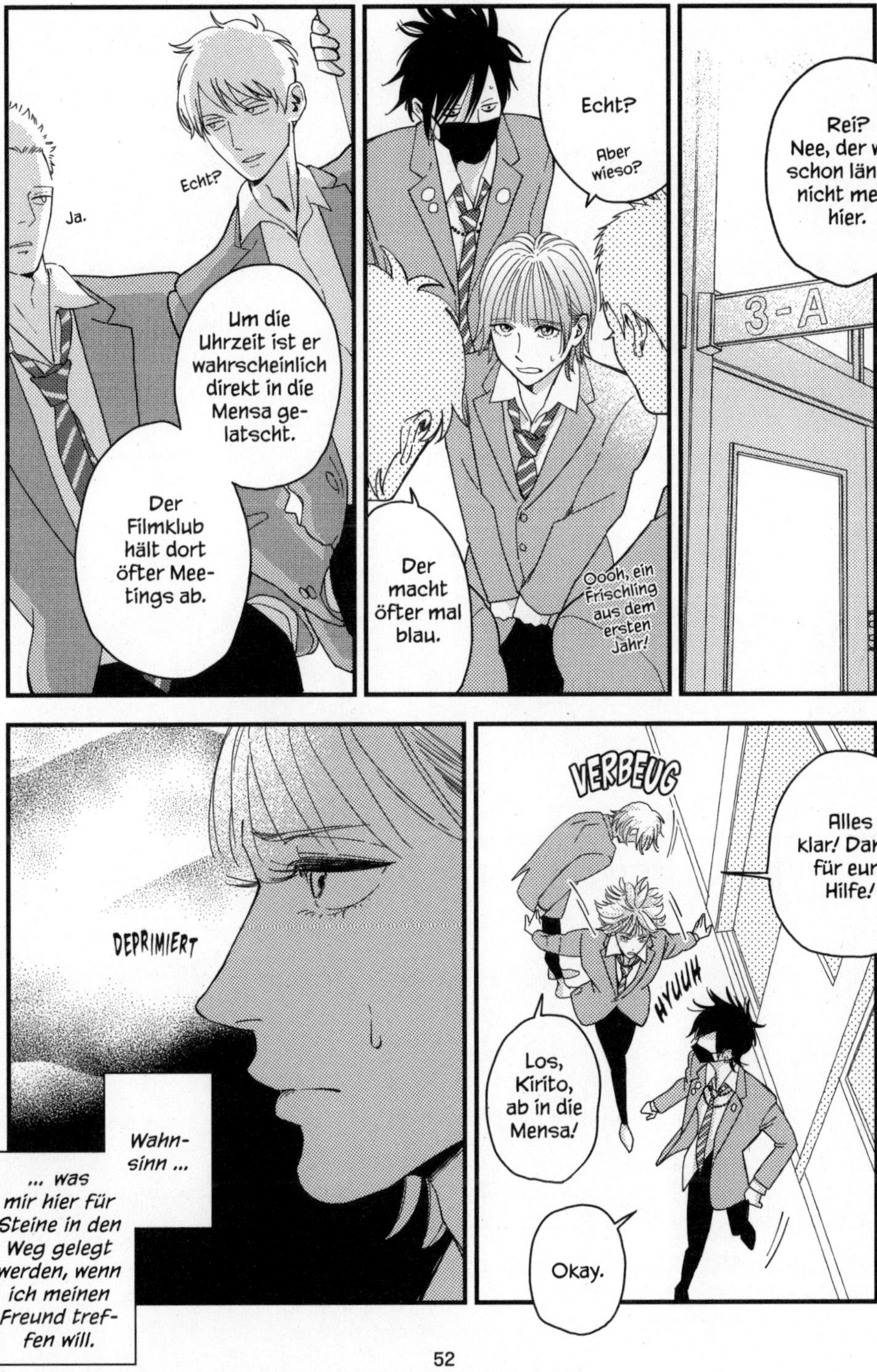
Rei? Nee, der war schon länger nicht mehr hier.
3-A
Echt?
Aber wieso?
Der macht öfter mal blau.
Oooh, ein Frischling aus dem ersten Jahr!
Echt?
Ja.
Um die Uhrzeit ist er wahrscheinlich direkt in die Mensa gelatscht.
Der Filmklub hält dort öfter Meetings ab.
VERBEUG
Alles klar! Danke für eure Hilfe!
HYUUH
Los, Kirito, ab in die Mensa!
Okay.
DEPRIMIERT
Wahnsinn ...
... was mir hier für Steine in den Weg gelegt werden, wenn ich meinen Freund treffen will.

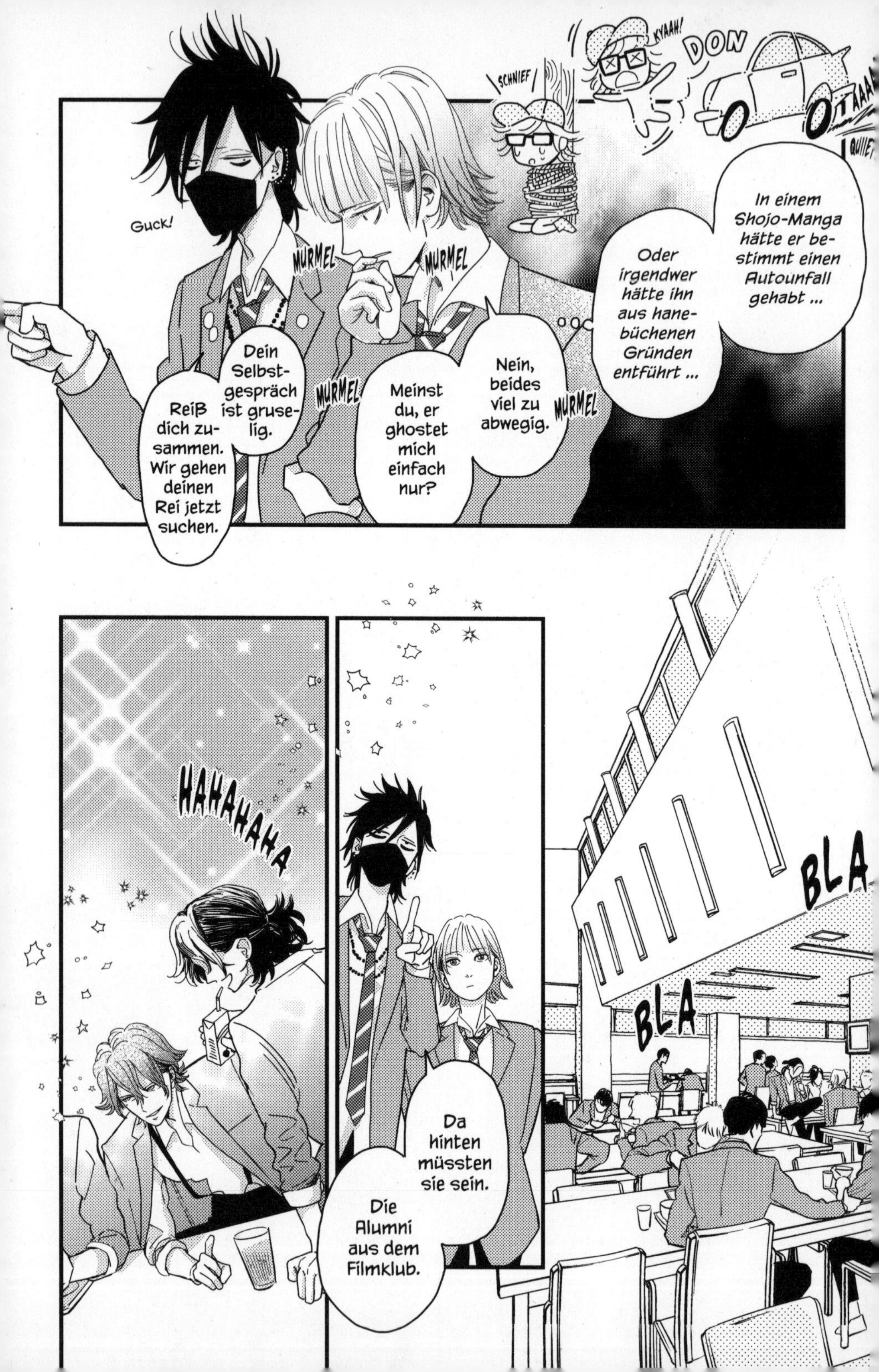
KYAAH!
DON
SCHNIEF
In einem Shojo-Manga hätte er bestimmt einen Autounfall gehabt ...
Oder irgendwer hätte ihn aus hanebüchenen Gründen entführt ...
MURMEL
MURMEL
Nein, beides viel zu abwegig.
MURMEL
Meinst du, er ghostet mich einfach nur?
MURMEL
Guck!
Dein Selbstgespräch ist gruselig.
Reiß dich zusammen. Wir gehen deinen Rei jetzt suchen.
BLA
BLA
Da hinten müssten sie sein.
Die Alumni aus dem Filmklub.
HAHAHAHAHA

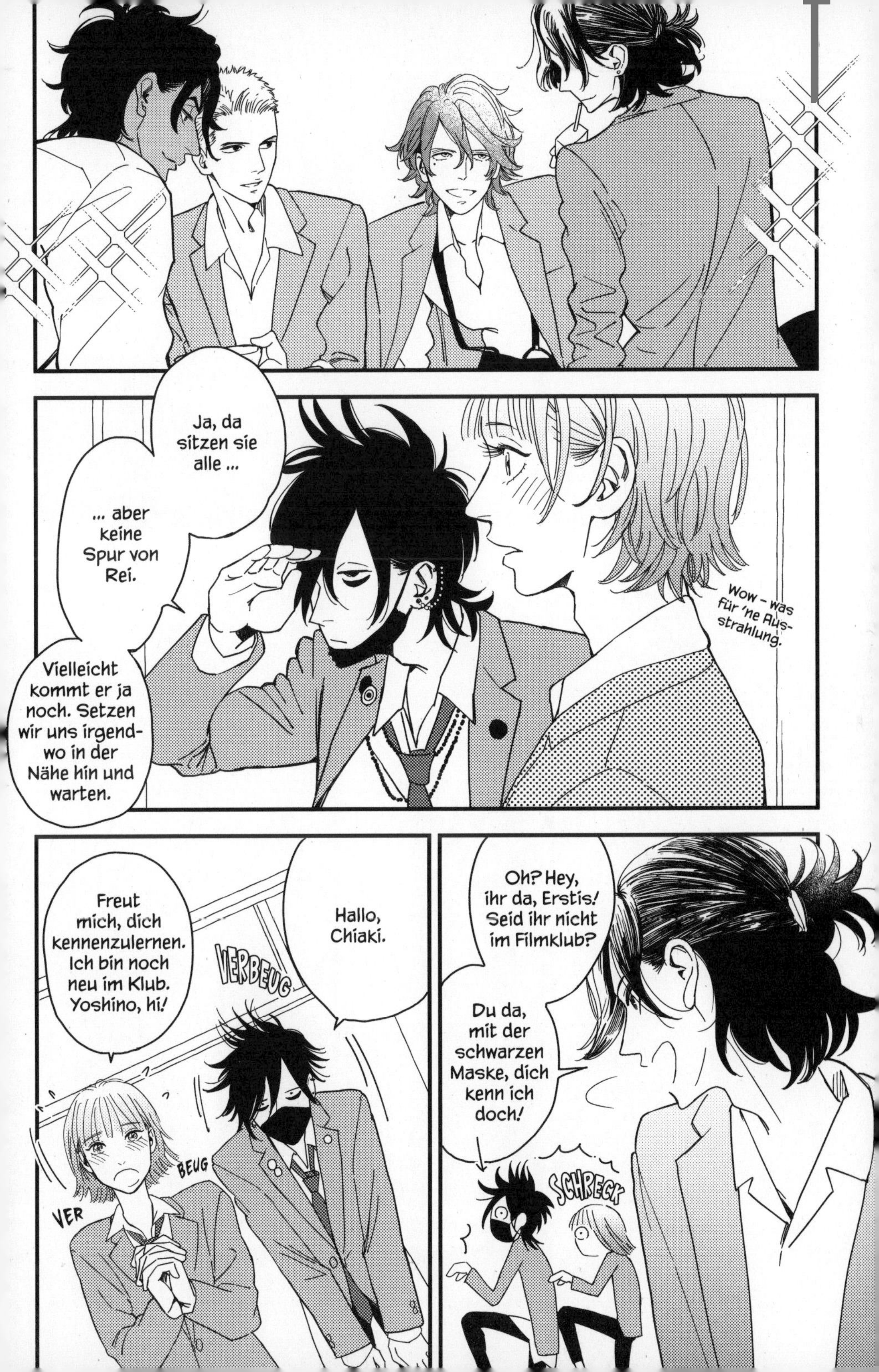
Wow – was für 'ne Ausstrahlung.
Ja, da sitzen sie alle ...
... aber keine Spur von Rei.
Vielleicht kommt er ja noch. Setzen wir uns irgendwo in der Nähe hin und warten.
Oh? Hey, ihr da, Erstis! Seid ihr nicht im Filmklub?
Du da, mit der schwarzen Maske, dich kenn ich doch!
SCHRECK
Hallo, Chiaki.
VERBEUG
Freut mich, dich kennenzulernen. Ich bin noch neu im Klub. Yoshino, hi!
VER
BEUG

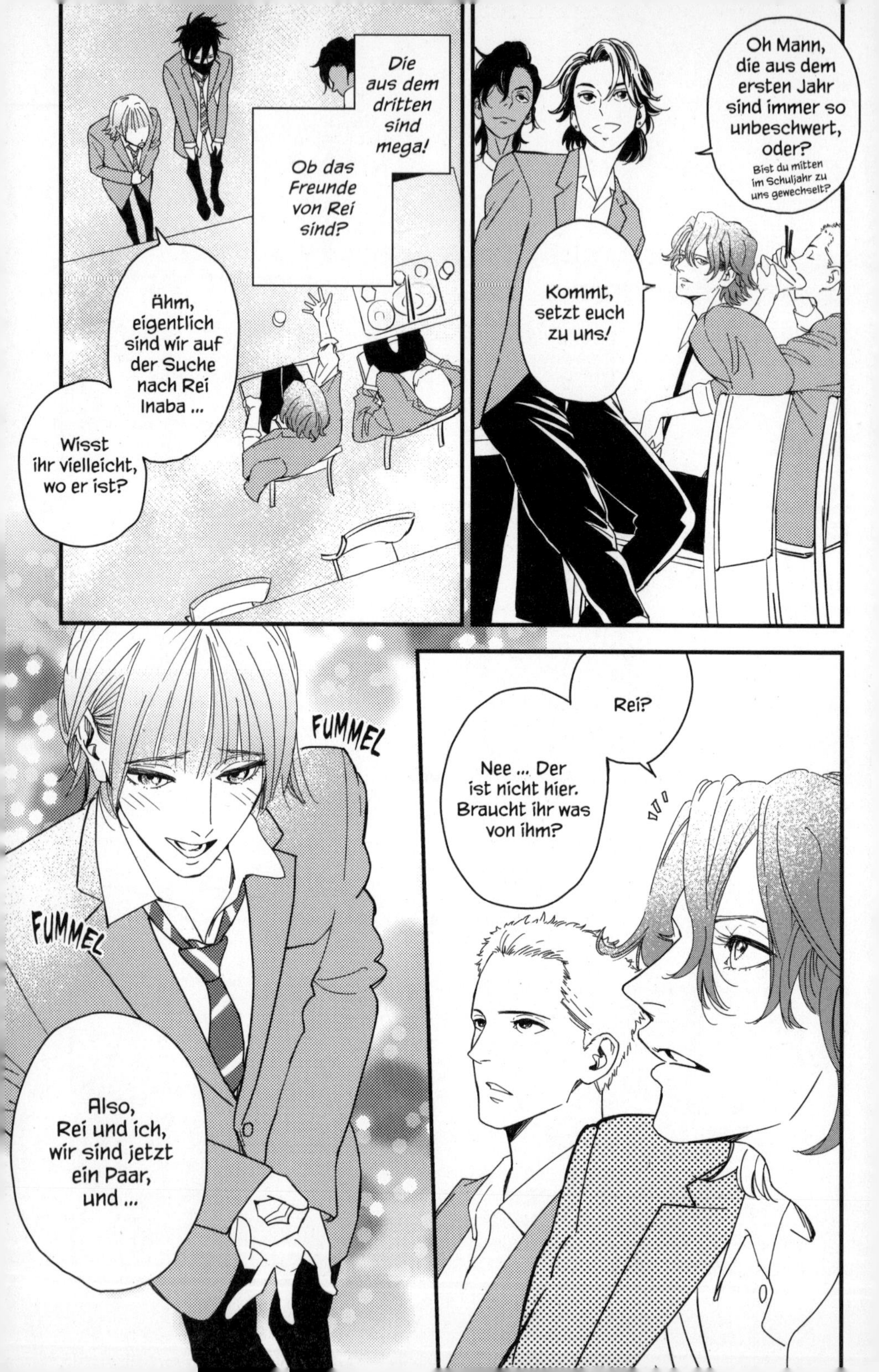
Oh Mann, die aus dem ersten Jahr sind immer so unbeschwert, oder?
Bist du mitten im Schuljahr zu uns gewechselt?
Kommt, setzt euch zu uns!
Die aus dem dritten sind mega!
Ob das Freunde von Rei sind?
Ähm, eigentlich sind wir auf der Suche nach Rei Inaba ...
Wisst ihr vielleicht, wo er ist?
Rei?
Nee ... Der ist nicht hier. Braucht ihr was von ihm?
FUMMEL
FUMMEL
Also, Rei und ich, wir sind jetzt ein Paar, und ...

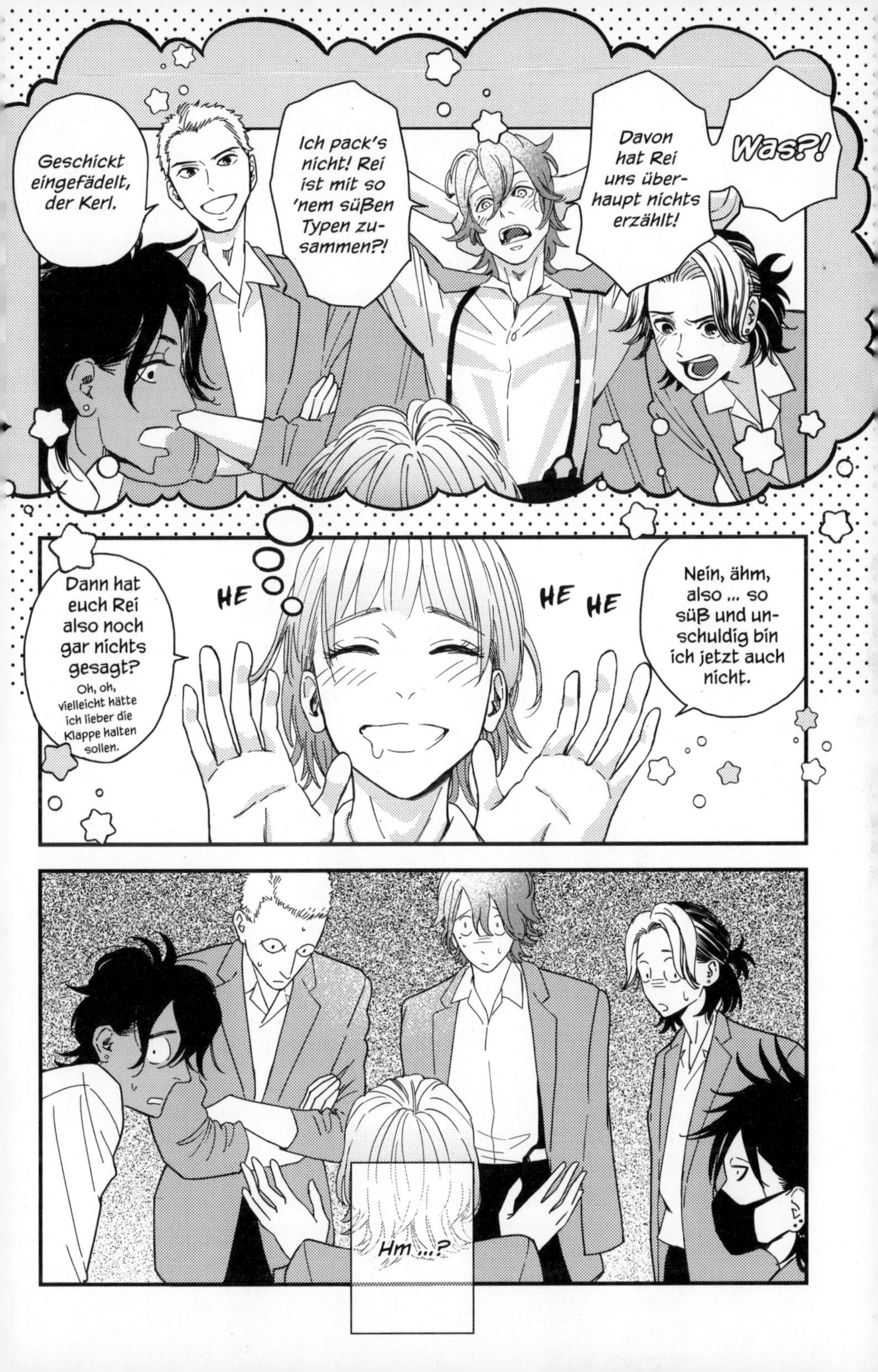
Was?!
Davon hat Rei uns überhaupt nichts erzählt!
Ich pack's nicht! Rei ist mit so 'nem süßen Typen zusammen?!
Geschickt eingefädelt, der Kerl.
Nein, ähm, also ... so süß und unschuldig bin ich jetzt auch nicht.
HE HE HE
Dann hat euch Rei also noch gar nichts gesagt?
Oh, oh, vielleicht hätte ich lieber die Klappe halten sollen.
Hm ...?

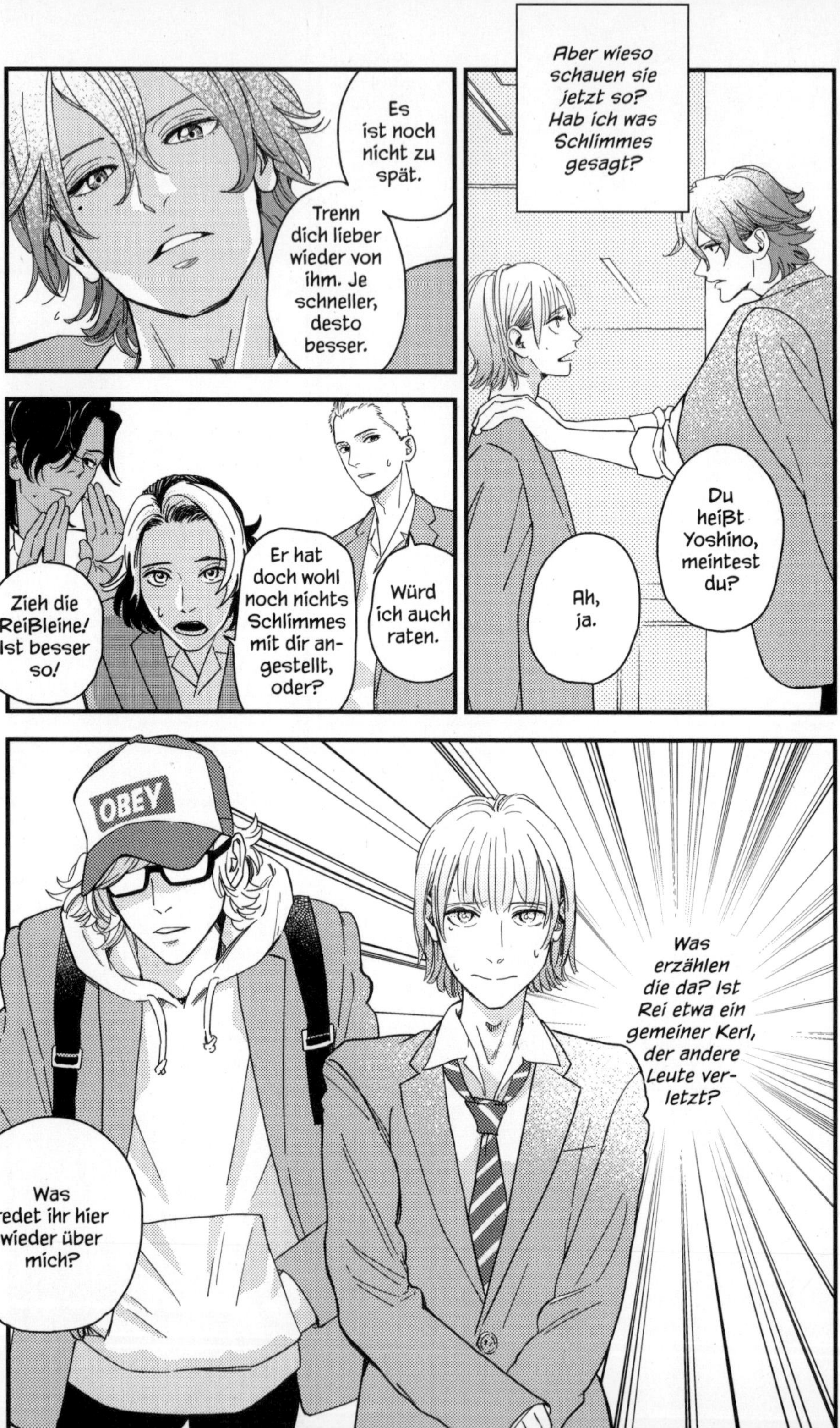
Aber wieso schauen sie jetzt so? Hab ich was Schlimmes gesagt?
Du heißt Yoshino, meintest du?
Ah, ja.
Es ist noch nicht zu spät.
Trenn dich lieber wieder von ihm. Je schneller, desto besser.
Würd ich auch raten.
Er hat doch wohl noch nichts Schlimmes mit dir angestellt, oder?
Zieh die Reißleine! Ist besser so!
OBEY
Was erzählen die da? Ist Rei etwa ein gemeiner Kerl, der andere Leute verletzt?
Was redet ihr hier wieder über mich?

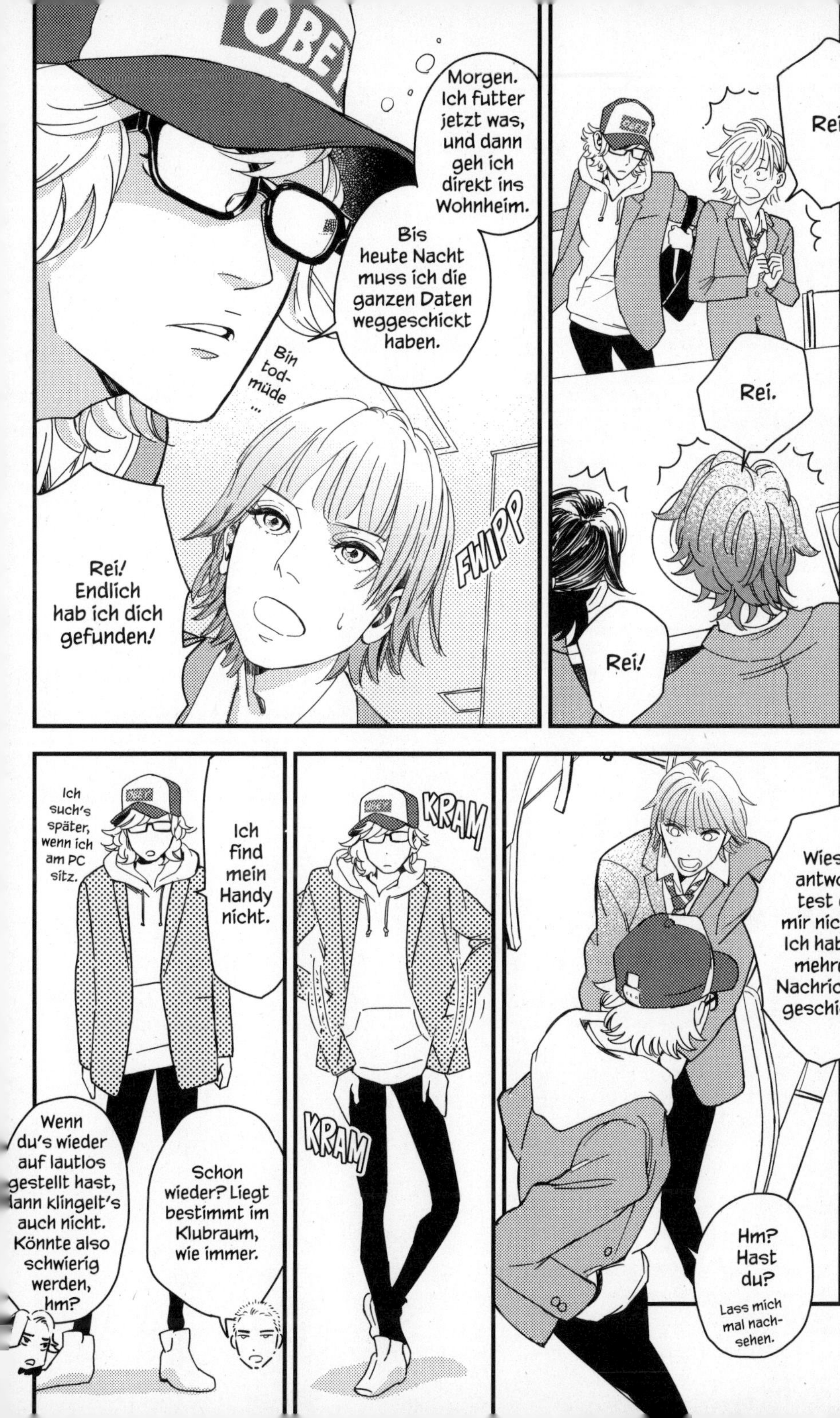
Rei?!
Rei.
Rei!
Morgen. Ich futter jetzt was, und dann geh ich direkt ins Wohnheim.
Bis heute Nacht muss ich die ganzen Daten weggeschickt haben.
Bin tod-müde ...
Rei! Endlich hab ich dich gefunden!
FWIPP
Wieso antwor-test du mir nicht?! Ich hab dir mehrere Nachrichten geschickt!
Hm? Hast du?
Lass mich mal nach-sehen.
KRAM
KRAM
Ich find mein Handy nicht.
Ich such's später, wenn ich am PC sitz.
Schon wieder? Liegt bestimmt im Klubraum, wie immer.
Wenn du's wieder auf lautlos gestellt hast, dann klingelt's auch nicht. Könnte also schwierig werden, hm?

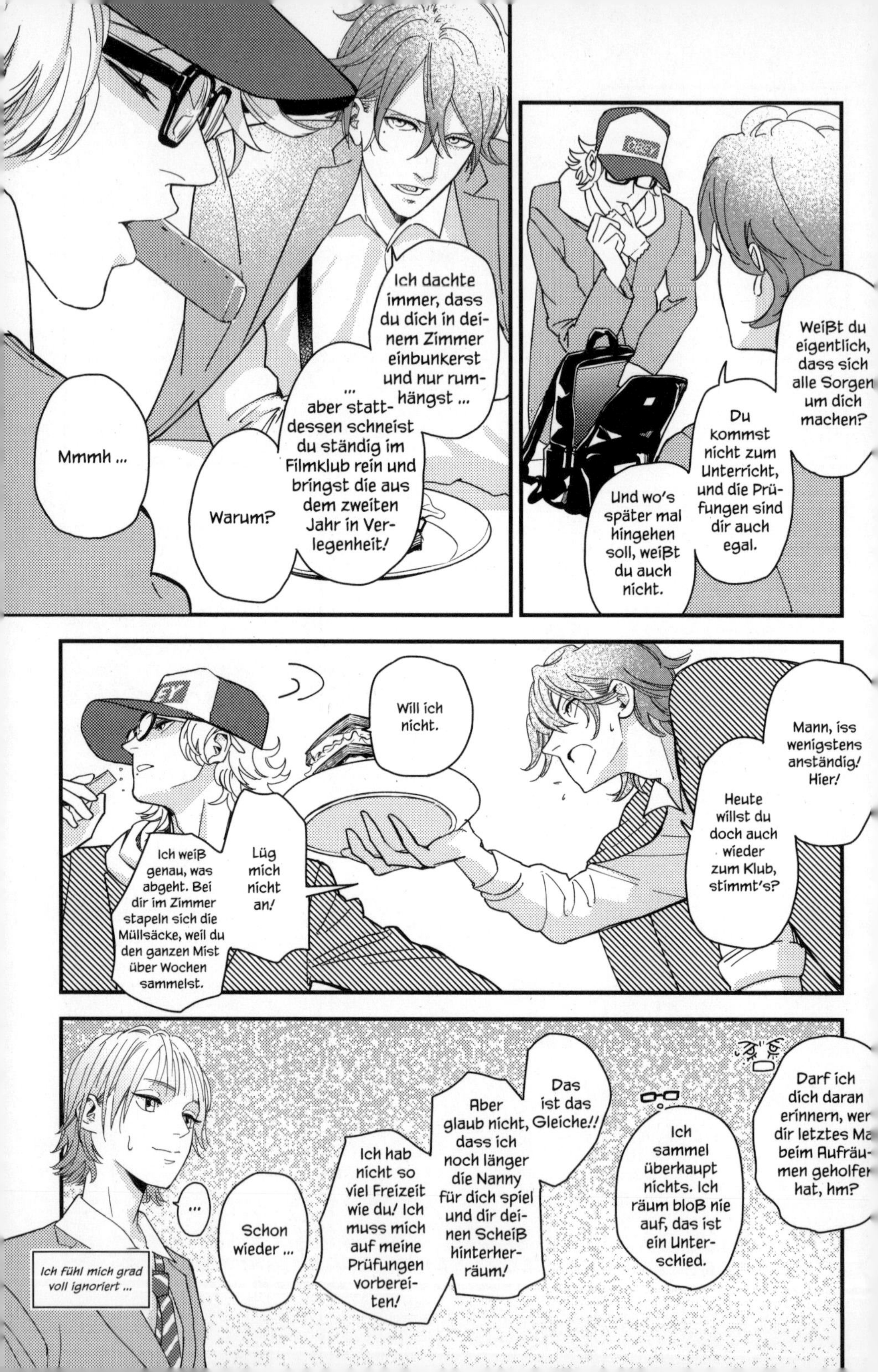
Weißt du eigentlich, dass sich alle Sorgen um dich machen?
Du kommst nicht zum Unterricht, und die Prüfungen sind dir auch egal.
Und wo's später mal hingehen soll, weißt du auch nicht.
Ich dachte immer, dass du dich in deinem Zimmer einbunkerst und nur rumhängst ...
... aber stattdessen schneist du ständig im Filmklub rein und bringst die aus dem zweiten Jahr in Verlegenheit!
Warum?
Mmmh ...
Mann, iss wenigstens anständig! Hier!
Heute willst du doch auch wieder zum Klub, stimmt's?
Will ich nicht.
Lüg mich nicht an!
Ich weiß genau, was abgeht. Bei dir im Zimmer stapeln sich die Müllsäcke, weil du den ganzen Mist über Wochen sammelst.
Darf ich dich daran erinnern, wer dir letztes Ma beim Aufräumen geholfe hat, hm?
Ich sammel überhaupt nichts. Ich räum bloß nie auf, das ist ein Unterschied.
Das ist das Gleiche!!
Aber glaub nicht, dass ich noch länger die Nanny für dich spiel und dir deinen Scheiß hinterherräum!
Ich hab nicht so viel Freizeit wie du! Ich muss mich auf meine Prüfungen vorbereiten!
Schon wieder ...
...
Ich fühl mich grad voll ignoriert ...

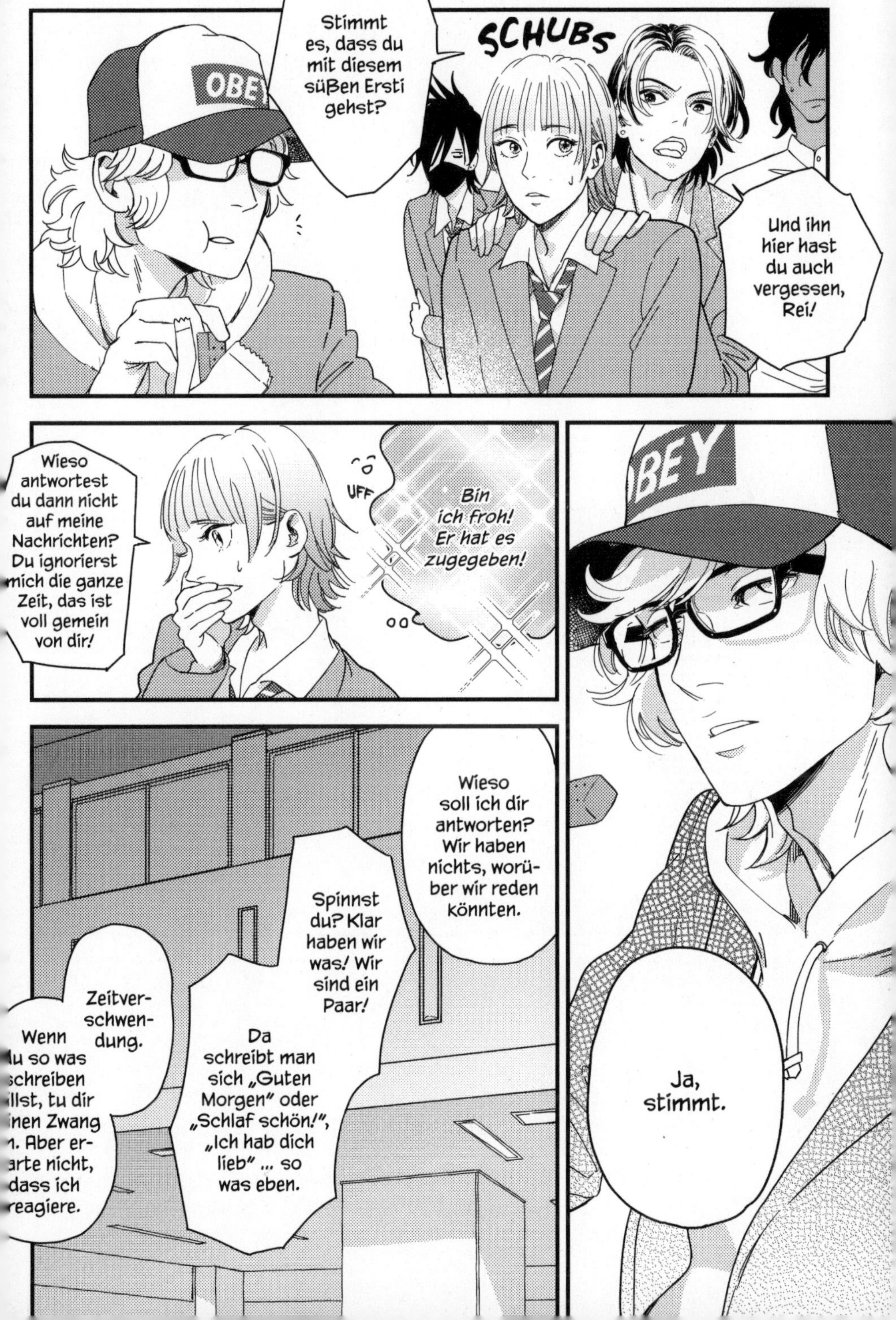
Stimmt es, dass du mit diesem süßen Ersti gehst?
SCHUBS
Und ihn hier hast du auch vergessen, Rei!
Ja, stimmt.
UFF
Bin ich froh! Er hat es zugegeben!
Wieso antwortest du dann nicht auf meine Nachrichten? Du ignorierst mich die ganze Zeit, das ist voll gemein von dir!
Wieso soll ich dir antworten? Wir haben nichts, worüber wir reden könnten.
Spinnst du? Klar haben wir was! Wir sind ein Paar!
Da schreibt man sich „Guten Morgen“ oder „Schlaf schön!“, „Ich hab dich lieb“ … so was eben.
Zeitverschwendung.
Wenn u so was schreiben illst, tu dir inen Zwang n. Aber er- arte nicht, dass ich reagiere.

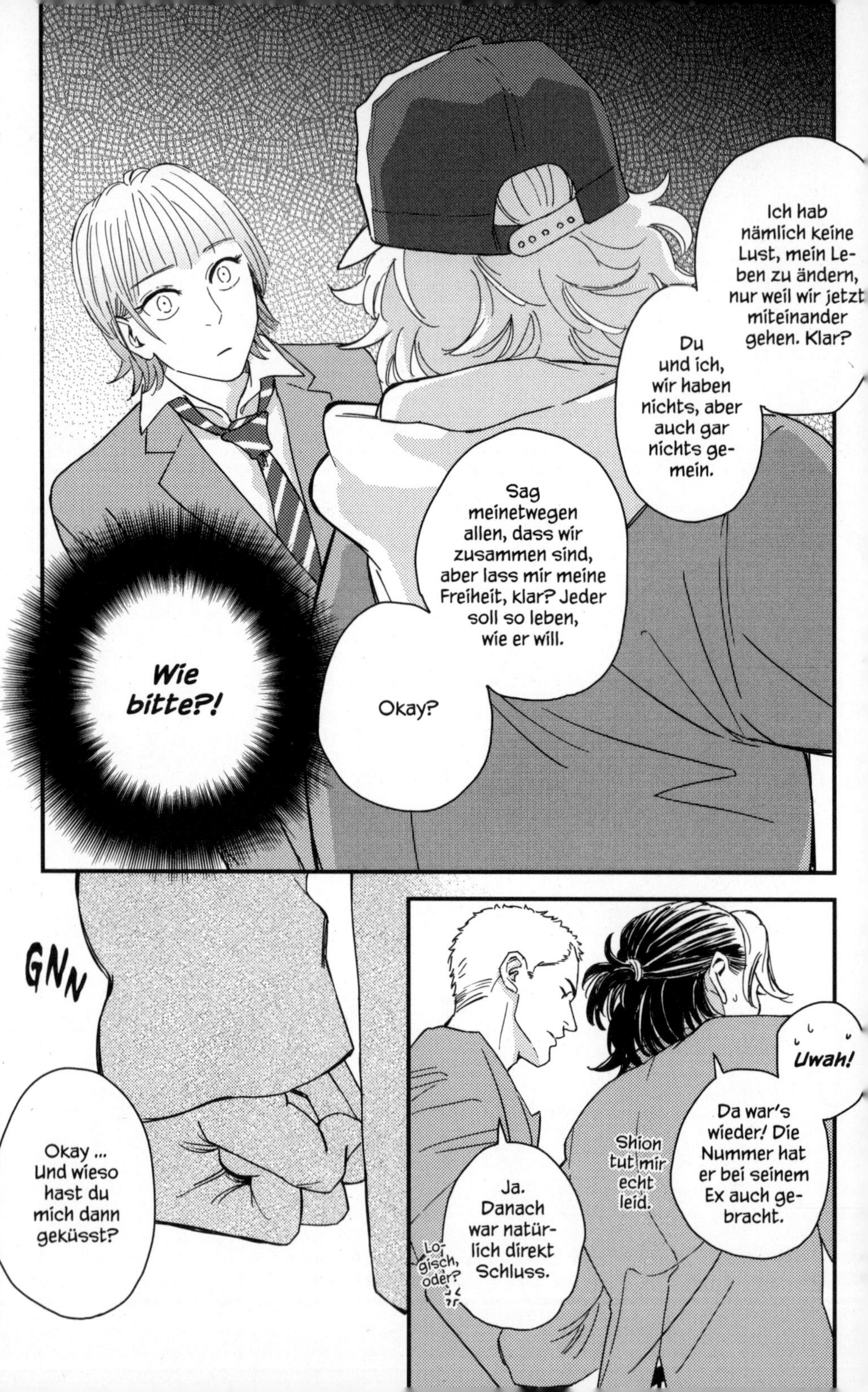
Ich hab nämlich keine Lust, mein Leben zu ändern, nur weil wir jetzt miteinander gehen. Klar?
Du und ich, wir haben nichts, aber auch gar nichts gemein.
Sag meinetwegen allen, dass wir zusammen sind, aber lass mir meine Freiheit, klar? Jeder soll so leben, wie er will.
Okay?
Wie bitte?!
GNN
Okay ... Und wieso hast du mich dann geküsst?
Uwah!
Da war's wieder! Die Nummer hat er bei seinem Ex auch gebracht.
Shion tut mir echt leid.
Ja. Danach war natürlich direkt Schluss.
Logisch, oder?

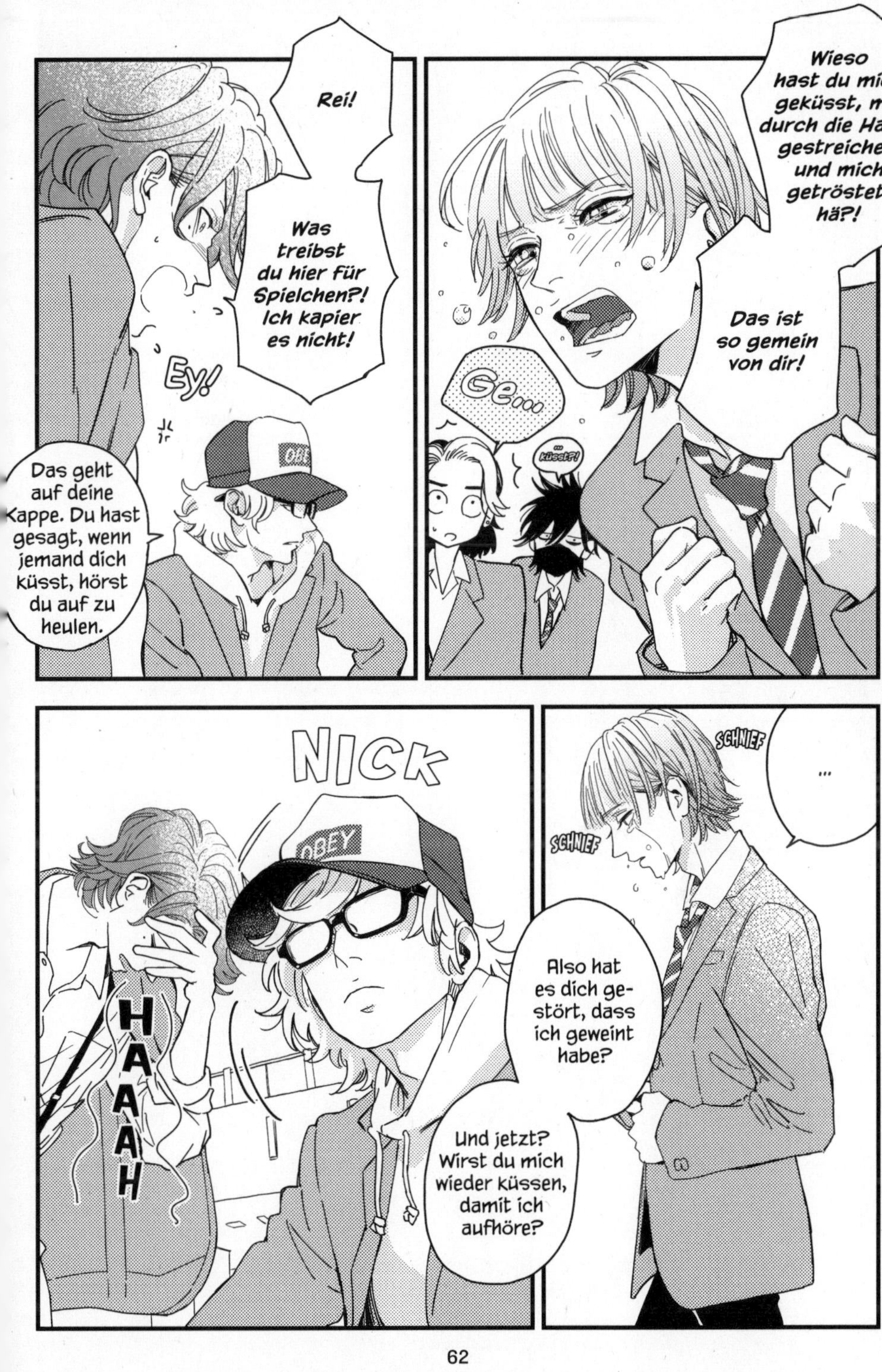
Wieso hast du mich geküsst, mir durch die Haare gestreichelt und mich getröstet, hä?!
Das ist so gemein von dir!
Ge...
...küsst?!
Rei!
Was treibst du hier für Spielchen?! Ich kapier es nicht!
Ey!
Das geht auf deine Kappe. Du hast gesagt, wenn jemand dich küsst, hörst du auf zu heulen.
SCHNIEF
SCHNIEF
...
NICK
OBEY
Also hat es dich gestört, dass ich geweint habe?
Und jetzt? Wirst du mich wieder küssen, damit ich aufhöre?
HAAAAH

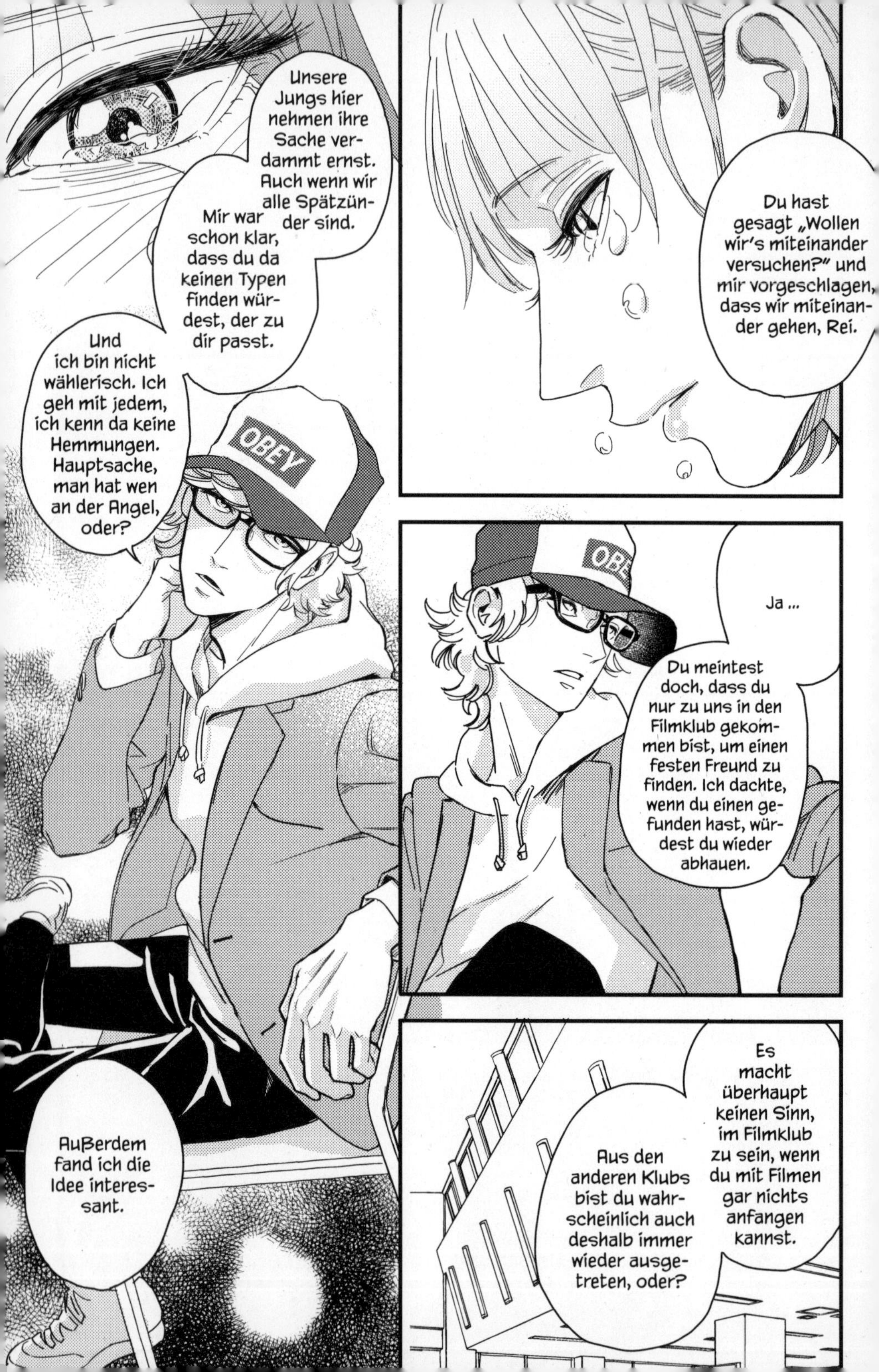
Du hast gesagt „Wollen wir's miteinander versuchen?" und mir vorgeschlagen, dass wir miteinander gehen, Rei.
Ja ...
Du meintest doch, dass du nur zu uns in den Filmklub gekommen bist, um einen festen Freund zu finden. Ich dachte, wenn du einen gefunden hast, würdest du wieder abhauen.
Es macht überhaupt keinen Sinn, im Filmklub zu sein, wenn du mit Filmen gar nichts anfangen kannst.
Aus den anderen Klubs bist du wahrscheinlich auch deshalb immer wieder ausgetreten, oder?
Unsere Jungs hier nehmen ihre Sache verdammt ernst. Auch wenn wir alle Spätzünder sind.
Mir war schon klar, dass du da keinen Typen finden würdest, der zu dir passt.
Und ich bin nicht wählerisch. Ich geh mit jedem, ich kenn da keine Hemmungen. Hauptsache, man hat wen an der Angel, oder?
Außerdem fand ich die Idee interessant.

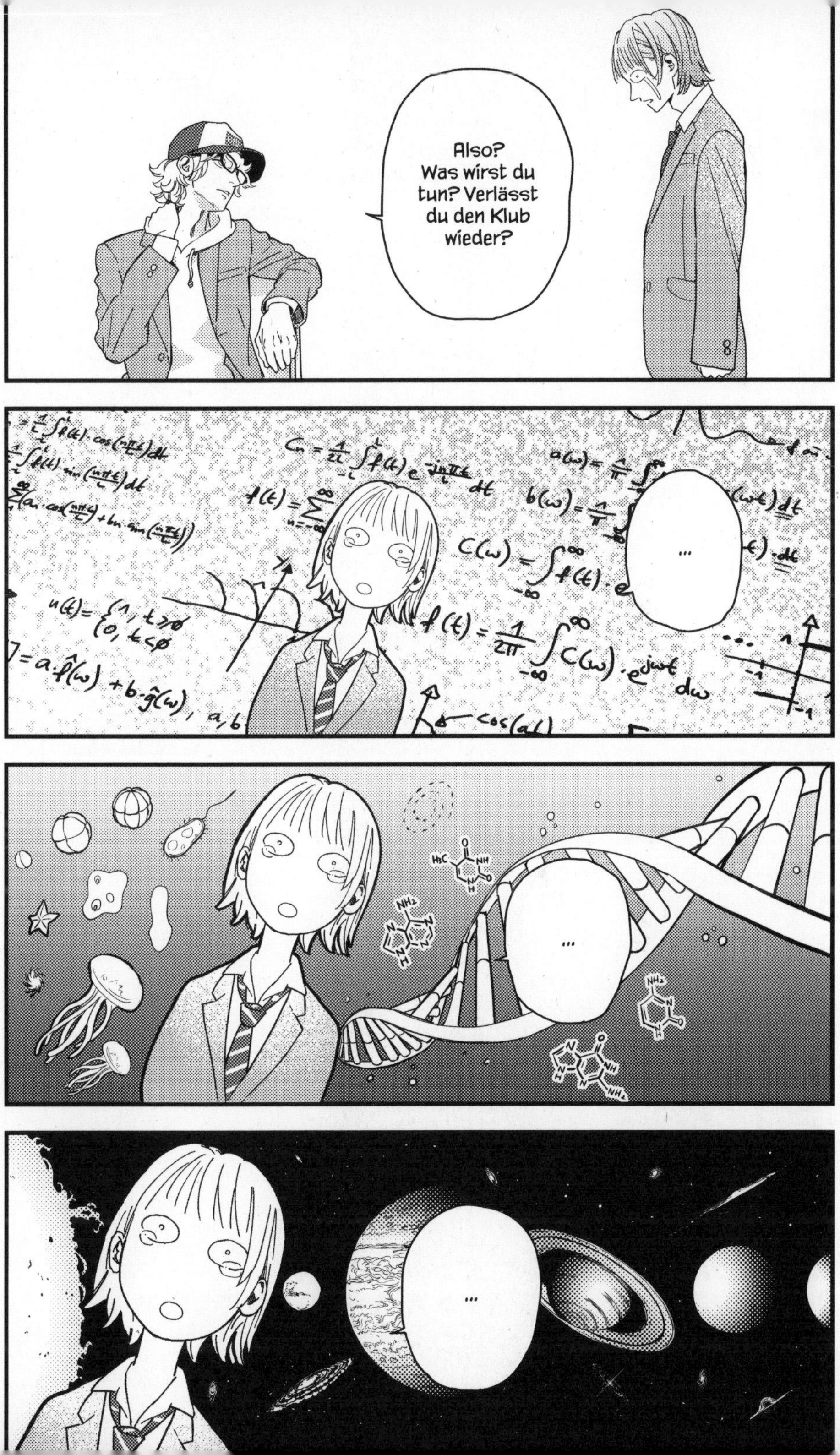
Also? Was wirst du tun? Verlässt du den Klub wieder?
...
...
...

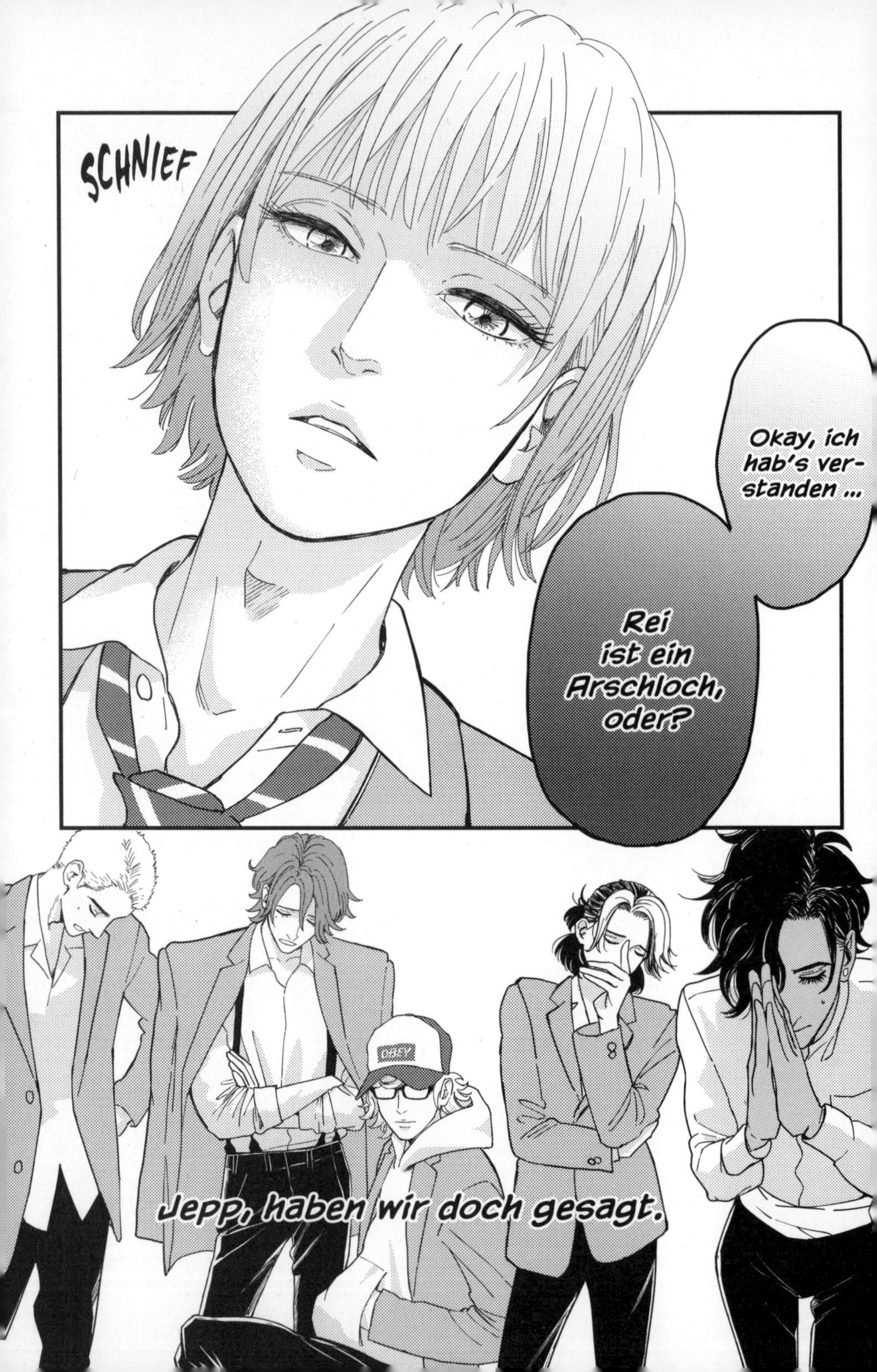
SCHNIEF
Okay, ich hab's verstanden ...
Rei ist ein Arschloch, oder?
Jepp, haben wir doch gesagt.

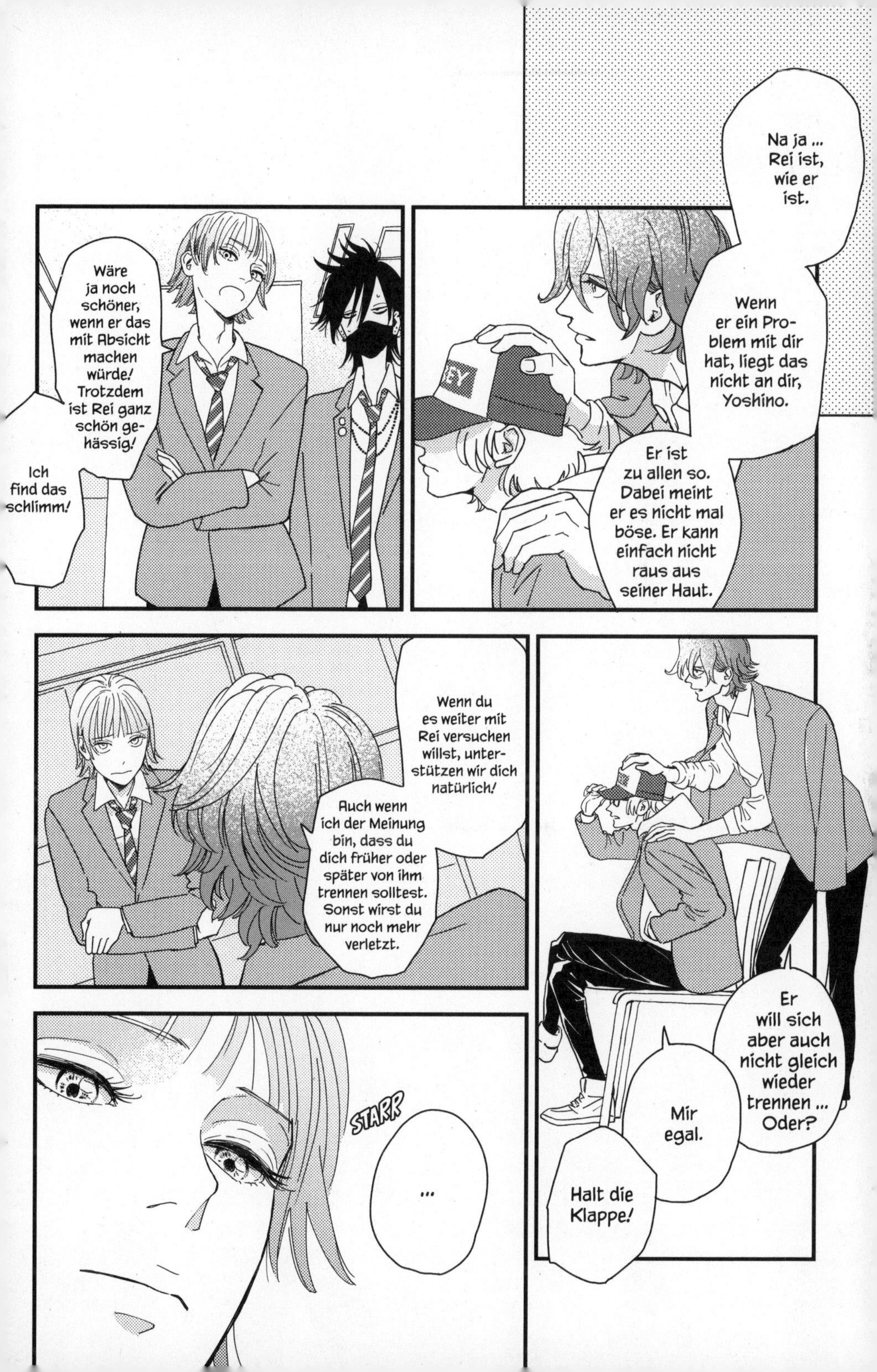
Na ja ... Rei ist, wie er ist.
Wenn er ein Problem mit dir hat, liegt das nicht an dir, Yoshino.
Er ist zu allen so. Dabei meint er es nicht mal böse. Er kann einfach nicht raus aus seiner Haut.
Wäre ja noch schöner, wenn er das mit Absicht machen würde! Trotzdem ist Rei ganz schön gehässig!
Ich find das schlimm!
Er will sich aber auch nicht gleich wieder trennen ... Oder?
Mir egal.
Halt die Klappe!
Wenn du es weiter mit Rei versuchen willst, unterstützen wir dich natürlich!
Auch wenn ich der Meinung bin, dass du dich früher oder später von ihm trennen solltest. Sonst wirst du nur noch mehr verletzt.
STARR
...

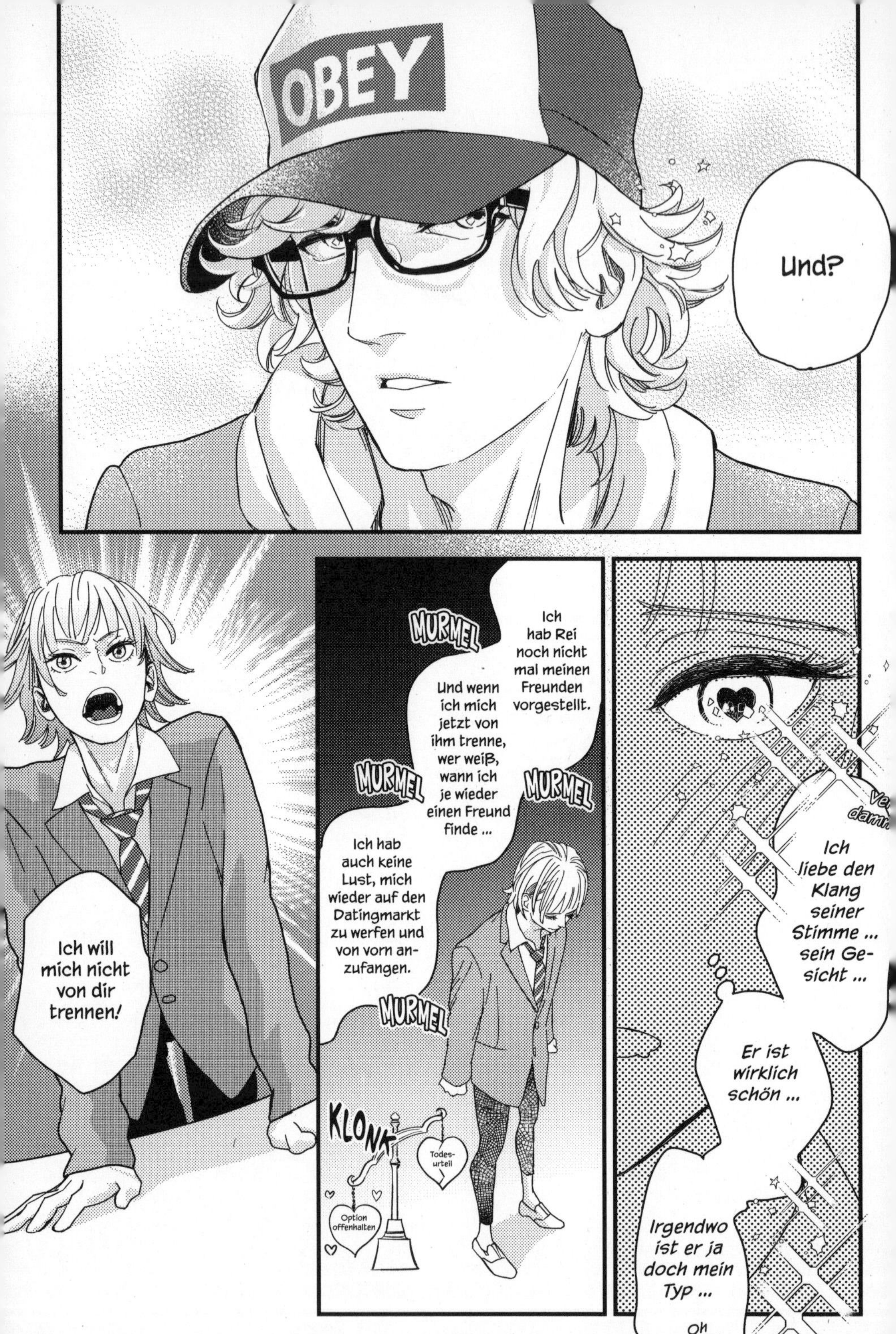
Und?
Ich liebe den Klang seiner Stimme ... sein Gesicht ...
Er ist wirklich schön ...
Irgendwo ist er ja doch mein Typ ...
Oh Mann!
MURMEL
Ich hab Rei noch nicht mal meinen Freunden vorgestellt.
MURMEL
Und wenn ich mich jetzt von ihm trenne, wer weiß, wann ich je wieder einen Freund finde ...
MURMEL
Ich hab auch keine Lust, mich wieder auf den Datingmarkt zu werfen und von vorn anzufangen.
MURMEL
KLONK
Todesurteil
Option offenhalten
Ich will mich nicht von dir trennen!

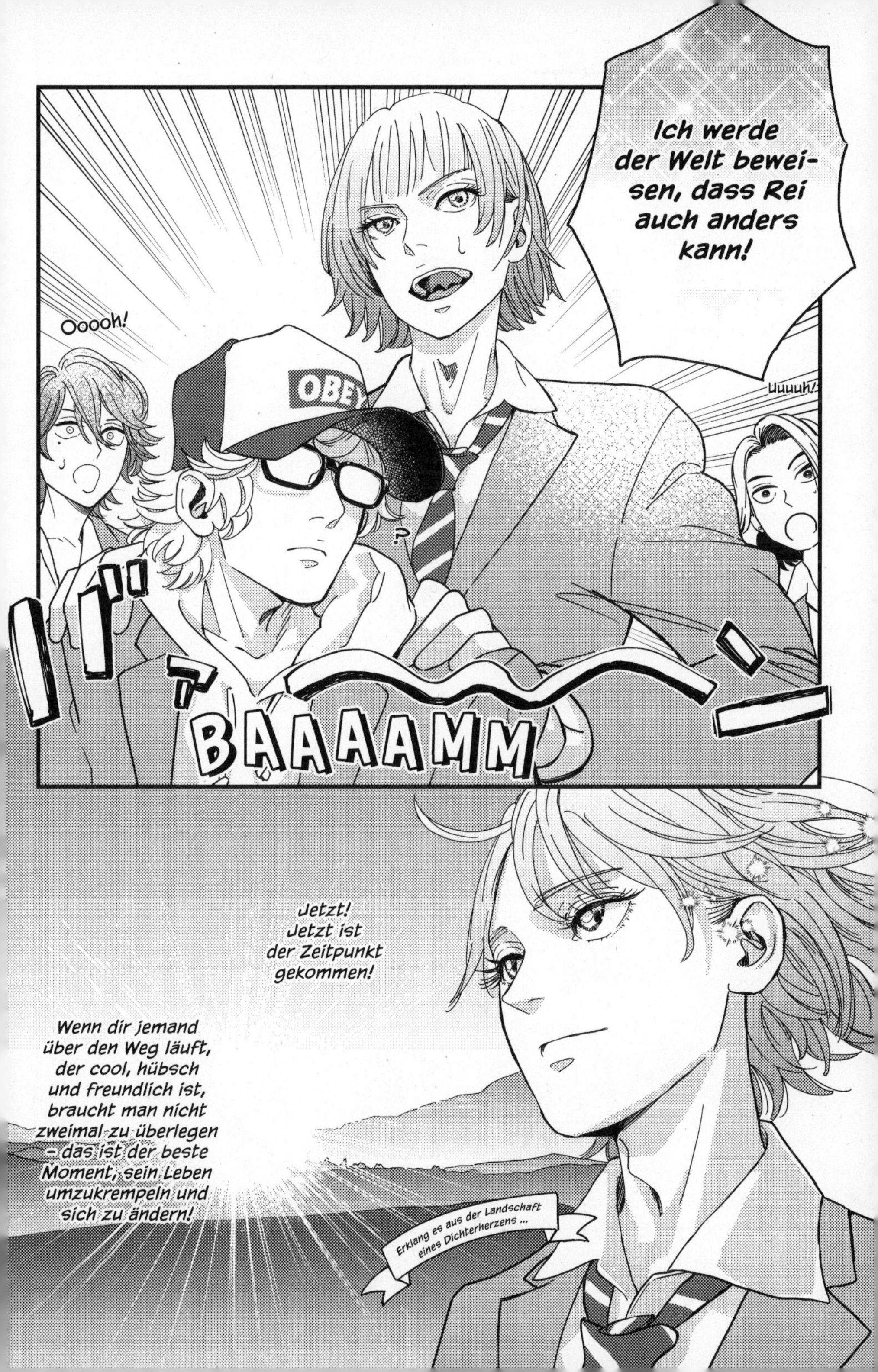
Ich werde der Welt beweisen, dass Rei auch anders kann!
Uuuuh!
Ooooh!
BAAAAMM
Jetzt! Jetzt ist der Zeitpunkt gekommen!
Wenn dir jemand über den Weg läuft, der cool, hübsch und freundlich ist, braucht man nicht zweimal zu überlegen – das ist der beste Moment, sein Leben umzukrempeln und sich zu ändern!
Erklang es aus der Landschaft eines Dichterherzens ...

Midnight Monologue

JYANOME

Midnight Monologue

JYANOME

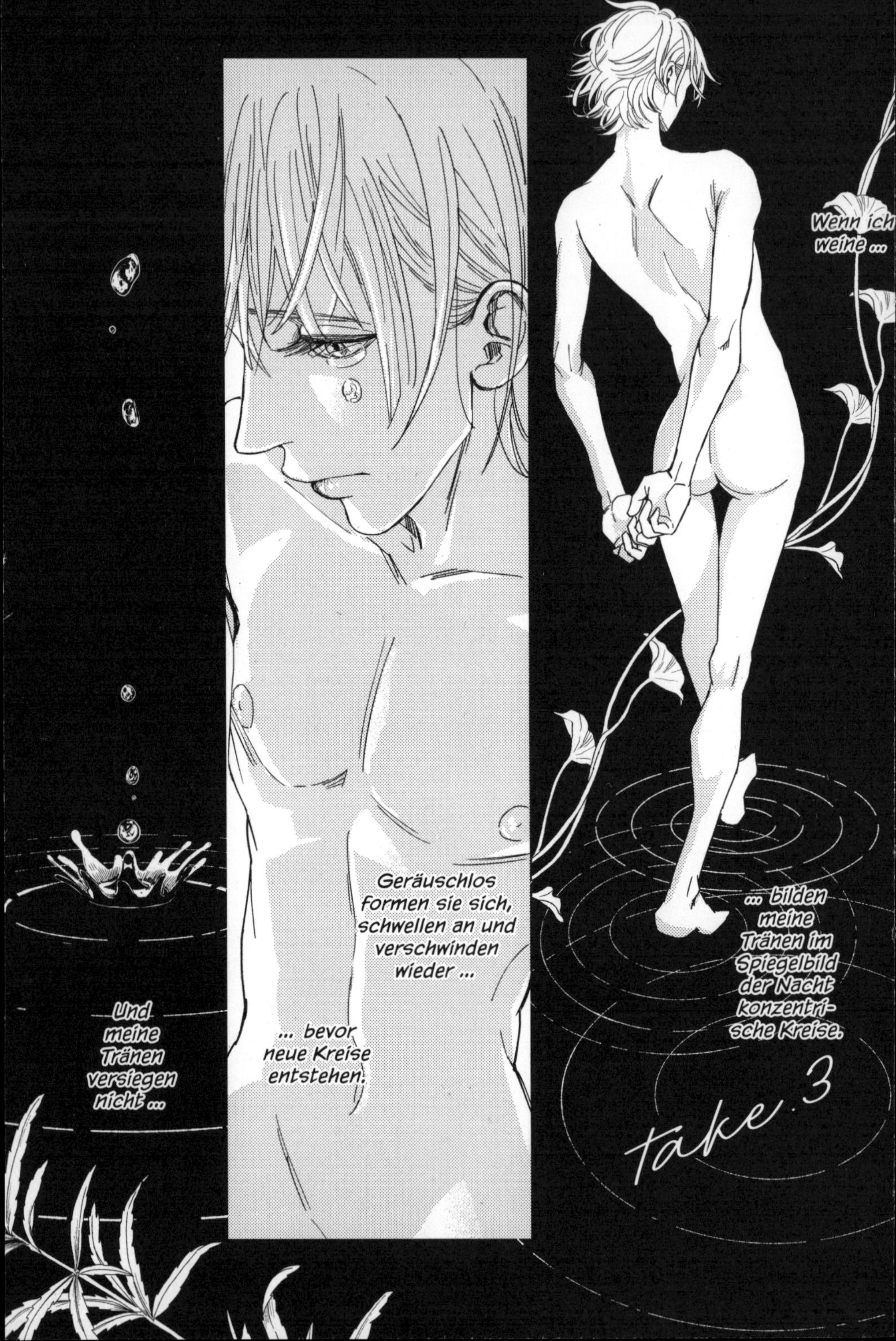
Wenn ich weine ...
... bilden meine Tränen im Spiegelbild der Nacht konzentrische Kreise.
take.3
Geräuschlos formen sie sich, schwellen an und verschwinden wieder ...
... bevor neue Kreise entstehen.
Und meine Tränen versiegen nicht ...

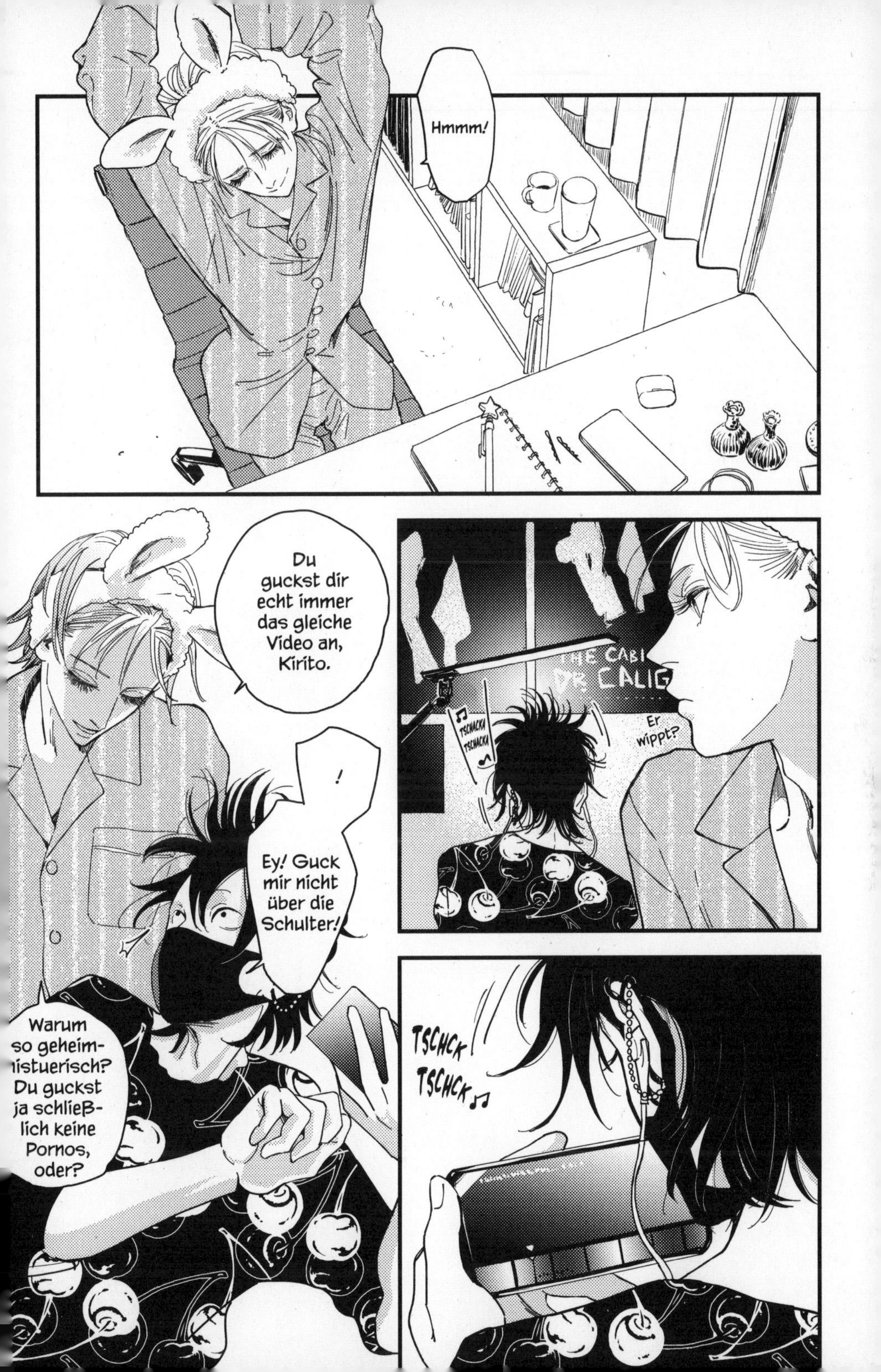
Hmmm!
THE CABI DR. CALIG
TSCHACKA TSCHACKA
Er wippt?
TSCHCK TSCHCK
Du guckst dir echt immer das gleiche Video an, Kirito.
!
Ey! Guck mir nicht über die Schulter!
Warum so geheim-mistuerisch? Du guckst ja schließlich keine Pornos, oder?

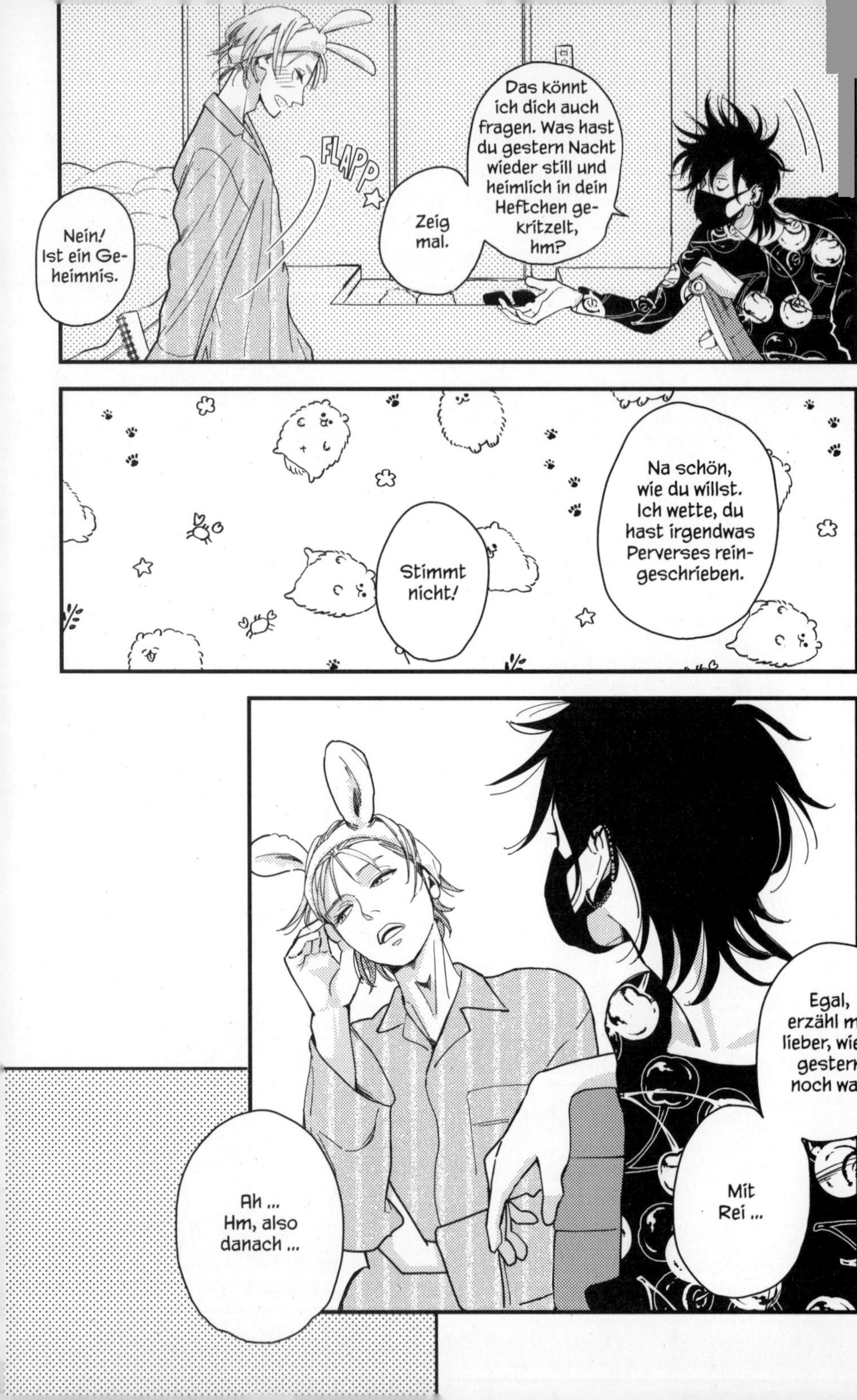
Das könnt ich dich auch fragen. Was hast du gestern Nacht wieder still und heimlich in dein Heftchen gekritzelt, hm?
Zeig mal.
FLAPP
Nein! Ist ein Geheimnis.
Na schön, wie du willst. Ich wette, du hast irgendwas Perverses reingeschrieben.
Stimmt nicht!
Egal, erzähl mir lieber, wie's gestern noch war.
Mit Rei ...
Ah ... Hm, also danach ...

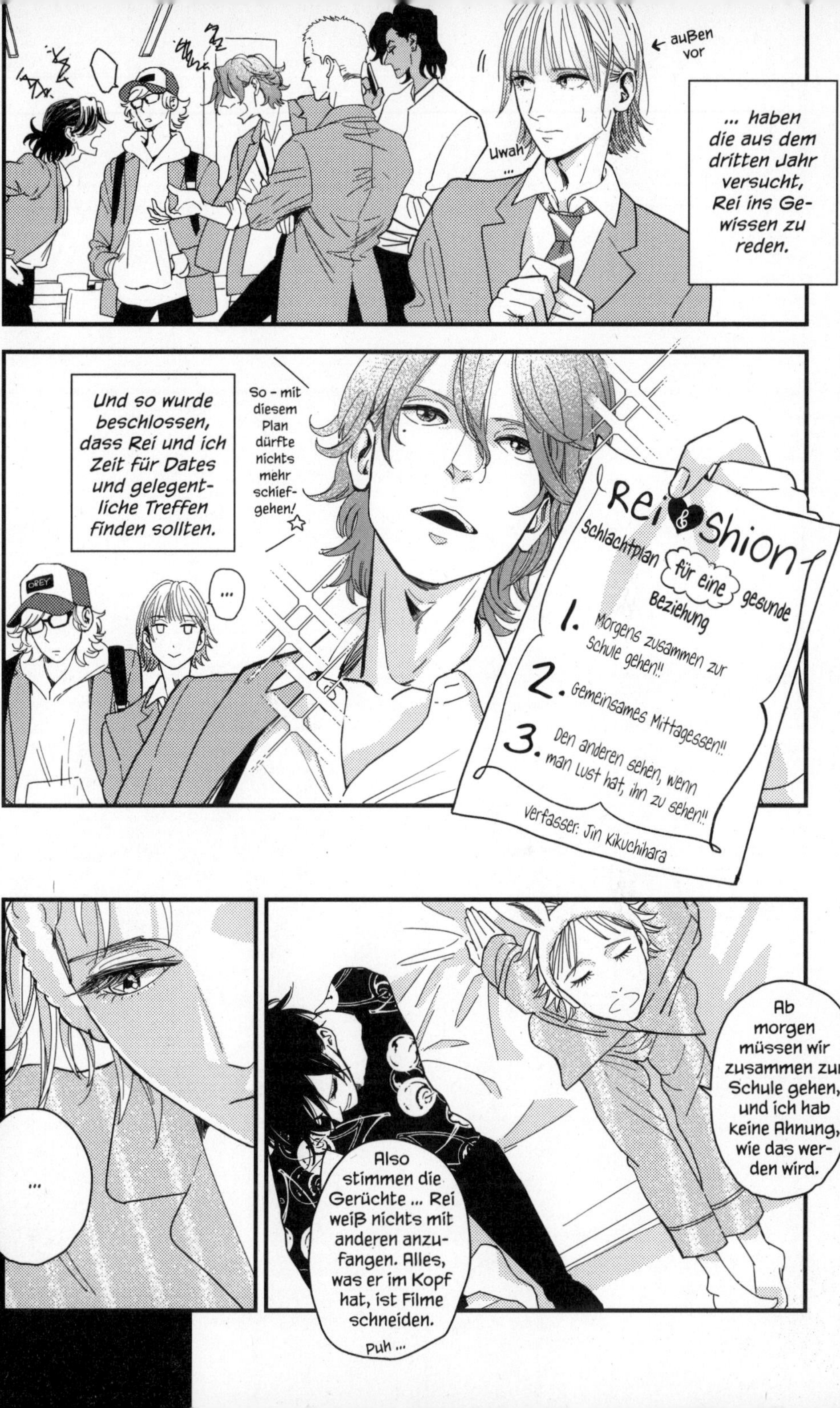
... haben die aus dem dritten Jahr versucht, Rei ins Gewissen zu reden.
← außen vor
Uwah ...
Rei & Shion
Schlachtplan für eine gesunde Beziehung
1. Morgens zusammen zur Schule gehen!!
2. Gemeinsames Mittagessen!!
3. Den anderen sehen, wenn man Lust hat, ihn zu sehen!!
Verfasser: Jin Kikuchihara
So – mit diesem Plan dürfte nichts mehr schiefgehen! ☆
Und so wurde beschlossen, dass Rei und ich Zeit für Dates und gelegentliche Treffen finden sollten.
...
OREY
Ab morgen müssen wir zusammen zur Schule gehen, und ich hab keine Ahnung, wie das werden wird.
Also stimmen die Gerüchte ... Rei weiß nichts mit anderen anzufangen. Alles, was er im Kopf hat, ist Filme schneiden.
Puh ...
...

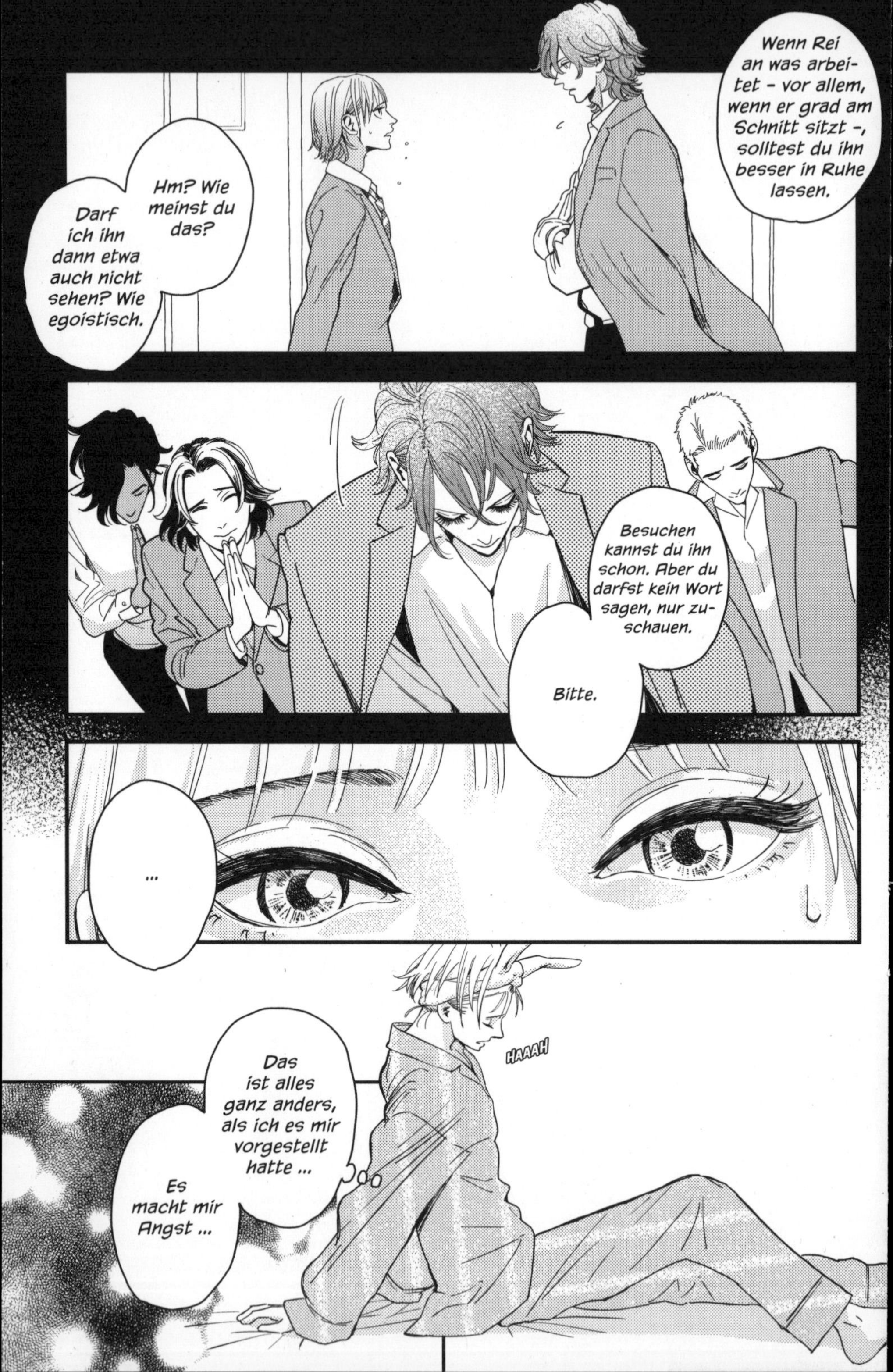
Wenn Rei an was arbeitet - vor allem, wenn er grad am Schnitt sitzt -, solltest du ihn besser in Ruhe lassen.
Hm? Wie meinst du das?
Darf ich ihn dann etwa auch nicht sehen? Wie egoistisch.
Besuchen kannst du ihn schon. Aber du darfst kein Wort sagen, nur zuschauen.
Bitte.
...
HAAAH
Das ist alles ganz anders, als ich es mir vorgestellt hatte ...
Es macht mir Angst ...

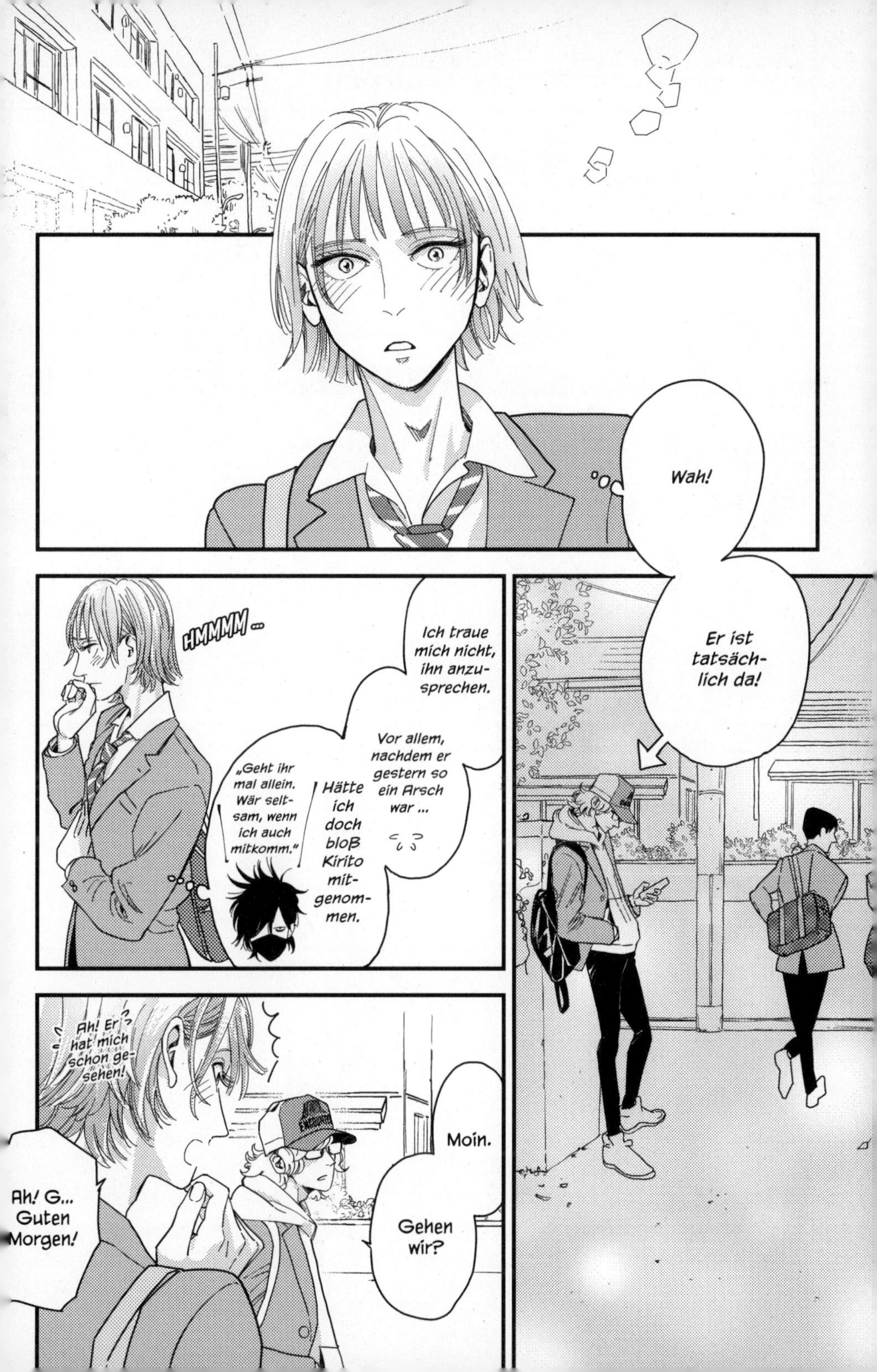
Wah!
Er ist tatsächlich da!
HMMMM ...
Ich traue mich nicht, ihn anzusprechen.
Vor allem, nachdem er gestern so ein Arsch war ...
Hätte ich doch bloß Kirito mitgenommen.
„Geht ihr mal allein. Wär seltsam, wenn ich auch mitkomm."
Ah! Er hat mich schon gesehen!
Moin.
Gehen wir?
Ah! G... Guten Morgen!

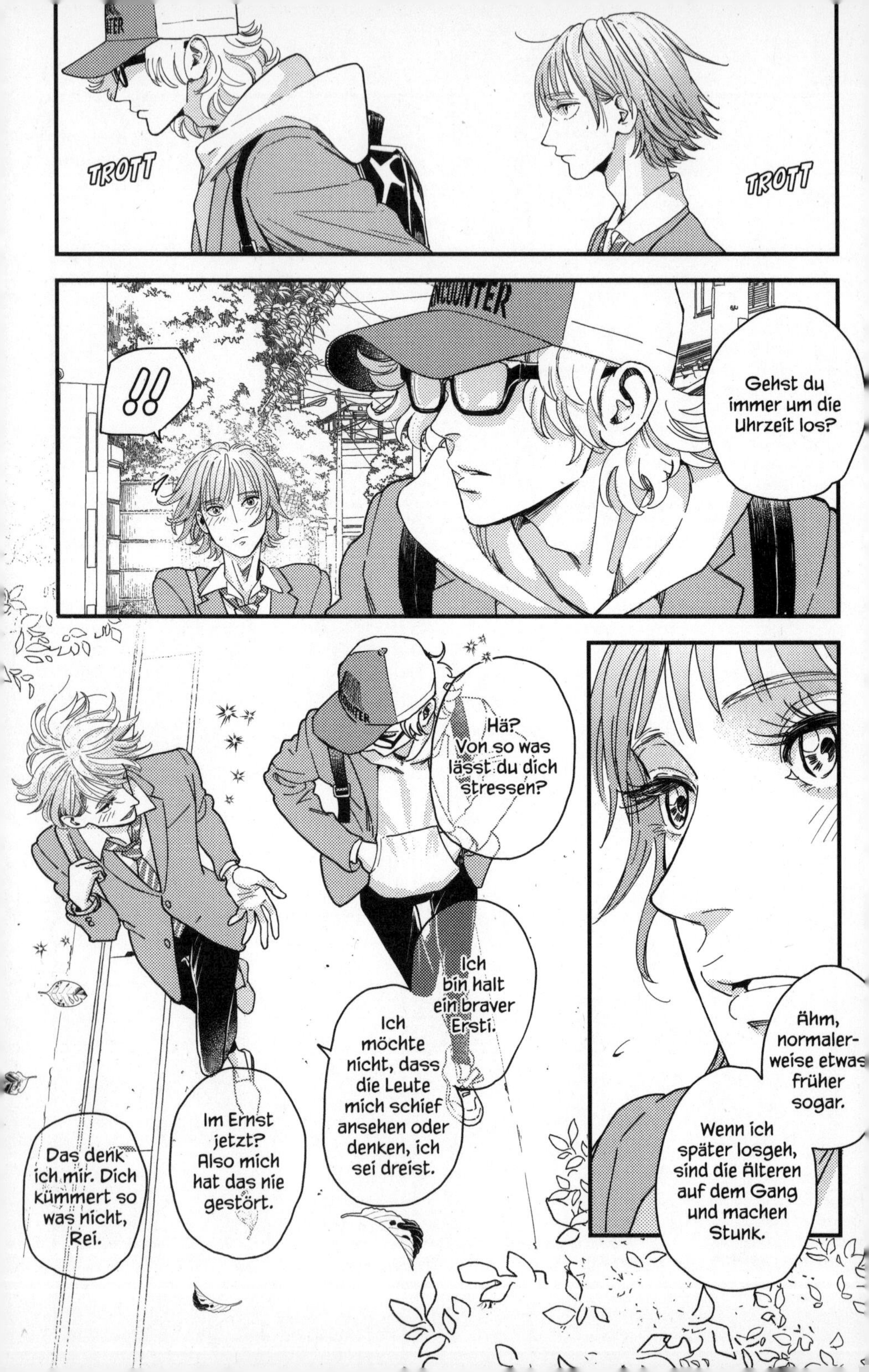

TROTT
TROTT
Gehst du immer um die Uhrzeit los?
!!
Ähm, normalerweise etwas früher sogar.
Wenn ich später losgeh, sind die Älteren auf dem Gang und machen Stunk.
Hä? Von so was lässt du dich stressen?
Ich bin halt ein braver Ersti.
Ich möchte nicht, dass die Leute mich schief ansehen oder denken, ich sei dreist.
Im Ernst jetzt? Also mich hat das nie gestört.
Das denk ich mir. Dich kümmert so was nicht, Rei.

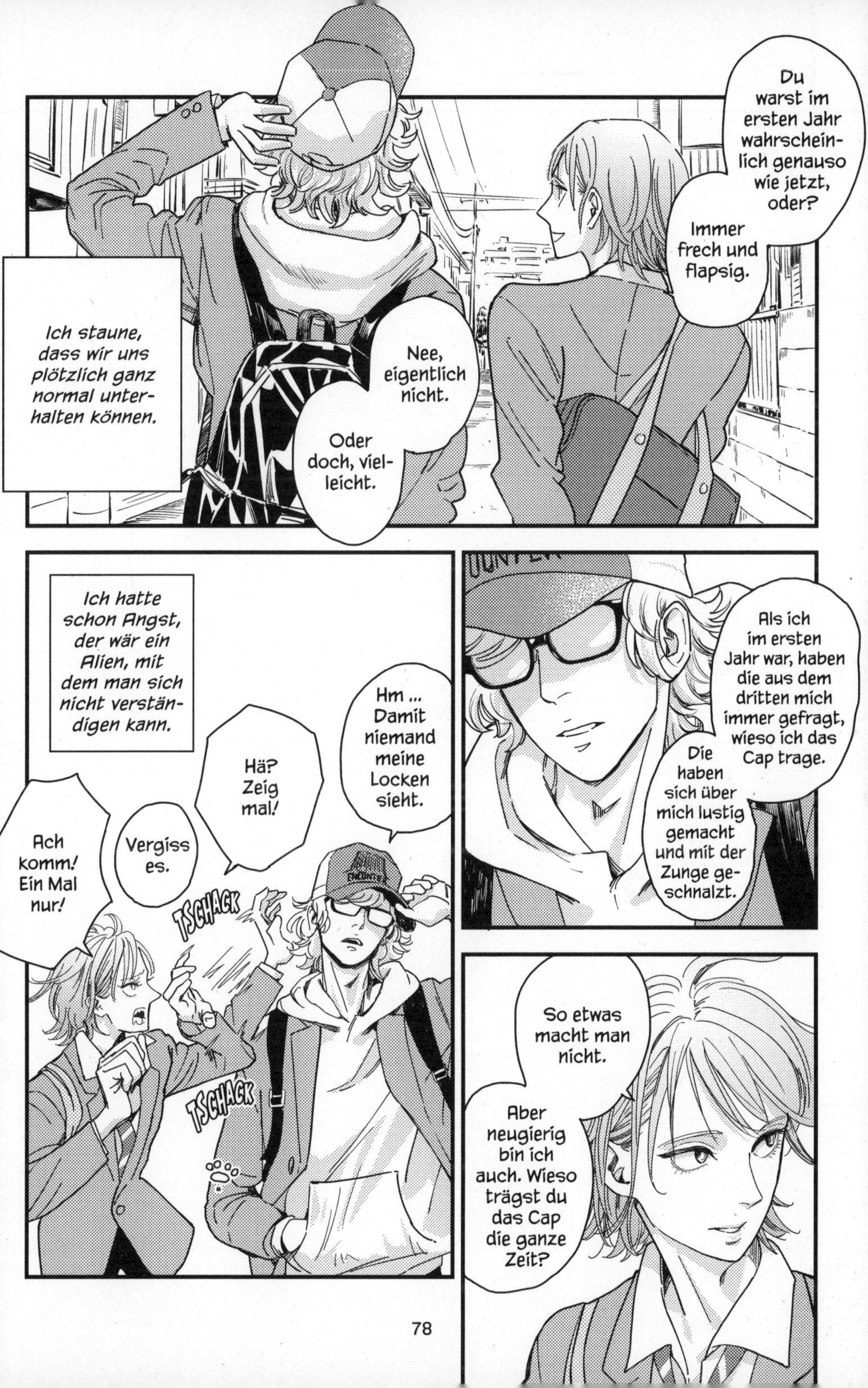
Du warst im ersten Jahr wahrscheinlich genauso wie jetzt, oder?
Immer frech und flapsig.
Nee, eigentlich nicht.
Oder doch, vielleicht.
Ich staune, dass wir uns plötzlich ganz normal unterhalten können.
Als ich im ersten Jahr war, haben die aus dem dritten mich immer gefragt, wieso ich das Cap trage.
Die haben sich über mich lustig gemacht und mit der Zunge geschnalzt.
So etwas macht man nicht.
Aber neugierig bin ich auch. Wieso trägst du das Cap die ganze Zeit?
Ich hatte schon Angst, der wär ein Alien, mit dem man sich nicht verständigen kann.
Hm ... Damit niemand meine Locken sieht.
Hä? Zeig mal!
Vergiss es.
Ach komm! Ein Mal nur!
TSCHACK
TSCHACK
ENCOUNTER

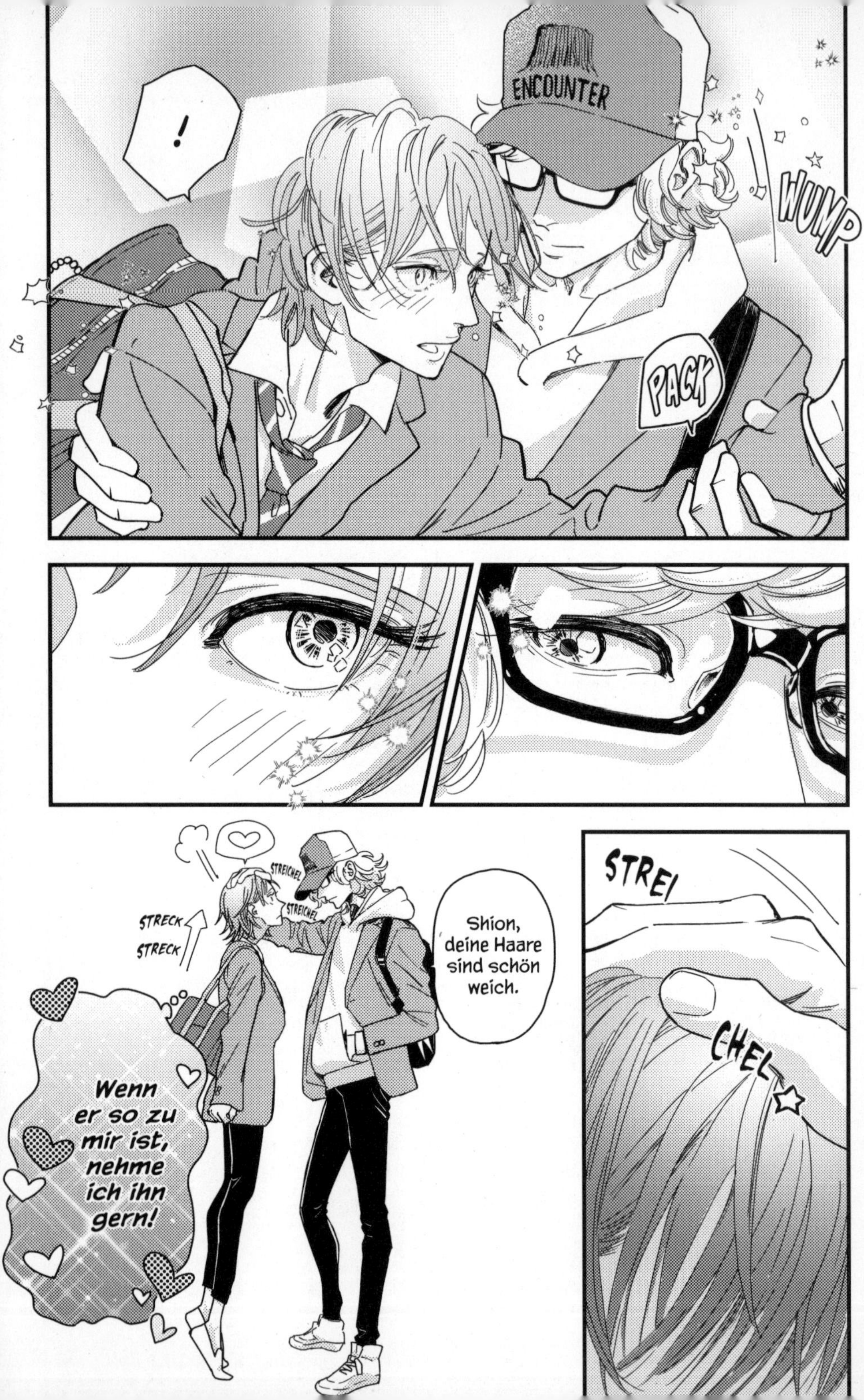

!
WUMP
ENCOUNTER
PACK
STREI
CHEL
Shion, deine Haare sind schön weich.
STREICHEL
STREICHEL
STRECK
STRECK
Wenn er so zu mir ist, nehme ich ihn gern!

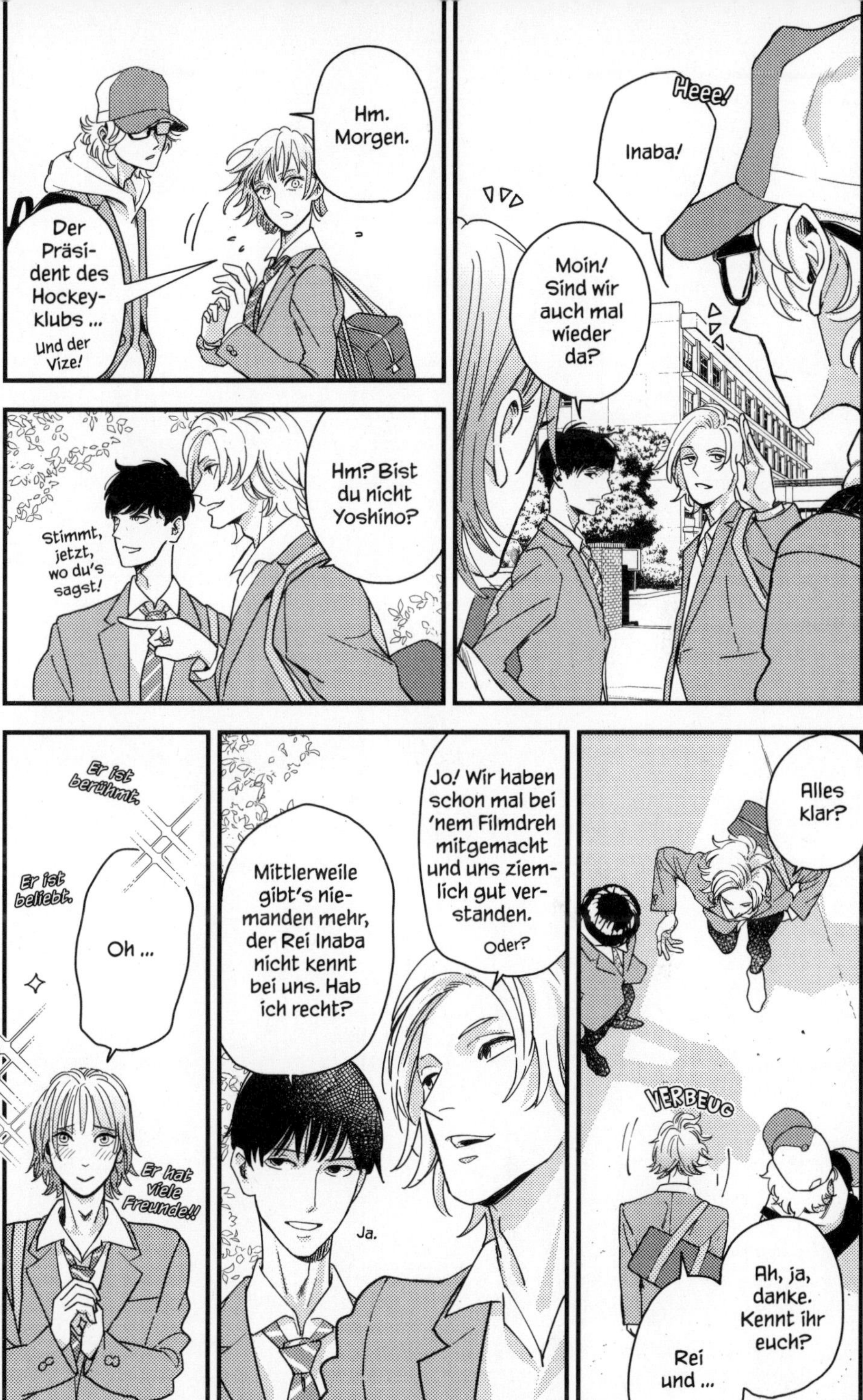
Heee!
Inaba!
Moin! Sind wir auch mal wieder da?
Hm. Morgen.
Der Präsident des Hockeyklubs ...
Und der Vize!
Hm? Bist du nicht Yoshino?
Stimmt, jetzt, wo du's sagst!
Alles klar?
VERBEUG
Ah, ja, danke. Kennt ihr euch?
Rei und ...
Jo! Wir haben schon mal bei 'nem Filmdreh mitgemacht und uns ziemlich gut verstanden.
Oder?
Mittlerweile gibt's niemanden mehr, der Rei Inaba nicht kennt bei uns. Hab ich recht?
Ja.
Er ist berühmt.
Er ist beliebt.
Oh ...
Er hat viele Freunde!!

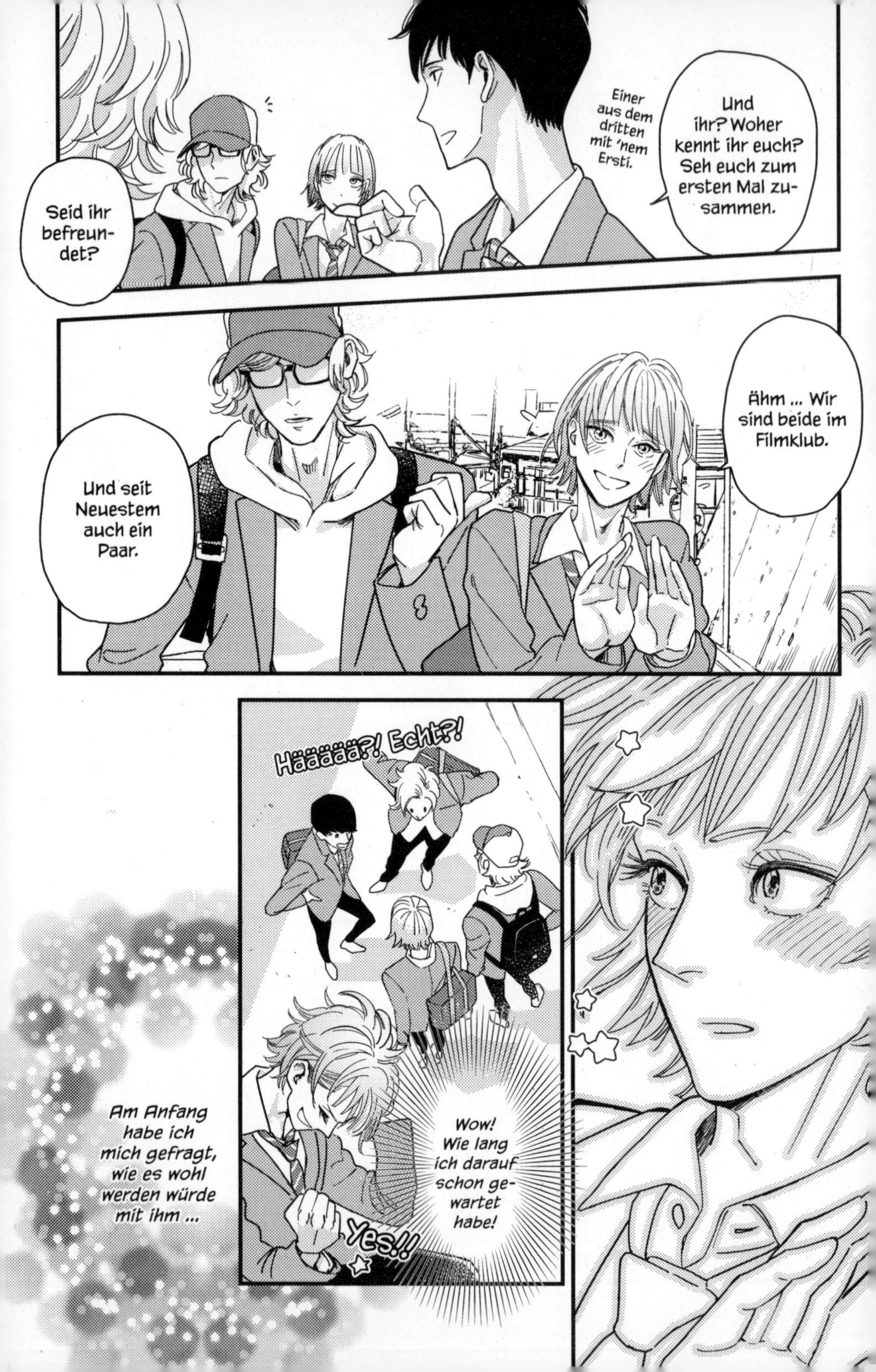
Und ihr? Woher kennt ihr euch? Seh euch zum ersten Mal zusammen.
Einer aus dem dritten mit 'nem Ersti.
Seid ihr befreundet?
Ähm ... Wir sind beide im Filmklub.
Und seit Neuestem auch ein Paar.
Häääää?! Echt?!
Wow! Wie lang ich darauf schon gewartet habe!
Yes!!
Am Anfang habe ich mich gefragt, wie es wohl werden würde mit ihm ...

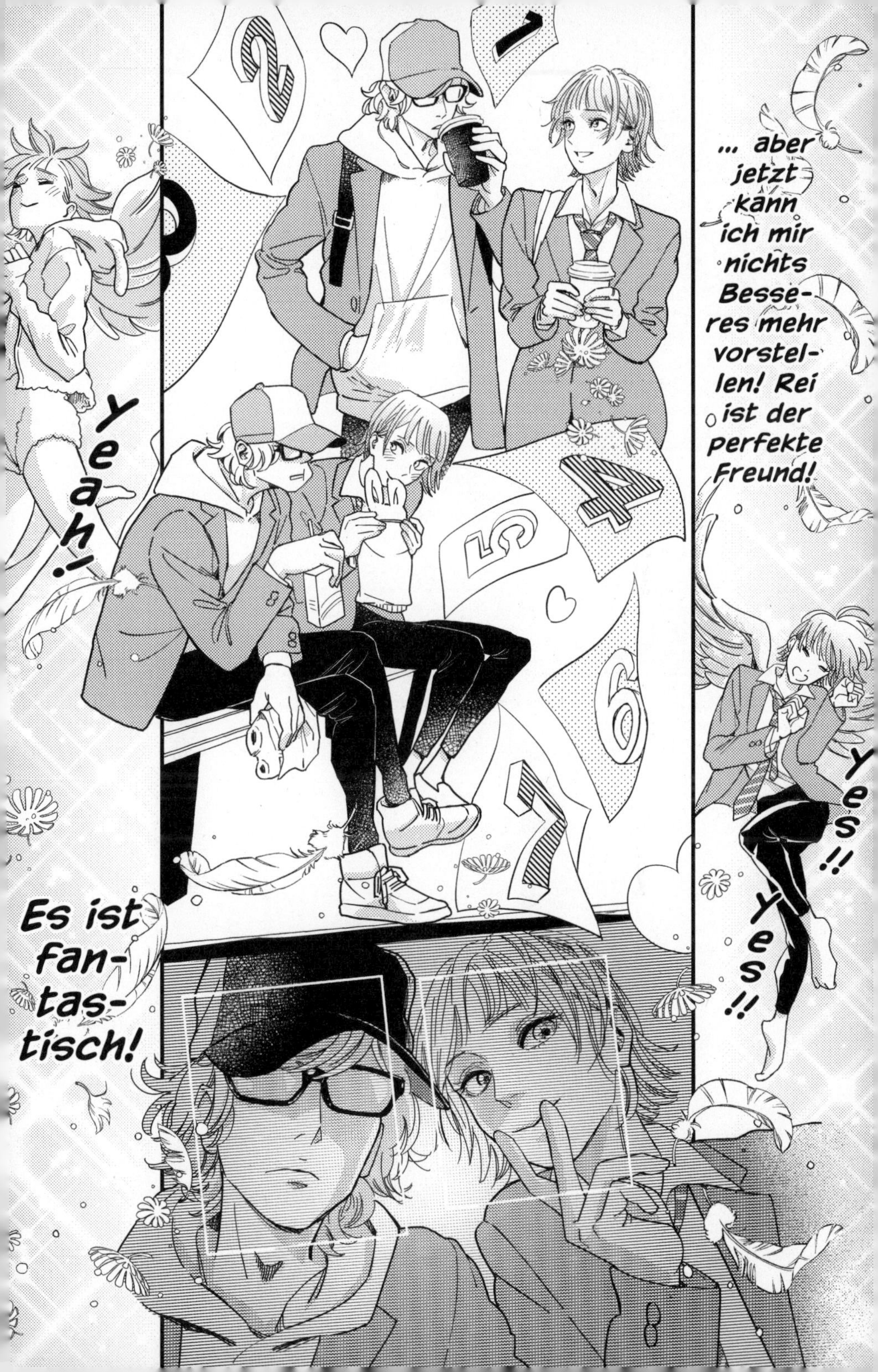
... aber jetzt kann ich mir nichts Besse-res mehr vorstel-len! Rei ist der perfekte Freund!
Yeah!
Yes!!
Yes!!
Es ist fan-tas-tisch!

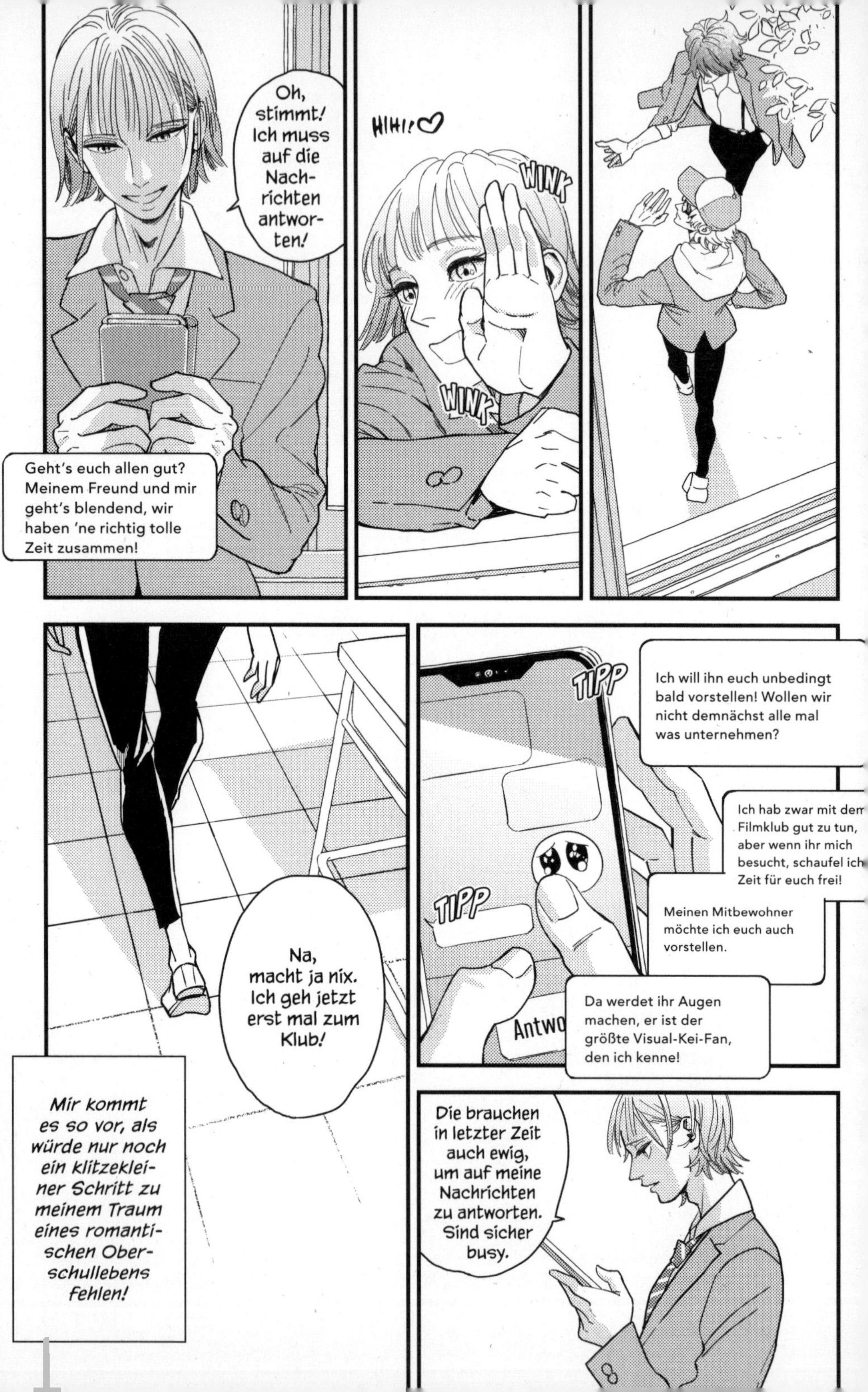
Oh, stimmt! Ich muss auf die Nachrichten antworten!
Geht's euch allen gut? Meinem Freund und mir geht's blendend, wir haben 'ne richtig tolle Zeit zusammen!
HIHI!♡
WINK
WINK
TIPP
Ich will ihn euch unbedingt bald vorstellen! Wollen wir nicht demnächst alle mal was unternehmen?
Ich hab zwar mit dem Filmklub gut zu tun, aber wenn ihr mich besucht, schaufel ich Zeit für euch frei!
Meinen Mitbewohner möchte ich euch auch vorstellen.
TIPP
Da werdet ihr Augen machen, er ist der größte Visual-Kei-Fan, den ich kenne!
Na, macht ja nix. Ich geh jetzt erst mal zum Klub!
Mir kommt es so vor, als würde nur noch ein klitzekleiner Schritt zu meinem Traum eines romantischen Oberschullebens fehlen!
Die brauchen in letzter Zeit auch ewig, um auf meine Nachrichten zu antworten. Sind sicher busy.

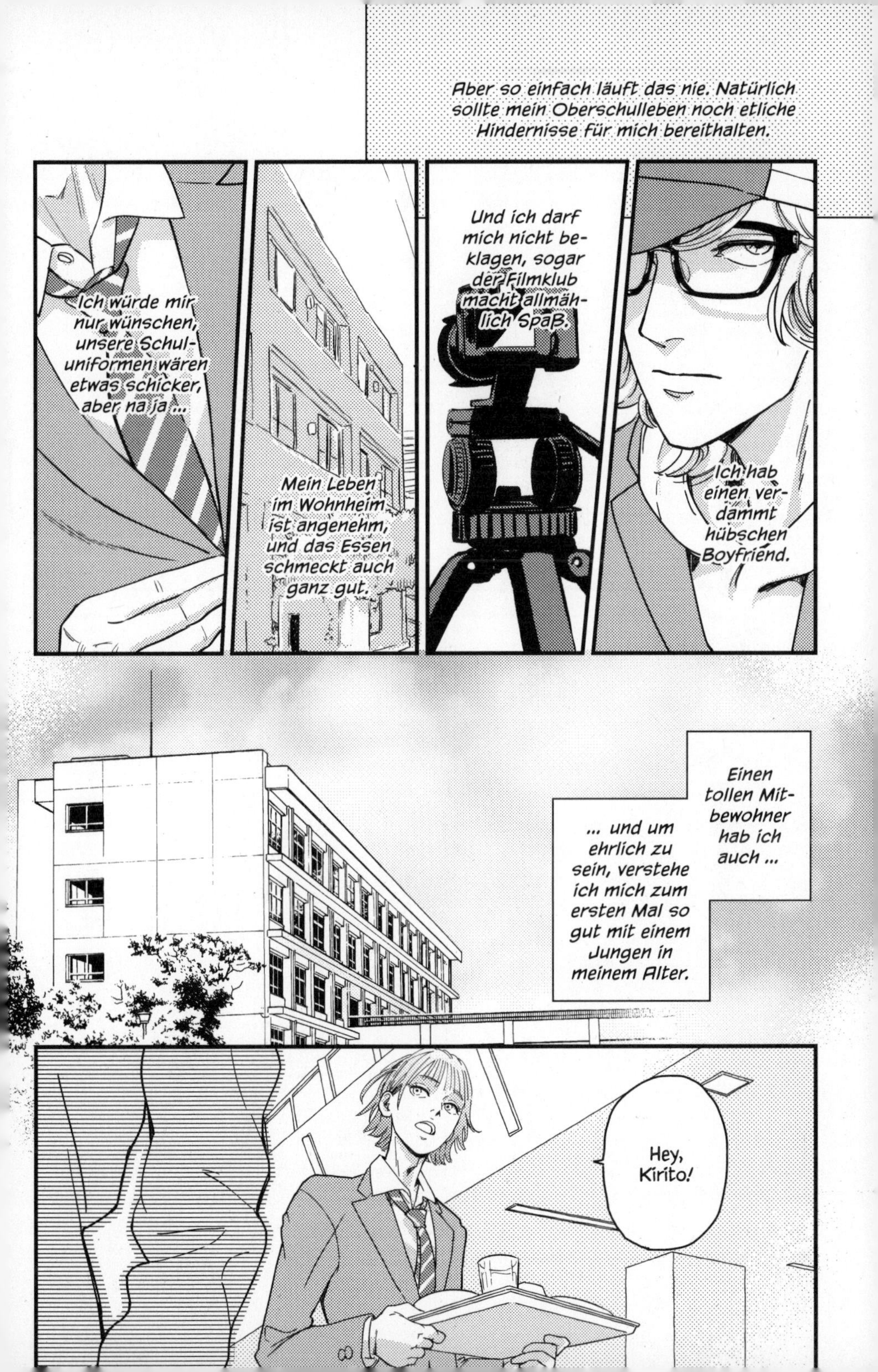
Aber so einfach läuft das nie. Natürlich sollte mein Oberschulleben noch etliche Hindernisse für mich bereithalten.
Ich hab einen verdammt hübschen Boyfriend.
Und ich darf mich nicht beklagen, sogar der Filmklub macht allmählich Spaß.
Mein Leben im Wohnheim ist angenehm, und das Essen schmeckt auch ganz gut.
Ich würde mir nur wünschen, unsere Schuluniformen wären etwas schicker, aber na ja ...
Einen tollen Mitbewohner hab ich auch ...
... und um ehrlich zu sein, verstehe ich mich zum ersten Mal so gut mit einem Jungen in meinem Alter.
Hey, Kirito!

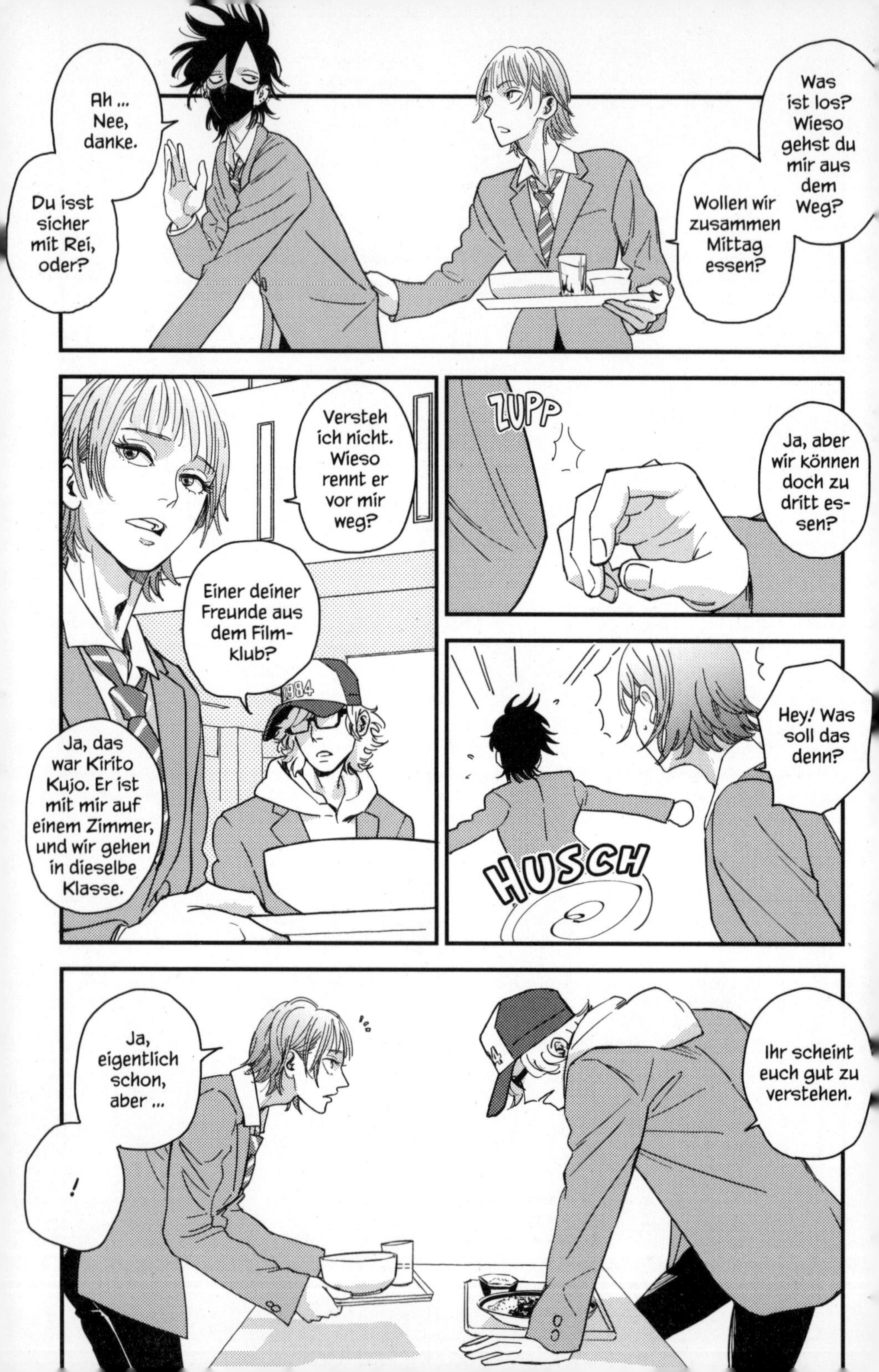
Was ist los? Wieso gehst du mir aus dem Weg?
Wollen wir zusammen Mittag essen?
Ah ... Nee, danke.
Du isst sicher mit Rei, oder?
ZUPP
Ja, aber wir können doch zu dritt es-sen?
Hey! Was soll das denn?
HUSCH
Versteh ich nicht. Wieso rennt er vor mir weg?
Einer deiner Freunde aus dem Film-klub?
Ja, das war Kirito Kujo. Er ist mit mir auf einem Zimmer, und wir gehen in dieselbe Klasse.
Ihr scheint euch gut zu verstehen.
Ja, eigentlich schon, aber ...
!

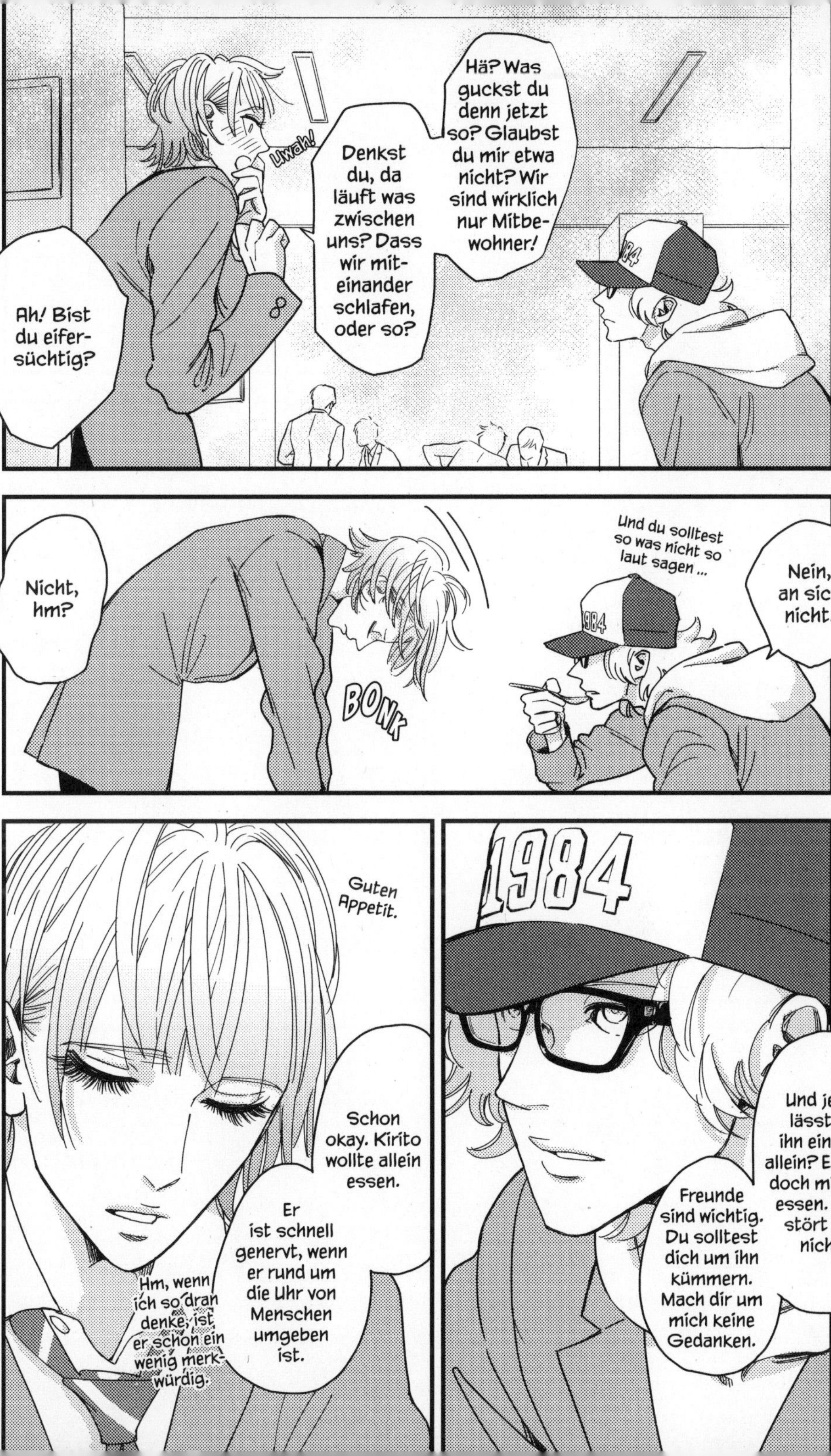
Hä? Was guckst du denn jetzt so? Glaubst du mir etwa nicht? Wir sind wirklich nur Mitbewohner!
Uwah!
Denkst du, da läuft was zwischen uns? Dass wir miteinander schlafen, oder so?
Ah! Bist du eifersüchtig?
Nein, an sich nicht.
Und du solltest so was nicht so laut sagen ...
BONK
Nicht, hm?
Und jetzt lässt du ihn einfach allein? Er kann doch mit uns essen. Mich stört das nicht.
Freunde sind wichtig. Du solltest dich um ihn kümmern. Mach dir um mich keine Gedanken.
Guten Appetit.
Schon okay. Kirito wollte allein essen.
Er ist schnell genervt, wenn er rund um die Uhr von Menschen umgeben ist.
Hm, wenn ich so dran denke, ist er schon ein wenig merkwürdig.

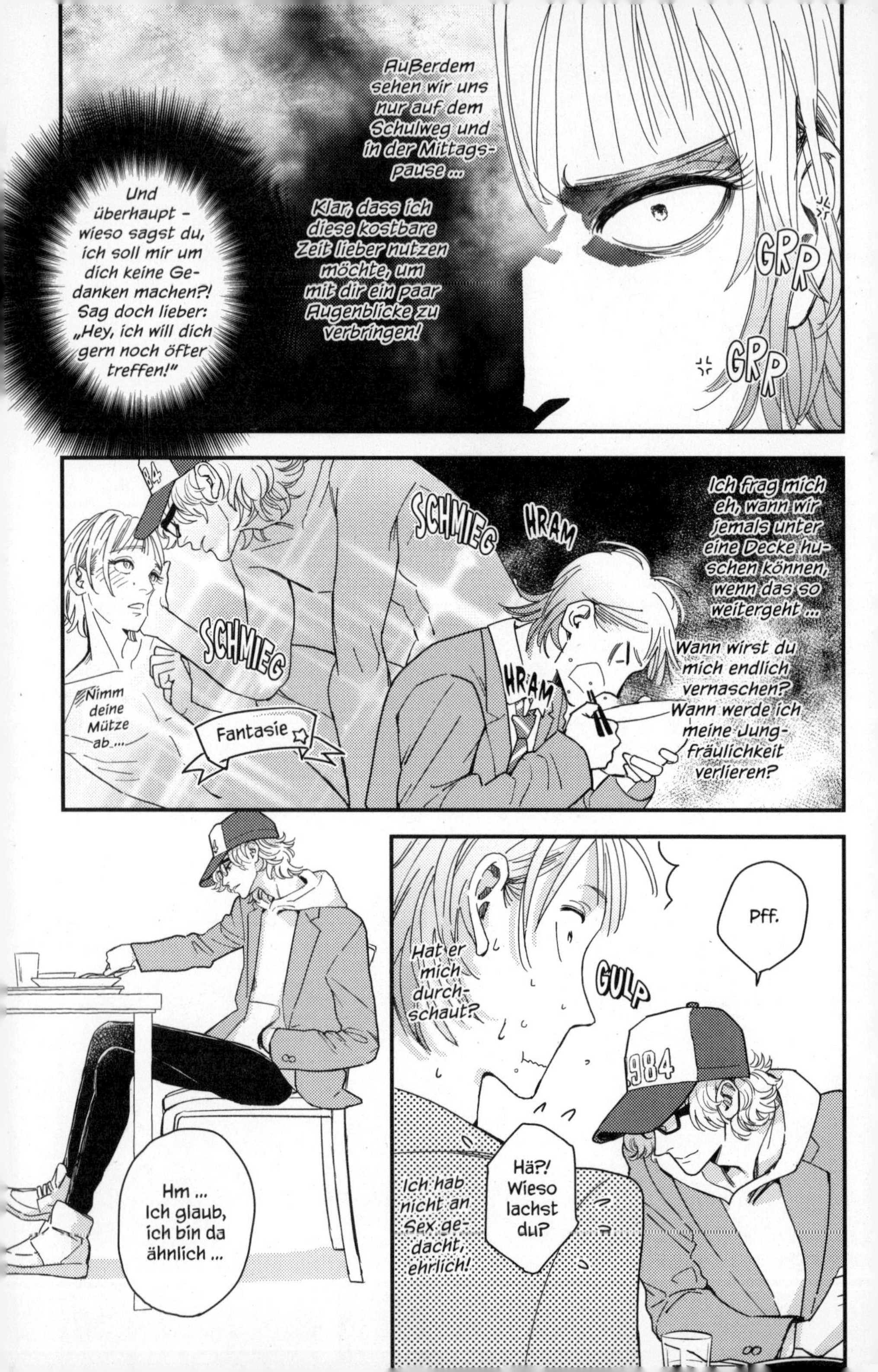
Außerdem sehen wir uns nur auf dem Schulweg und in der Mittagspause ...
Klar, dass ich diese kostbare Zeit lieber nutzen möchte, um mit dir ein paar Augenblicke zu verbringen!
GRR
GRR
Und überhaupt – wieso sagst du, ich soll mir um dich keine Gedanken machen?! Sag doch lieber: „Hey, ich will dich gern noch öfter treffen!“
Ich frag mich eh, wann wir jemals unter eine Decke huschen können, wenn das so weitergeht ...
HRAM
HRAM
Wann wirst du mich endlich vernaschen? Wann werde ich meine Jungfräulichkeit verlieren?
SCHMIEG
SCHMIEG
Nimm deine Mütze ab ...
Fantasie
Pff.
Hat er mich durchschaut?
GULP
Hä?! Wieso lachst du?
Ich hab nicht an Sex gedacht, ehrlich!
Hm ... Ich glaub, ich bin da ähnlich ...

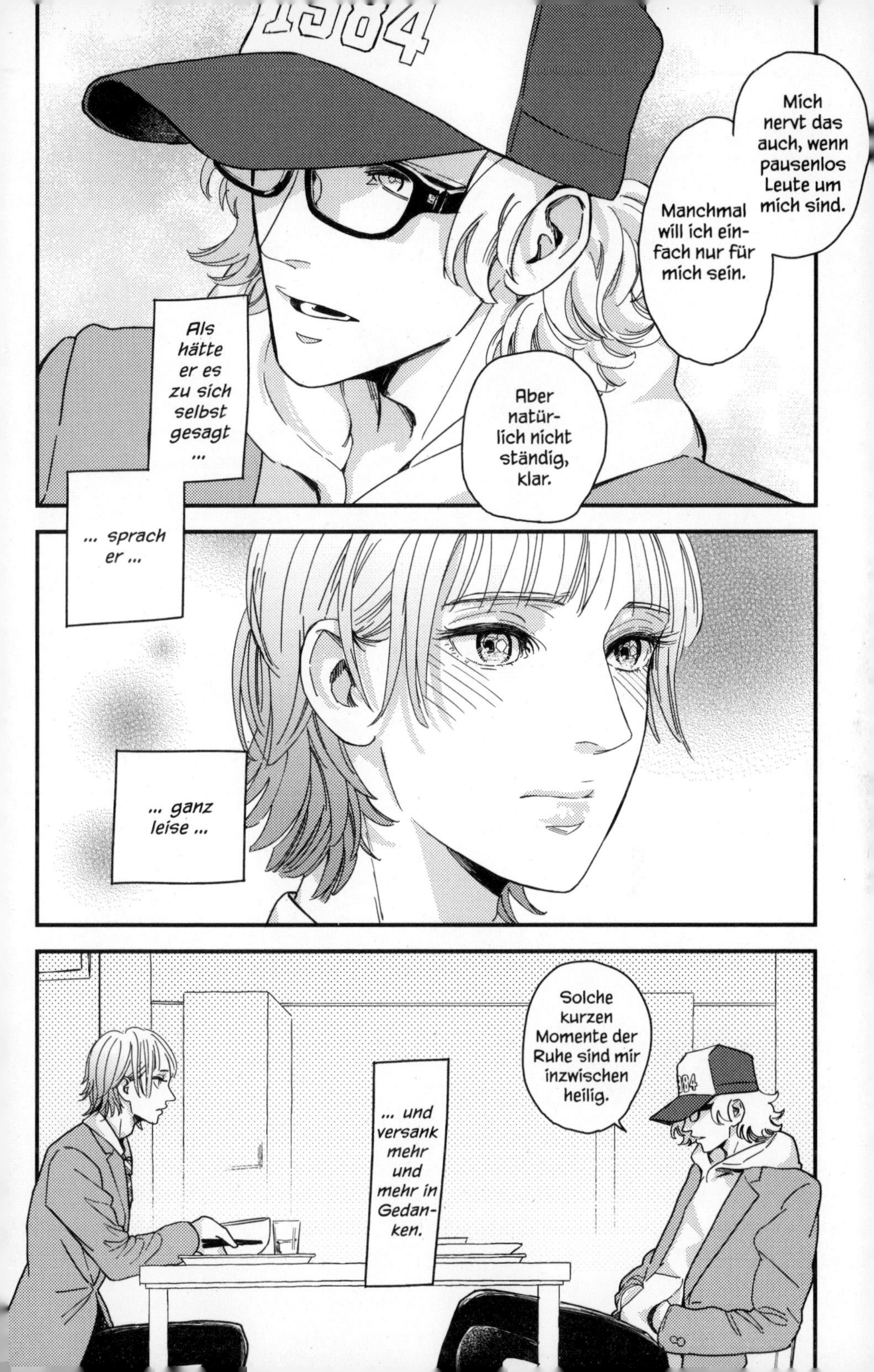
Mich nervt das auch, wenn pausenlos Leute um mich sind.
Manchmal will ich einfach nur für mich sein.
Als hätte er es zu sich selbst gesagt ...
Aber natürlich nicht ständig, klar.
... sprach er ...
... ganz leise ...
Solche kurzen Momente der Ruhe sind mir inzwischen heilig.
... und versank mehr und mehr in Gedanken.

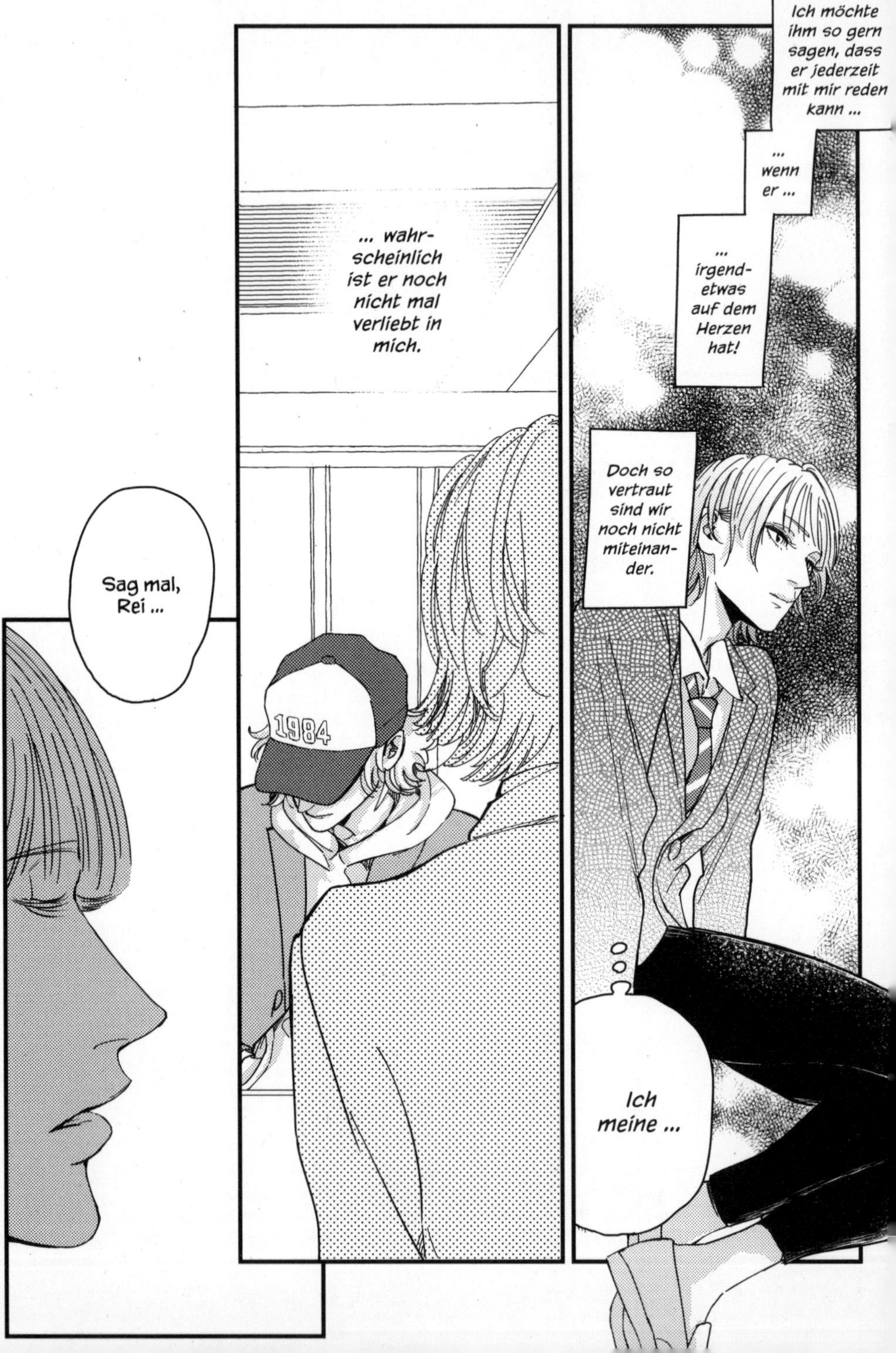
Ich möchte ihm so gern sagen, dass er jederzeit mit mir reden kann ...
... wenn er ...
... irgend-etwas auf dem Herzen hat!
Doch so vertraut sind wir noch nicht miteinander.
Ich meine ...
... wahr-scheinlich ist er noch nicht mal verliebt in mich.
Sag mal, Rei ...

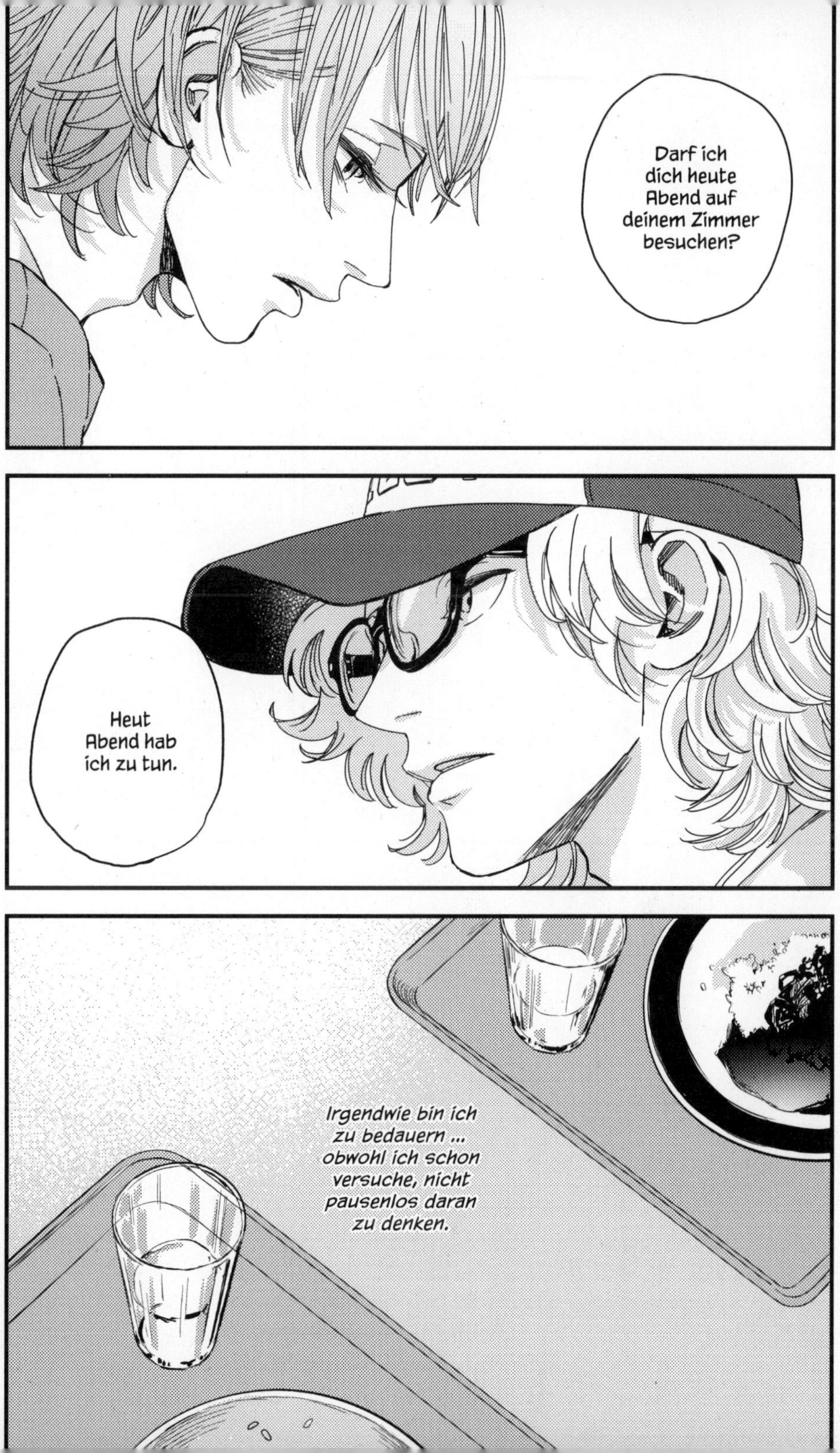
Darf ich dich heute Abend auf deinem Zimmer besuchen?
Heut Abend hab ich zu tun.
Irgendwie bin ich zu bedauern ... obwohl ich schon versuche, nicht pausenlos daran zu denken.

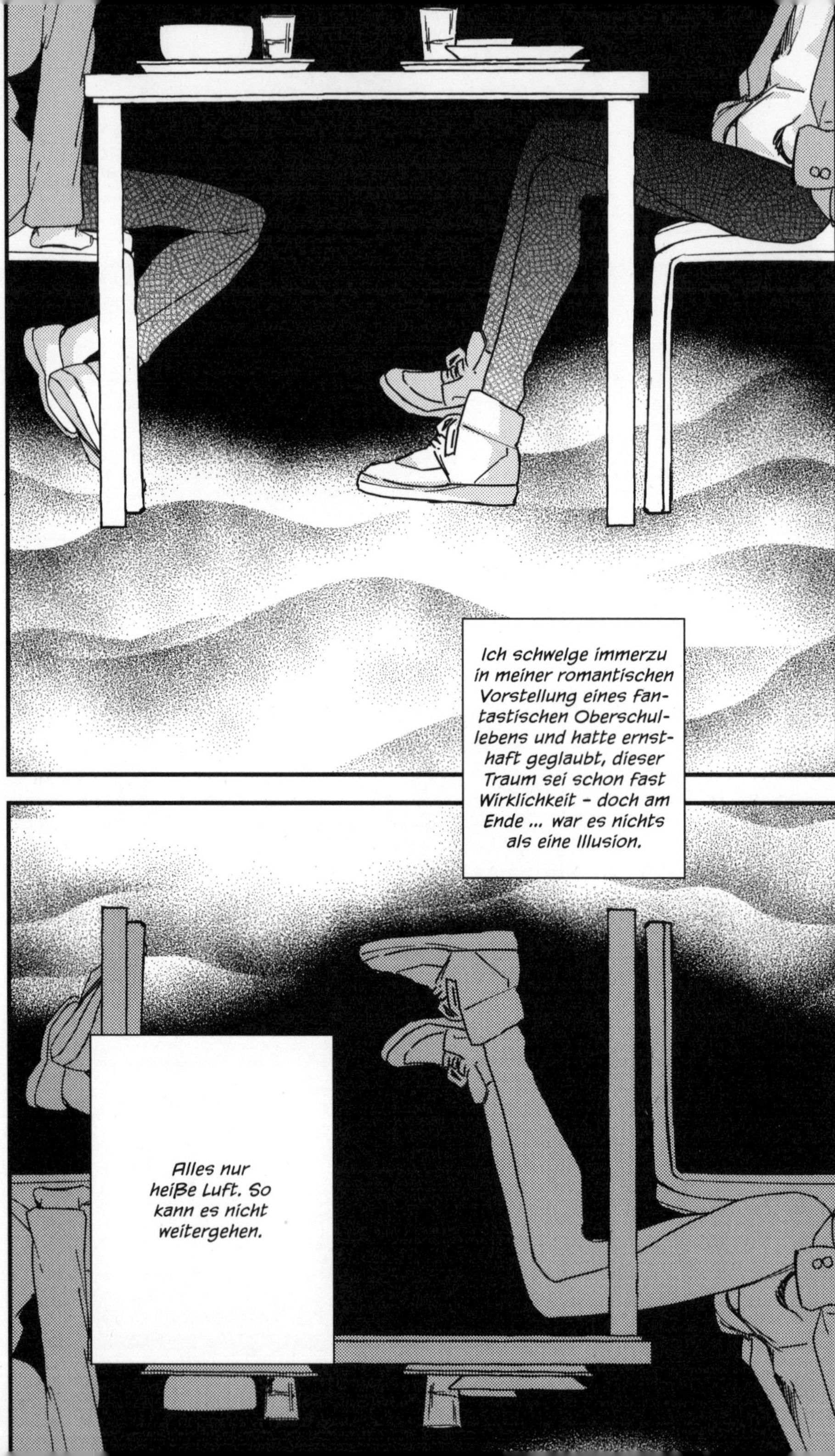
Ich schwelge immerzu in meiner romantischen Vorstellung eines fantastischen Oberschullebens und hatte ernsthaft geglaubt, dieser Traum sei schon fast Wirklichkeit – doch am Ende ... war es nichts als eine Illusion.
Alles nur heiße Luft. So kann es nicht weitergehen.

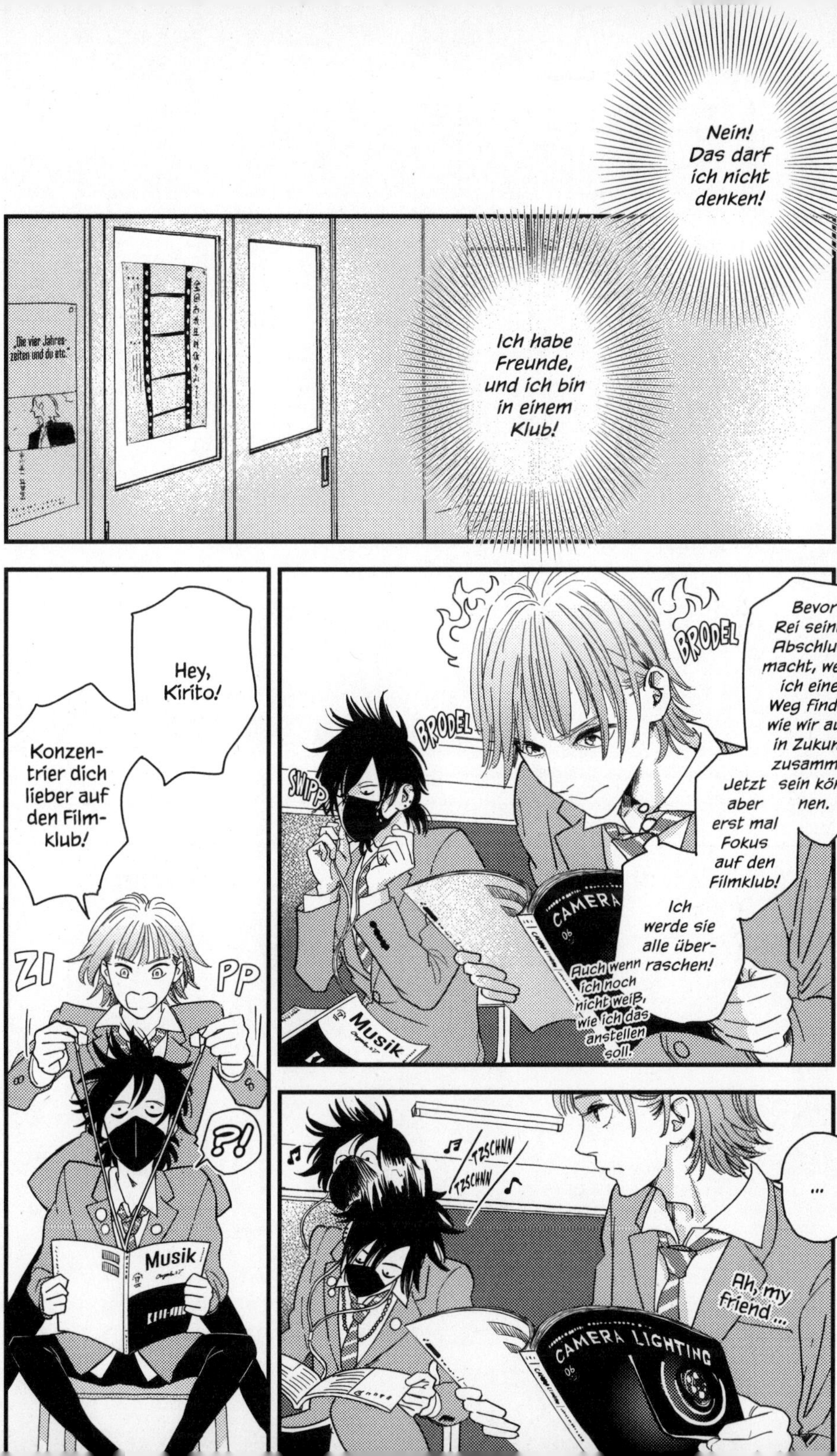

Nein! Das darf ich nicht denken!
Ich habe Freunde, und ich bin in einem Klub!
„Die vier Jahres-zeiten und du etc."
BRODEL
BRODEL
Bevor Rei seinen Abschluss macht, werde ich einen Weg finden, wie wir auch in Zukunft zusammen sein kön-nen.
Jetzt aber erst mal Fokus auf den Filmklub!
Ich werde sie alle über-raschen!
Auch wenn ich noch nicht weiß, wie ich das anstellen soll.
SHIPP
CAMERA
Musik
...
TZSCHNN
TZSCHNN
Ah, my friend ...
CAMERA LIGHTING
Hey, Kirito!
Konzen-trier dich lieber auf den Film-klub!
ZI PP
?!
Musik

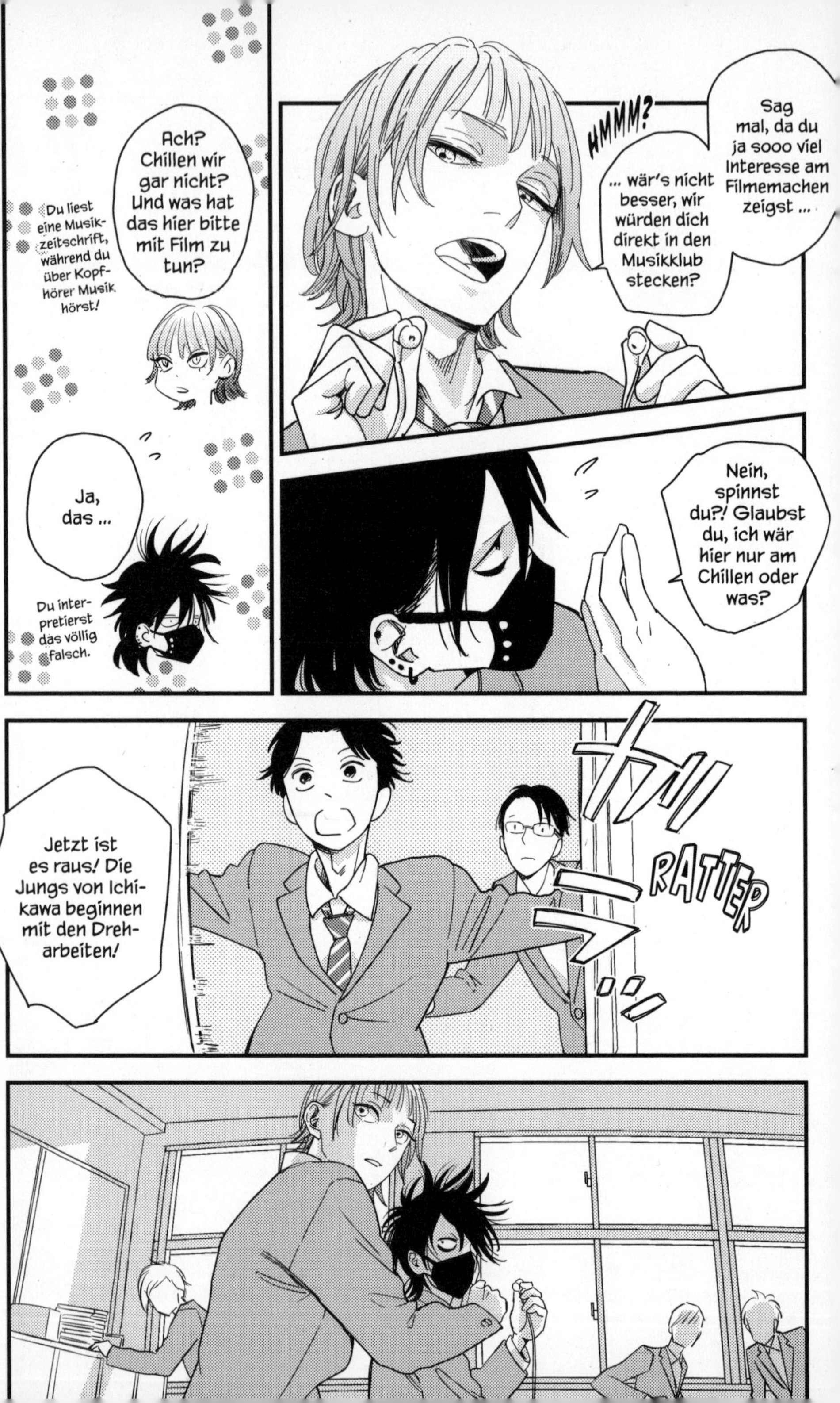
HMMM?
Sag mal, da du ja sooo viel Interesse am Filmemachen zeigst ...
... wär's nicht besser, wir würden dich direkt in den Musikklub stecken?
Nein, spinnst du?! Glaubst du, ich wär hier nur am Chillen oder was?
Ach? Chillen wir gar nicht? Und was hat das hier bitte mit Film zu tun?
Du liest eine Musikzeitschrift, während du über Kopfhörer Musik hörst!
Ja, das ...
Du interpretierst das völlig falsch.
RATTER
Jetzt ist es raus! Die Jungs von Ichikawa beginnen mit den Dreharbeiten!

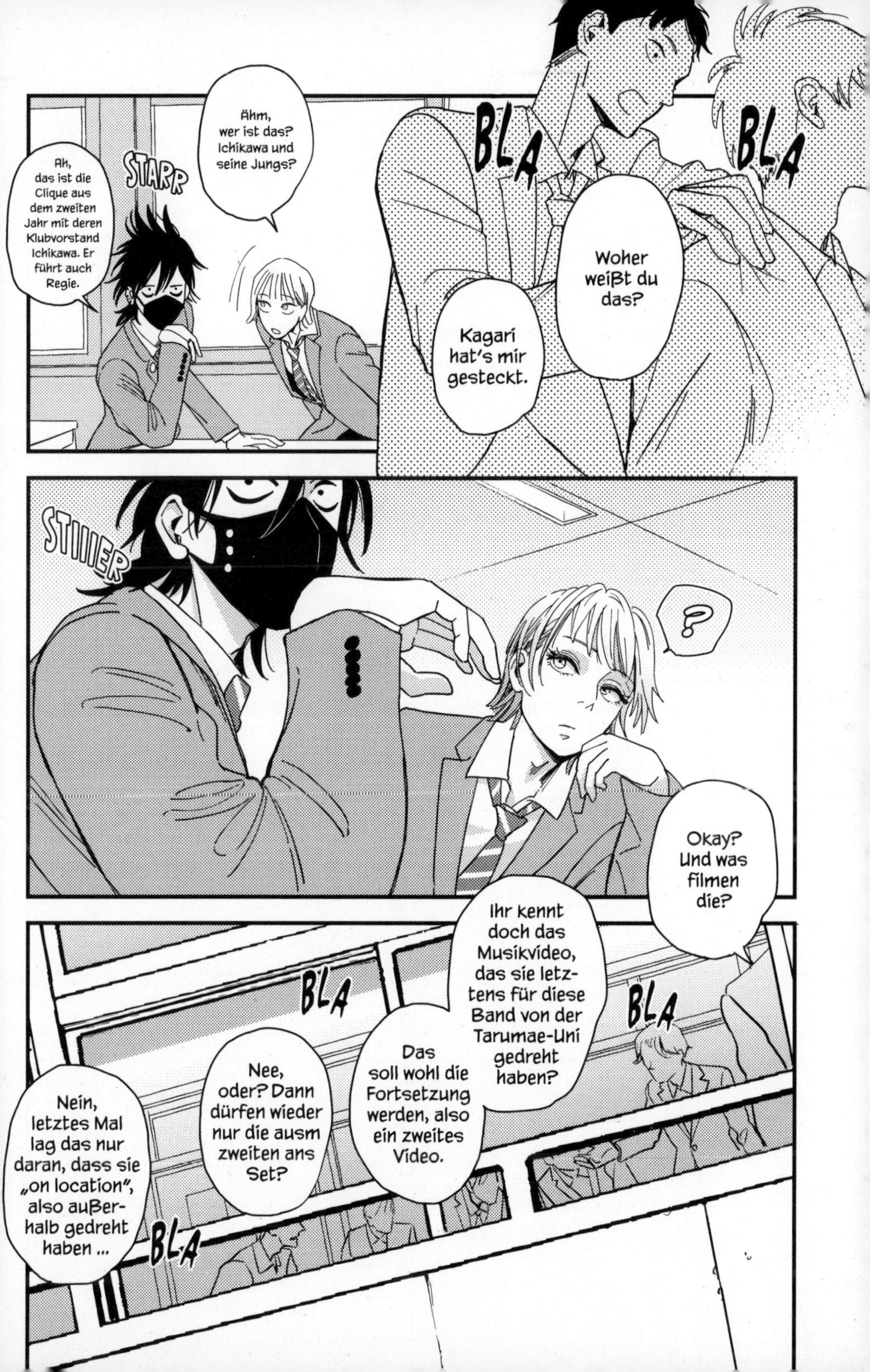
BLA
BLA
Woher weißt du das?
Kagari hat's mir gesteckt.
Ähm, wer ist das? Ichikawa und seine Jungs?
STARR
Ah, das ist die Clique aus dem zweiten Jahr mit deren Klubvorstand Ichikawa. Er führt auch Regie.
?
STIIIER
Okay? Und was filmen die?
BLA
Ihr kennt doch das Musikvideo, das sie letztens für diese Band von der Tarumae-Uni gedreht haben?
Das soll wohl die Fortsetzung werden, also ein zweites Video.
BLA
Nee, oder? Dann dürfen wieder nur die ausm zweiten ans Set?
Nein, letztes Mal lag das nur daran, dass sie „on location", also außerhalb gedreht haben ...
BLA

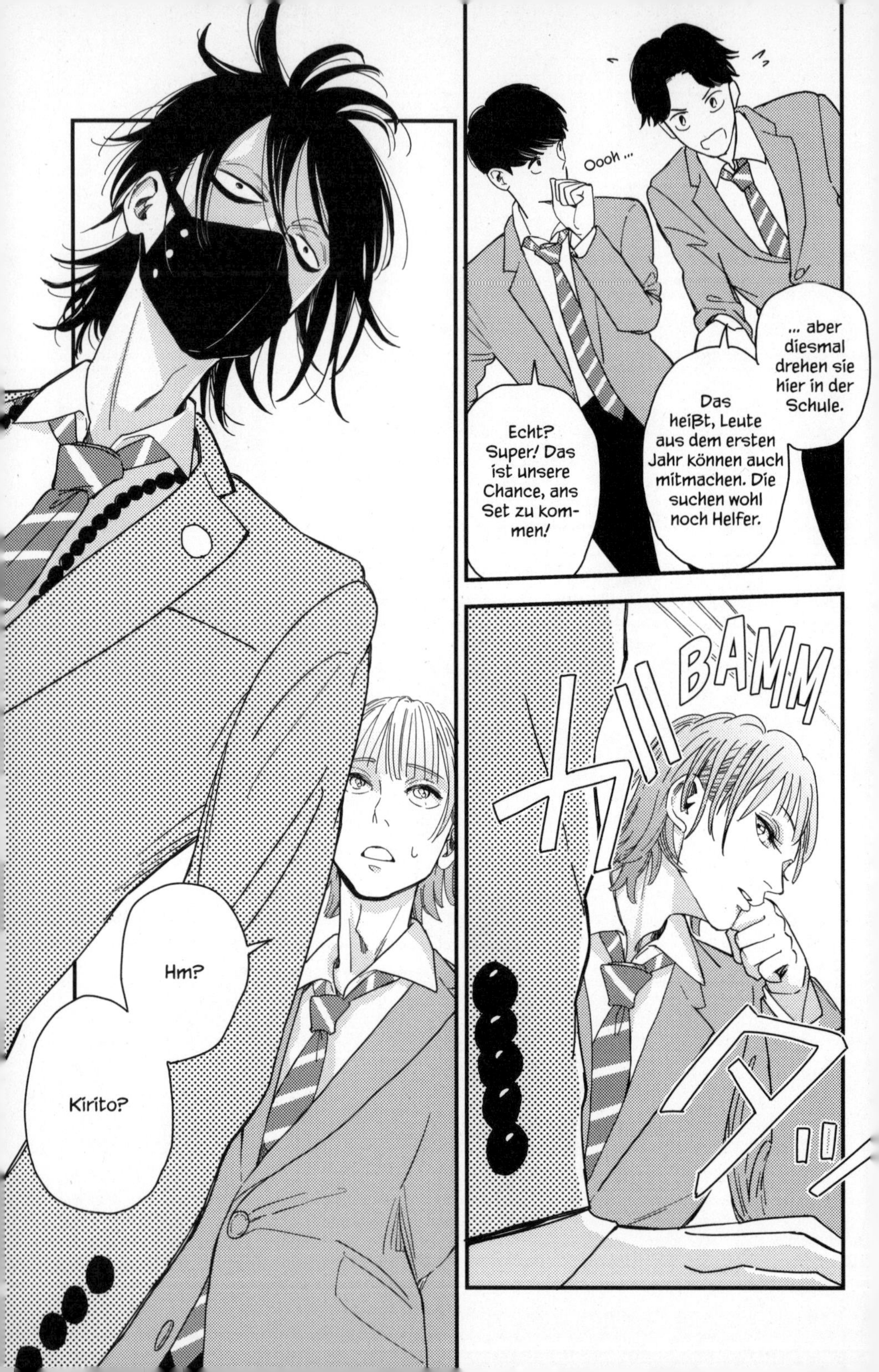
Oooh ...
... aber diesmal drehen sie hier in der Schule.
Das heißt, Leute aus dem ersten Jahr können auch mitmachen. Die suchen wohl noch Helfer.
Echt? Super! Das ist unsere Chance, ans Set zu kommen!
BAMM
Hm?
Kirito?

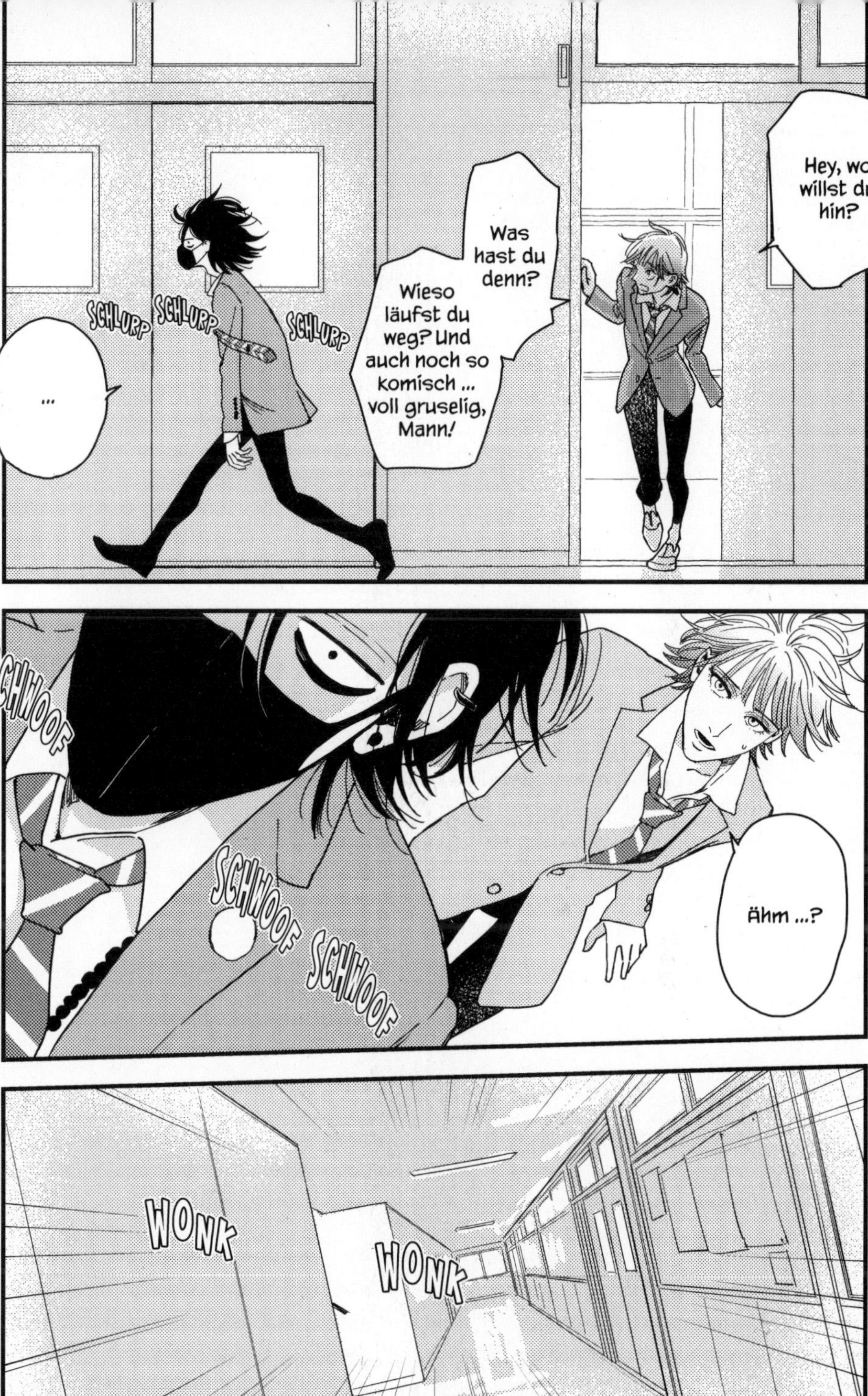
Hey, wo willst du hin?
Was hast du denn?
Wieso läufst du weg? Und auch noch so komisch ... voll gruselig, Mann!
SCHLURP
SCHLURP
SCHLURP
...
Ähm ...?
SCHWOOF
SCHWOOF
SCHWOOF
WONK
WONK

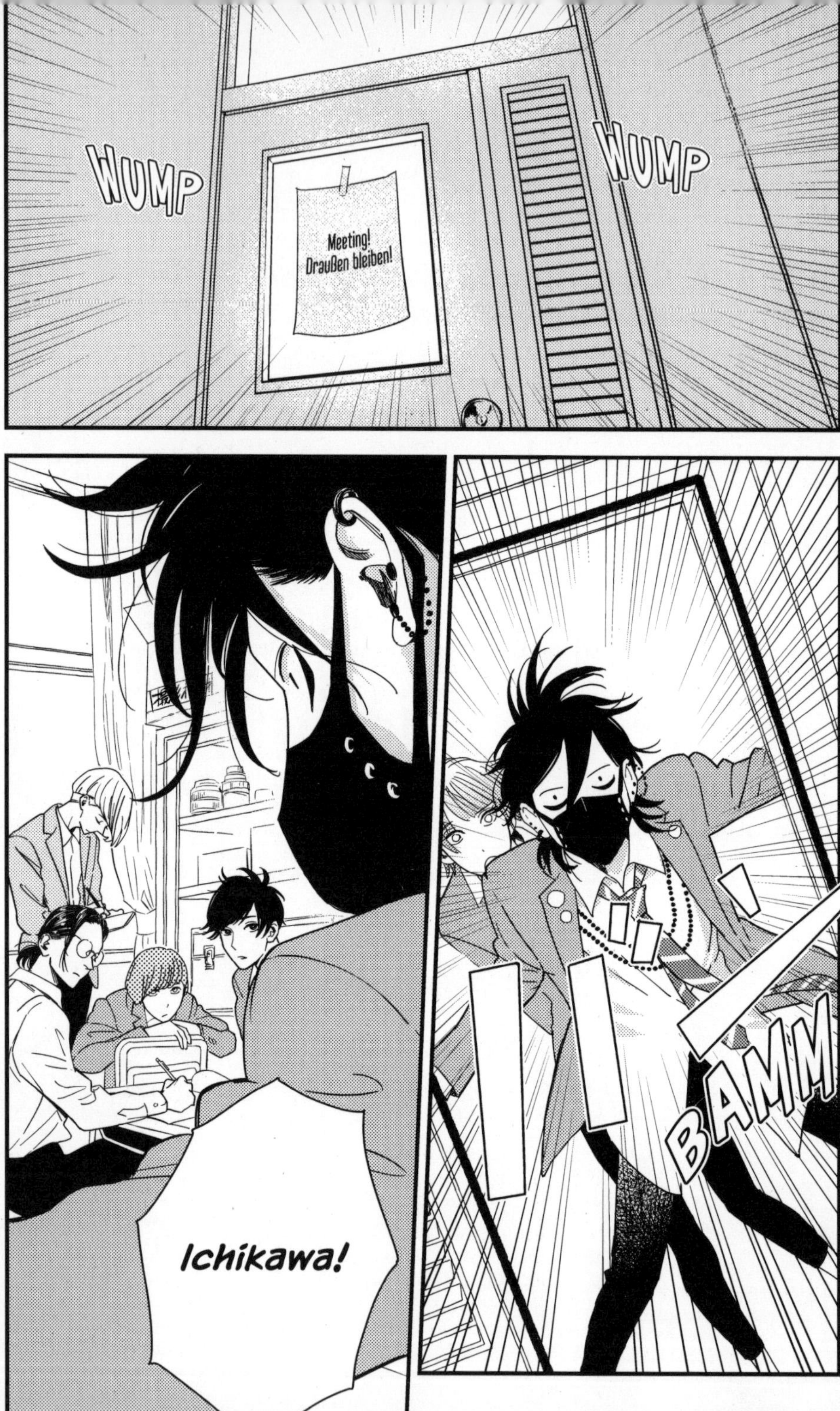
WUMP
WUMP
Meeting!
Draußen bleiben!
BAMM
Ichikawa!

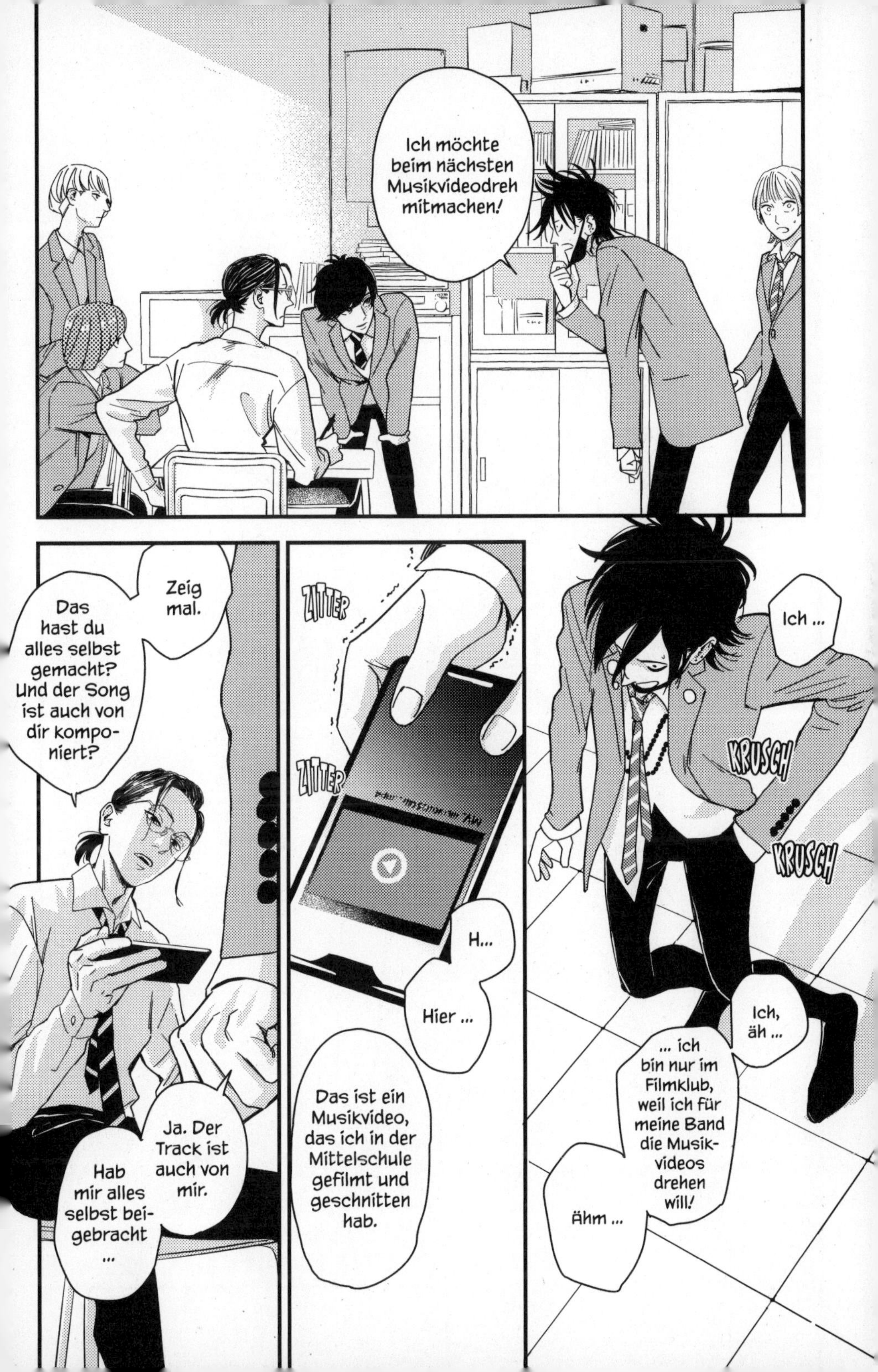
Ich möchte beim nächsten Musikvideodreh mitmachen!
Ich ...
KRUSCH
KRUSCH
Ich, äh ...
... ich bin nur im Filmklub, weil ich für meine Band die Musikvideos drehen will!
Ähm ...
ZITTER
ZITTER
H...
Hier ...
Das ist ein Musikvideo, das ich in der Mittelschule gefilmt und geschnitten hab.
Zeig mal.
Das hast du alles selbst gemacht? Und der Song ist auch von dir komponiert?
Ja. Der Track ist auch von mir.
Hab mir alles selbst beigebracht ...

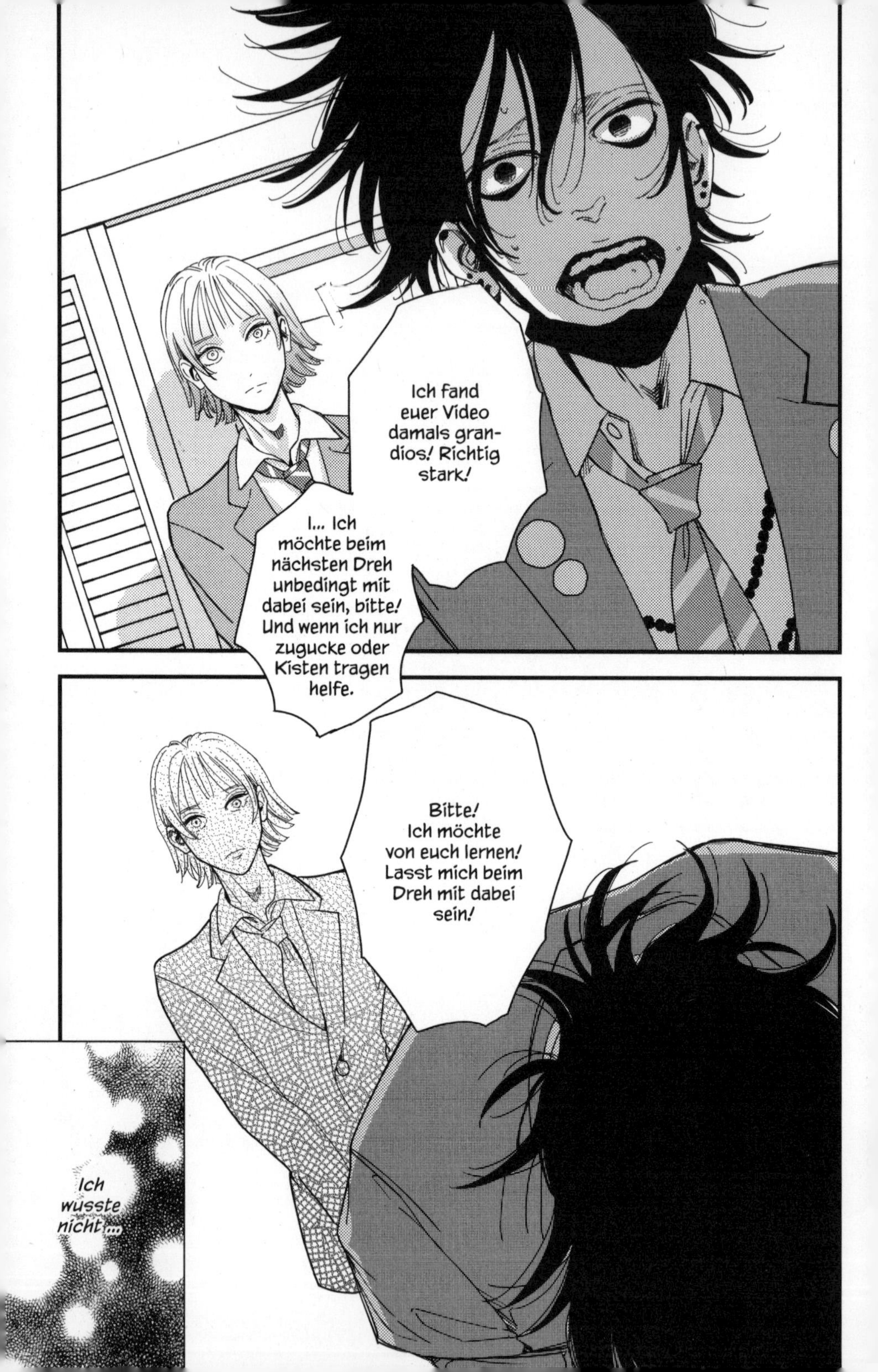
Ich fand euer Video damals grandios! Richtig stark!
I... Ich möchte beim nächsten Dreh unbedingt mit dabei sein, bitte! Und wenn ich nur zugucke oder Kisten tragen helfe.
Bitte! Ich möchte von euch lernen! Lasst mich beim Dreh mit dabei sein!
Ich wusste nicht ...

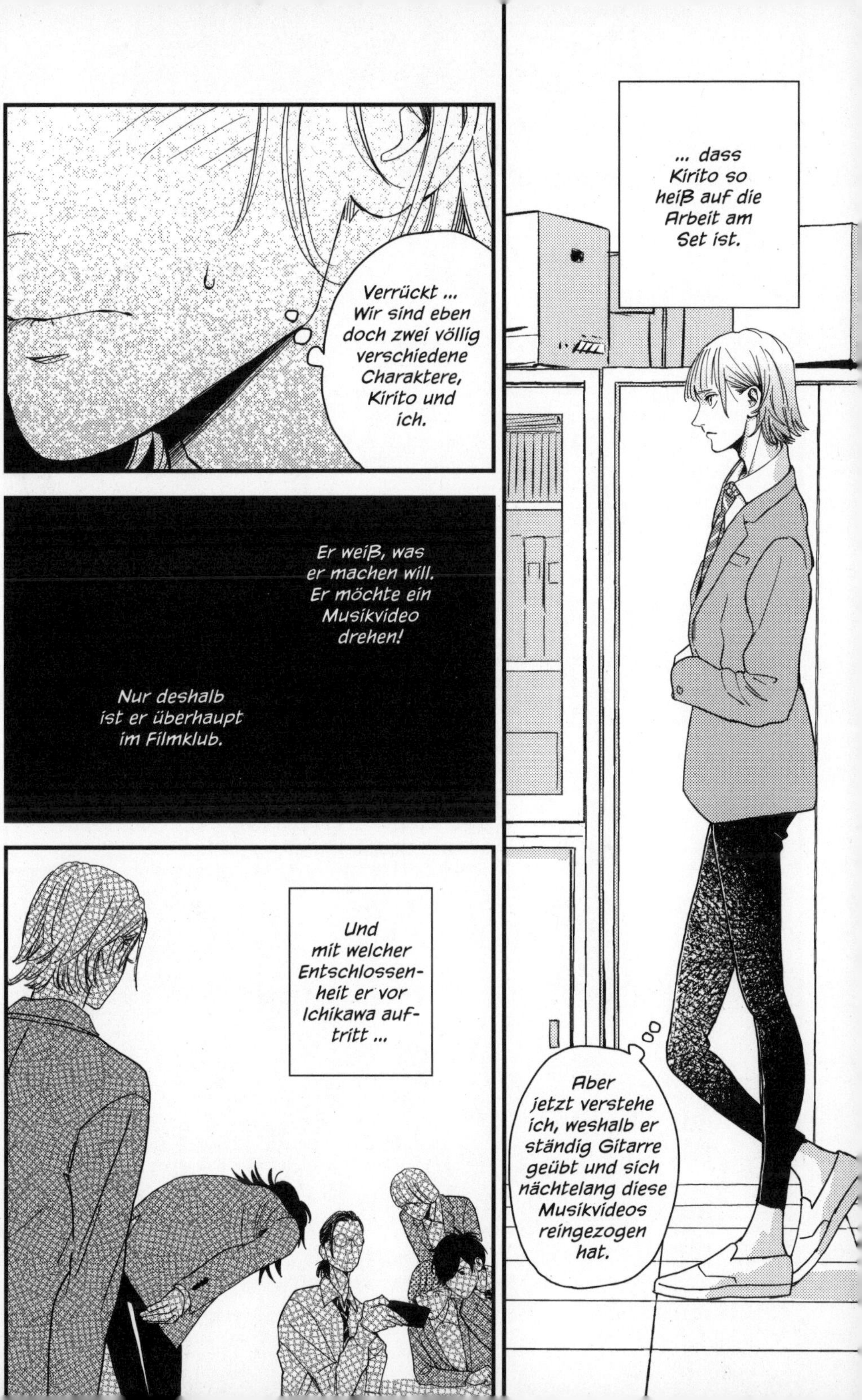
Verrückt ... Wir sind eben doch zwei völlig verschiedene Charaktere, Kirito und ich.
Er weiß, was er machen will. Er möchte ein Musikvideo drehen!
Nur deshalb ist er überhaupt im Filmklub.
Und mit welcher Entschlossenheit er vor Ichikawa auftritt ...
... dass Kirito so heiß auf die Arbeit am Set ist.
Aber jetzt verstehe ich, weshalb er ständig Gitarre geübt und sich nächtelang diese Musikvideos reingezogen hat.

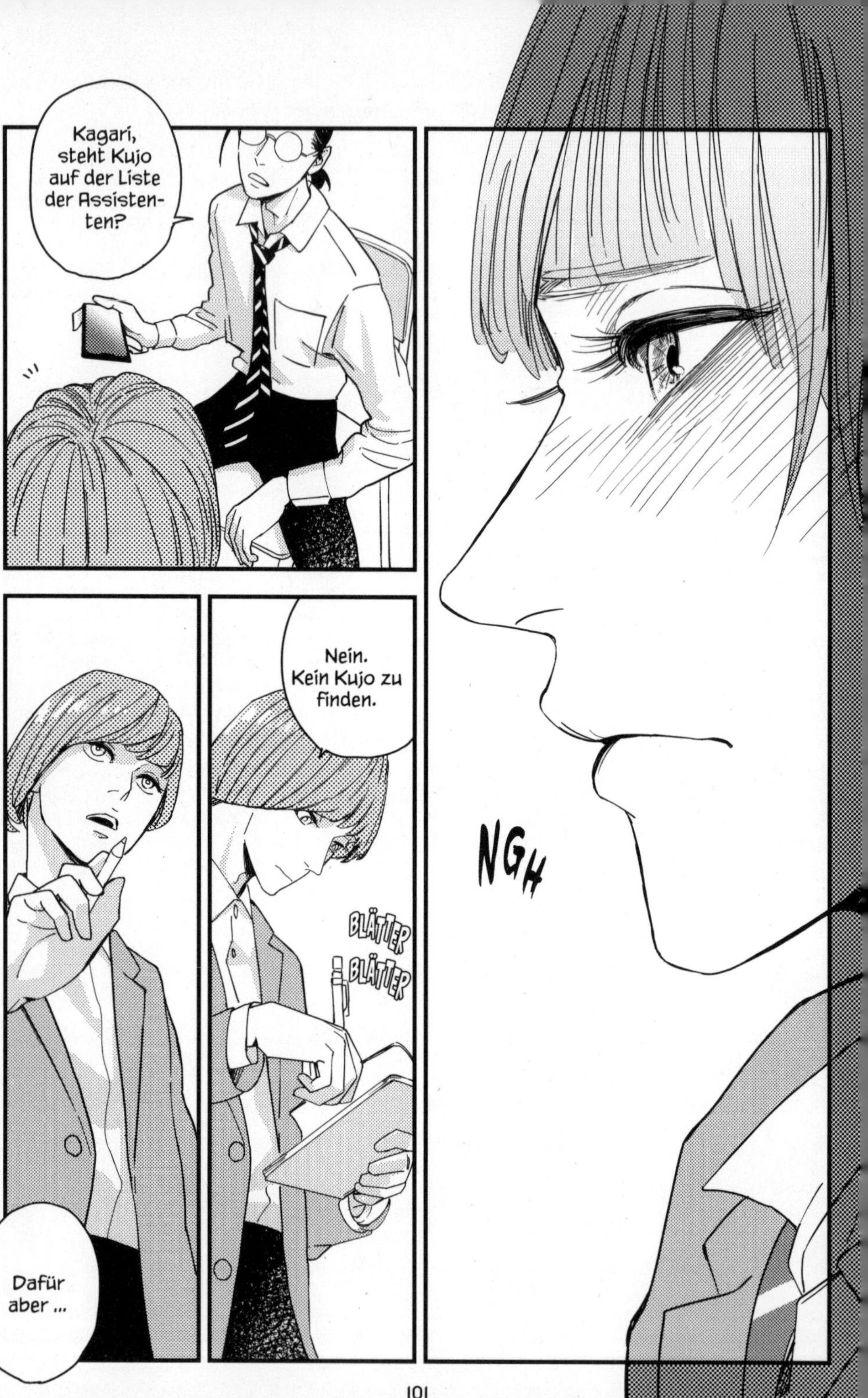
Kagari, steht Kujo auf der Liste der Assisten-ten?
NGH
Nein. Kein Kujo zu finden.
BLÄTTER BLÄTTER
Dafür aber ...

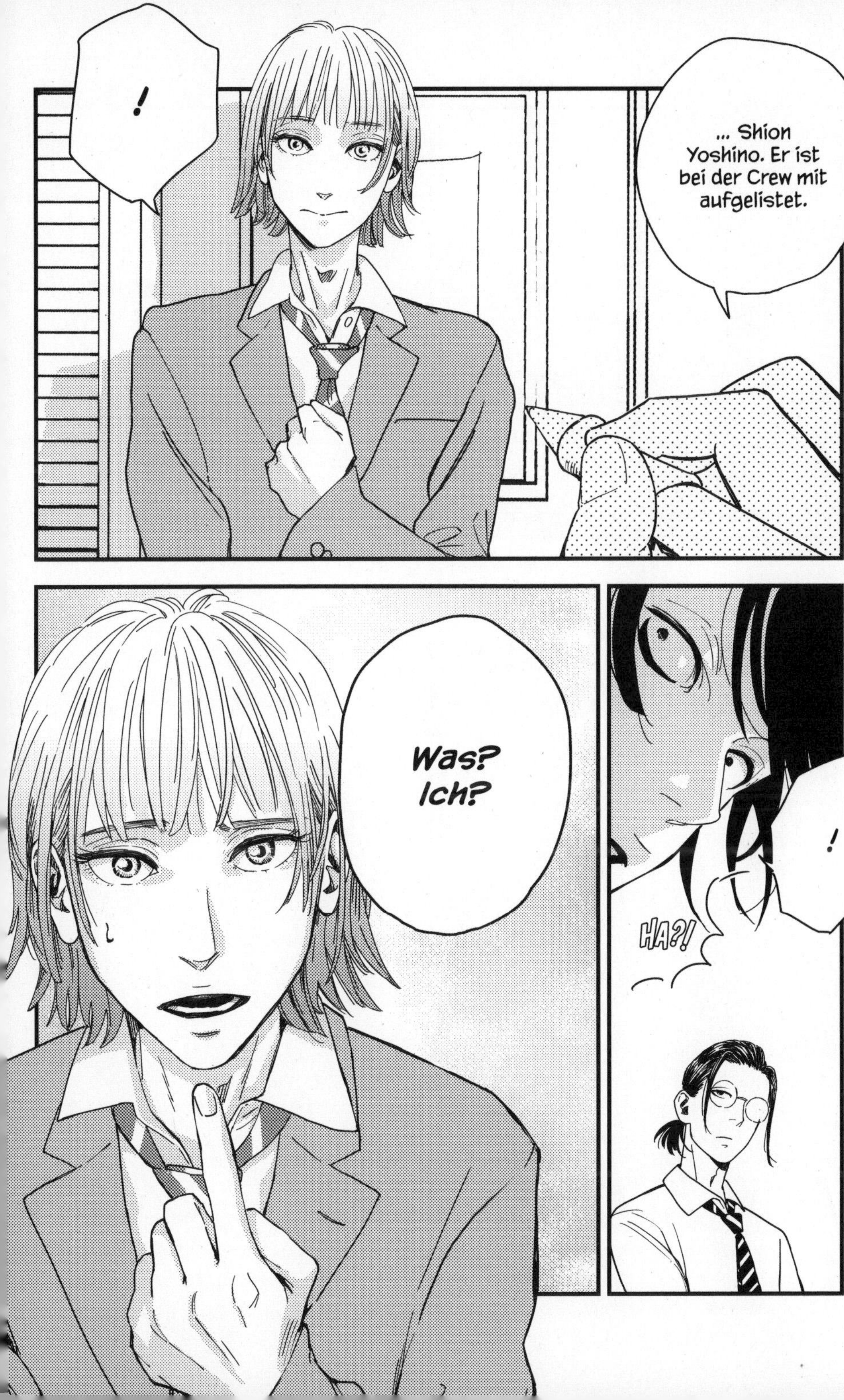
... Shion Yoshino. Er ist bei der Crew mit aufgelistet.
!
!
HA?!
Was? Ich?

Midnight Monologue

JYANOME

Midnight Monologue

Jyanome

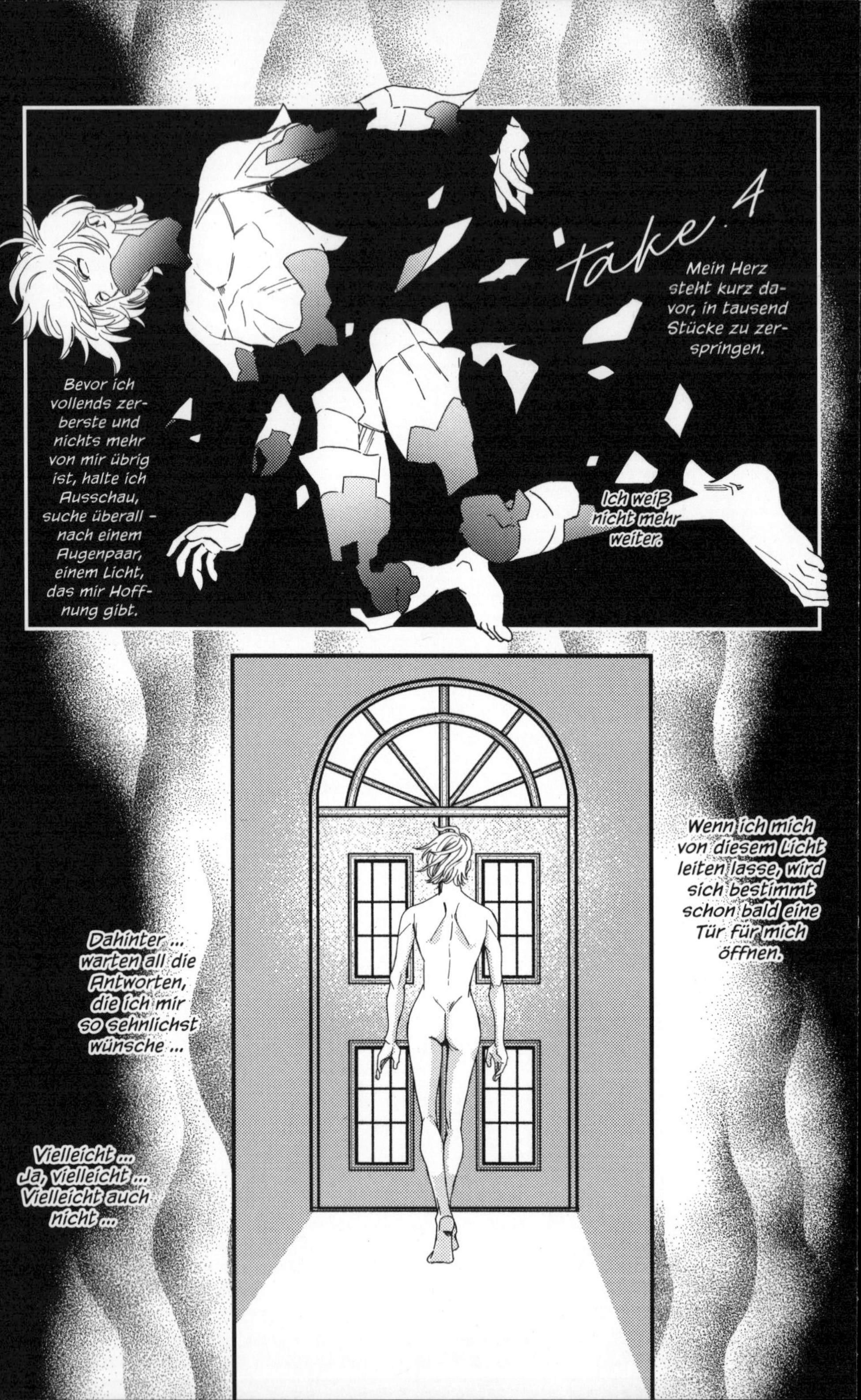
Take. 4
Mein Herz steht kurz davor, in tausend Stücke zu zerspringen.
Ich weiß nicht mehr weiter.
Bevor ich vollends zerberste und nichts mehr von mir übrig ist, halte ich Ausschau, suche überall – nach einem Augenpaar, einem Licht, das mir Hoffnung gibt.
Wenn ich mich von diesem Licht leiten lasse, wird sich bestimmt schon bald eine Tür für mich öffnen.
Dahinter … warten all die Antworten, die ich mir so sehnlichst wünsche …
Vielleicht … Ja, vielleicht … Vielleicht auch nicht …

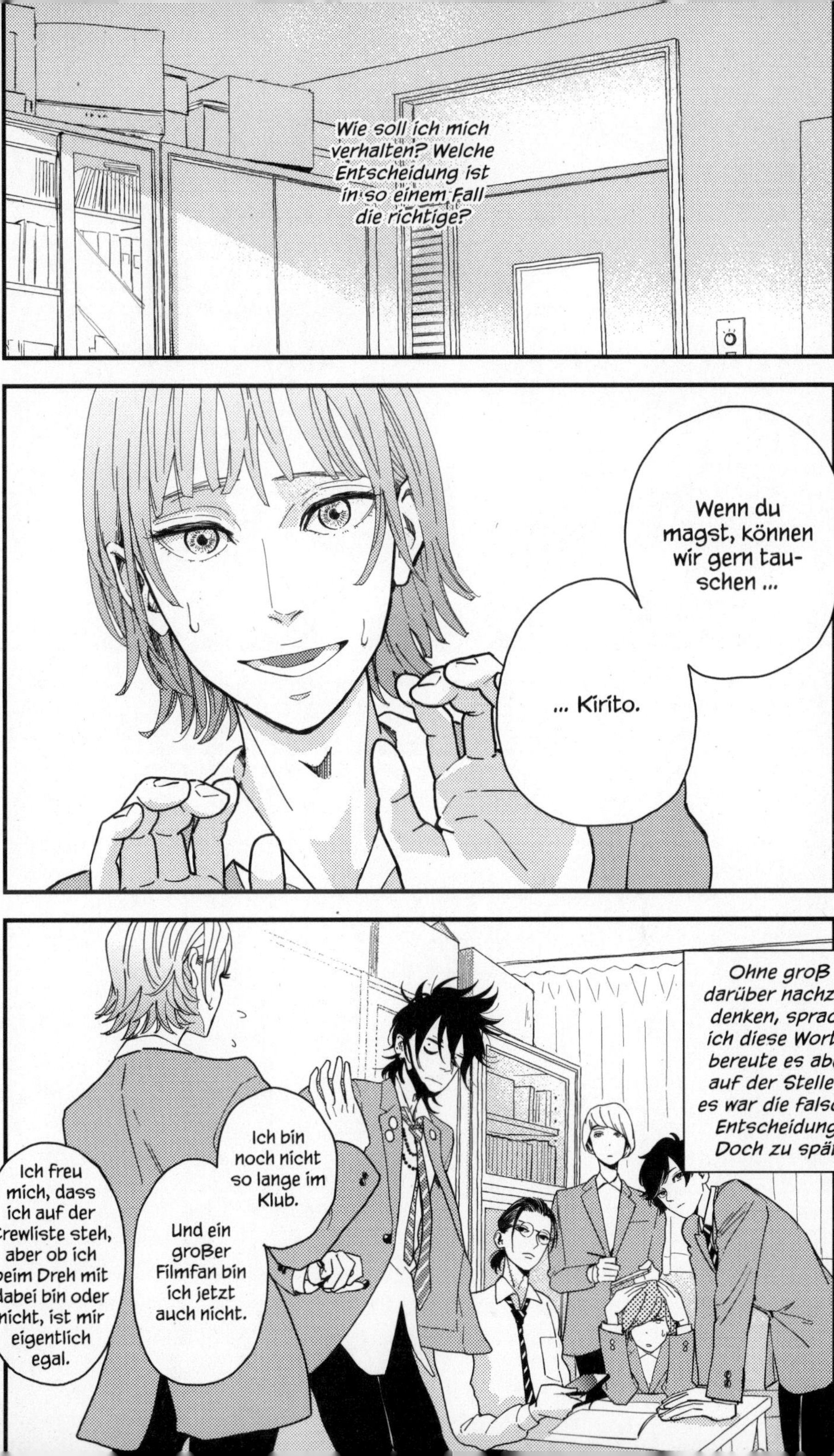
Wie soll ich mich verhalten? Welche Entscheidung ist in so einem Fall die richtige?
Wenn du magst, können wir gern tauschen ...
... Kirito.
Ohne groß darüber nachzudenken, sprach ich diese Worte, bereute es aber auf der Stelle – es war die falsche Entscheidung. Doch zu spät.
Ich bin noch nicht so lange im Klub.
Und ein großer Filmfan bin ich jetzt auch nicht.
Ich freu mich, dass ich auf der Crewliste steh, aber ob ich beim Dreh mit dabei bin oder nicht, ist mir eigentlich egal.

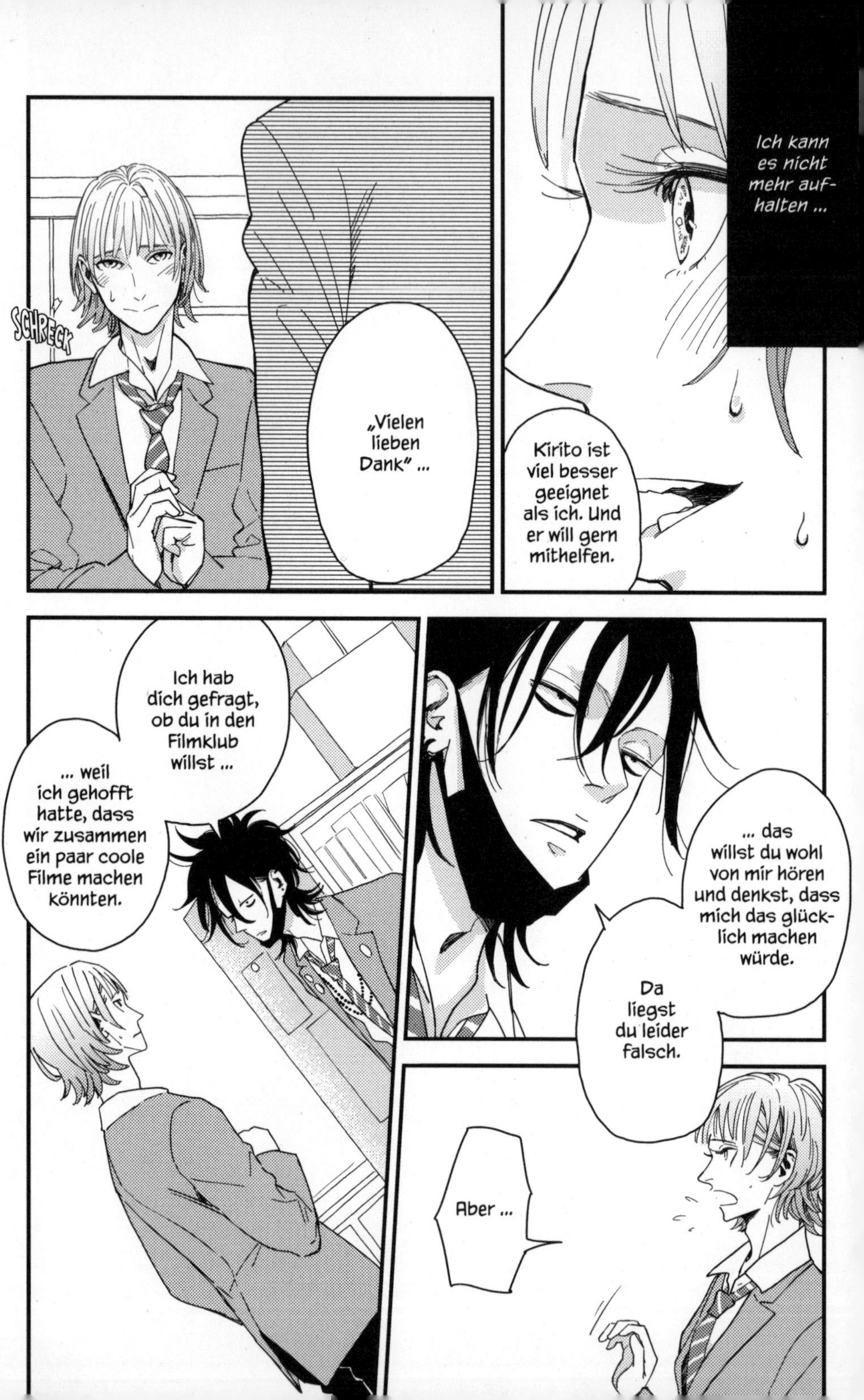
Ich kann es nicht mehr aufhalten ...
Kirito ist viel besser geeignet als ich. Und er will gern mithelfen.
„Vielen lieben Dank“ ...
SCHRECK
... das willst du wohl von mir hören und denkst, dass mich das glücklich machen würde.
Da liegst du leider falsch.
Ich hab dich gefragt, ob du in den Filmklub willst ...
... weil ich gehofft hatte, dass wir zusammen ein paar coole Filme machen könnten.
Aber ...

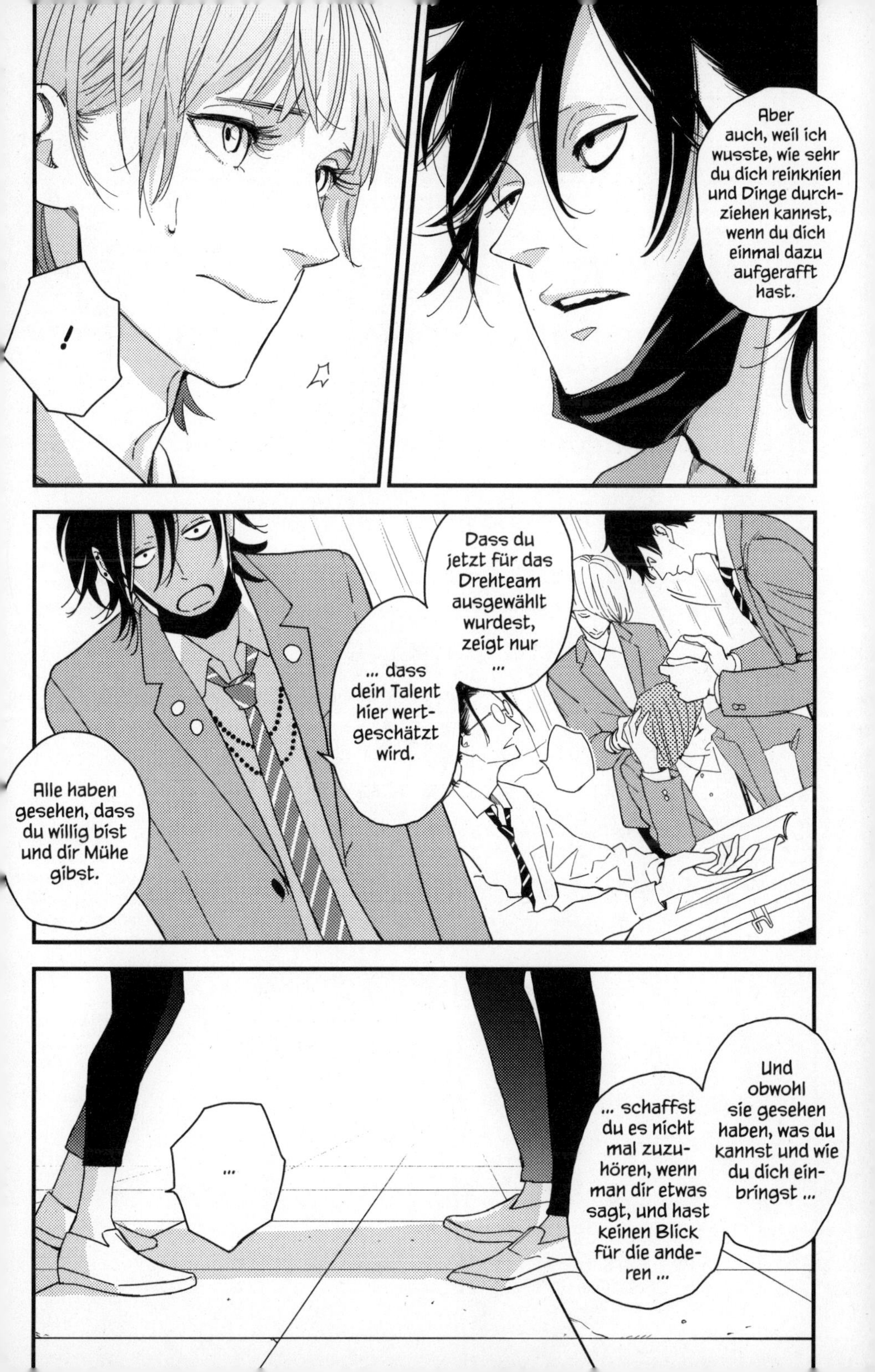
Aber auch, weil ich wusste, wie sehr du dich reinknien und Dinge durchziehen kannst, wenn du dich einmal dazu aufgerafft hast.
!
Dass du jetzt für das Drehteam ausgewählt wurdest, zeigt nur ...
... dass dein Talent hier wertgeschätzt wird.
Alle haben gesehen, dass du willig bist und dir Mühe gibst.
Und obwohl sie gesehen haben, was du kannst und wie du dich einbringst ...
... schaffst du es nicht mal zuzuhören, wenn man dir etwas sagt, und hast keinen Blick für die anderen ...
...

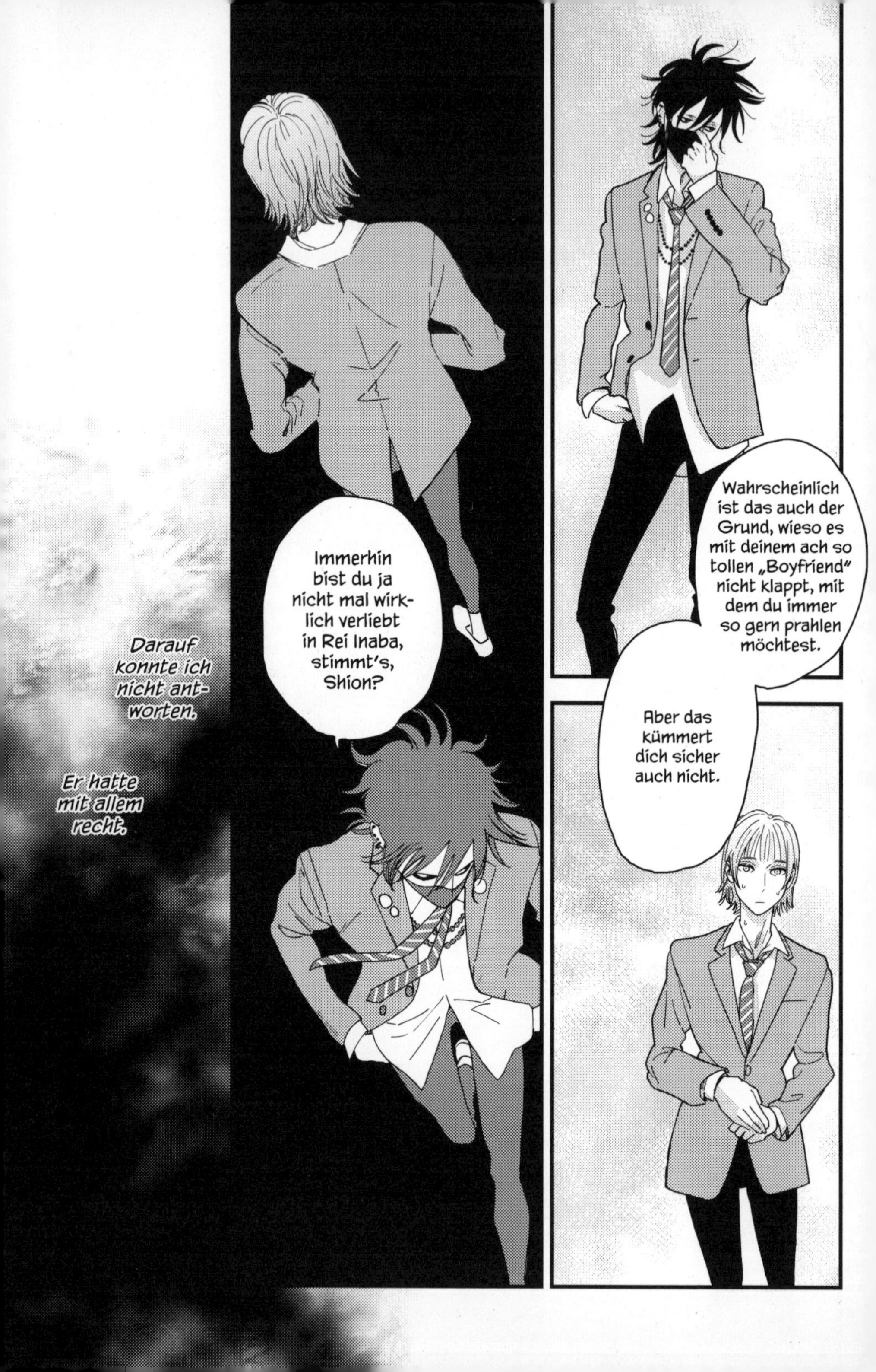
Wahrscheinlich ist das auch der Grund, wieso es mit deinem ach so tollen „Boyfriend“ nicht klappt, mit dem du immer so gern prahlen möchtest.
Aber das kümmert dich sicher auch nicht.
Immerhin bist du ja nicht mal wirklich verliebt in Rei Inaba, stimmt's, Shion?
Darauf konnte ich nicht antworten.
Er hatte mit allem recht.

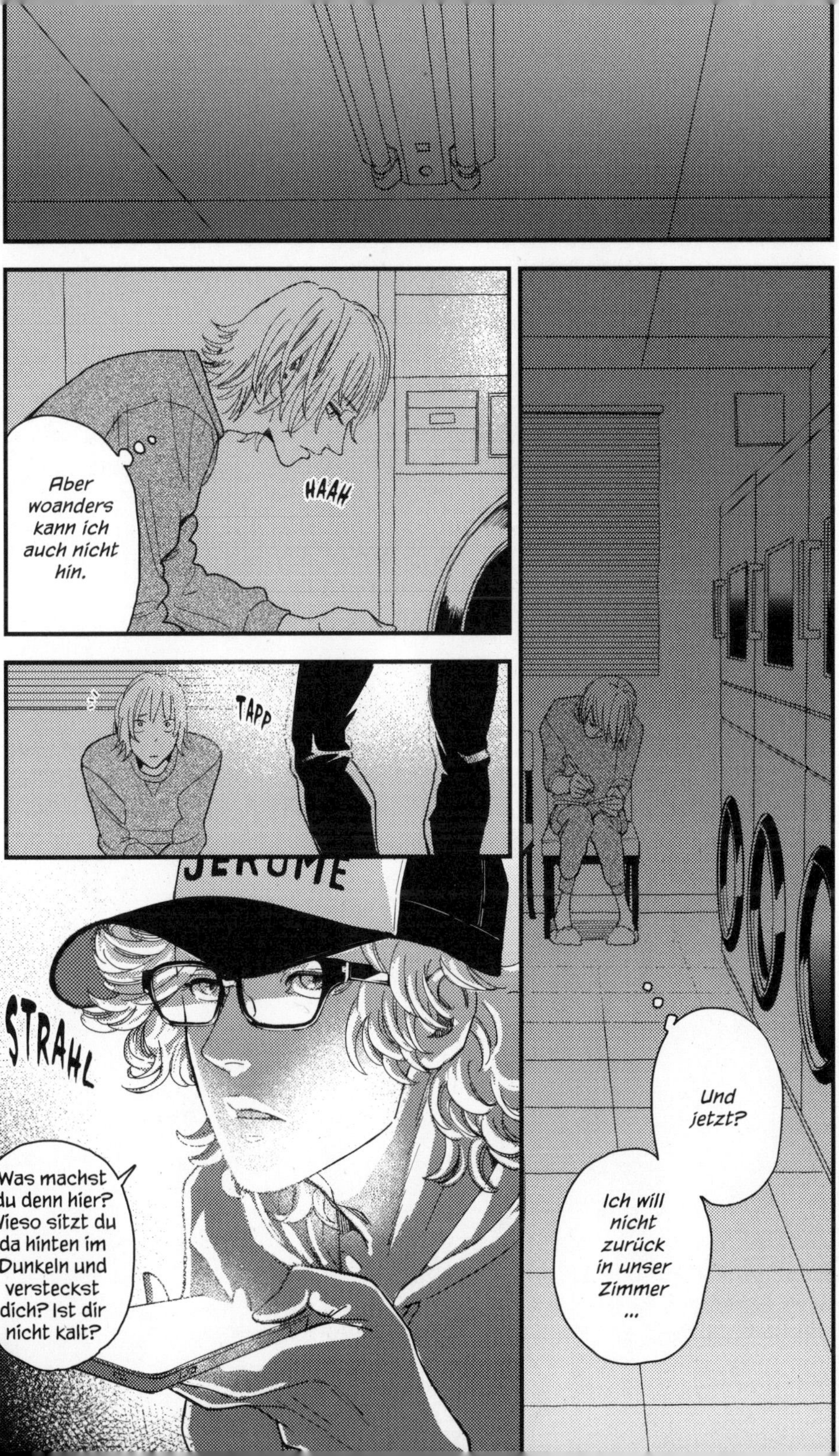

Und jetzt?
Ich will nicht zurück in unser Zimmer ...
Aber woanders kann ich auch nicht hin.
HAAH
TAPP
STRAHL
Was machst du denn hier? Wieso sitzt du da hinten im Dunkeln und versteckst dich? Ist dir nicht kalt?

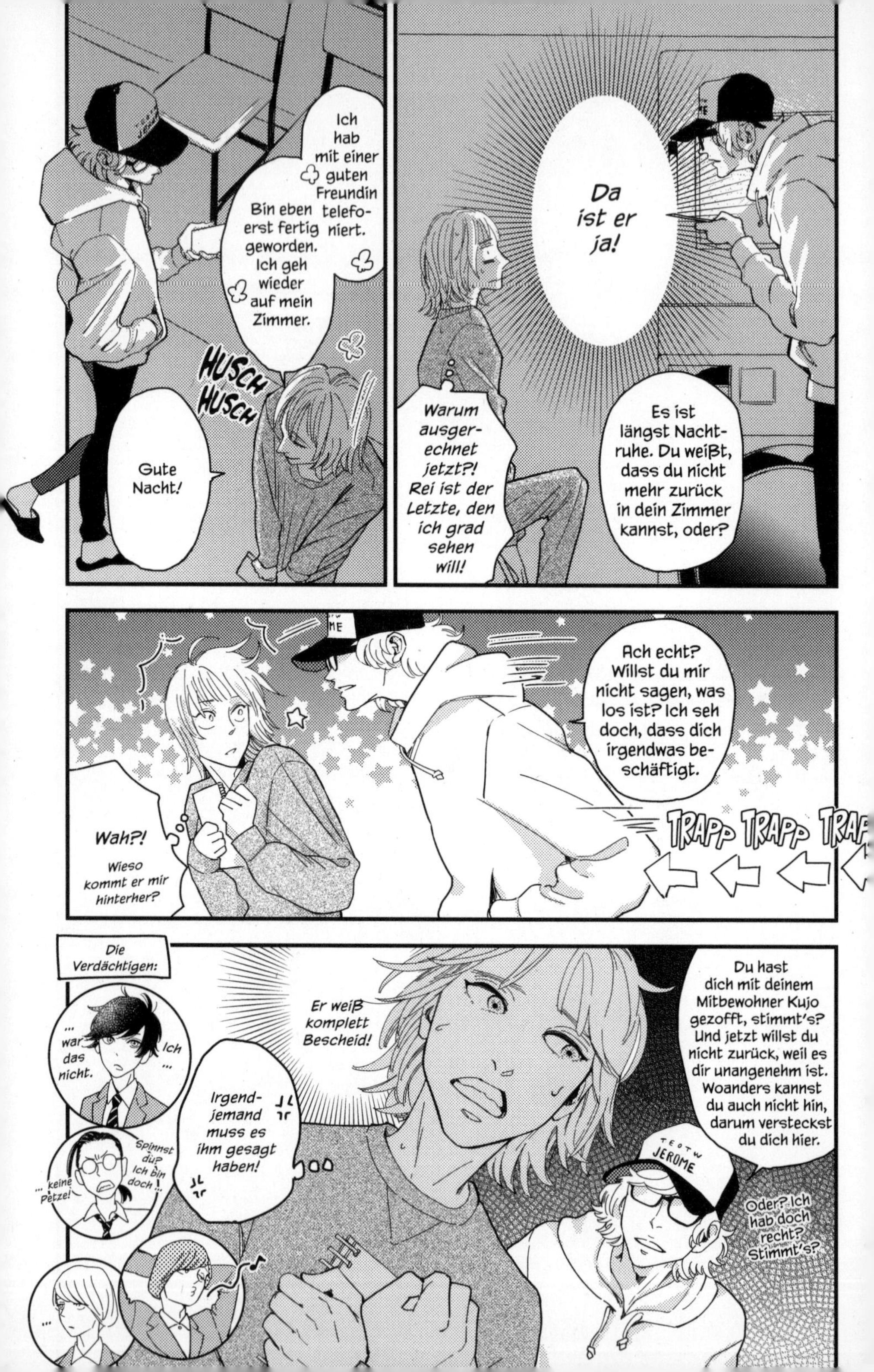
Da ist er ja!
Warum ausgerechnet jetzt?! Rei ist der Letzte, den ich grad sehen will!
Es ist längst Nachtruhe. Du weißt, dass du nicht mehr zurück in dein Zimmer kannst, oder?
Ich hab mit einer guten Freundin telefoniert.
Bin eben erst fertig geworden. Ich geh wieder auf mein Zimmer.
HUSCH HUSCH
Gute Nacht!
Ach echt? Willst du mir nicht sagen, was los ist? Ich seh doch, dass dich irgendwas beschäftigt.
TRAPP TRAPP
Wah?!
Wieso kommt er mir hinterher?
Du hast dich mit deinem Mitbewohner Kujo gezofft, stimmt's? Und jetzt willst du nicht zurück, weil es dir unangenehm ist. Woanders kannst du auch nicht hin, darum versteckst du dich hier.
Oder? Ich hab doch recht? Stimmt's?
Er weiß komplett Bescheid!
Irgendjemand muss es ihm gesagt haben!
Die Verdächtigen:
... Ich ... war das nicht.
Spinnst du? Ich bin doch ... keine Petze!
...

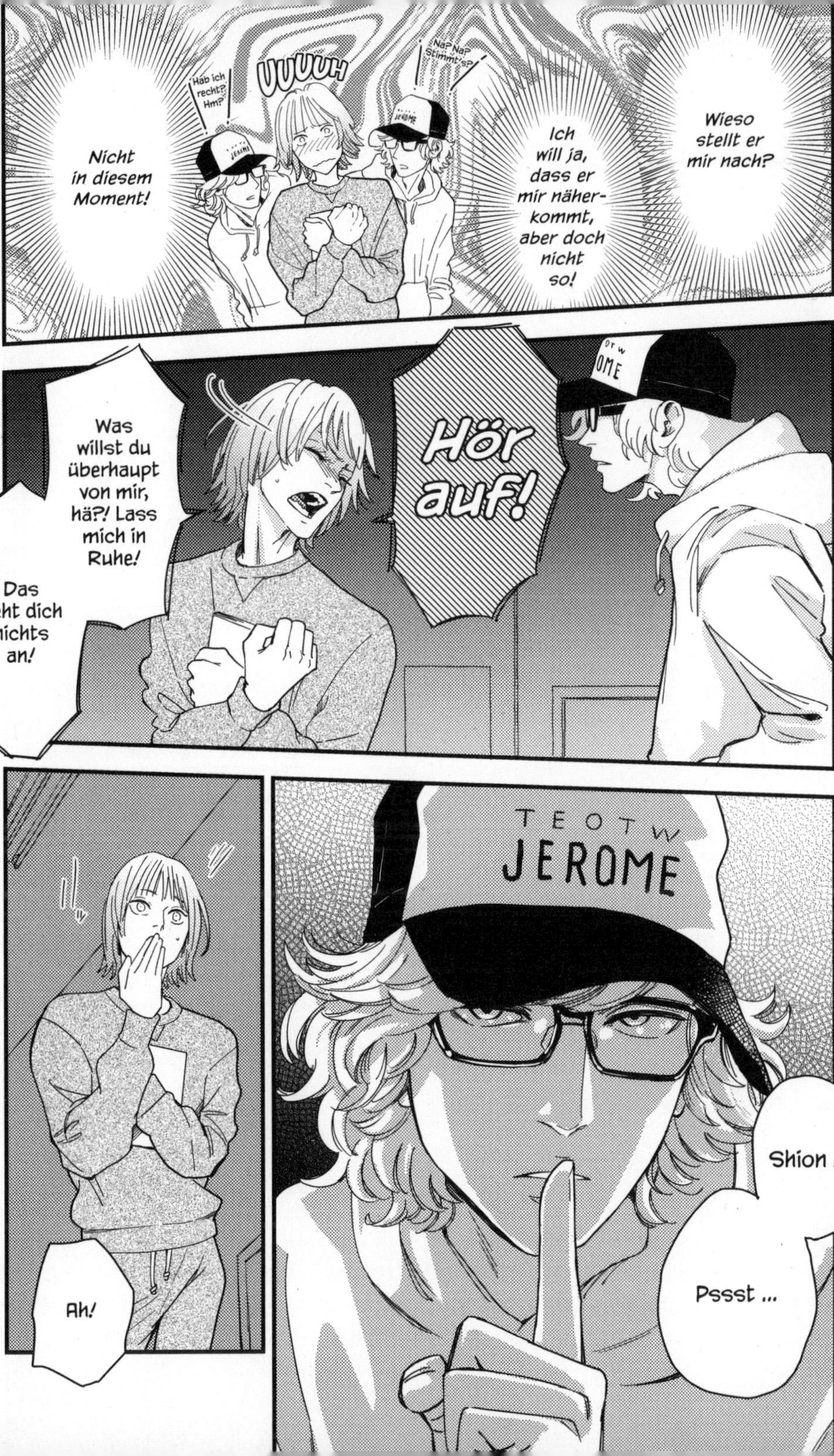
Wieso stellt er mir nach?
Ich will ja, dass er mir näher-kommt, aber doch nicht so!
Na? Na? Stimmt's?
UUUUH
Hab ich recht? Hm?
Nicht in diesem Moment!
Hör auf!
Was willst du überhaupt von mir, hä?! Lass mich in Ruhe!
Das geht dich nichts an!
TEOTW JEROME
Shion ...
Pssst ...
Ah!

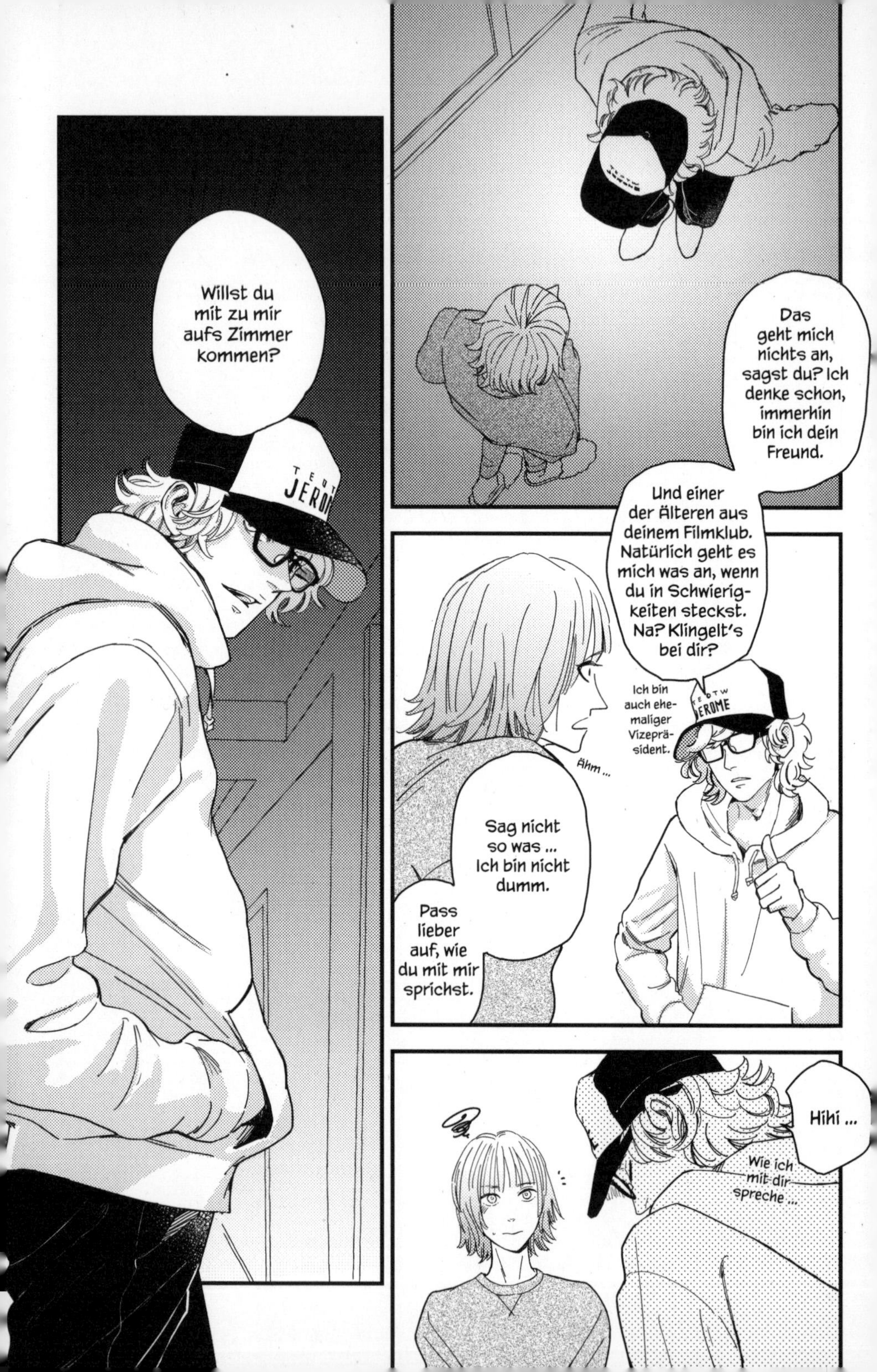

Das geht mich nichts an, sagst du? Ich denke schon, immerhin bin ich dein Freund.
Und einer der Älteren aus deinem Filmklub. Natürlich geht es mich was an, wenn du in Schwierigkeiten steckst. Na? Klingelt's bei dir?
Ich bin auch ehemaliger Vizepräsident.
Ähm ...
Sag nicht so was ... Ich bin nicht dumm.
Pass lieber auf, wie du mit mir sprichst.
Hihi ...
Wie ich mit dir spreche ...
Willst du mit zu mir aufs Zimmer kommen?

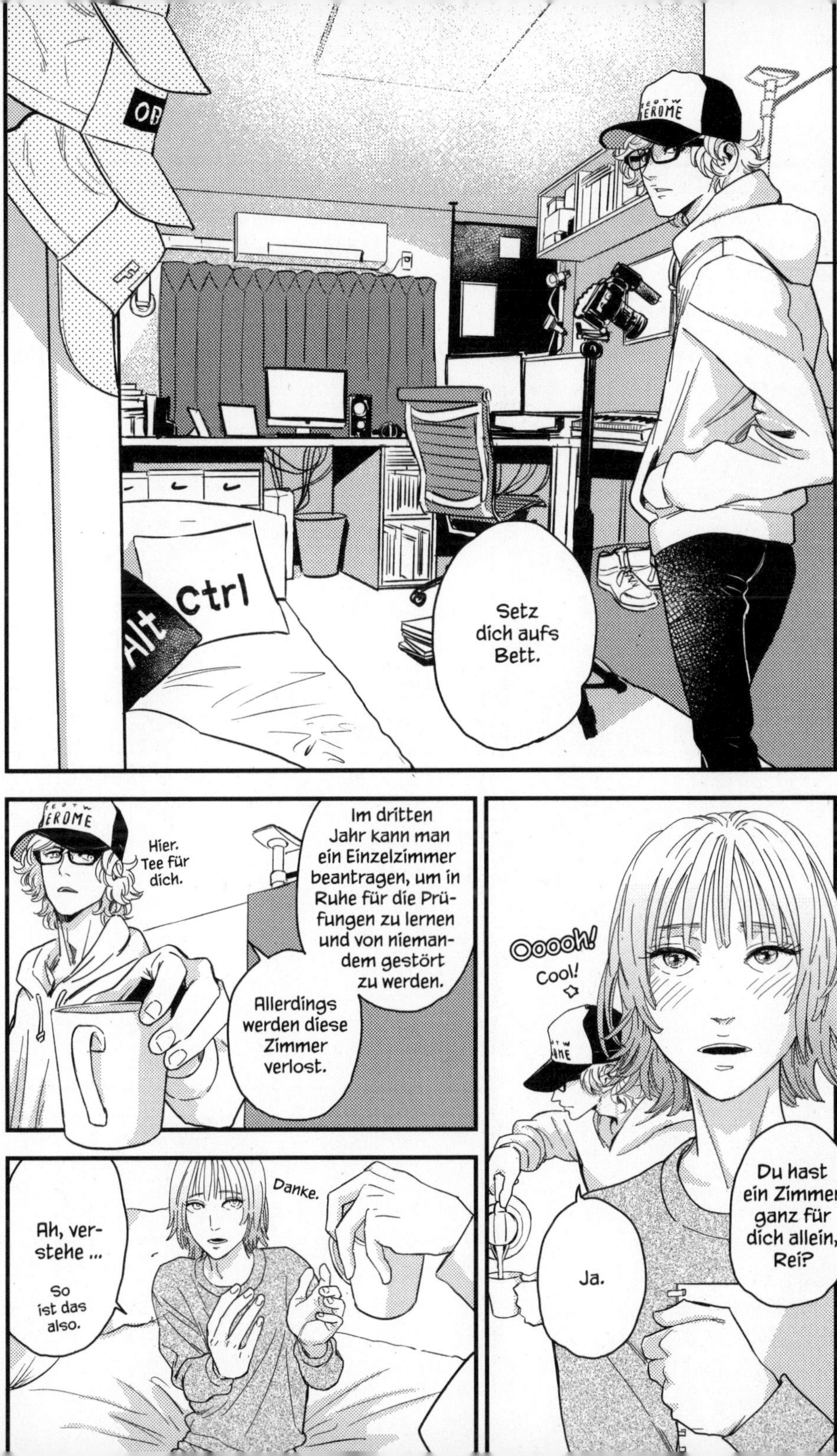
Ctrl
Alt
Setz dich aufs Bett.
Ooooh!
Cool!
Du hast ein Zimmer ganz für dich allein, Rei?
Ja.
Im dritten Jahr kann man ein Einzelzimmer beantragen, um in Ruhe für die Prüfungen zu lernen und von niemandem gestört zu werden.
Allerdings werden diese Zimmer verlost.
Hier. Tee für dich.
Danke.
Ah, verstehe ...
So ist das also.

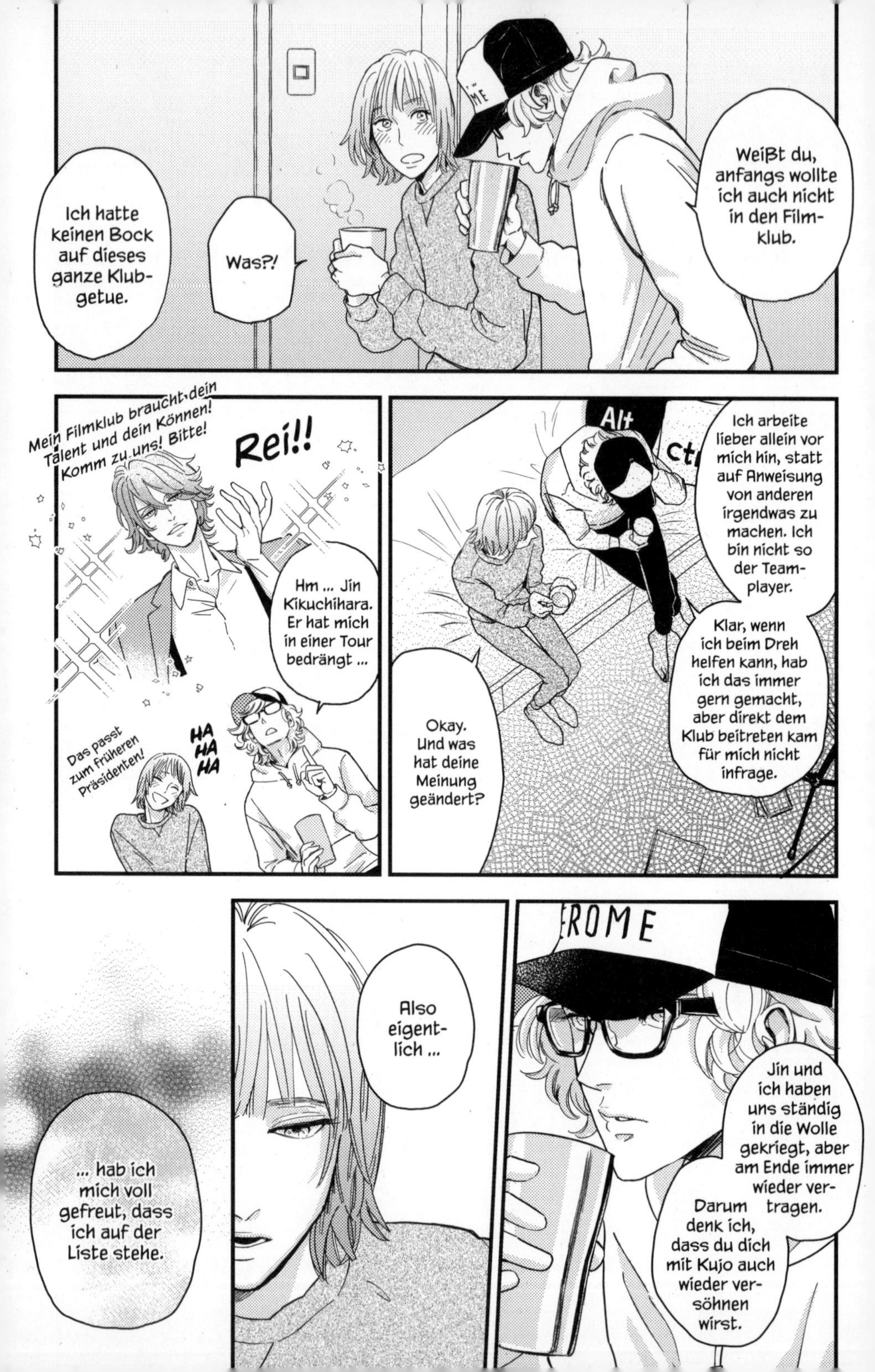
Weißt du, anfangs wollte ich auch nicht in den Film-klub.
Was?!
Ich hatte keinen Bock auf dieses ganze Klub-getue.
Ich arbeite lieber allein vor mich hin, statt auf Anweisung von anderen irgendwas zu machen. Ich bin nicht so der Team-player.
Klar, wenn ich beim Dreh helfen kann, hab ich das immer gern gemacht, aber direkt dem Klub beitreten kam für mich nicht infrage.
Okay. Und was hat deine Meinung geändert?
Rei!!
Mein Filmklub braucht dein Talent und dein Können! Komm zu uns! Bitte!
Hm ... Jin Kikuchihara. Er hat mich in einer Tour bedrängt ...
HA HA HA
Das passt zum früheren Präsidenten!
Jin und ich haben uns ständig in die Wolle gekriegt, aber am Ende immer wieder ver-tragen.
Darum denk ich, dass du dich mit Kujo auch wieder ver-söhnen wirst.
Also eigent-lich ...
... hab ich mich voll gefreut, dass ich auf der Liste stehe.

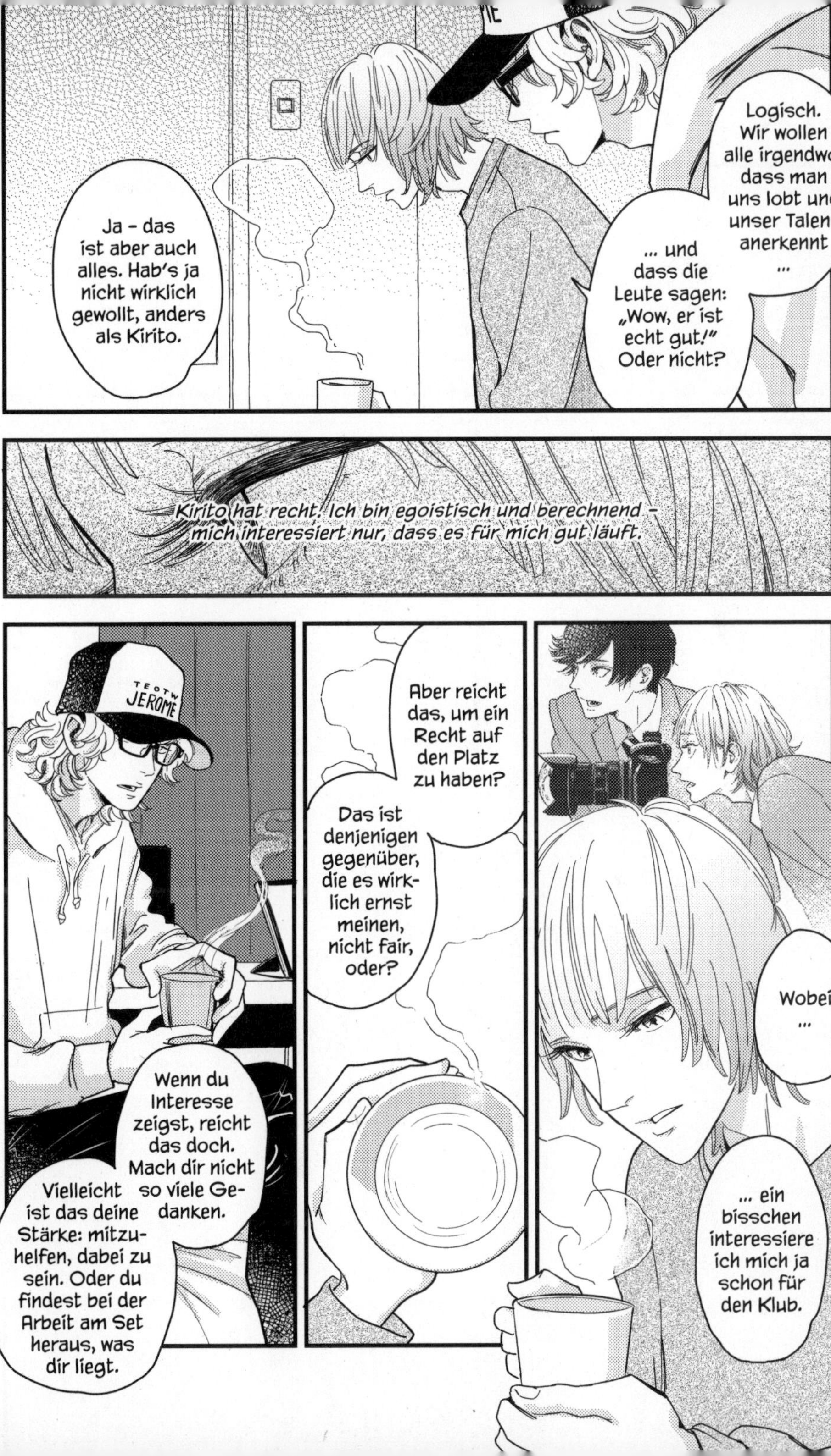

Logisch. Wir wollen alle irgendwo, dass man uns lobt und unser Talent anerkennt ...
... und dass die Leute sagen: „Wow, er ist echt gut!" Oder nicht?
Ja – das ist aber auch alles. Hab's ja nicht wirklich gewollt, anders als Kirito.
Kirito hat recht. Ich bin egoistisch und berechnend – mich interessiert nur, dass es für mich gut läuft.
Wobei ...
... ein bisschen interessiere ich mich ja schon für den Klub.
Aber reicht das, um ein Recht auf den Platz zu haben?
Das ist denjenigen gegenüber, die es wirklich ernst meinen, nicht fair, oder?
Wenn du Interesse zeigst, reicht das doch. Mach dir nicht so viele Gedanken.
Vielleicht ist das deine Stärke: mitzuhelfen, dabei zu sein. Oder du findest bei der Arbeit am Set heraus, was dir liegt.

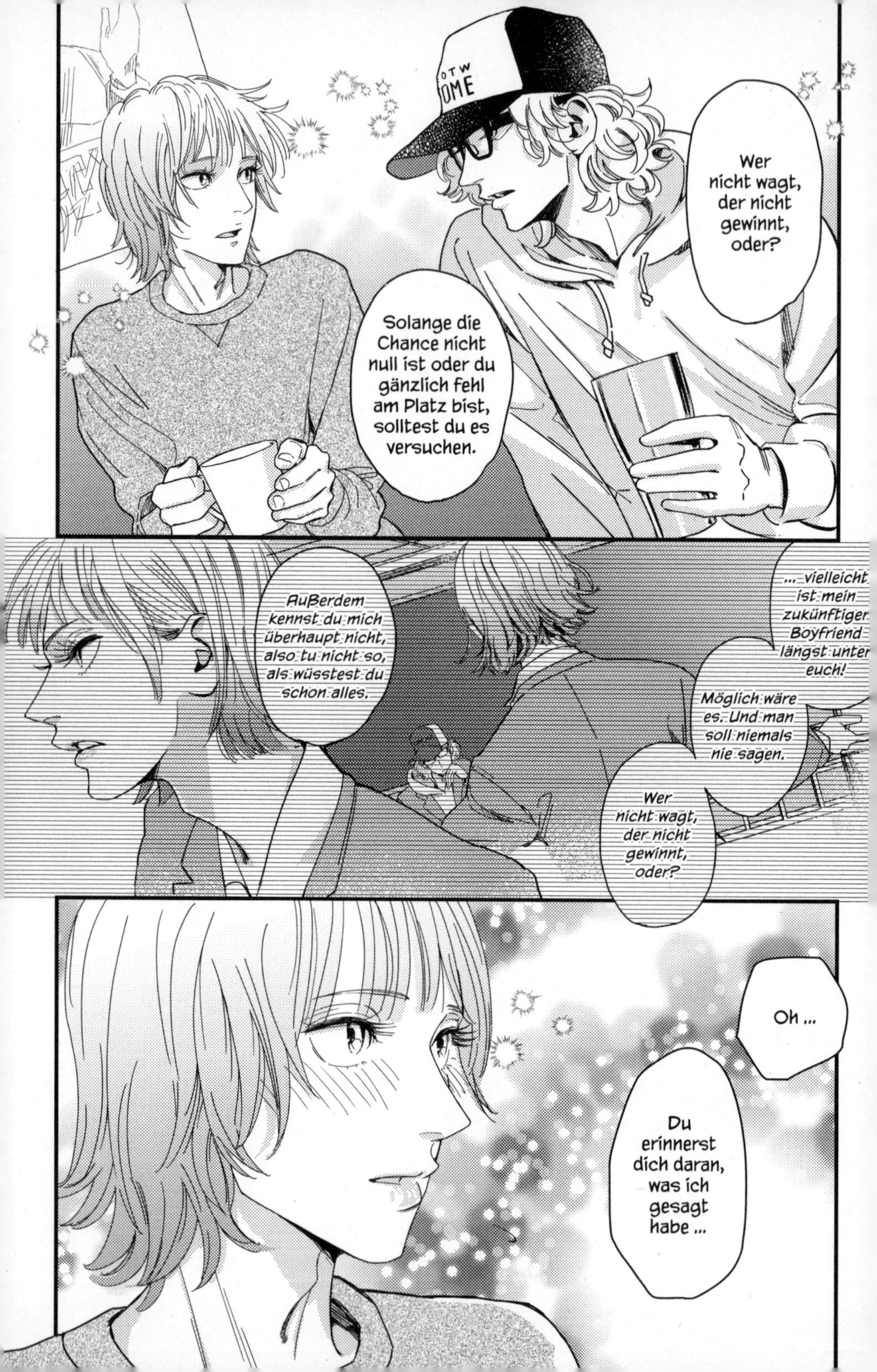
Wer nicht wagt, der nicht gewinnt, oder?
Solange die Chance nicht null ist oder du gänzlich fehl am Platz bist, solltest du es versuchen.
... vielleicht ist mein zukünftiger Boyfriend längst unter euch!
Möglich wäre es. Und man soll niemals nie sagen.
Außerdem kennst du mich überhaupt nicht, also tu nicht so, als wüsstest du schon alles.
Wer nicht wagt, der nicht gewinnt, oder?
Oh ...
Du erinnerst dich daran, was ich gesagt habe ...

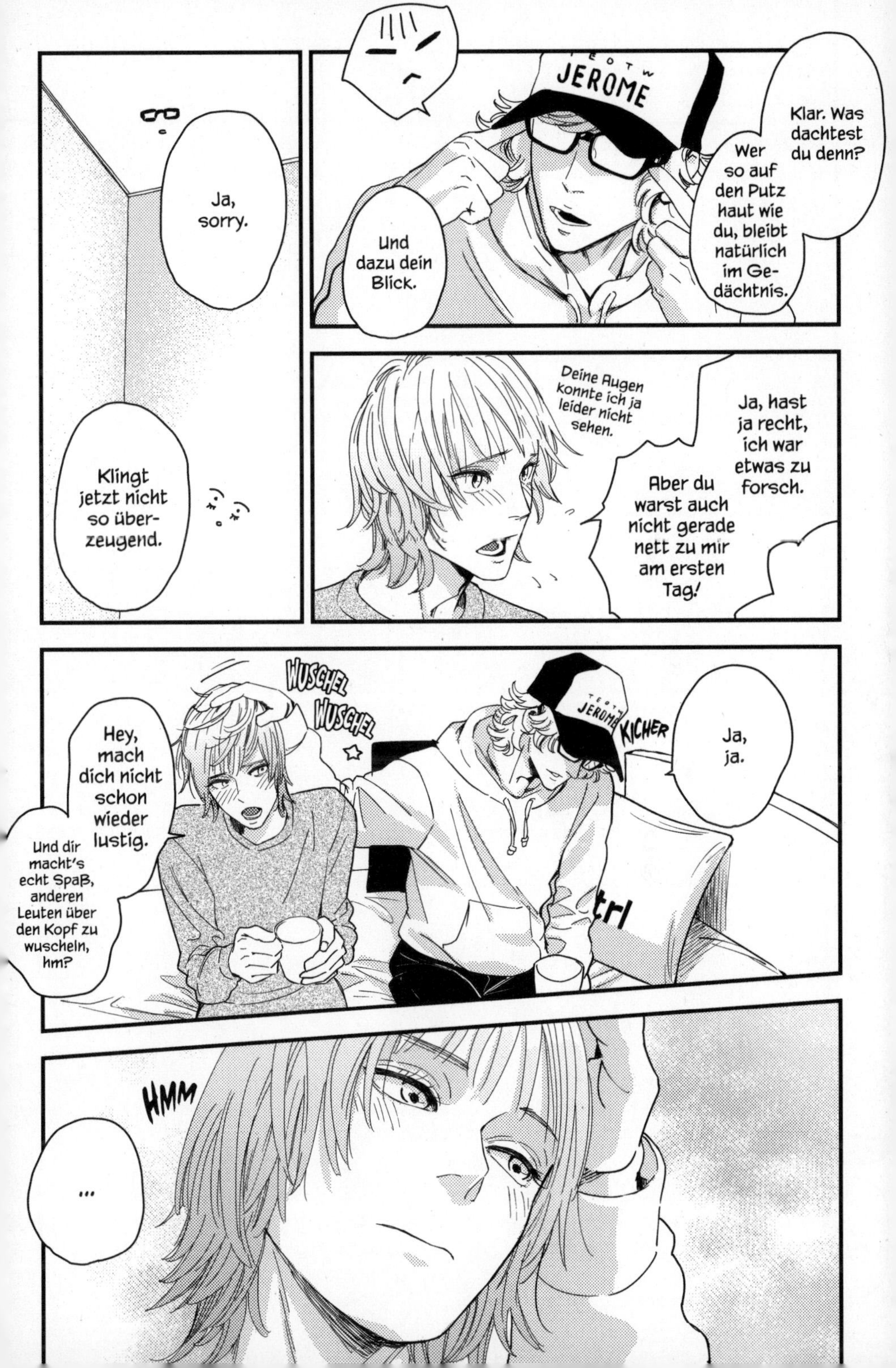
Ja, sorry.
Klar. Was dachtest du denn?
Wer so auf den Putz haut wie du, bleibt natürlich im Gedächtnis.
Und dazu dein Blick.
Klingt jetzt nicht so überzeugend.
Deine Augen konnte ich ja leider nicht sehen.
Ja, hast ja recht, ich war etwas zu forsch.
Aber du warst auch nicht gerade nett zu mir am ersten Tag!
WUSCHEL WUSCHEL
Hey, mach dich nicht schon wieder lustig.
Und dir macht's echt Spaß, anderen Leuten über den Kopf zu wuscheln, hm?
KICHER
Ja, ja.
HMM
...

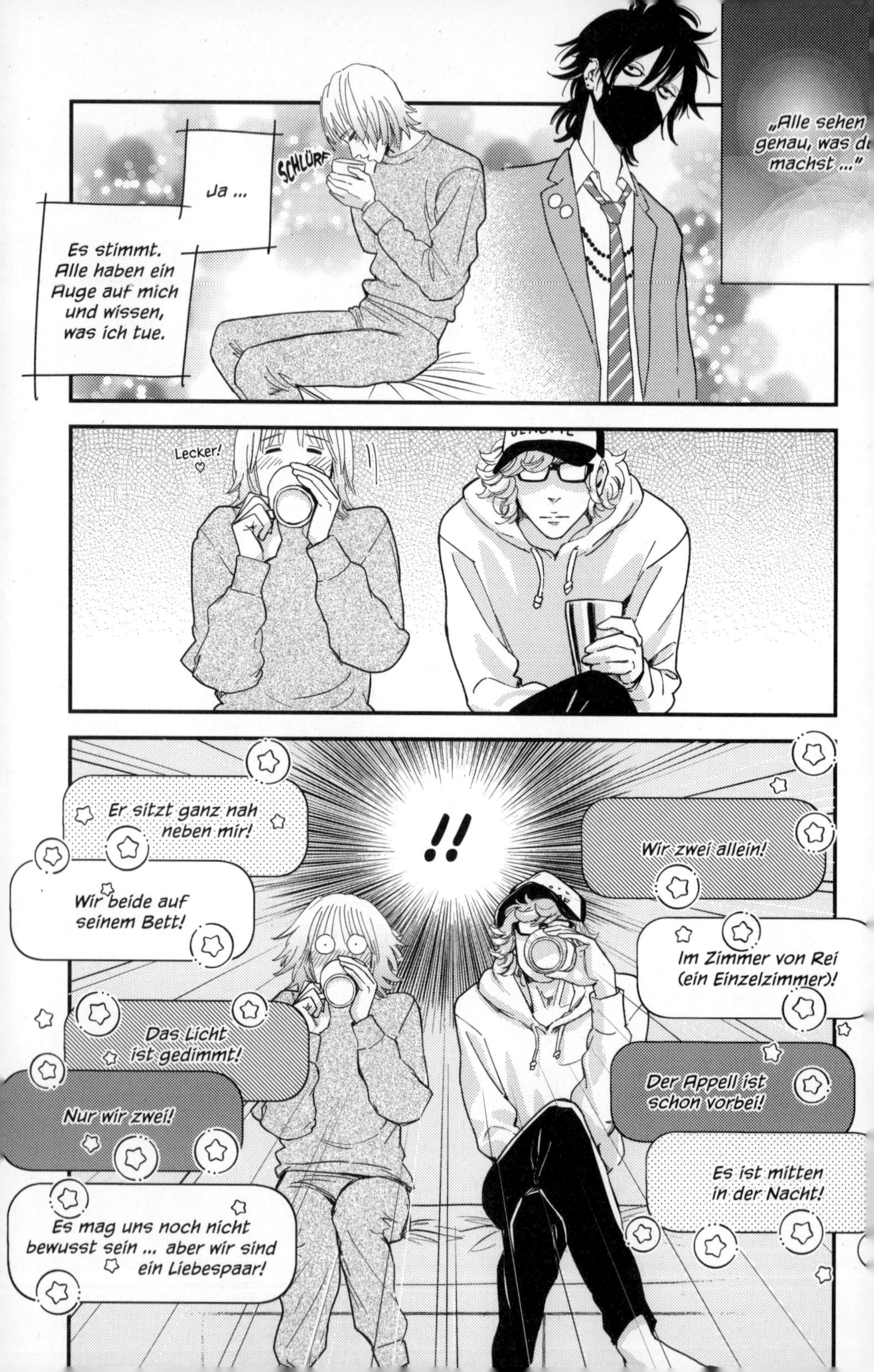
„Alle sehen genau, was d machst ...“
SCHLÜRF
Ja ...
Es stimmt. Alle haben ein Auge auf mich und wissen, was ich tue.
Lecker! ♡
!!
Wir zwei allein!
Er sitzt ganz nah neben mir!
Wir beide auf seinem Bett!
Im Zimmer von Rei (ein Einzelzimmer)!
Das Licht ist gedimmt!
Der Appell ist schon vorbei!
Nur wir zwei!
Es ist mitten in der Nacht!
Es mag uns noch nicht bewusst sein ... aber wir sind ein Liebespaar!

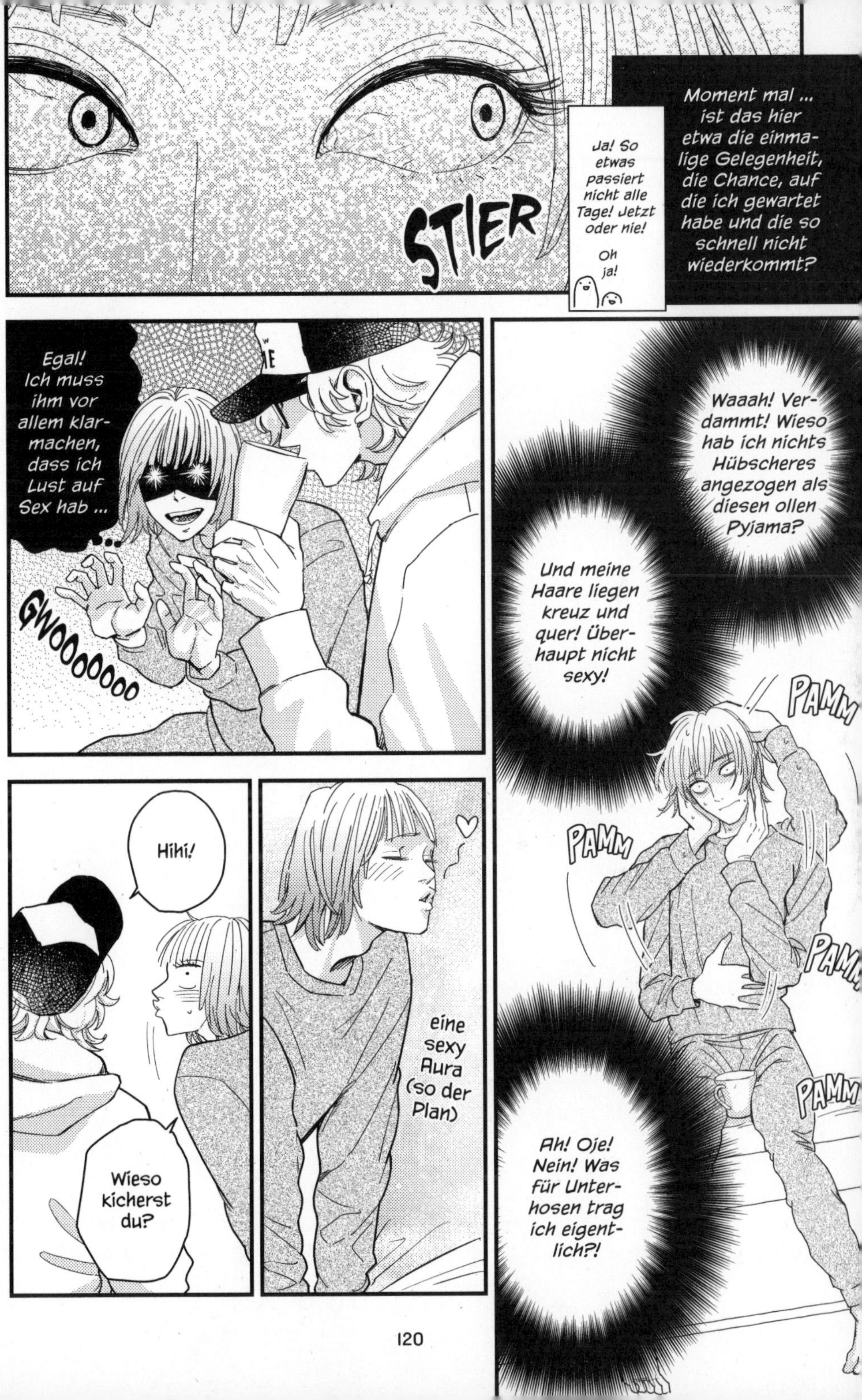
Moment mal ... ist das hier etwa die einmalige Gelegenheit, die Chance, auf die ich gewartet habe und die so schnell nicht wiederkommt?
Ja! So etwas passiert nicht alle Tage! Jetzt oder nie!
Oh ja!
STIER
Waaah! Verdammt! Wieso hab ich nichts Hübscheres angezogen als diesen ollen Pyjama?
Und meine Haare liegen kreuz und quer! Überhaupt nicht sexy!
PAMM
PAMM
PAMM
PAMM
Ah! Oje! Nein! Was für Unterhosen trag ich eigentlich?!
Egal! Ich muss ihm vor allem klarmachen, dass ich Lust auf Sex hab ...
GWOOOOOOOO
eine sexy Aura (so der Plan)
Hihi!
Wieso kicherst du?

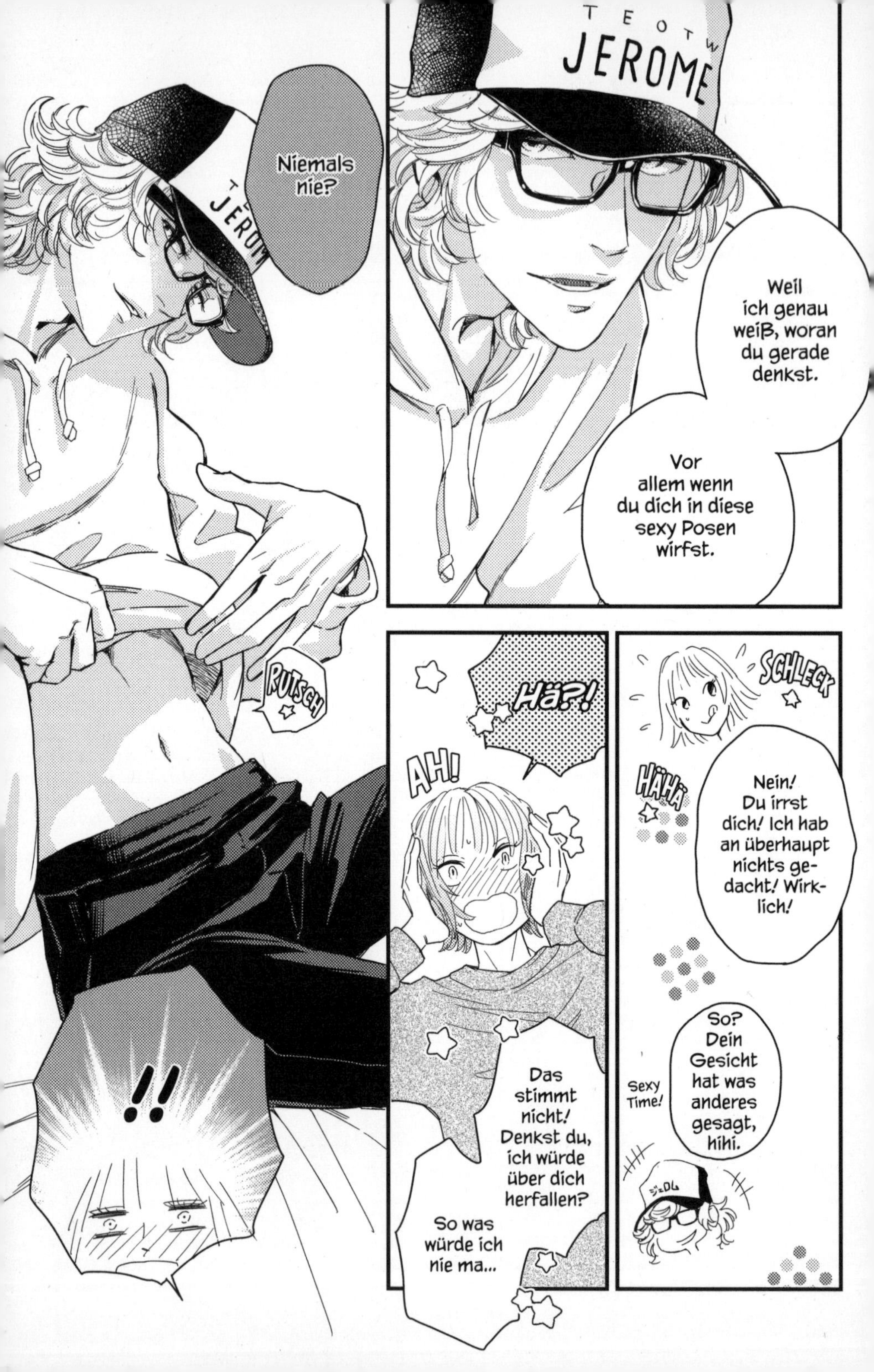
Niemals nie?
RUTSCH
!!
Weil ich genau weiß, woran du gerade denkst.
Vor allem wenn du dich in diese sexy Posen wirfst.
Hä?!
AH!
Das stimmt nicht! Denkst du, ich würde über dich herfallen?
So was würde ich nie ma...
SCHLECK
HÄHÄ
Nein! Du irrst dich! Ich hab an überhaupt nichts gedacht! Wirklich!
So? Dein Gesicht hat was anderes gesagt, hihi.
Sexy Time!

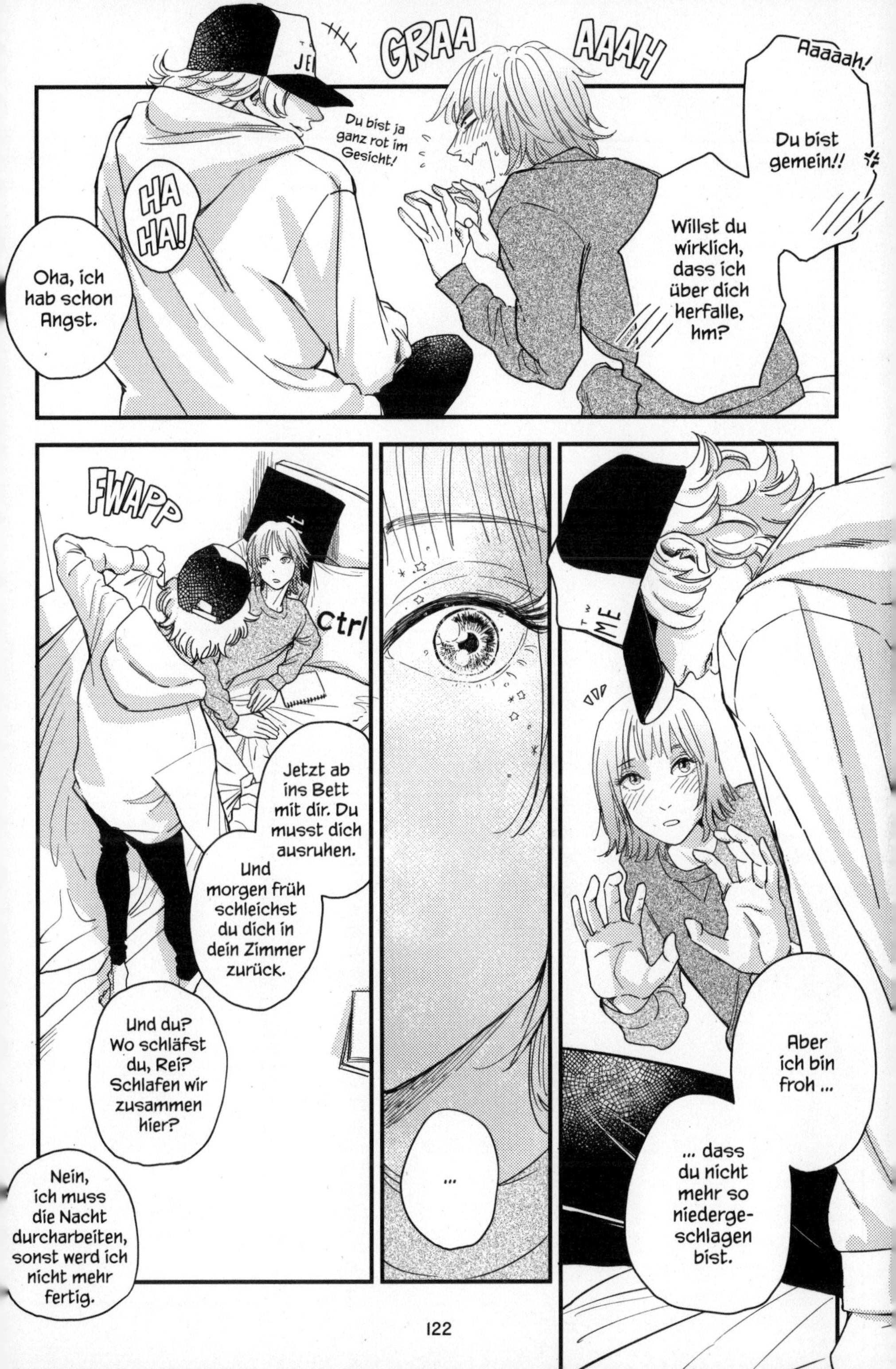

GRAA
AAAH
Willst du wirklich, dass ich über dich herfalle, hm?
Du bist ja ganz rot im Gesicht!
Aaaaah!
Du bist gemein!!
HA HA!
Oha, ich hab schon Angst.
Aber ich bin froh ...
... dass du nicht mehr so niederge-schlagen bist.
...
FWAPP
Ctrl
Jetzt ab ins Bett mit dir. Du musst dich ausruhen.
Und morgen früh schleichst du dich in dein Zimmer zurück.
Und du? Wo schläfst du, Rei? Schlafen wir zusammen hier?
Nein, ich muss die Nacht durcharbeiten, sonst werd ich nicht mehr fertig.

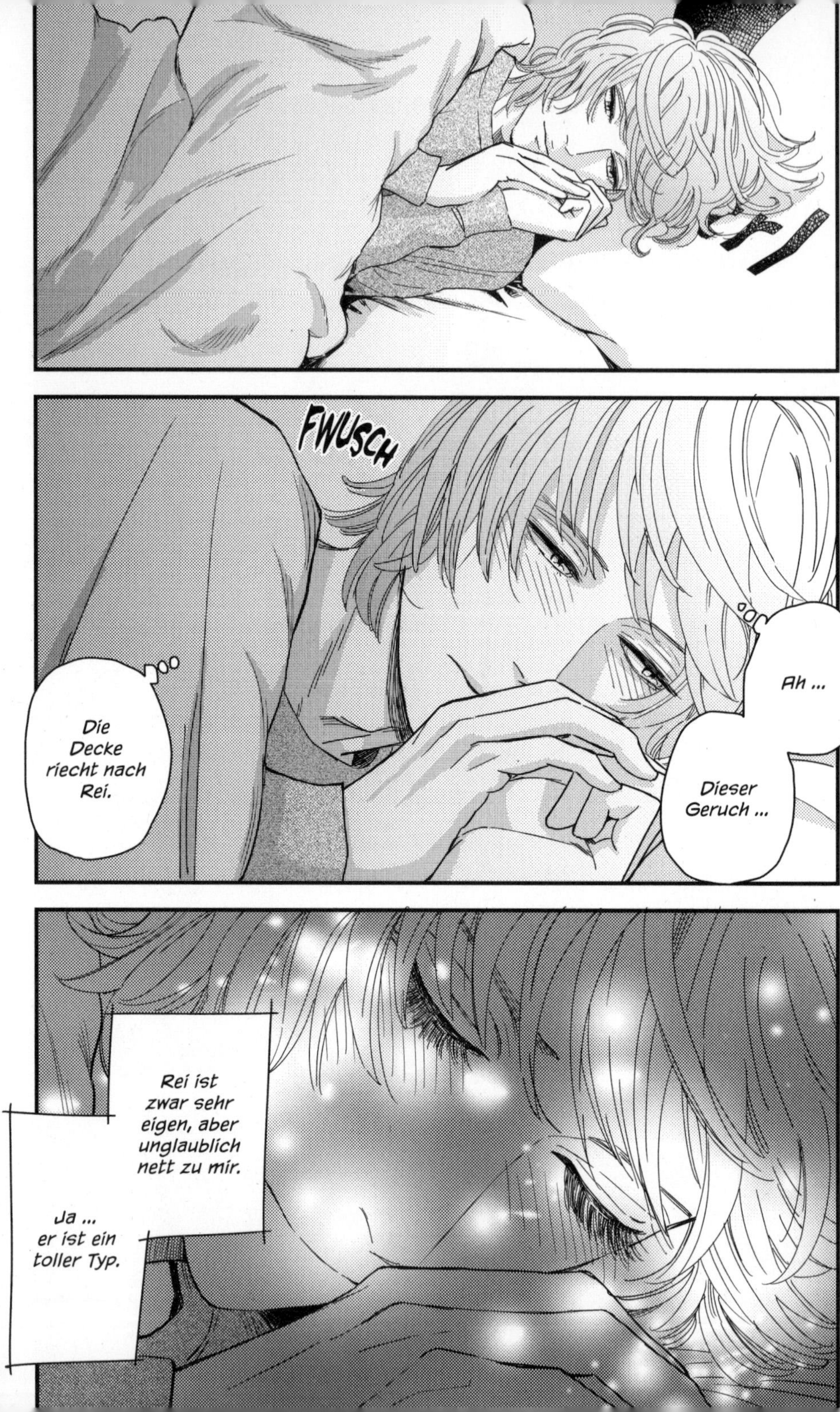
FWUSCH
Ah ... Dieser Geruch ...
Die Decke riecht nach Rei.
Rei ist zwar sehr eigen, aber unglaublich nett zu mir.
Ja ... er ist ein toller Typ.

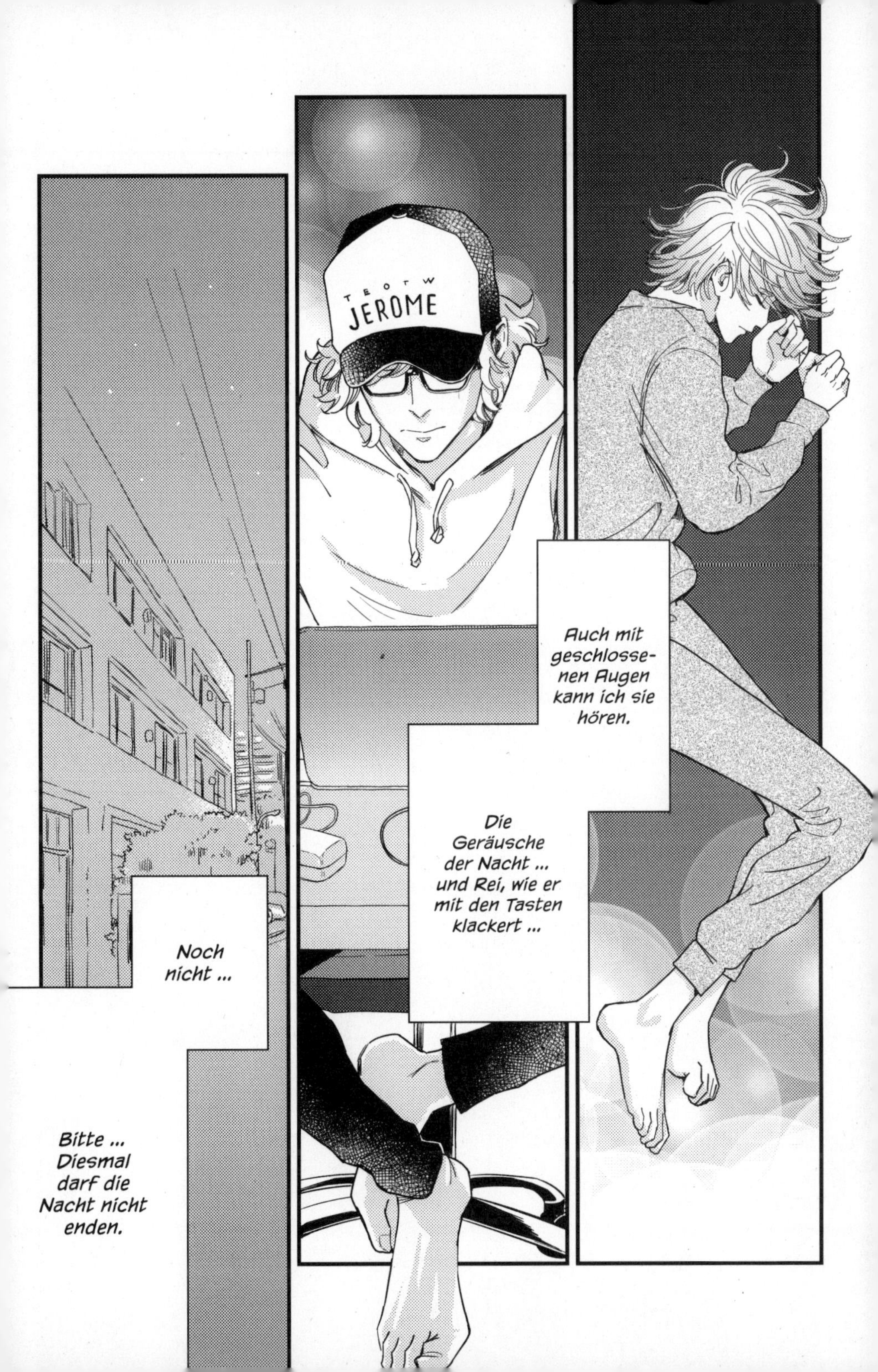
Auch mit geschlossenen Augen kann ich sie hören.
TEOTW
JEROME
Die Geräusche der Nacht ... und Rei, wie er mit den Tasten klackert ...
Noch nicht ...
Bitte ... Diesmal darf die Nacht nicht enden.

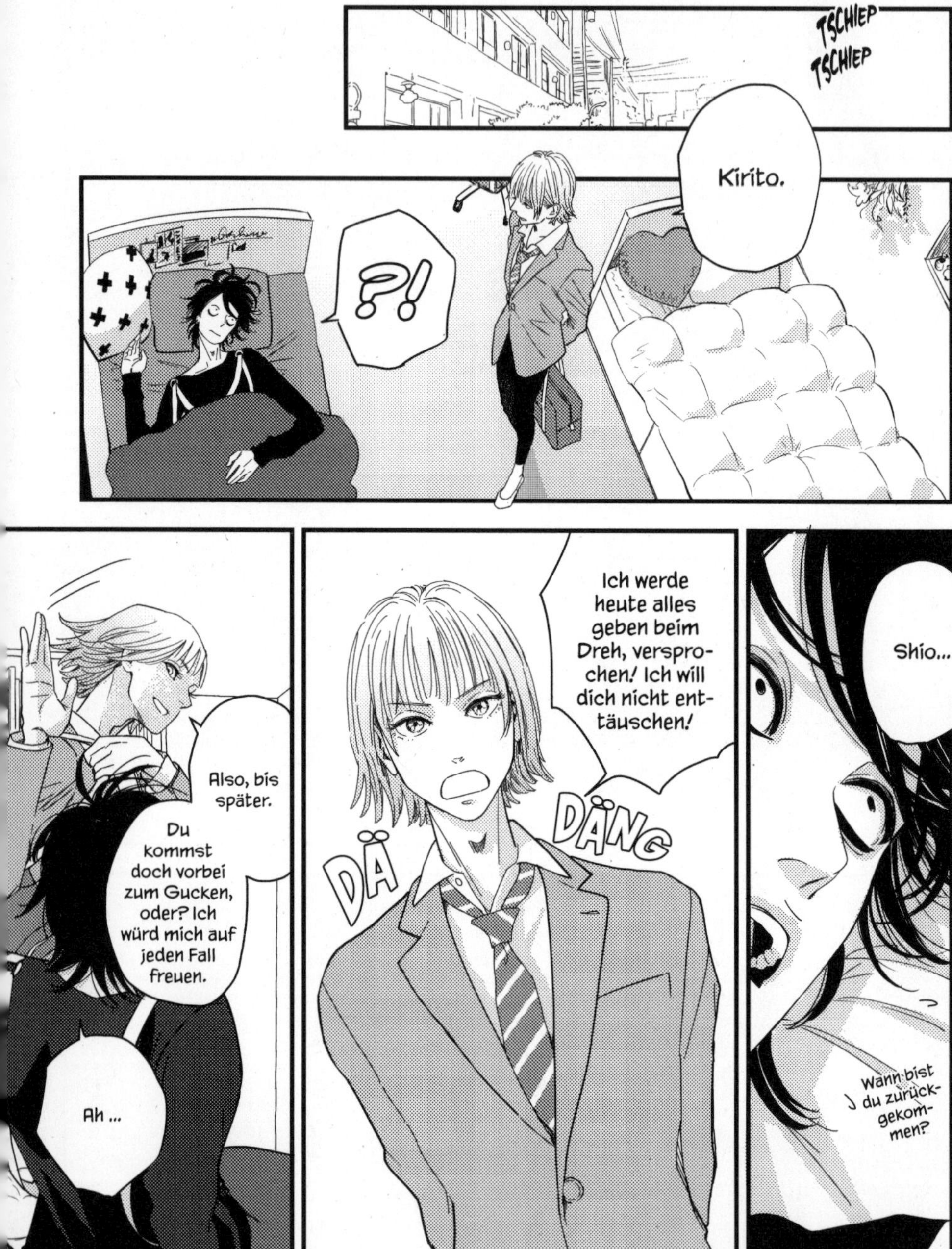
TSCHIEP
TSCHIEP
Kirito.
?!
Shio...
Wann bist du zurückgekommen?
Ich werde heute alles geben beim Dreh, versprochen! Ich will dich nicht enttäuschen!
DÄ
DÄNG
Also, bis später.
Du kommst doch vorbei zum Gucken, oder? Ich würd mich auf jeden Fall freuen.
Ah ...

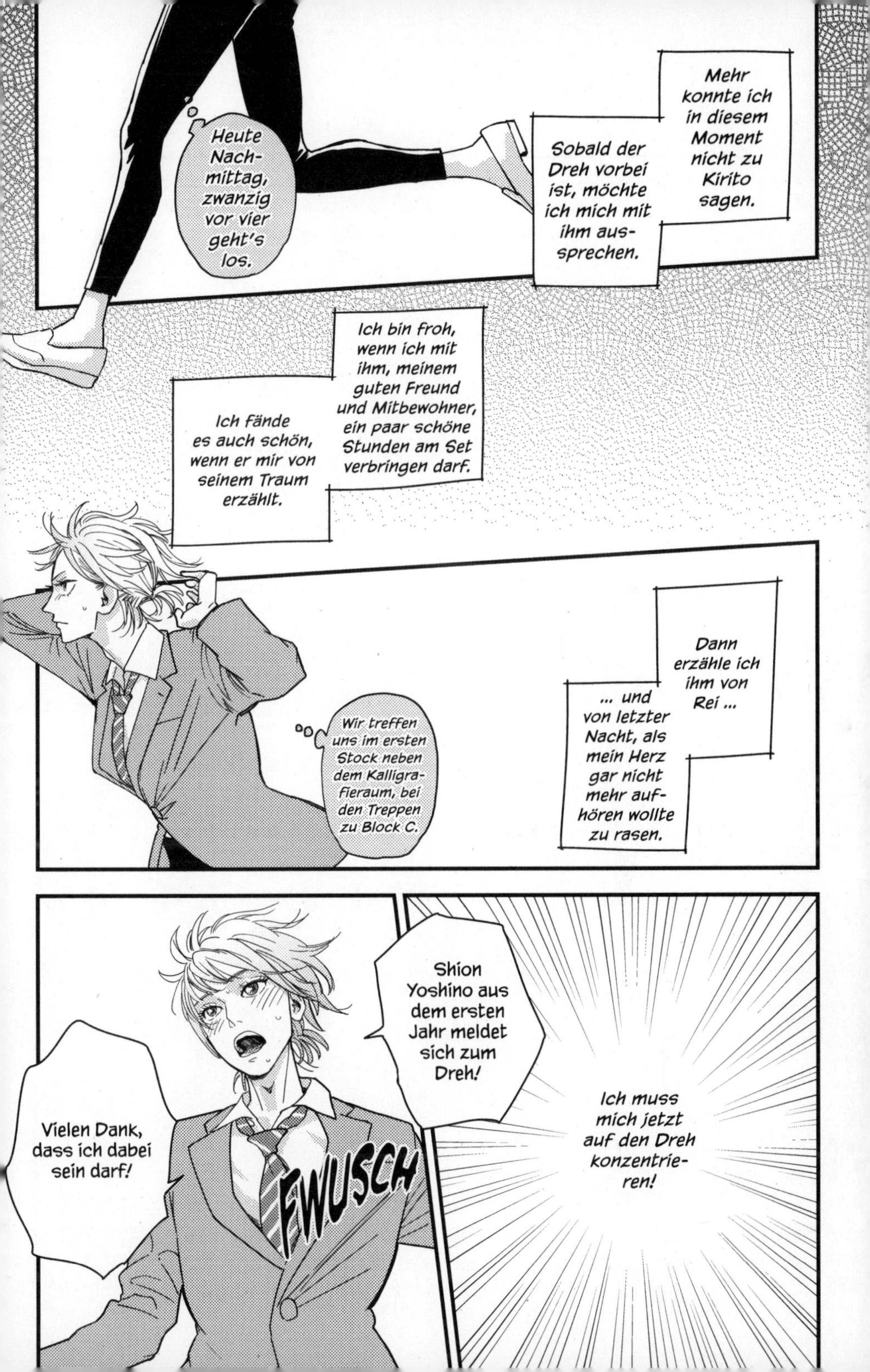
Mehr konnte ich in diesem Moment nicht zu Kirito sagen.
Sobald der Dreh vorbei ist, möchte ich mich mit ihm aussprechen.
Heute Nachmittag, zwanzig vor vier geht's los.
Ich bin froh, wenn ich mit ihm, meinem guten Freund und Mitbewohner, ein paar schöne Stunden am Set verbringen darf.
Ich fände es auch schön, wenn er mir von seinem Traum erzählt.
Dann erzähle ich ihm von Rei ...
... und von letzter Nacht, als mein Herz gar nicht mehr aufhören wollte zu rasen.
Wir treffen uns im ersten Stock neben dem Kalligrafieraum, bei den Treppen zu Block C.
Ich muss mich jetzt auf den Dreh konzentrieren!
Shion Yoshino aus dem ersten Jahr meldet sich zum Dreh!
FWUSCH
Vielen Dank, dass ich dabei sein darf!

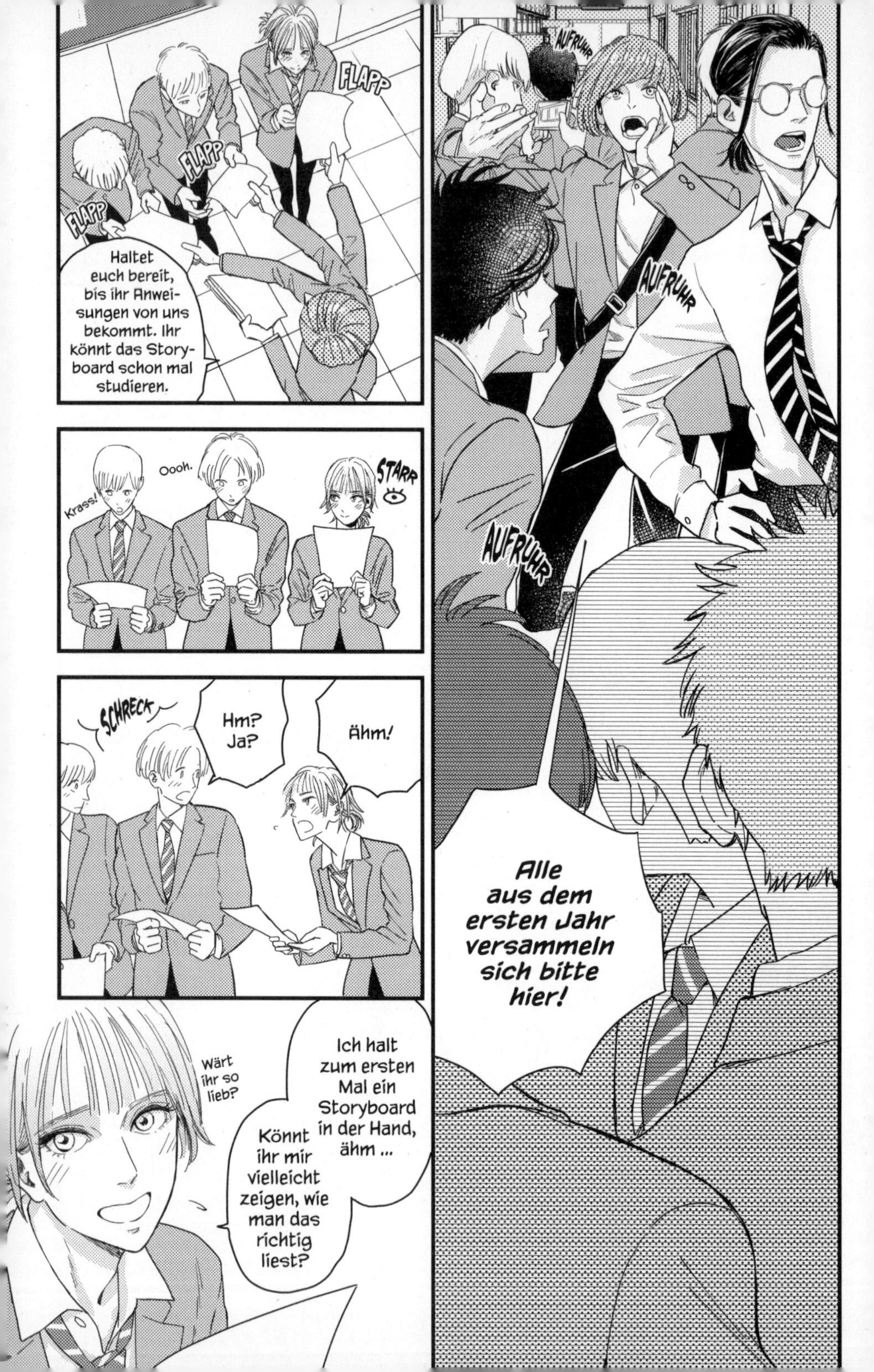
AUFRUHR
AUFRUHR
AUFRUHR
Alle aus dem ersten Jahr versammeln sich bitte hier!
FLAPP
FLAPP
FLAPP
Haltet euch bereit, bis ihr Anweisungen von uns bekommt. Ihr könnt das Storyboard schon mal studieren.
STARR
Oooh.
Krass!
Ähm!
Hm? Ja?
SCHRECK
Ich halt zum ersten Mal ein Storyboard in der Hand, ähm ...
Könnt ihr mir vielleicht zeigen, wie man das richtig liest?
Wärt ihr so lieb?

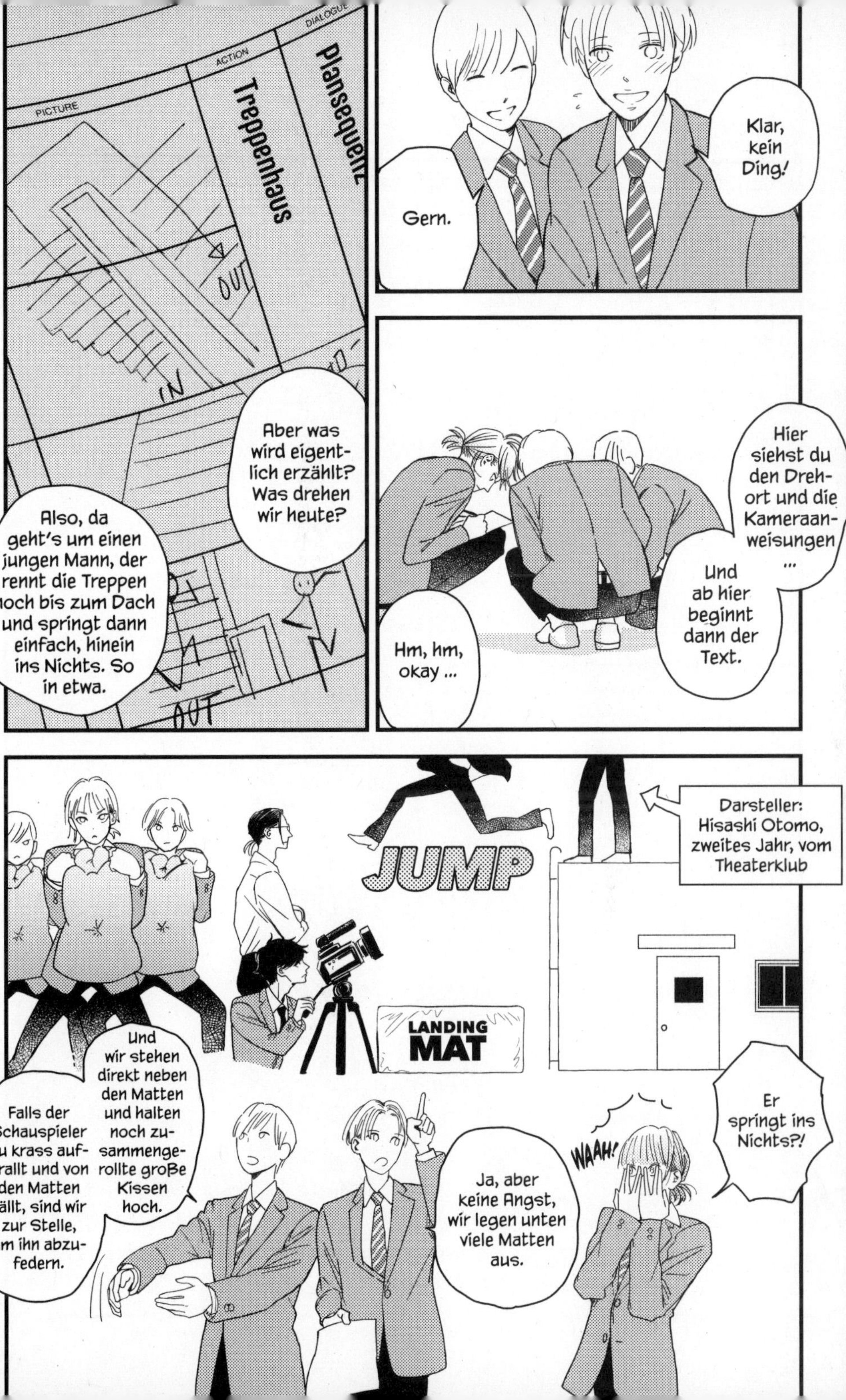

Klar, kein Ding!
Gern.
Hier siehst du den Drehort und die Kameraanweisungen ...
Und ab hier beginnt dann der Text.
Hm, hm, okay ...
DIALOGUE
ACTION
PICTURE
Plansequenz
Treppenhaus
OUT
IN
OUT
Aber was wird eigentlich erzählt? Was drehen wir heute?
Also, da geht's um einen jungen Mann, der rennt die Treppen hoch bis zum Dach und springt dann einfach, hinein ins Nichts. So in etwa.
Darsteller: Hisashi Otomo, zweites Jahr, vom Theaterklub
JUMP
LANDING MAT
Er springt ins Nichts?!
WAAH!
Ja, aber keine Angst, wir legen unten viele Matten aus.
Und wir stehen direkt neben den Matten und halten noch zusammengerollte große Kissen hoch.
Falls der Schauspieler zu krass aufprallt und von den Matten fällt, sind wir zur Stelle, um ihn abzufedern.

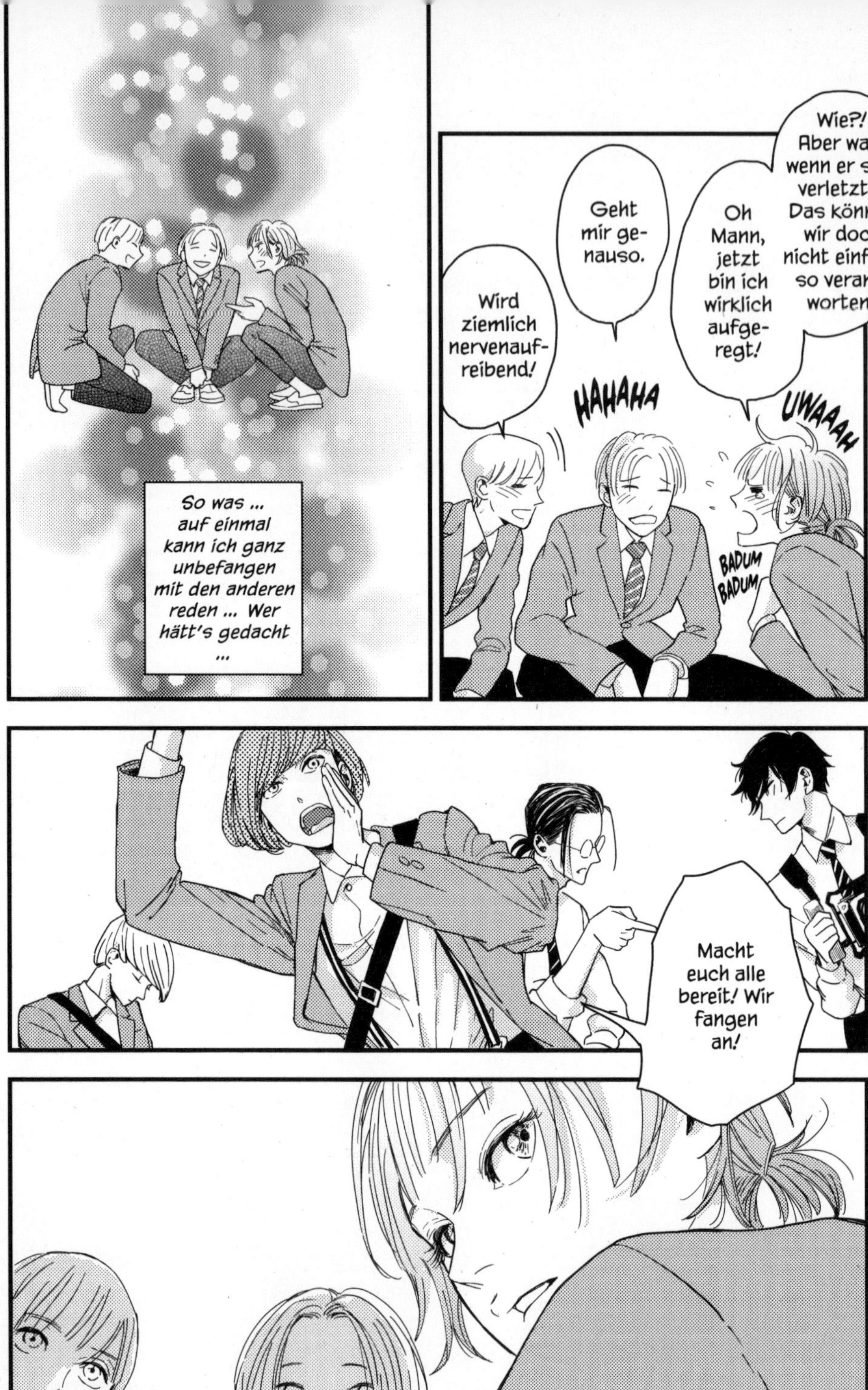
Wird ziemlich nervenaufreibend!
Geht mir genauso.
Oh Mann, jetzt bin ich wirklich aufgeregt!
Wie?! Aber was, wenn er sich verletzt?! Das können wir doch nicht einfach so verantworten!
HAHAHA
UWAAAH
BADUM BADUM
So was ... auf einmal kann ich ganz unbefangen mit den anderen reden ... Wer hätt's gedacht ...
Macht euch alle bereit! Wir fangen an!

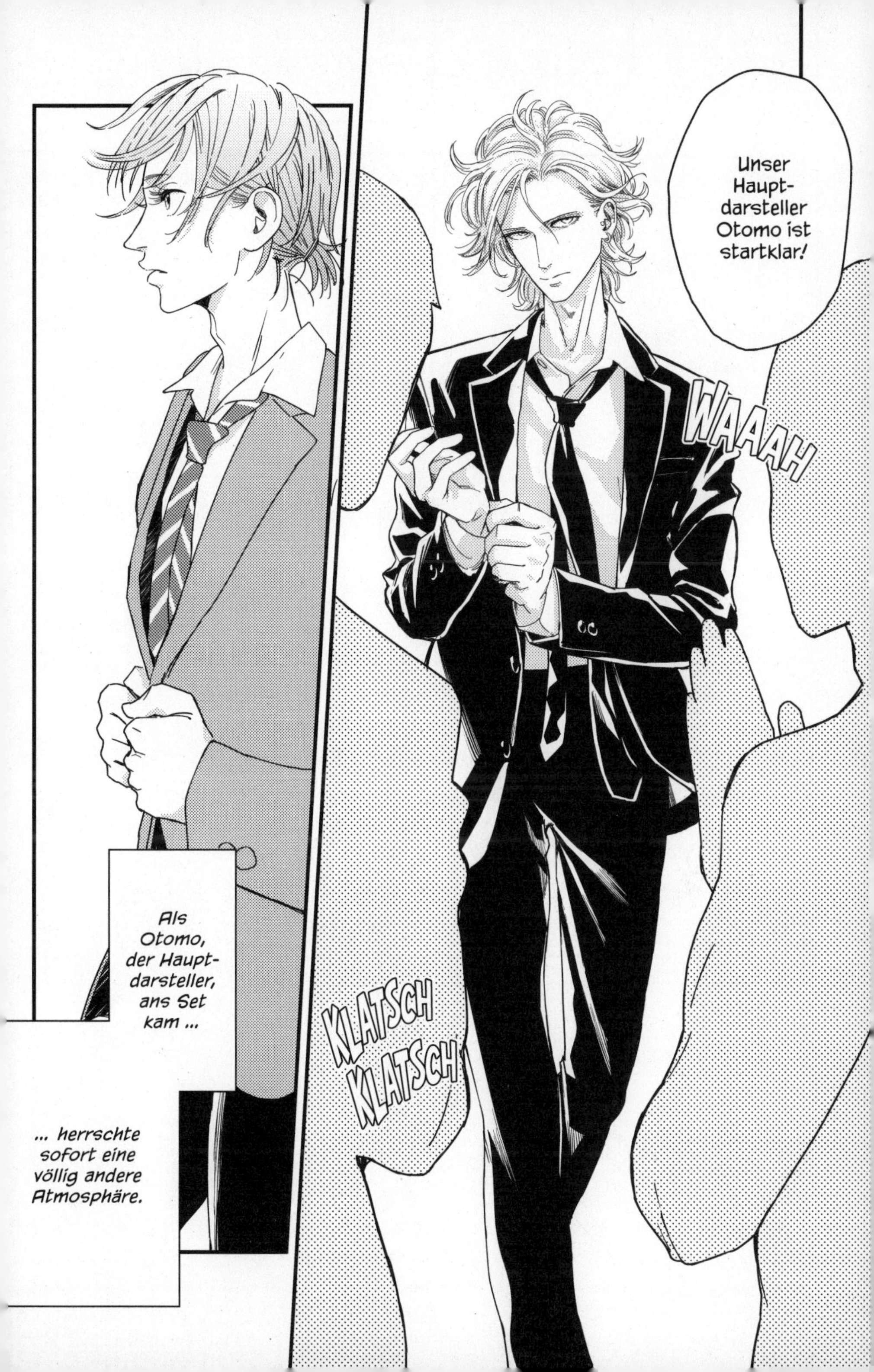
Unser Haupt-darsteller Otomo ist startklar!
WAAAH
KLATSCH KLATSCH
Als Otomo, der Haupt-darsteller, ans Set kam ...
... herrschte sofort eine völlig andere Atmosphäre.

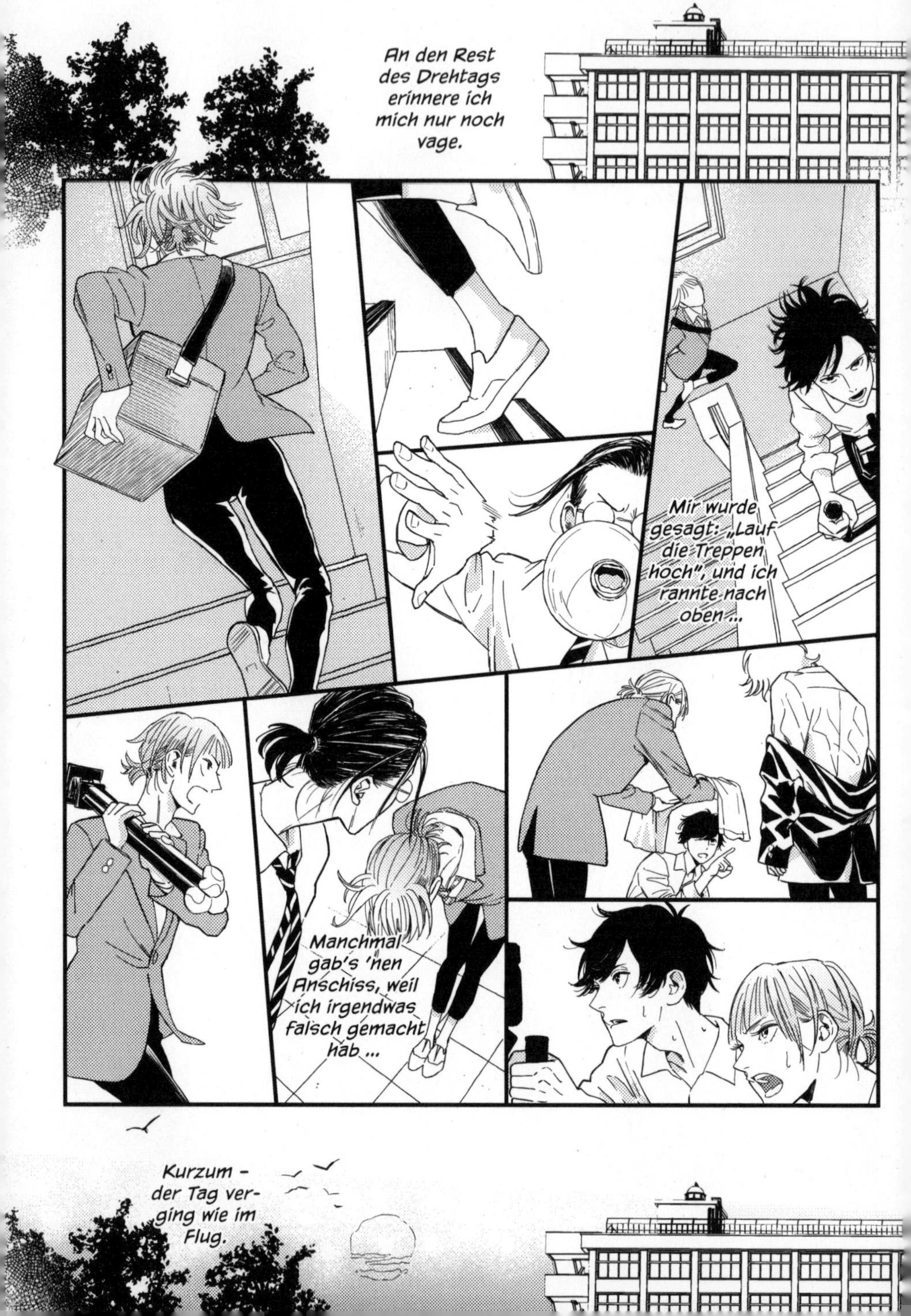
An den Rest des Drehtags erinnere ich mich nur noch vage.
Mir wurde gesagt: „Lauf die Treppen hoch", und ich rannte nach oben ...
Manchmal gab's 'nen Anschiss, weil ich irgendwas falsch gemacht hab ...
Kurzum - der Tag verging wie im Flug.

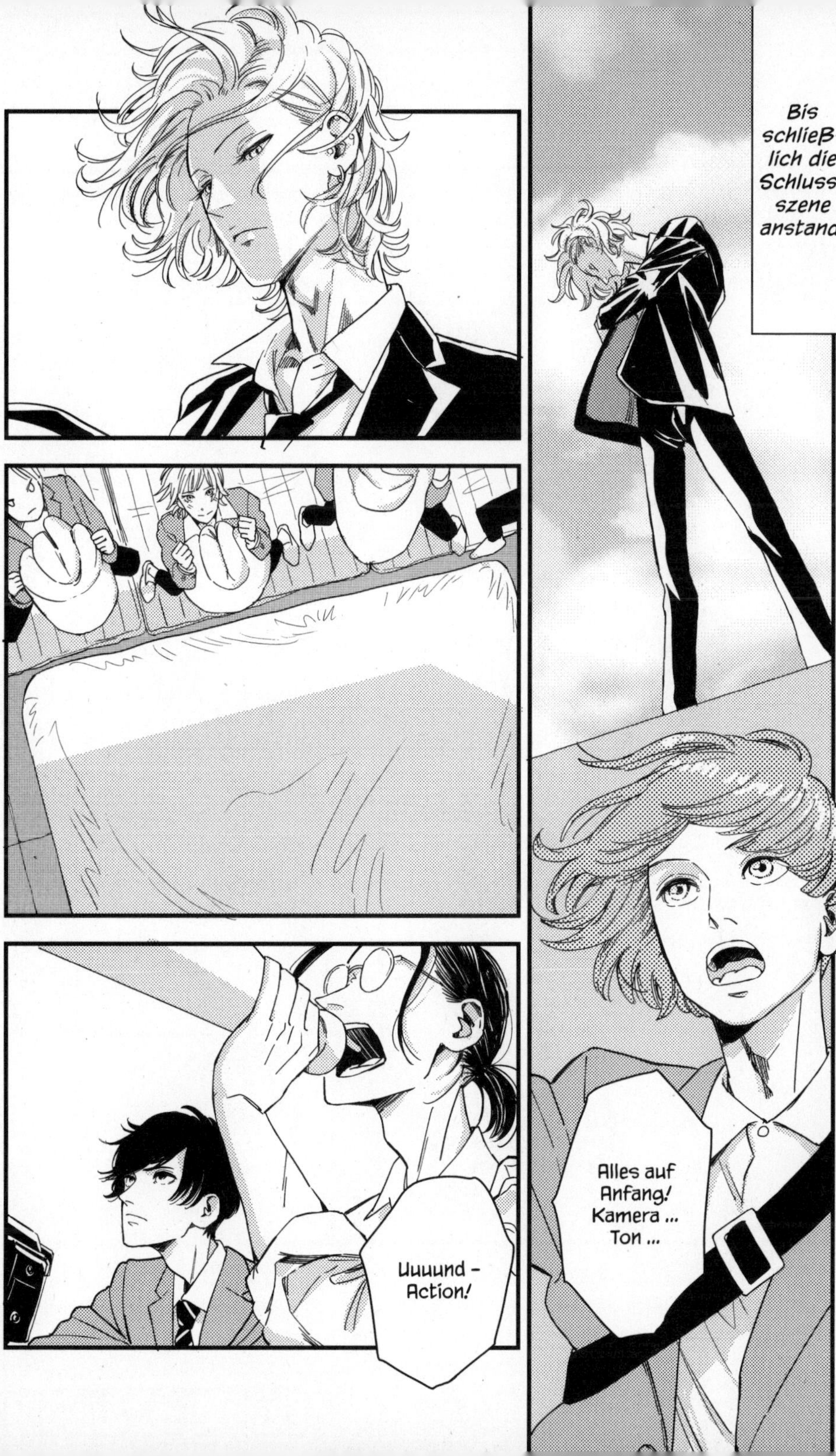

Bis schließ-lich die Schluss-szene anstand.
Alles auf Anfang! Kamera ... Ton ...
Uuuund - Action!

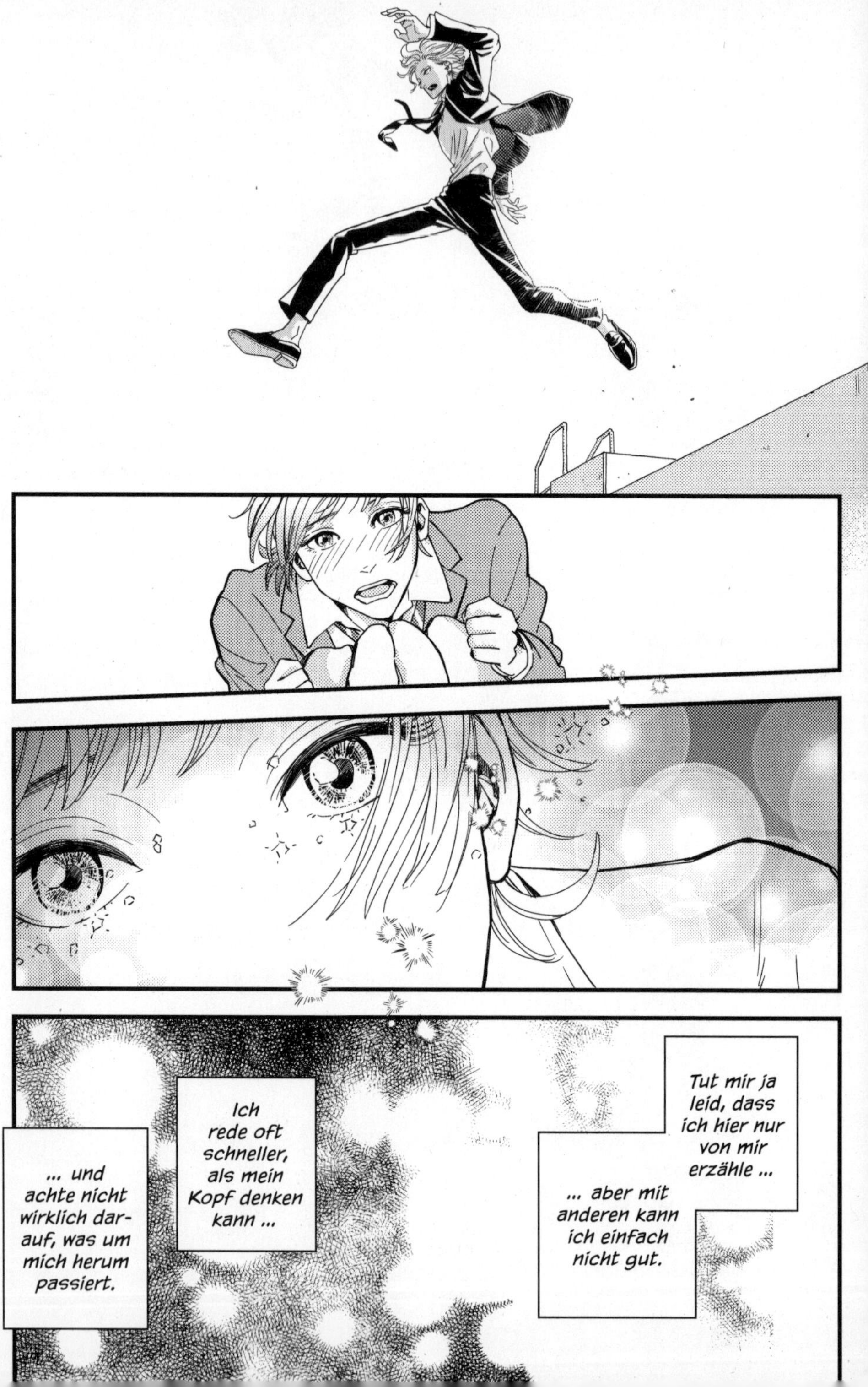
Tut mir ja leid, dass ich hier nur von mir erzähle ...
... aber mit anderen kann ich einfach nicht gut.
Ich rede oft schneller, als mein Kopf denken kann ...
... und achte nicht wirklich dar-auf, was um mich herum passiert.

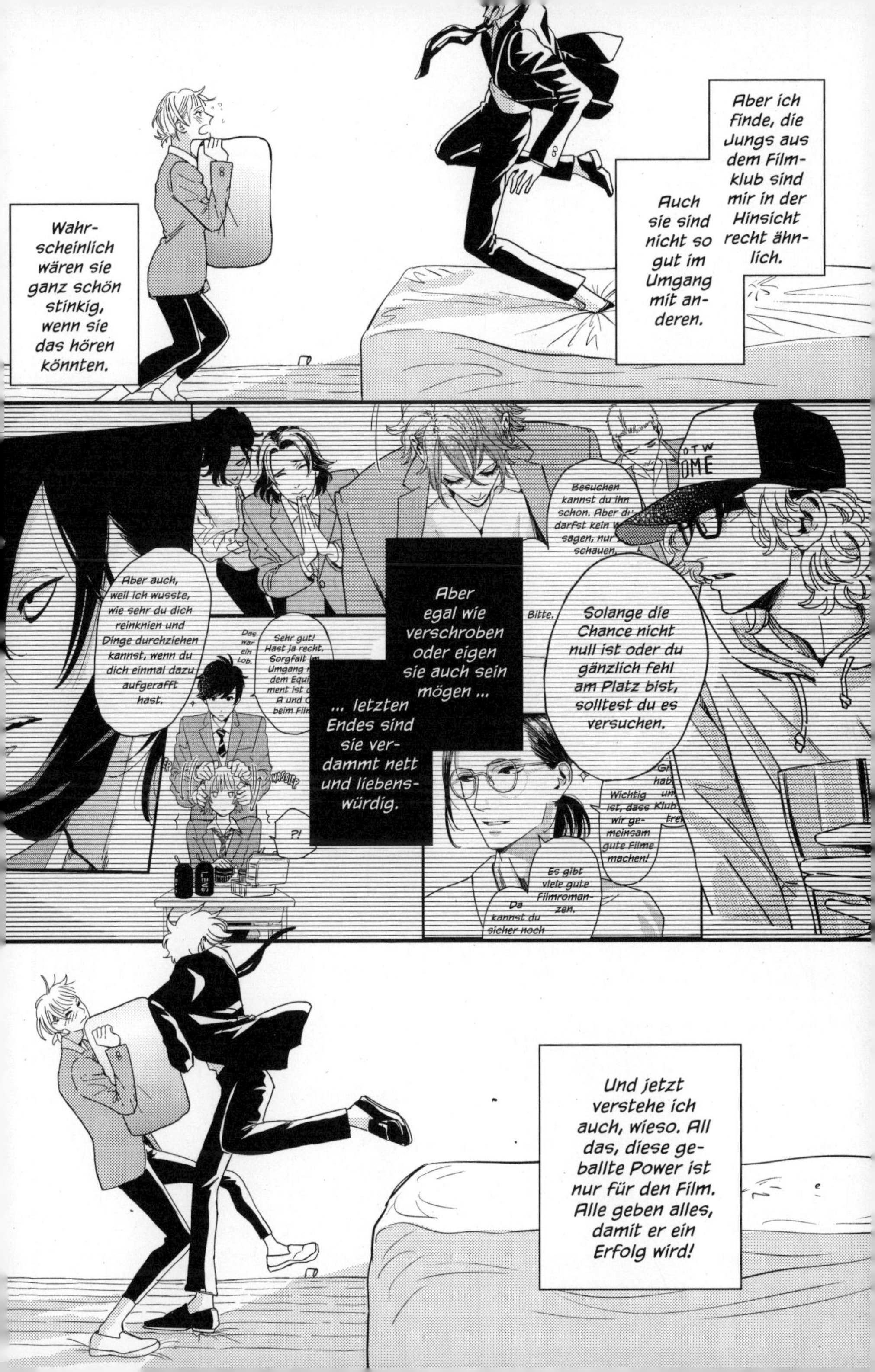
Aber ich finde, die Jungs aus dem Filmklub sind mir in der Hinsicht recht ähnlich.
Auch sie sind nicht so gut im Umgang mit anderen.
Wahrscheinlich wären sie ganz schön stinkig, wenn sie das hören könnten.
Solange die Chance nicht null ist oder du gänzlich fehl am Platz bist, solltest du es versuchen.
Bitte.
Wichtig ist, dass wir gemeinsam gute Filme machen!
Es gibt viele gute Filmromanzen.
Da kannst du sicher noch
Aber egal wie verschroben oder eigen sie auch sein mögen ...
... letzten Endes sind sie verdammt nett und liebenswürdig.
Das war ein Lob.
?!
Aber auch, weil ich wusste, wie sehr du dich reinknien und Dinge durchziehen kannst, wenn du dich einmal dazu aufgerafft hast.
Und jetzt verstehe ich auch, wieso. All das, diese geballte Power ist nur für den Film. Alle geben alles, damit er ein Erfolg wird!

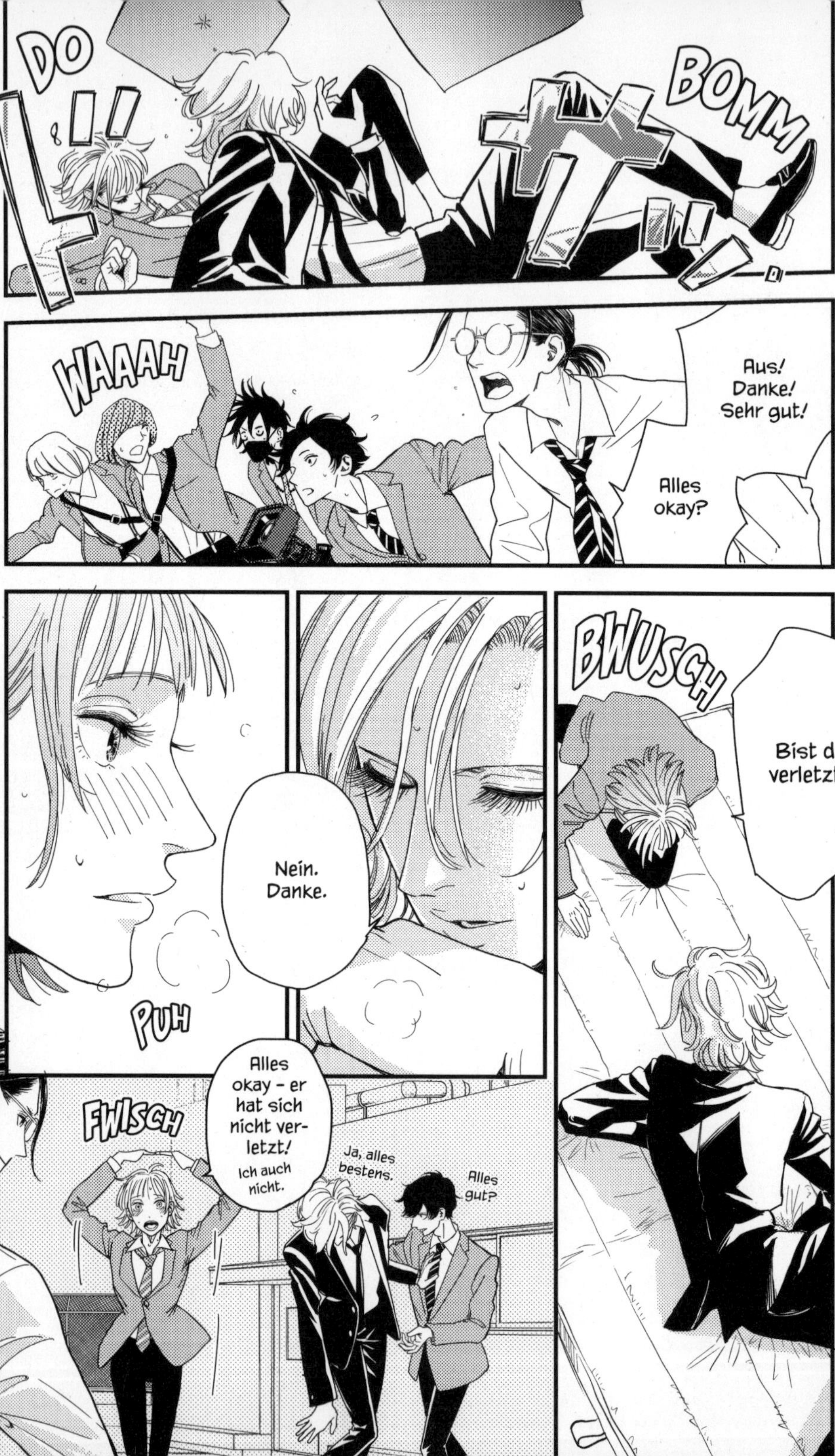
BOMM
DO
Aus! Danke! Sehr gut!
Alles okay?
WAAAH
BWUSCH
Bist du verletzt?
Nein. Danke.
PUH
Alles gut?
Ja, alles bestens.
Alles okay – er hat sich nicht verletzt!
Ich auch nicht.
FWISCH

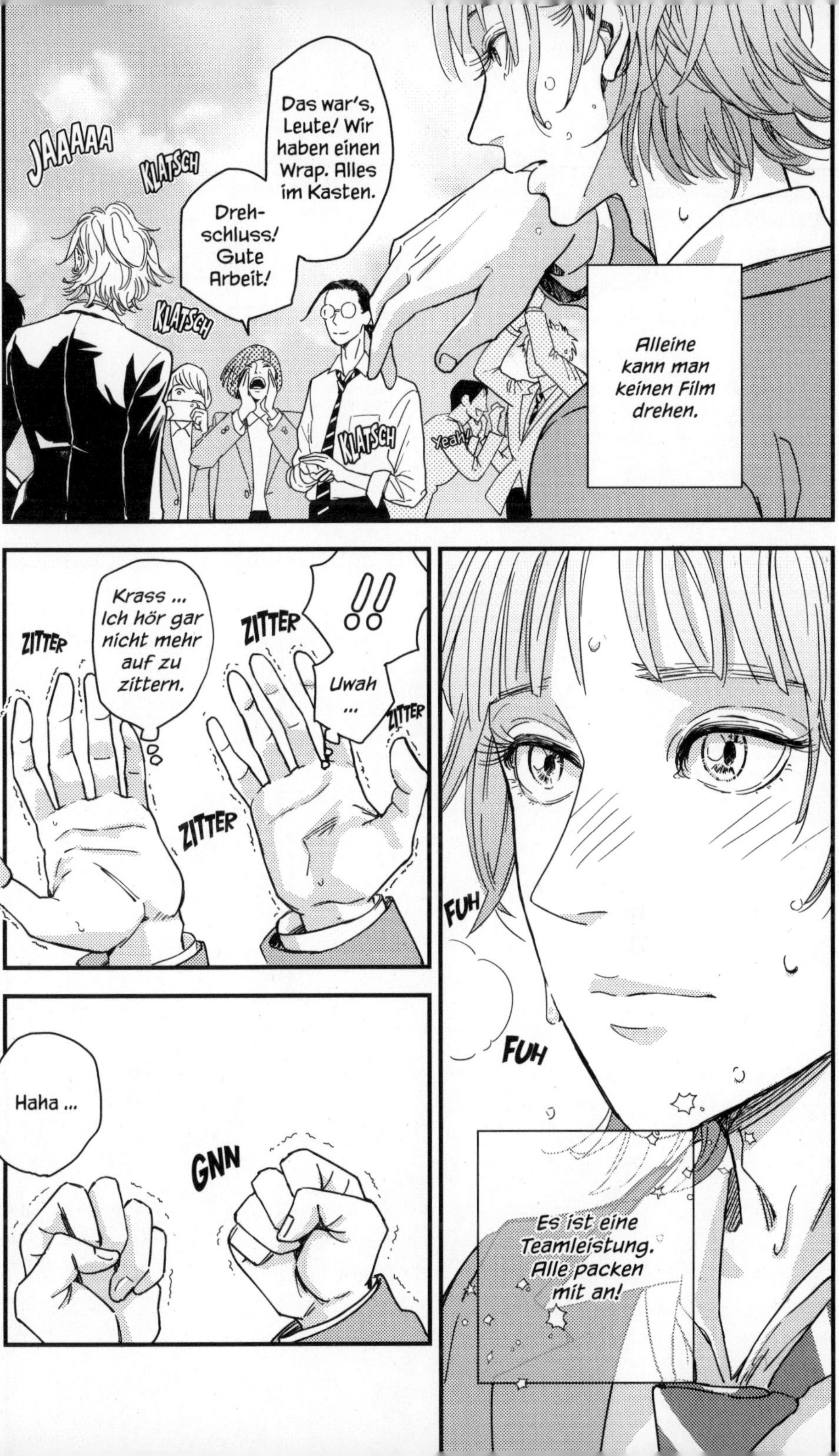
Alleine kann man keinen Film drehen.
Das war's, Leute! Wir haben einen Wrap. Alles im Kasten.
Dreh-schluss! Gute Arbeit!
JAAAAA
KLATSCH
KLATSCH
KLATSCH
Yeah!
Es ist eine Teamleistung. Alle packen mit an!
FUH
FUH
!!
Uwah ...
ZITTER
Krass ... Ich hör gar nicht mehr auf zu zittern.
ZITTER
ZITTER
ZITTER
Haha ...
GNN

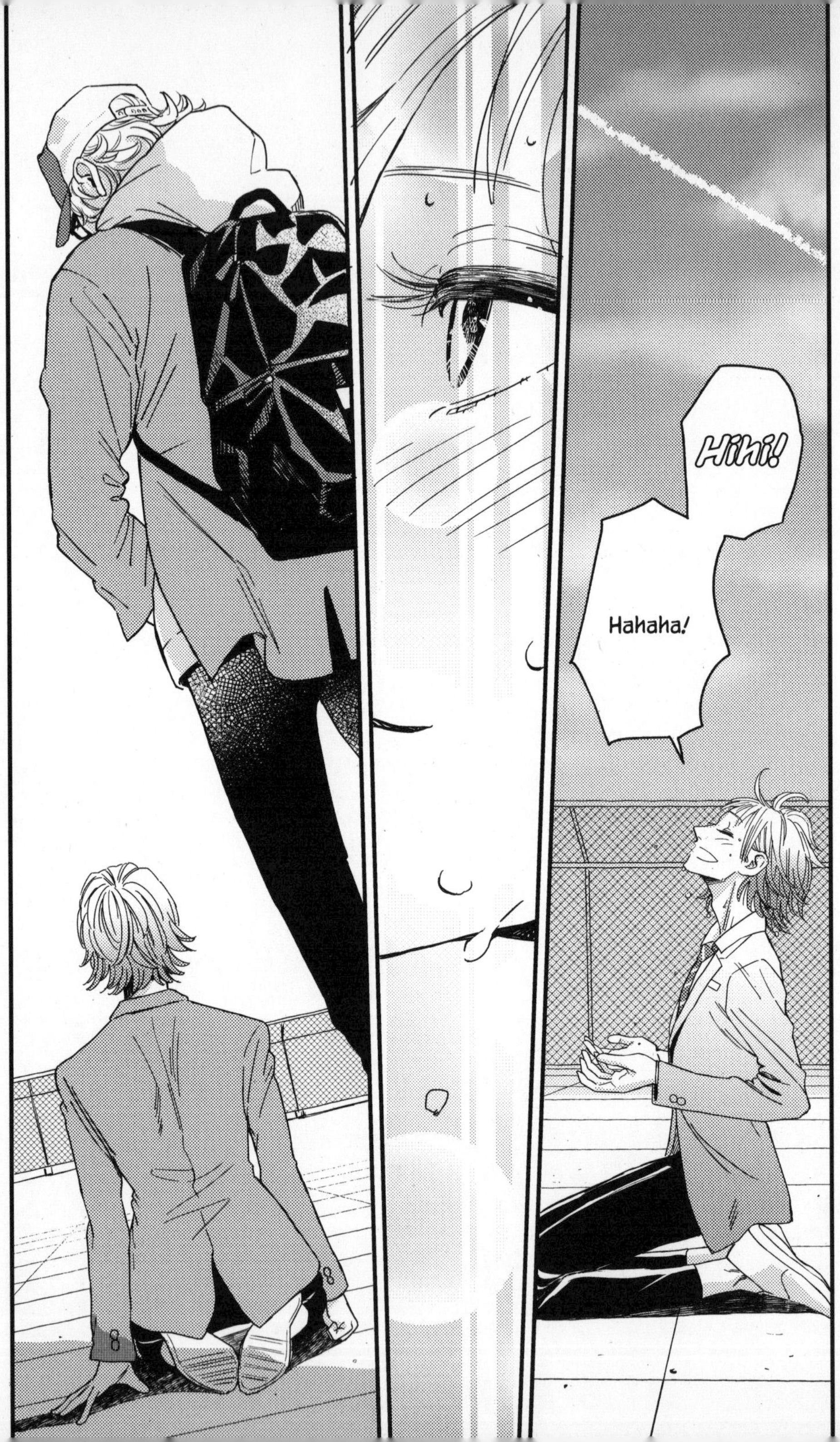
Hihi!
Hahaha!

Midnight Monologue

Jyanome

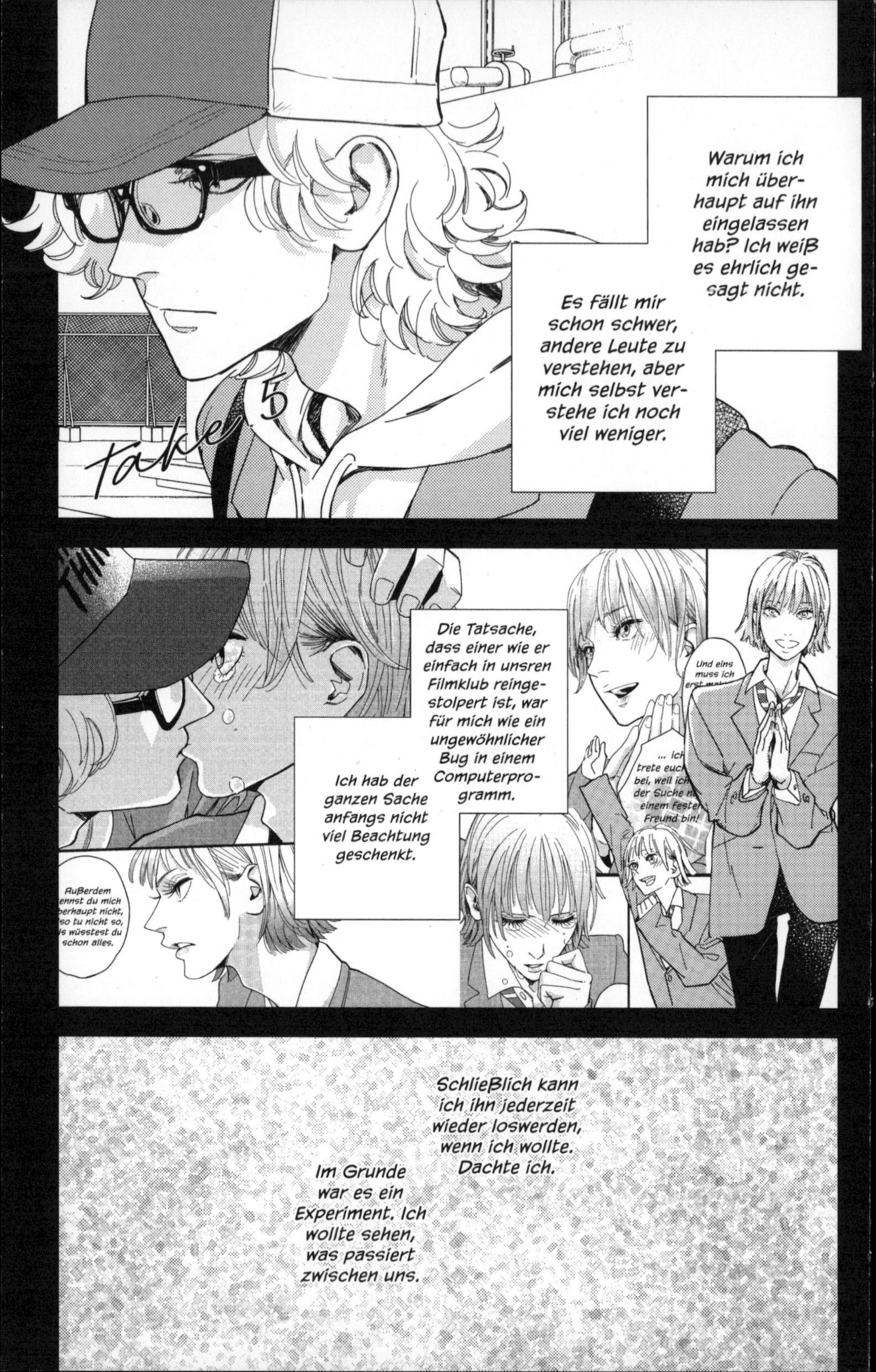

Take 5
Warum ich mich überhaupt auf ihn eingelassen hab? Ich weiß es ehrlich gesagt nicht.
Es fällt mir schon schwer, andere Leute zu verstehen, aber mich selbst verstehe ich noch viel weniger.
Die Tatsache, dass einer wie er einfach in unsren Filmklub reingestolpert ist, war für mich wie ein ungewöhnlicher Bug in einem Computerprogramm.
Ich hab der ganzen Sache anfangs nicht viel Beachtung geschenkt.
Und eins muss ich
... ich trete euch bei, weil ich der Suche n einem Feste Freund bin!
Außerdem ennst du mich berhaupt nicht, so tu nicht so, ls wüsstest du schon alles.
Schließlich kann ich ihn jederzeit wieder loswerden, wenn ich wollte. Dachte ich.
Im Grunde war es ein Experiment. Ich wollte sehen, was passiert zwischen uns.

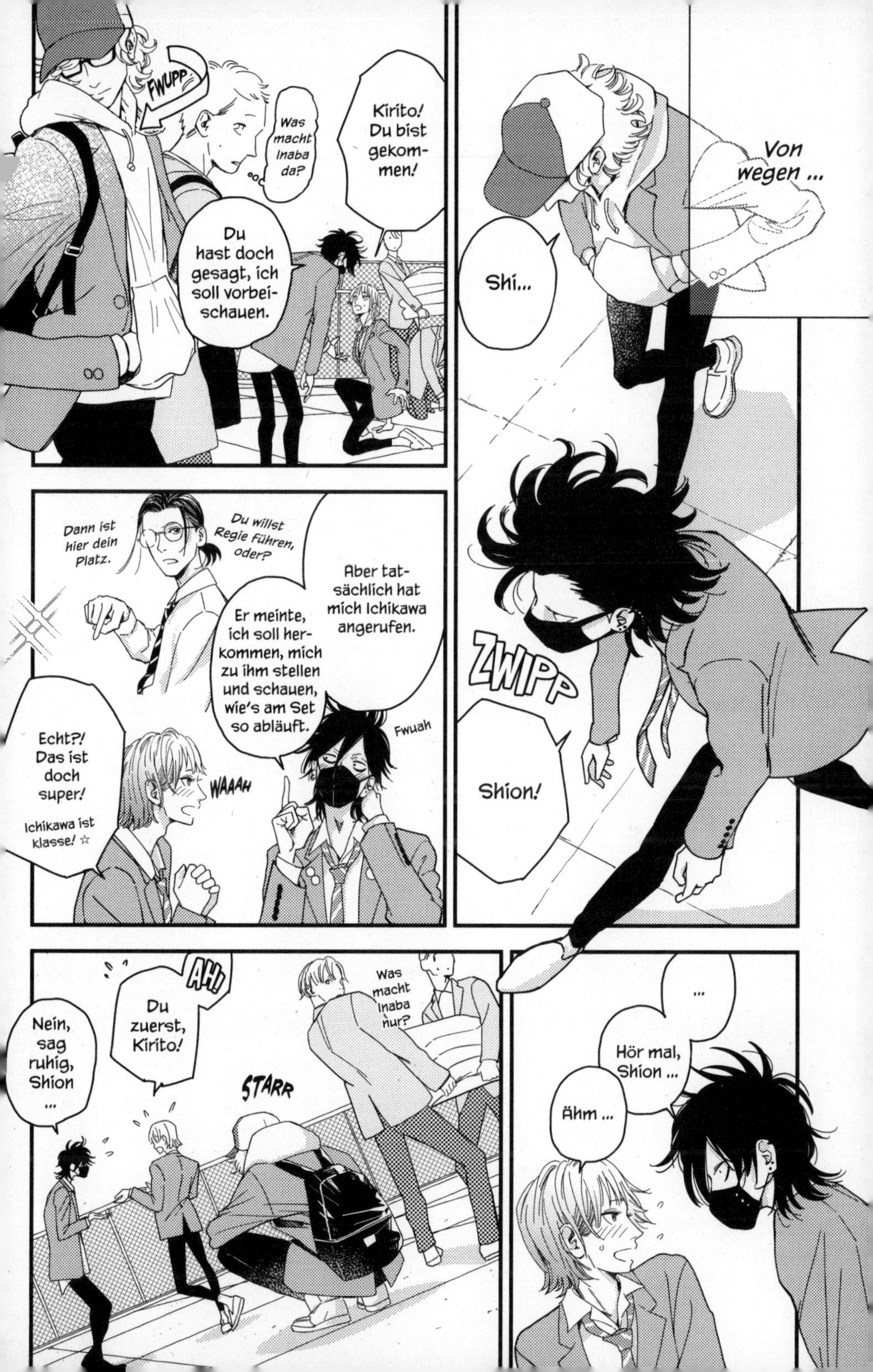
Von wegen ...
Shi...
ZWIPP
Shion!
Kirito! Du bist gekommen!
Was macht Inaba da?
FWUPP
Du hast doch gesagt, ich soll vorbeischauen.
Aber tatsächlich hat mich Ichikawa angerufen.
Du willst Regie führen, oder?
Dann ist hier dein Platz.
Er meinte, ich soll herkommen, mich zu ihm stellen und schauen, wie's am Set so abläuft.
Fwuah
WAAAH
Echt?! Das ist doch super!
Ichikawa ist klasse! ☆
...
Hör mal, Shion ...
Ähm ...
Was macht Inaba nur?
AH!
Du zuerst, Kirito!
Nein, sag ruhig, Shion ...
STARR

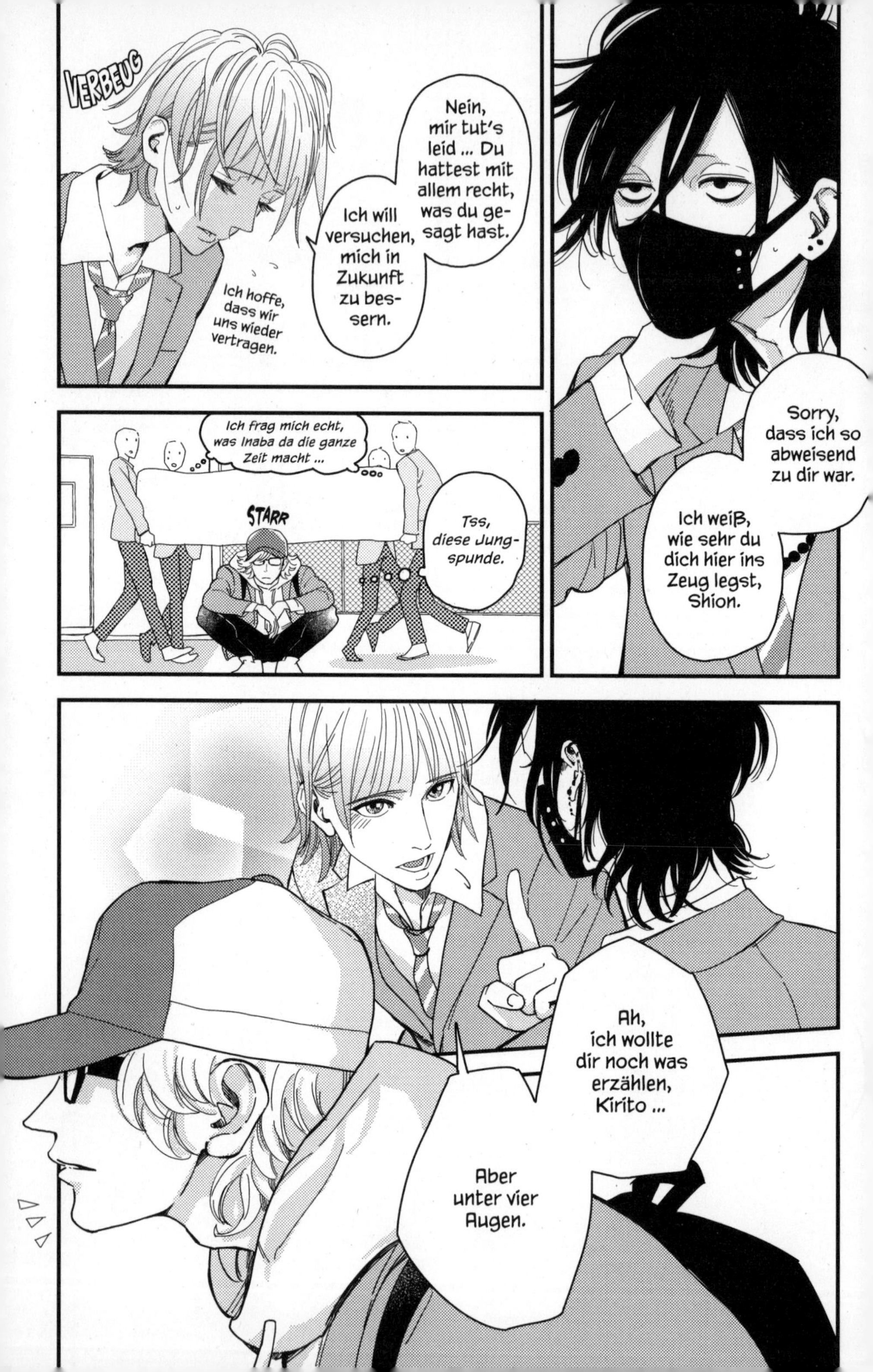

Sorry, dass ich so abweisend zu dir war.
Ich weiß, wie sehr du dich hier ins Zeug legst, Shion.
VERBEUG
Nein, mir tut's leid ... Du hattest mit allem recht, was du gesagt hast.
Ich will versuchen, mich in Zukunft zu bessern.
Ich hoffe, dass wir uns wieder vertragen.
Tss, diese Jungspunde.
STARR
Ich frag mich echt, was Inaba da die ganze Zeit macht ...
Ah, ich wollte dir noch was erzählen, Kirito ...
Aber unter vier Augen.

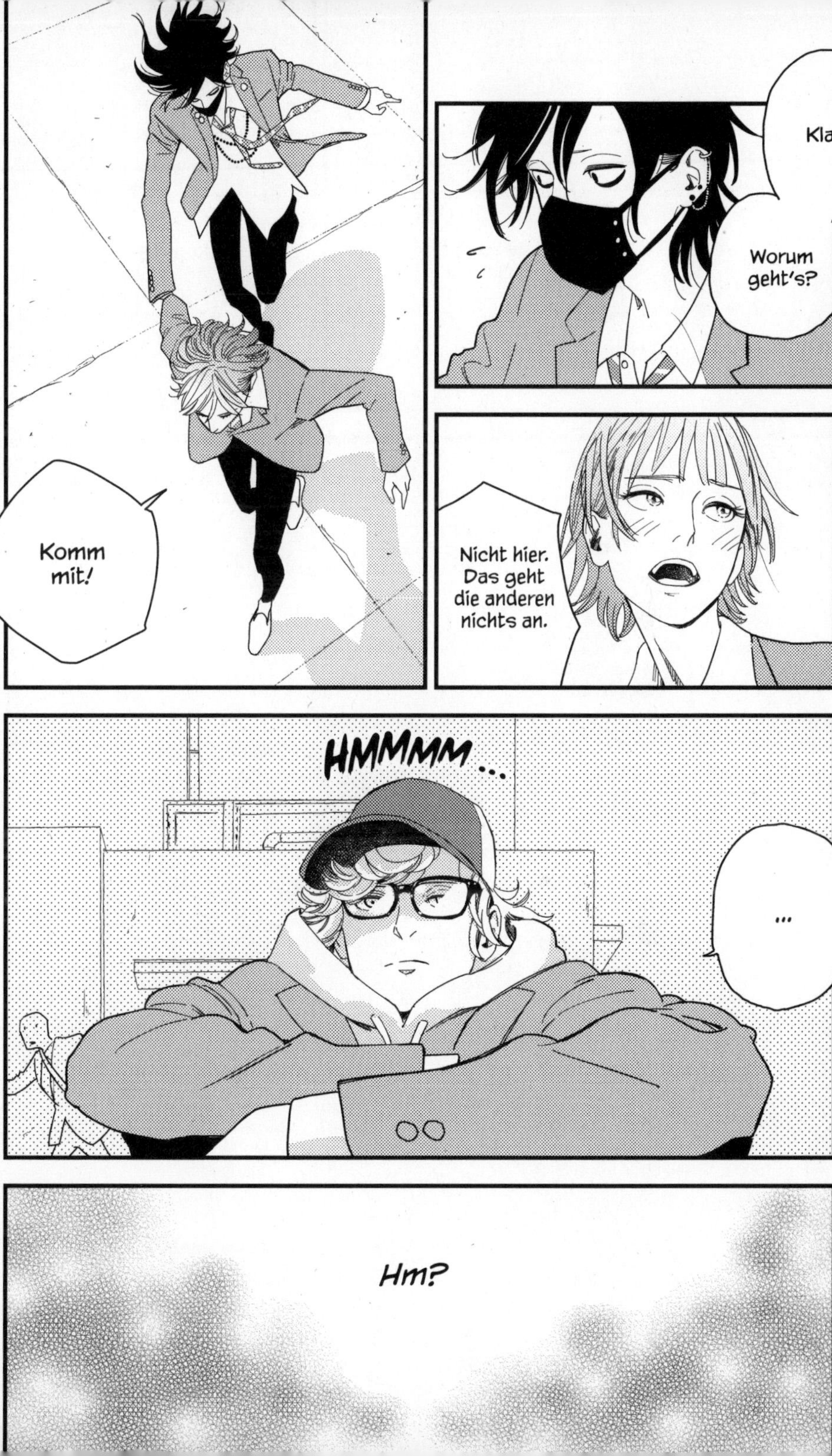

Klar.
Worum geht's?
Nicht hier. Das geht die anderen nichts an.
Komm mit!
HMMMM ...
...
Hm?

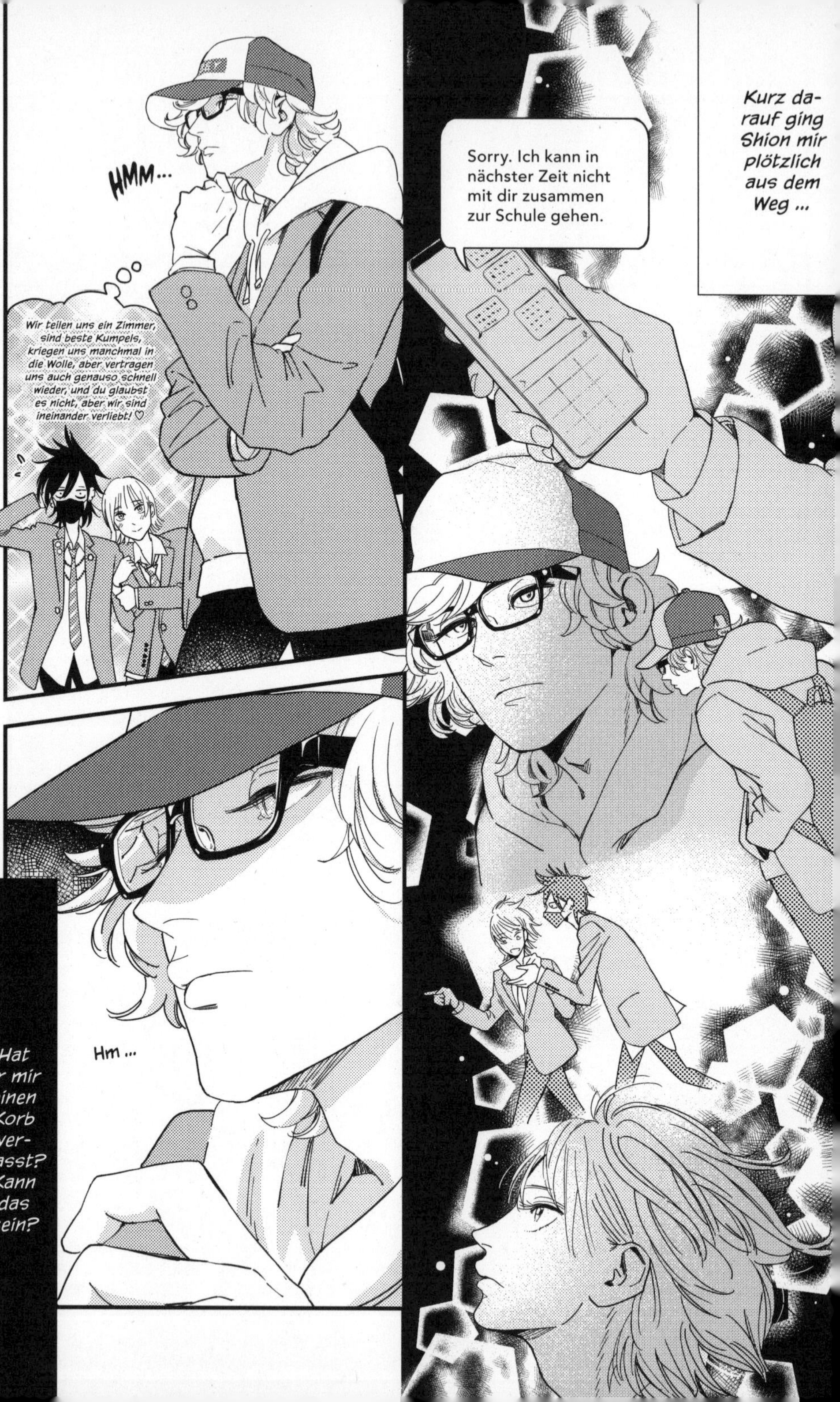
Kurz darauf ging Shion mir plötzlich aus dem Weg ...
Sorry. Ich kann in nächster Zeit nicht mit dir zusammen zur Schule gehen.
HMM ...
Wir teilen uns ein Zimmer, sind beste Kumpels, kriegen uns manchmal in die Wolle, aber vertragen uns auch genauso schnell wieder, und du glaubst es nicht, aber wir sind ineinander verliebt! ♡
Hm ...
Hat er mir einen Korb verpasst? Kann das sein?

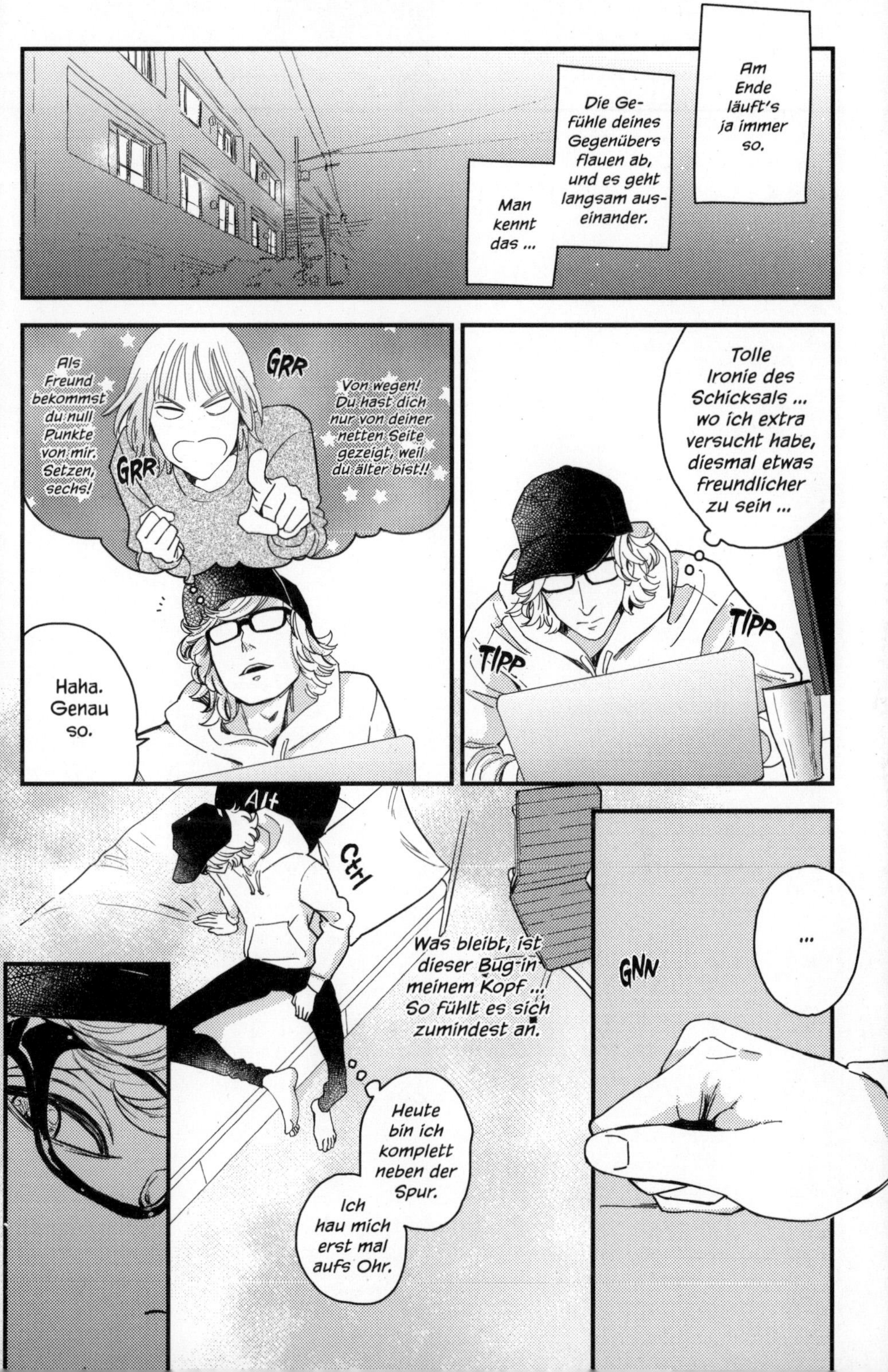
Am Ende läuft's ja immer so.
Die Gefühle deines Gegenübers flauen ab, und es geht langsam auseinander.
Man kennt das ...
Tolle Ironie des Schicksals ... wo ich extra versucht habe, diesmal etwas freundlicher zu sein ...
TIPP
TIPP
Von wegen! Du hast dich nur von deiner netten Seite gezeigt, weil du älter bist!!
GRR
Als Freund bekommst du null Punkte von mir. Setzen, sechs!
GRR
Haha. Genau so.
...
GNN
Was bleibt, ist dieser Bug in meinem Kopf ... So fühlt es sich zumindest an.
Alt
Ctrl
Heute bin ich komplett neben der Spur.
Ich hau mich erst mal aufs Ohr.

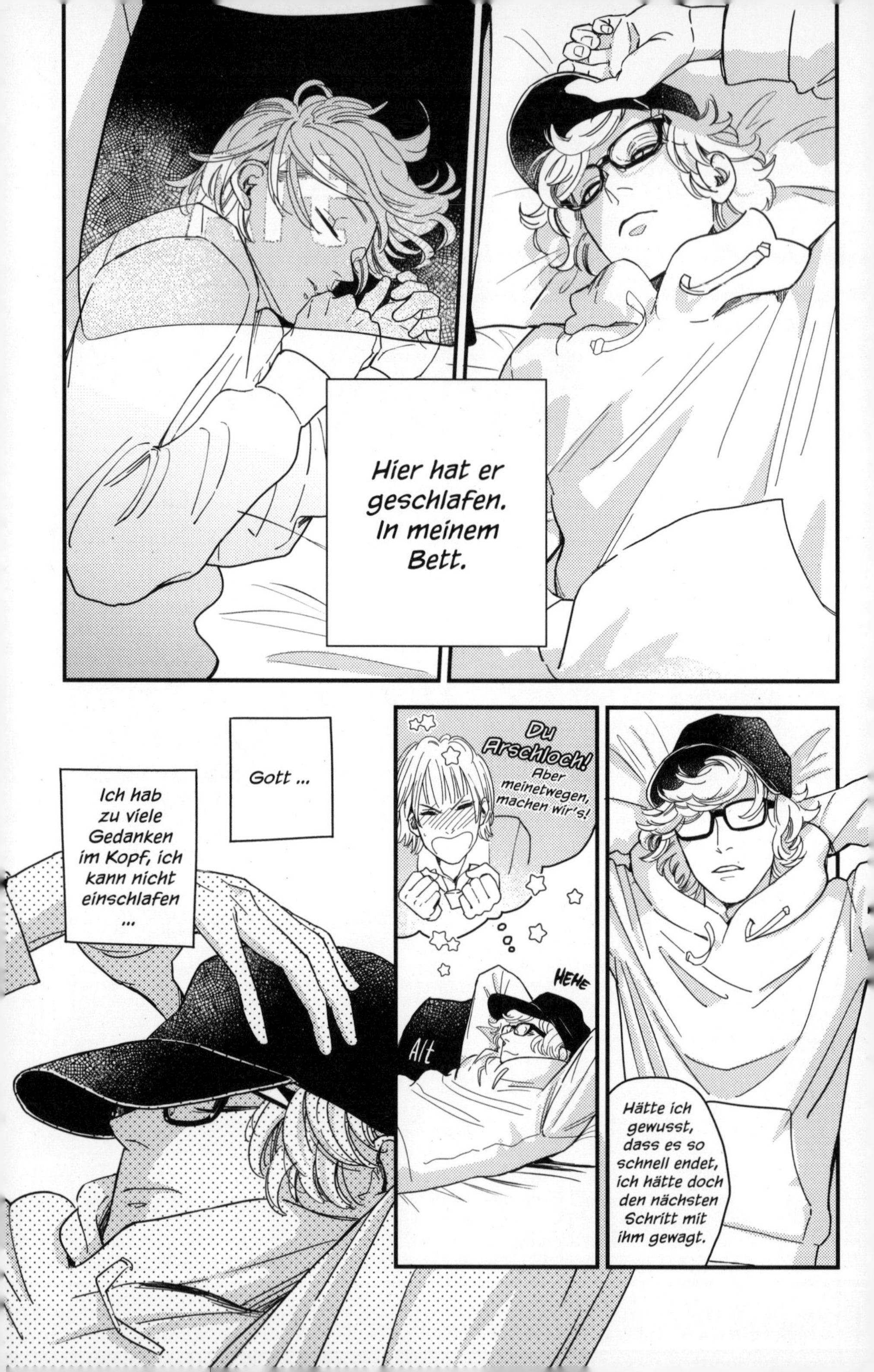
Hier hat er geschlafen. In meinem Bett.
Hätte ich gewusst, dass es so schnell endet, ich hätte doch den nächsten Schritt mit ihm gewagt.
Du Arschloch!
Aber meinetwegen, machen wir's!
HEHE
Alt
Gott ...
Ich hab zu viele Gedanken im Kopf, ich kann nicht einschlafen ...

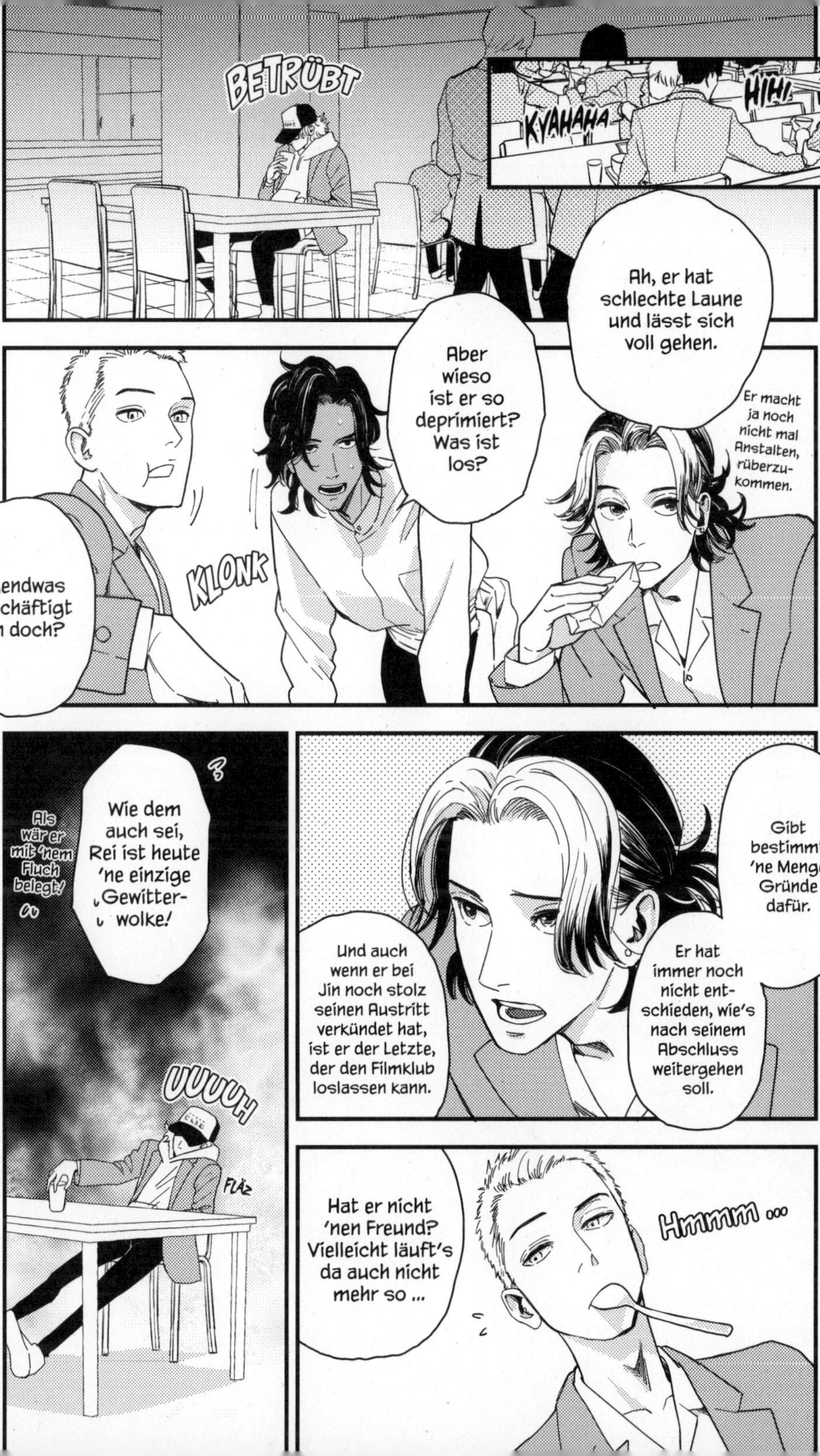
HIHI
KYAHAHA
BETRÜBT
Ah, er hat schlechte Laune und lässt sich voll gehen.
Er macht ja noch nicht mal Anstalten, rüberzukommen.
Aber wieso ist er so deprimiert? Was ist los?
KLONK
Irgendwas beschäftigt ihn doch?
Gibt bestimmt 'ne Menge Gründe dafür.
Er hat immer noch nicht entschieden, wie's nach seinem Abschluss weitergehen soll.
Und auch wenn er bei Jin noch stolz seinen Austritt verkündet hat, ist er der Letzte, der den Filmklub loslassen kann.
Wie dem auch sei, Rei ist heute 'ne einzige ‚Gewitterwolke'!
Als wär er mit 'nem Fluch belegt!
UUUUH
FLÄZ
Hmmmm ...
Hat er nicht 'nen Freund? Vielleicht läuft's da auch nicht mehr so ...

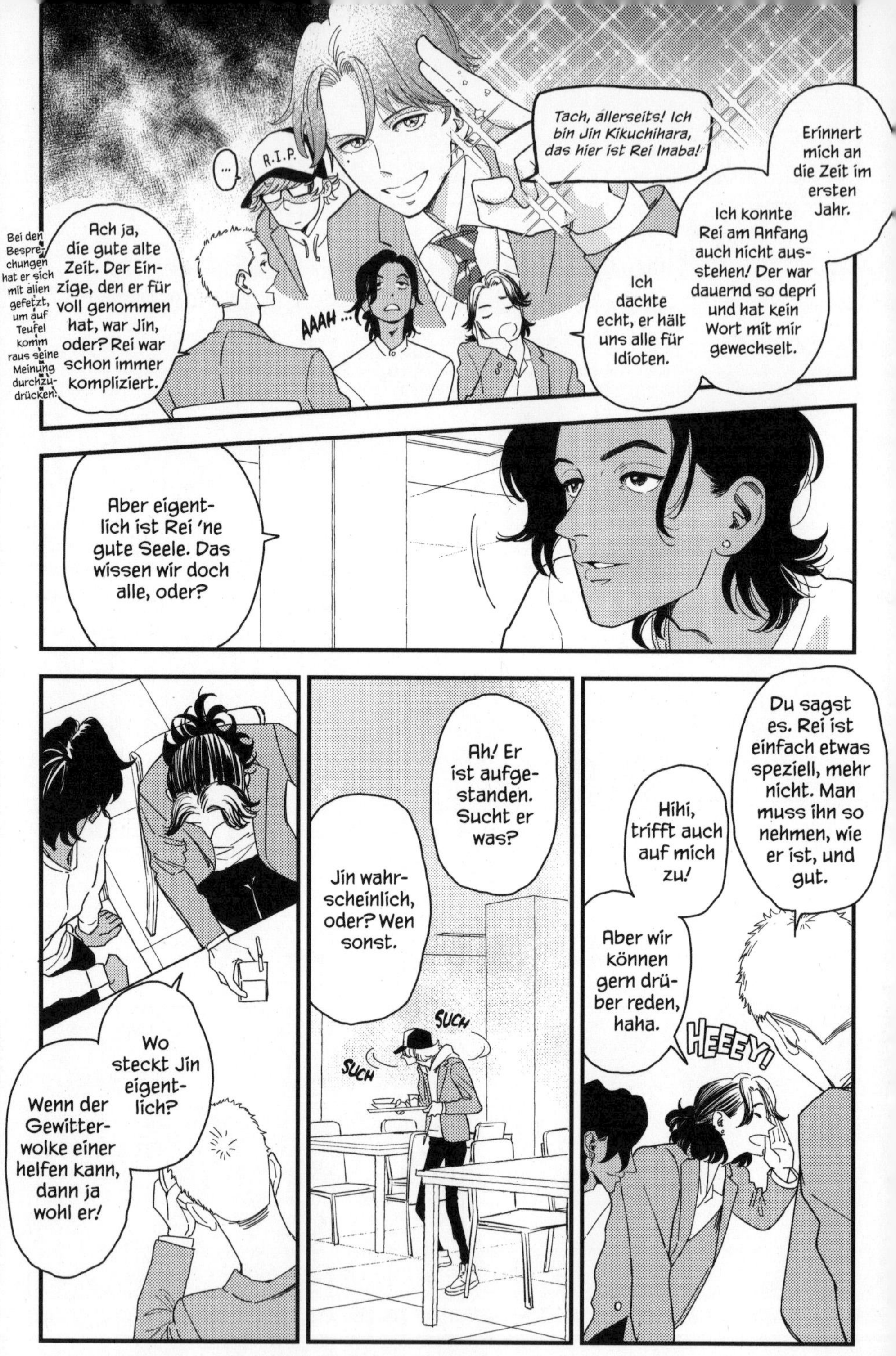
Erinnert mich an die Zeit im ersten Jahr.
Ich konnte Rei am Anfang auch nicht ausstehen! Der war dauernd so depri und hat kein Wort mit mir gewechselt.
Ich dachte echt, er hält uns alle für Idioten.
Tach, allerseits! Ich bin Jin Kikuchihara, das hier ist Rei Inaba!
R.I.P.
...
AAAH ...
Ach ja, die gute alte Zeit. Der Einzige, den er für voll genommen hat, war Jin, oder? Rei war schon immer kompliziert.
Bei den Besprechungen hat er sich mit allen gefetzt, um auf Teufel komm raus seine Meinung durchzudrücken!
Aber eigentlich ist Rei 'ne gute Seele. Das wissen wir doch alle, oder?
Du sagst es. Rei ist einfach etwas speziell, mehr nicht. Man muss ihn so nehmen, wie er ist, und gut.
Hihi, trifft auch auf mich zu!
Aber wir können gern drüber reden, haha.
HEEEY!
Ah! Er ist aufgestanden. Sucht er was?
Jin wahrscheinlich, oder? Wen sonst.
SUCH
SUCH
Wo steckt Jin eigentlich?
Wenn der Gewitterwolke einer helfen kann, dann ja wohl er!

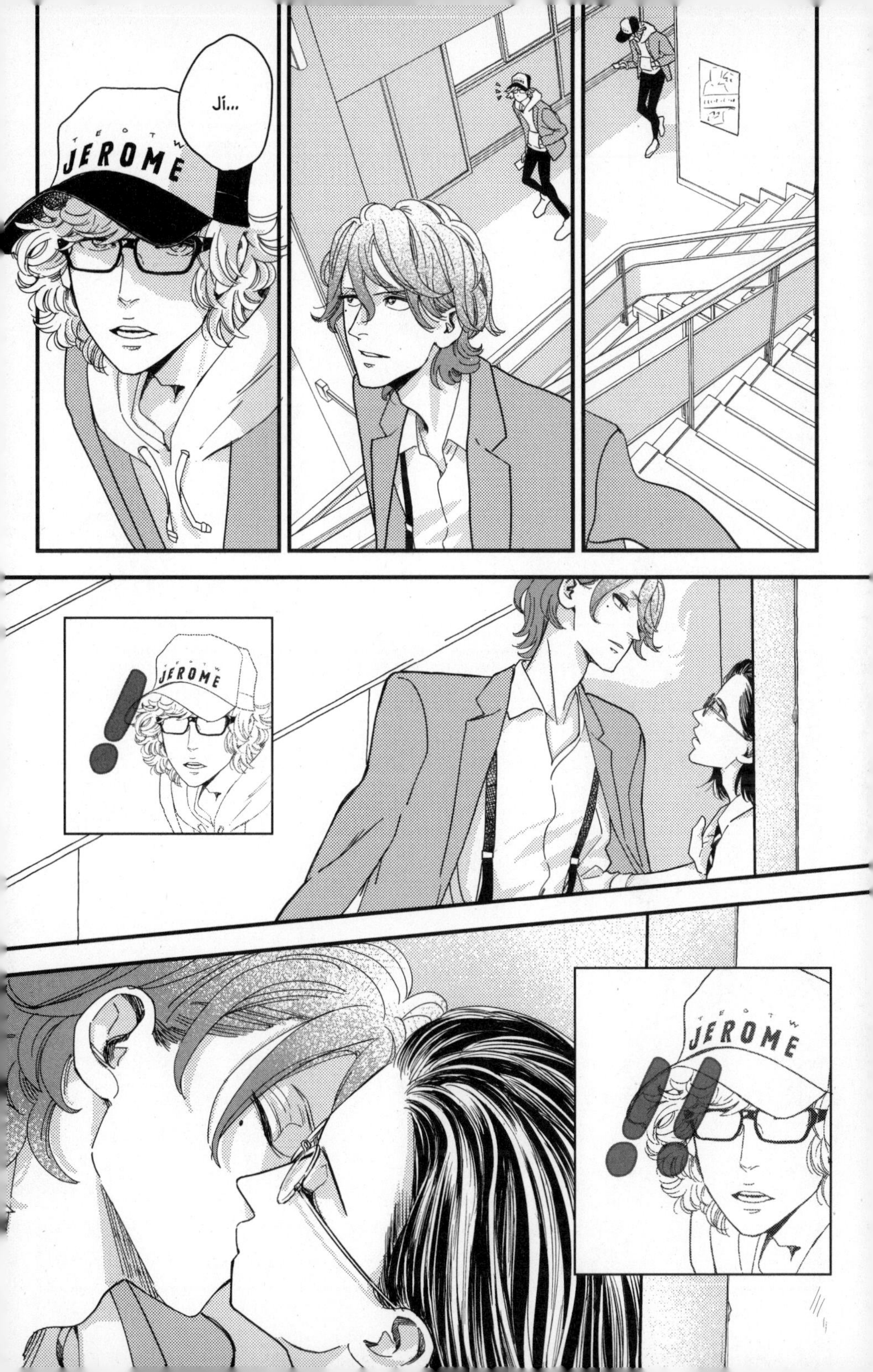

JEROME
Jí...
JEROME
JEROME

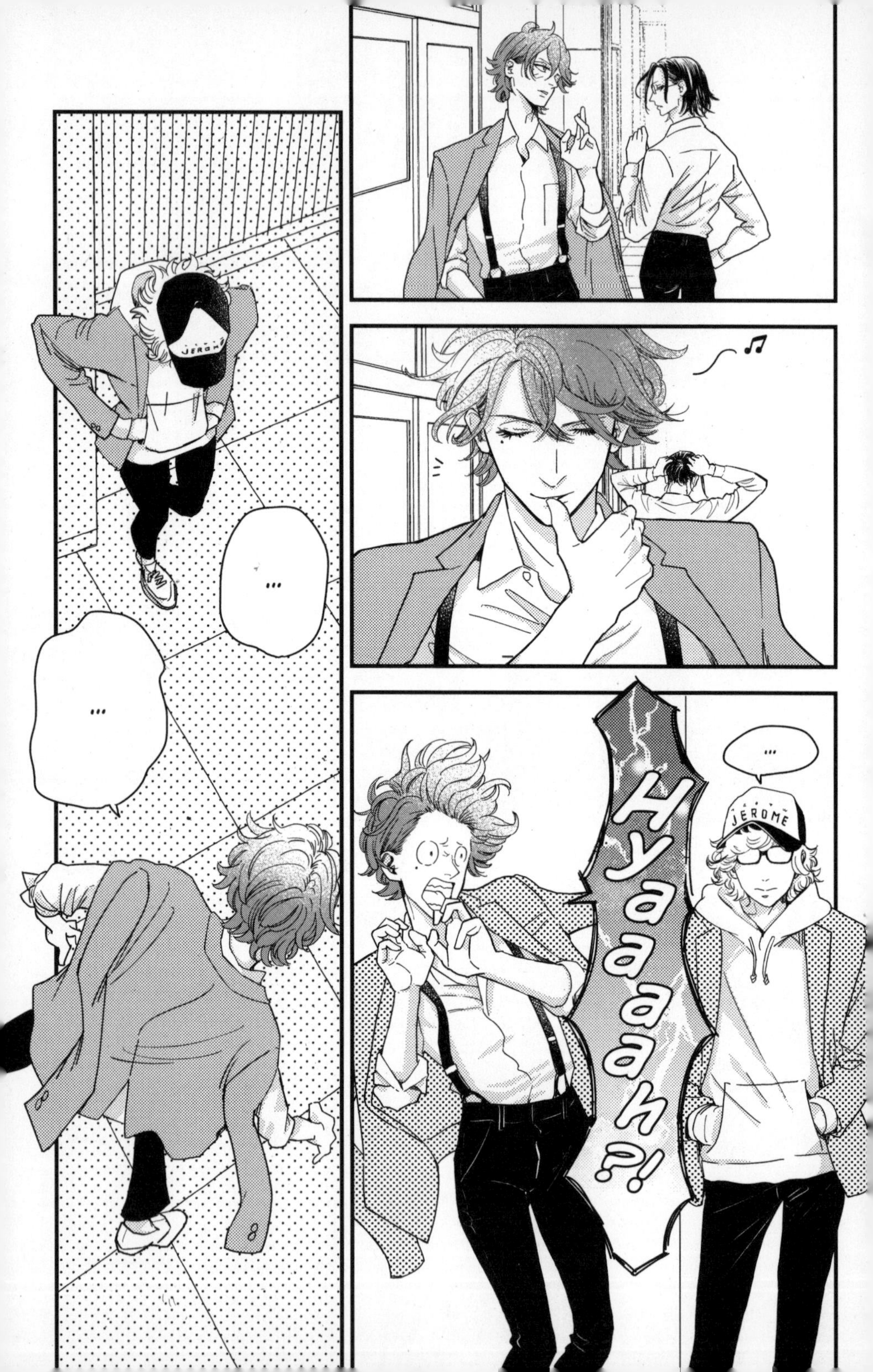

♪
...
Hyaaaah?!
JEROME
...
...

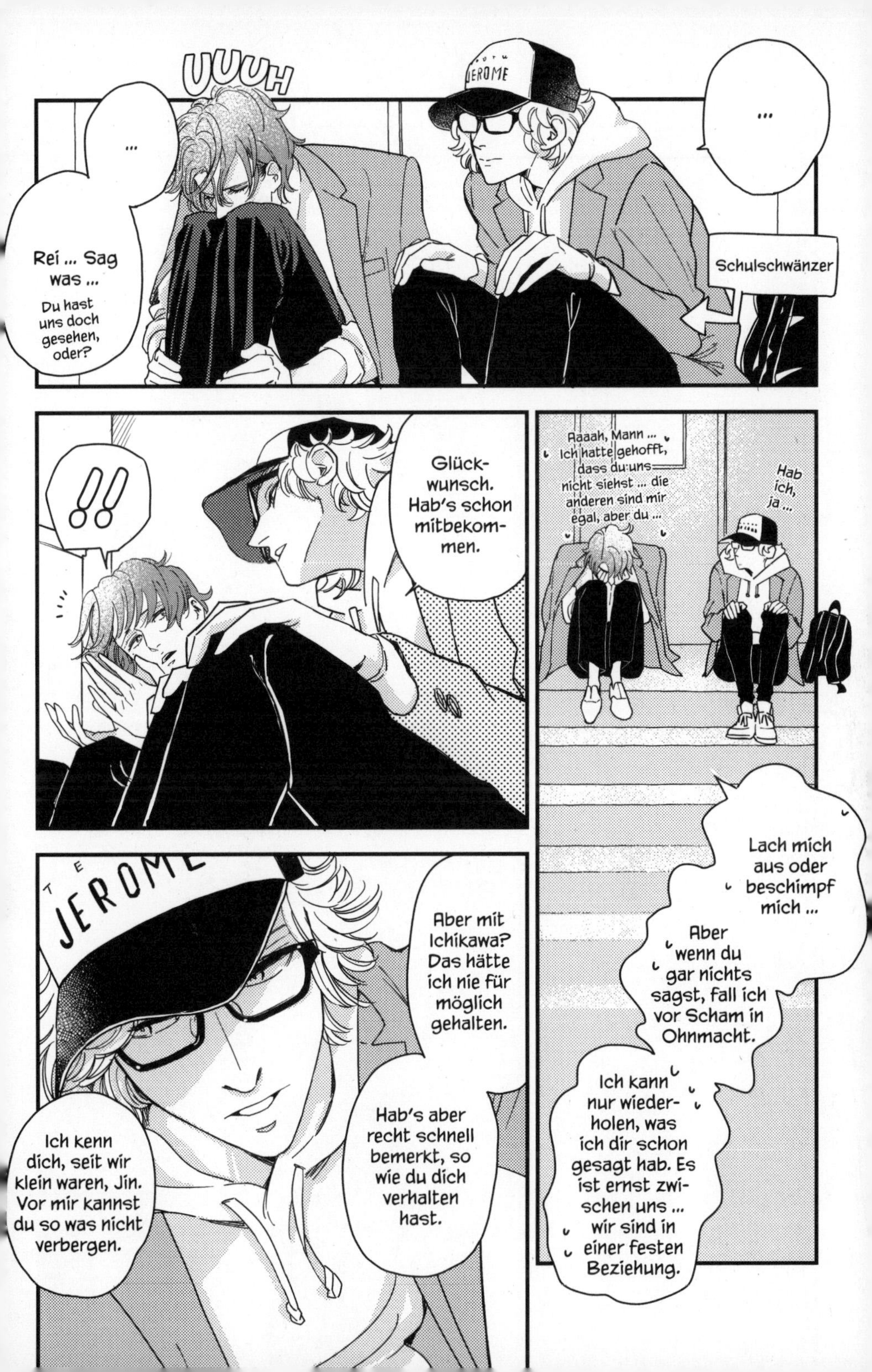

...
Schulschwänzer
UUUH
...
Rei ... Sag was ...
Du hast uns doch gesehen, oder?
Hab ich, ja ...
Aaaah, Mann ... Ich hatte gehofft, dass du uns nicht siehst ... die anderen sind mir egal, aber du ...
Glückwunsch. Hab's schon mitbekommen.
!!
Lach mich aus oder beschimpf mich ...
Aber wenn du gar nichts sagst, fall ich vor Scham in Ohnmacht.
Ich kann nur wiederholen, was ich dir schon gesagt hab. Es ist ernst zwischen uns ... wir sind in einer festen Beziehung.
Aber mit Ichikawa? Das hätte ich nie für möglich gehalten.
Hab's aber recht schnell bemerkt, so wie du dich verhalten hast.
Ich kenn dich, seit wir klein waren, Jin. Vor mir kannst du so was nicht verbergen.

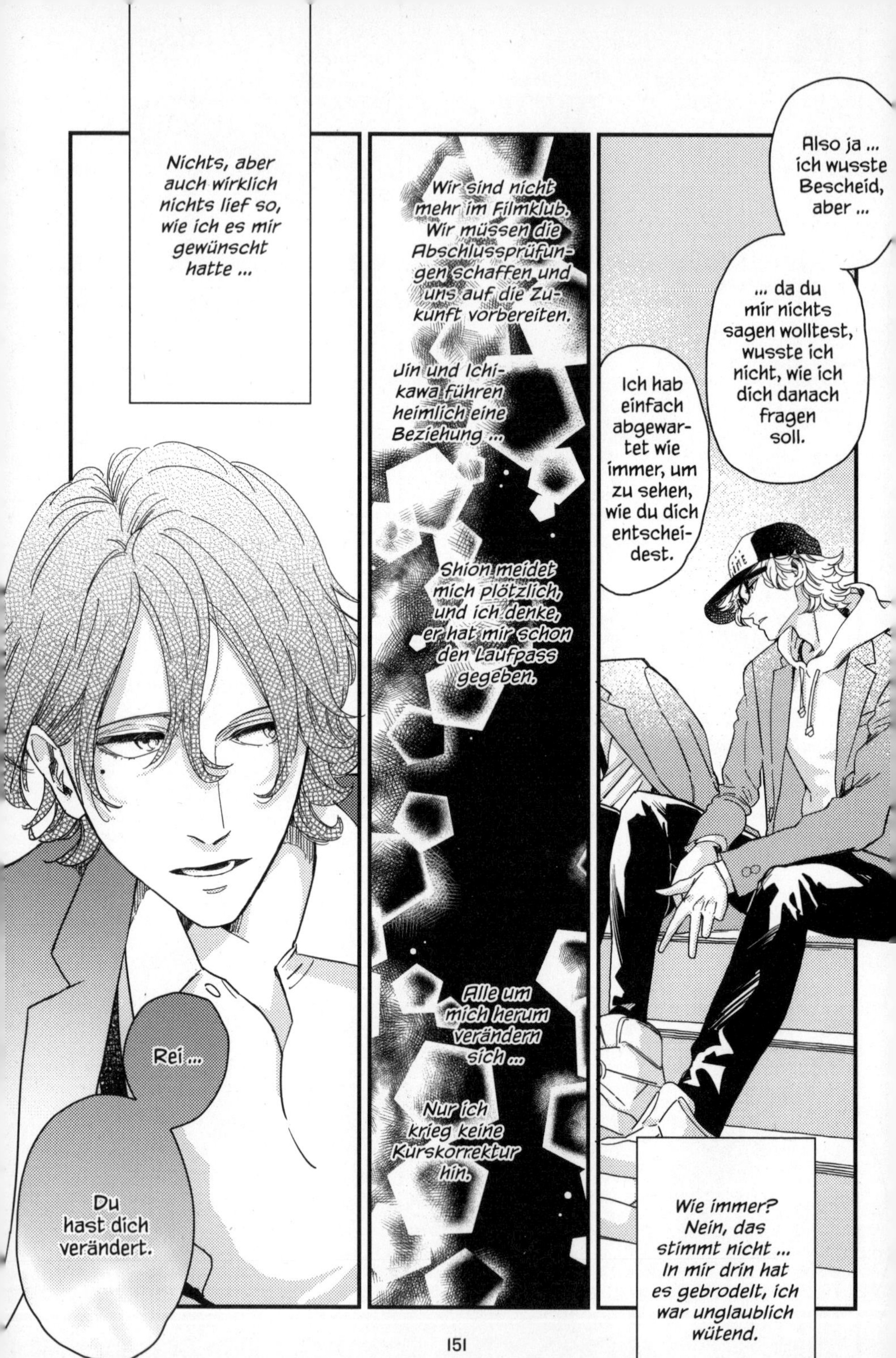
Also ja ... ich wusste Bescheid, aber ...
... da du mir nichts sagen wolltest, wusste ich nicht, wie ich dich danach fragen soll.
Ich hab einfach abgewartet wie immer, um zu sehen, wie du dich entscheidest.
Wie immer? Nein, das stimmt nicht ... In mir drin hat es gebrodelt, ich war unglaublich wütend.
Wir sind nicht mehr im Filmklub. Wir müssen die Abschlussprüfungen schaffen und uns auf die Zukunft vorbereiten.
Jin und Ichikawa führen heimlich eine Beziehung ...
Shion meidet mich plötzlich, und ich denke, er hat mir schon den Laufpass gegeben.
Alle um mich herum verändern sich ...
Nur ich krieg keine Kurskorrektur hin.
Nichts, aber auch wirklich nichts lief so, wie ich es mir gewünscht hatte ...
Rei ...
Du hast dich verändert.

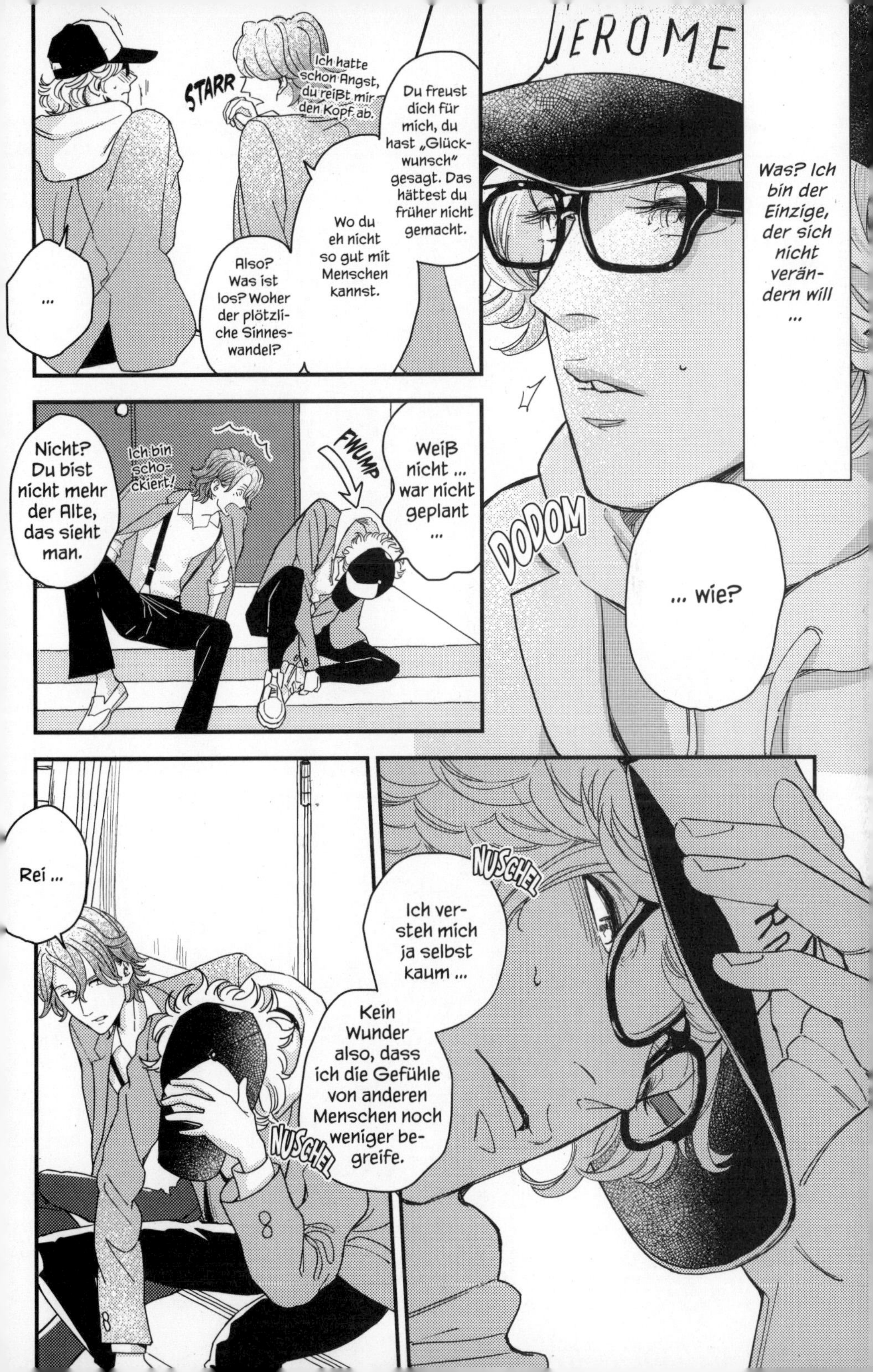

JEROME
Was? Ich bin der Einzige, der sich nicht verändern will ...
Du freust dich für mich, du hast „Glückwunsch“ gesagt. Das hättest du früher nicht gemacht.
Ich hatte schon Angst, du reißt mir den Kopf ab.
STARR
Wo du eh nicht so gut mit Menschen kannst.
Also? Was ist los? Woher der plötzliche Sinneswandel?
...
DODOM
... wie?
Weiß nicht ... war nicht geplant ...
FWUMP
Ich bin schockiert!
Nicht? Du bist nicht mehr der Alte, das sieht man.
NUSCHEL
Ich versteh mich ja selbst kaum ...
Kein Wunder also, dass ich die Gefühle von anderen Menschen noch weniger begreife.
NUSCHEL
Rei ...

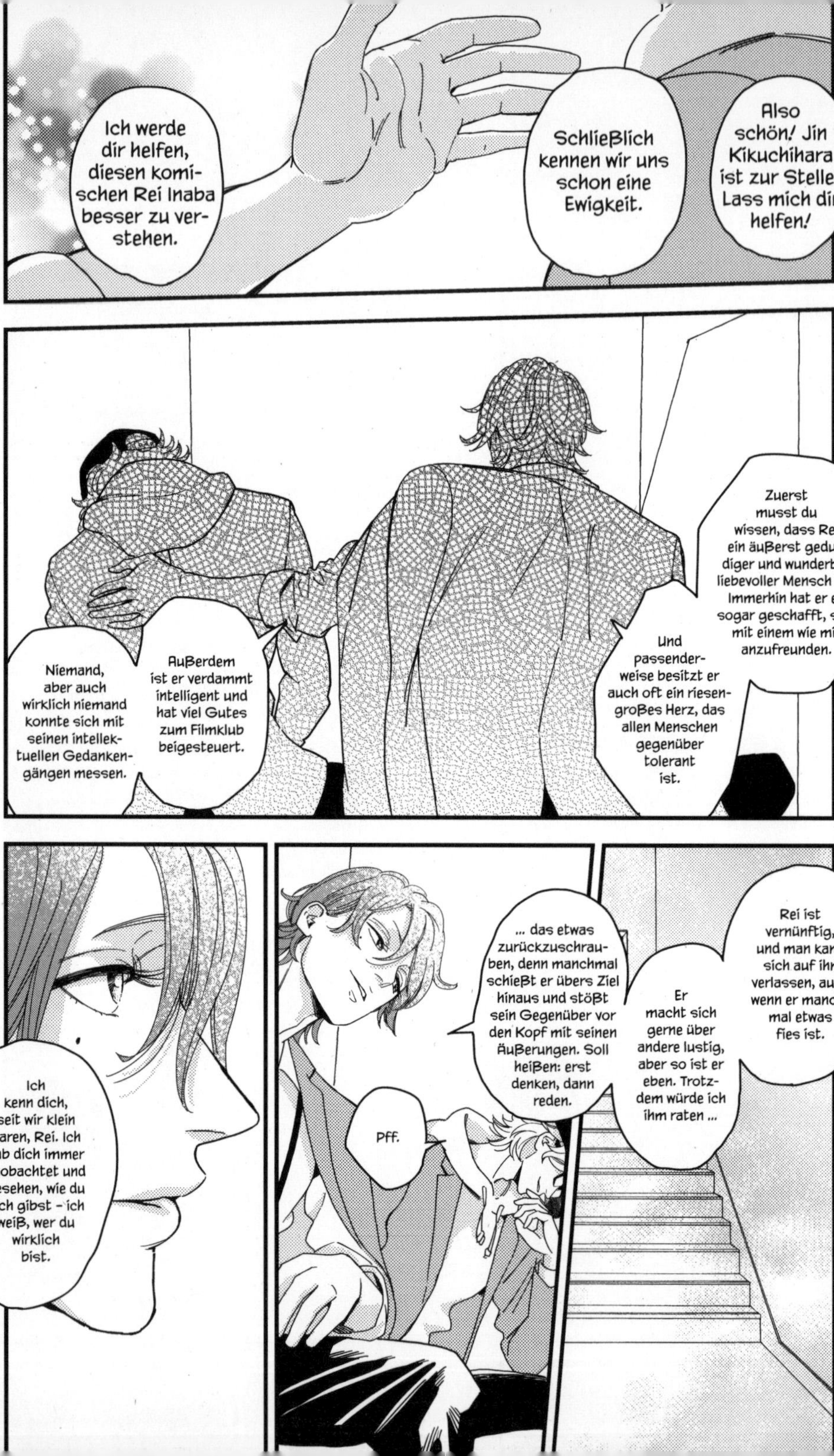

Also schön! Jin Kikuchihara ist zur Stelle! Lass mich dir helfen!
Schließlich kennen wir uns schon eine Ewigkeit.
Ich werde dir helfen, diesen komischen Rei Inaba besser zu verstehen.
Zuerst musst du wissen, dass Rei ein äußerst geduldiger und wunderbar liebevoller Mensch ist. Immerhin hat er es sogar geschafft, sich mit einem wie mir anzufreunden.
Und passenderweise besitzt er auch oft ein riesengroßes Herz, das allen Menschen gegenüber tolerant ist.
Außerdem ist er verdammt intelligent und hat viel Gutes zum Filmklub beigesteuert.
Niemand, aber auch wirklich niemand konnte sich mit seinen intellektuellen Gedankengängen messen.
Rei ist vernünftig, und man kann sich auf ihn verlassen, auch wenn er manchmal etwas fies ist.
Er macht sich gerne über andere lustig, aber so ist er eben. Trotzdem würde ich ihm raten ...
... das etwas zurückzuschrauben, denn manchmal schießt er übers Ziel hinaus und stößt sein Gegenüber vor den Kopf mit seinen Äußerungen. Soll heißen: erst denken, dann reden.
Pff.
Ich kenn dich, seit wir klein waren, Rei. Ich hab dich immer beobachtet und gesehen, wie du dich gibst – ich weiß, wer du wirklich bist.

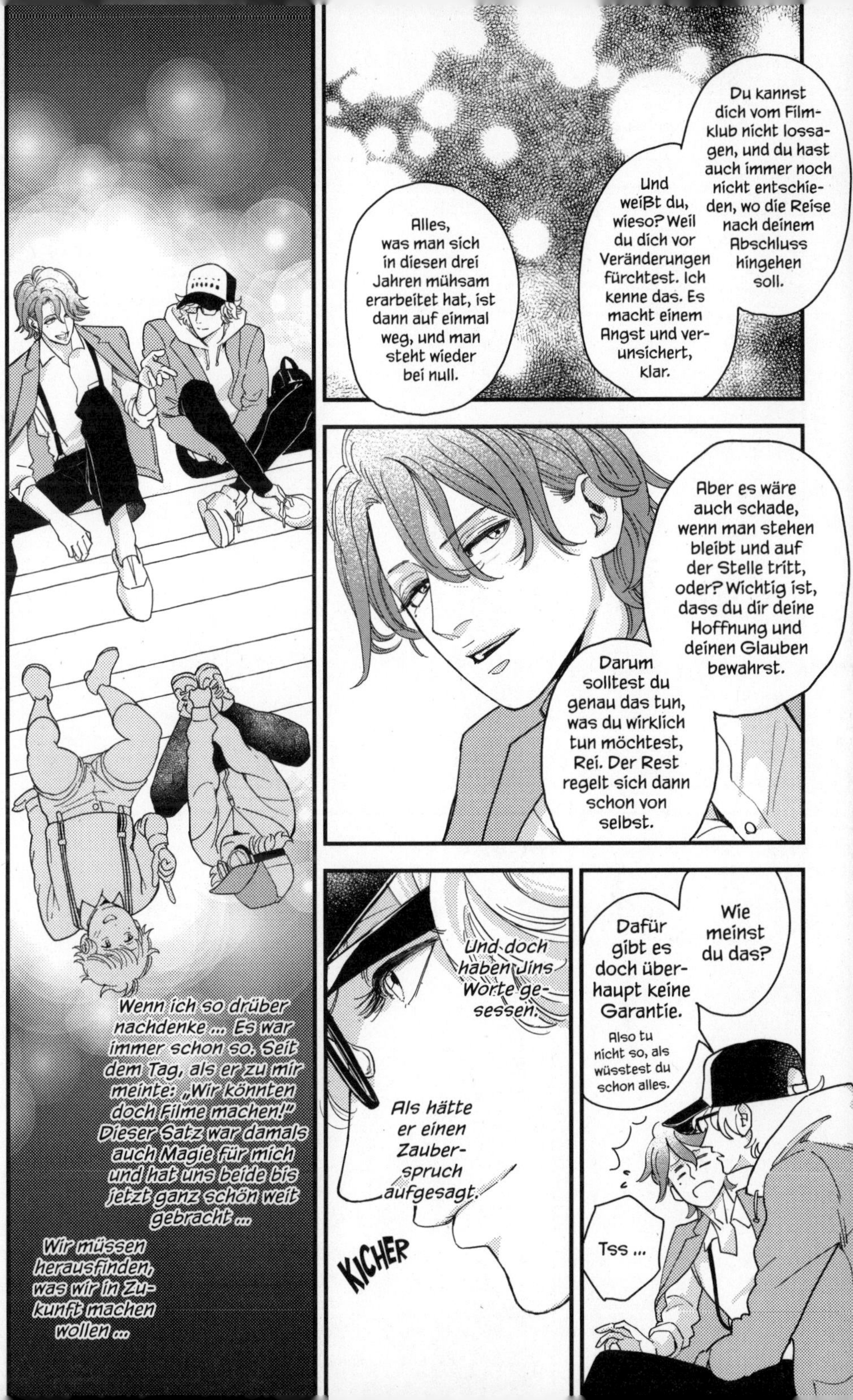
Du kannst dich vom Filmklub nicht lossagen, und du hast auch immer noch nicht entschieden, wo die Reise nach deinem Abschluss hingehen soll.
Und weißt du, wieso? Weil du dich vor Veränderungen fürchtest. Ich kenne das. Es macht einem Angst und verunsichert, klar.
Alles, was man sich in diesen drei Jahren mühsam erarbeitet hat, ist dann auf einmal weg, und man steht wieder bei null.
Aber es wäre auch schade, wenn man stehen bleibt und auf der Stelle tritt, oder? Wichtig ist, dass du dir deine Hoffnung und deinen Glauben bewahrst.
Darum solltest du genau das tun, was du wirklich tun möchtest, Rei. Der Rest regelt sich dann schon von selbst.
Wie meinst du das?
Dafür gibt es doch überhaupt keine Garantie.
Also tu nicht so, als wüsstest du schon alles.
Tss ...
Und doch haben Jins Worte gesessen.
Als hätte er einen Zauberspruch aufgesagt.
KICHER
Wenn ich so drüber nachdenke ... Es war immer schon so. Seit dem Tag, als er zu mir meinte: „Wir könnten doch Filme machen!" Dieser Satz war damals auch Magie für mich und hat uns beide bis jetzt ganz schön weit gebracht ...
Wir müssen herausfinden, was wir in Zukunft machen wollen ...

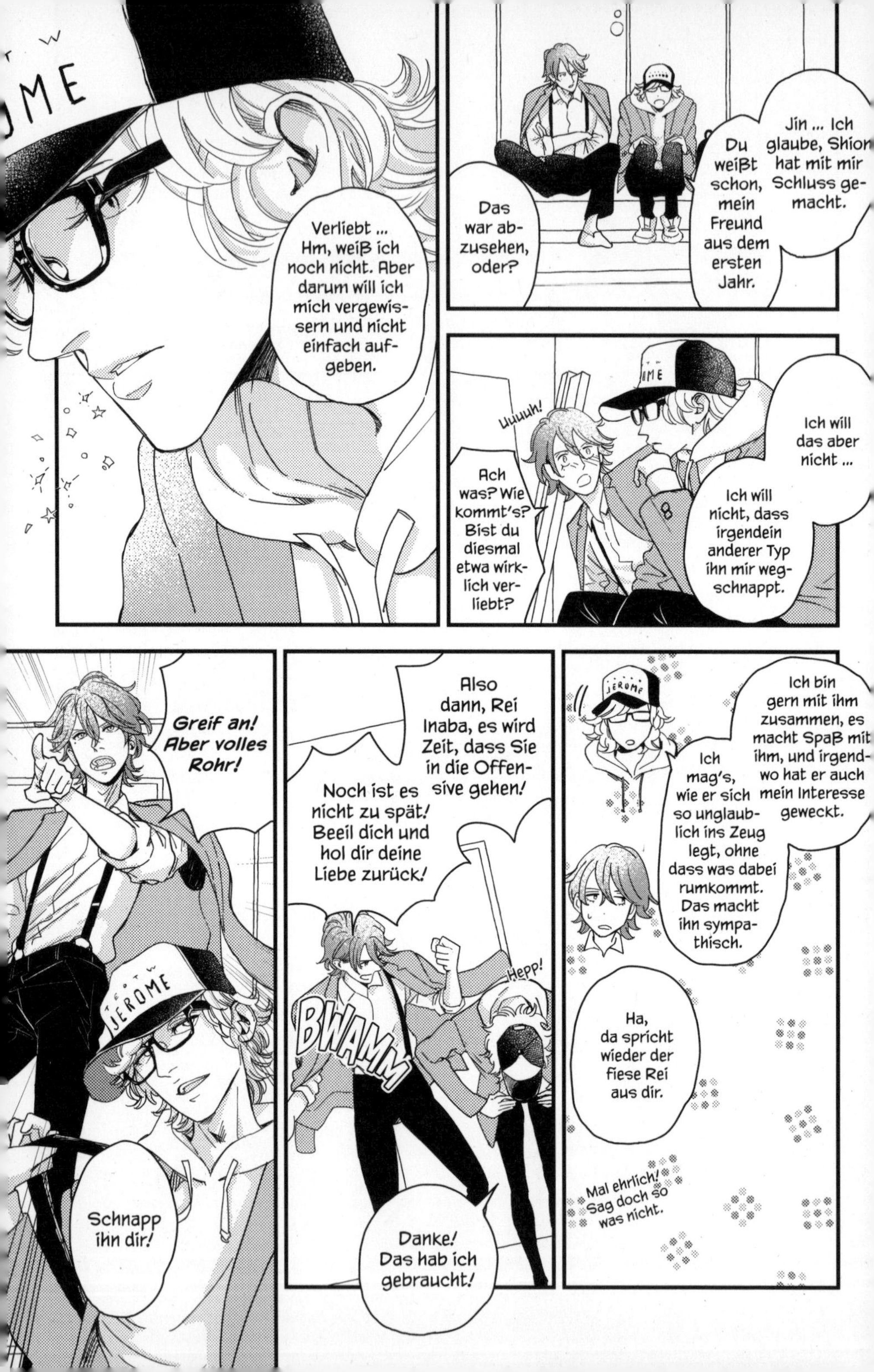

Jin ... Ich glaube, Shion hat mit mir Schluss gemacht.
Du weißt schon, mein Freund aus dem ersten Jahr.
Das war abzusehen, oder?
Ich will das aber nicht ...
Ich will nicht, dass irgendein anderer Typ ihn mir wegschnappt.
Uuuuh!
Ach was? Wie kommt's? Bist du diesmal etwa wirklich verliebt?
Verliebt ... Hm, weiß ich noch nicht. Aber darum will ich mich vergewissern und nicht einfach aufgeben.
Ich bin gern mit ihm zusammen, es macht Spaß mit ihm, und irgendwo hat er auch mein Interesse geweckt.
Ich mag's, wie er sich so unglaublich ins Zeug legt, ohne dass was dabei rumkommt. Das macht ihn sympathisch.
Ha, da spricht wieder der fiese Rei aus dir.
Mal ehrlich! Sag doch so was nicht.
Also dann, Rei Inaba, es wird Zeit, dass Sie in die Offensive gehen!
Noch ist es nicht zu spät! Beeil dich und hol dir deine Liebe zurück!
BWAMM
Hepp!
Danke! Das hab ich gebraucht!
Greif an! Aber volles Rohr!
Schnapp ihn dir!

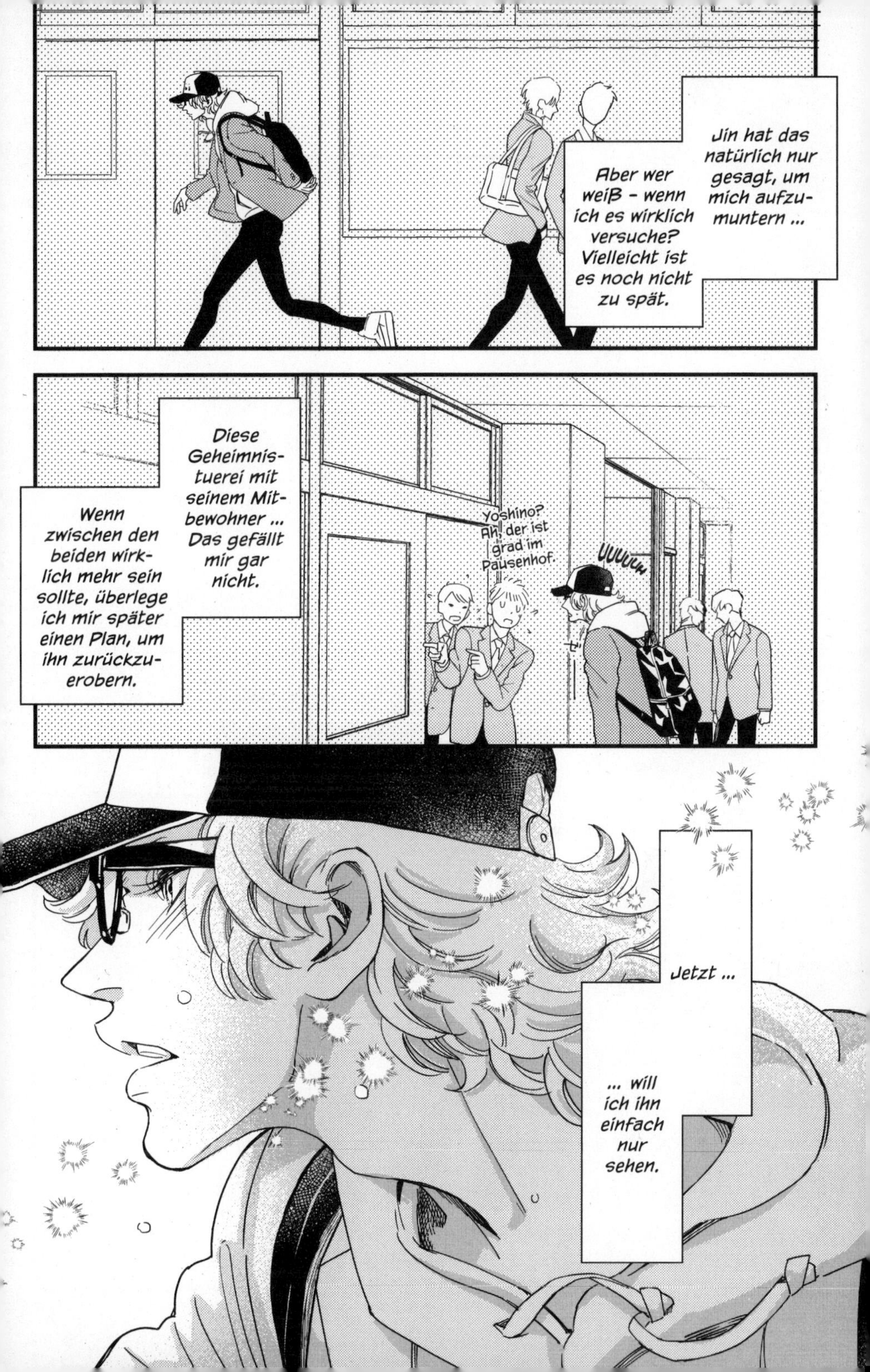
Jin hat das natürlich nur gesagt, um mich aufzumuntern ...
Aber wer weiß – wenn ich es wirklich versuche? Vielleicht ist es noch nicht zu spät.
UUUUuh
Yoshino? Ah, der ist grad im Pausenhof.
Diese Geheimnistuerei mit seinem Mitbewohner ... Das gefällt mir gar nicht.
Wenn zwischen den beiden wirklich mehr sein sollte, überlege ich mir später einen Plan, um ihn zurückzuerobern.
Jetzt ...
... will ich ihn einfach nur sehen.

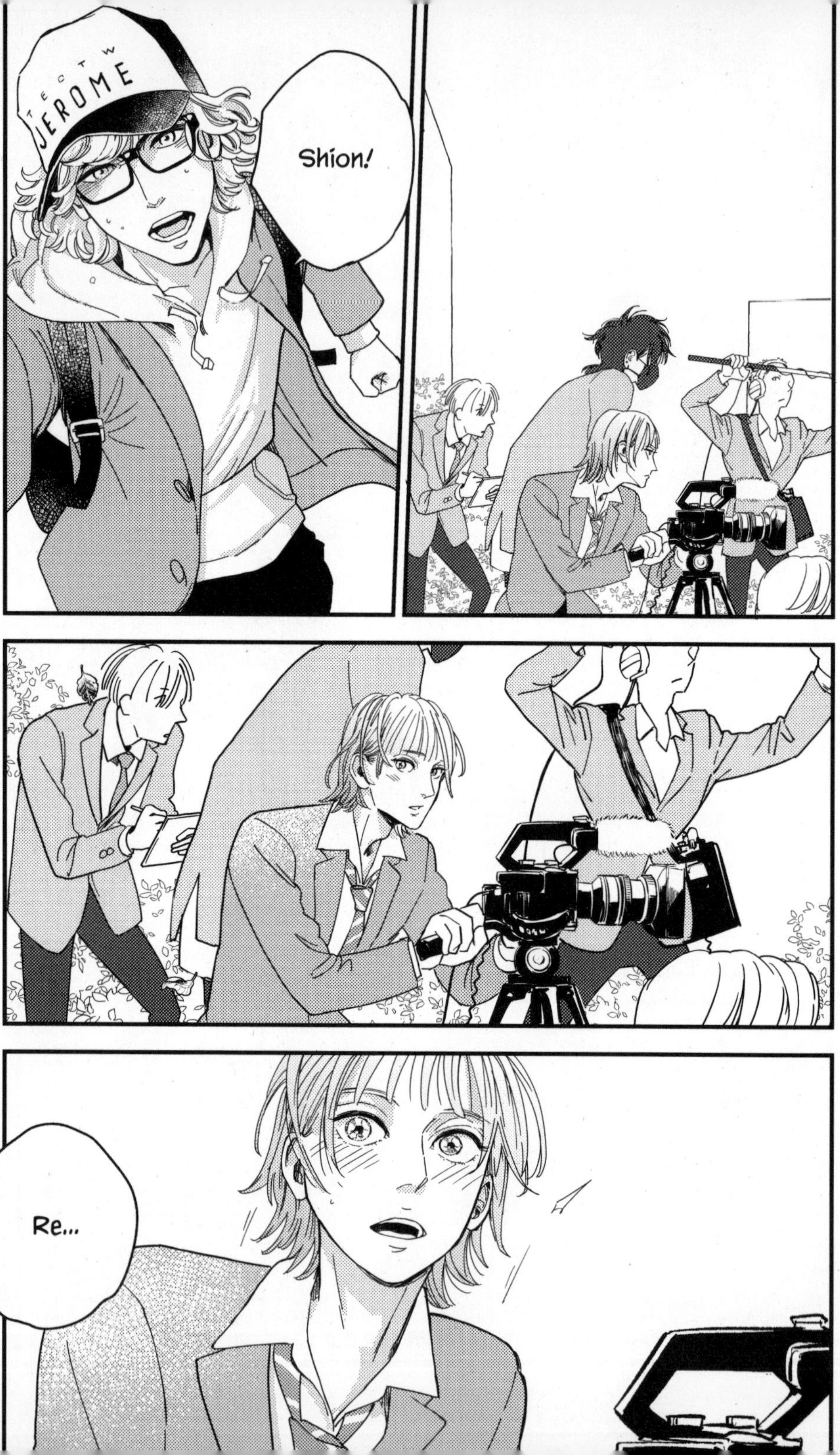
JEROME
Shion!
Re...

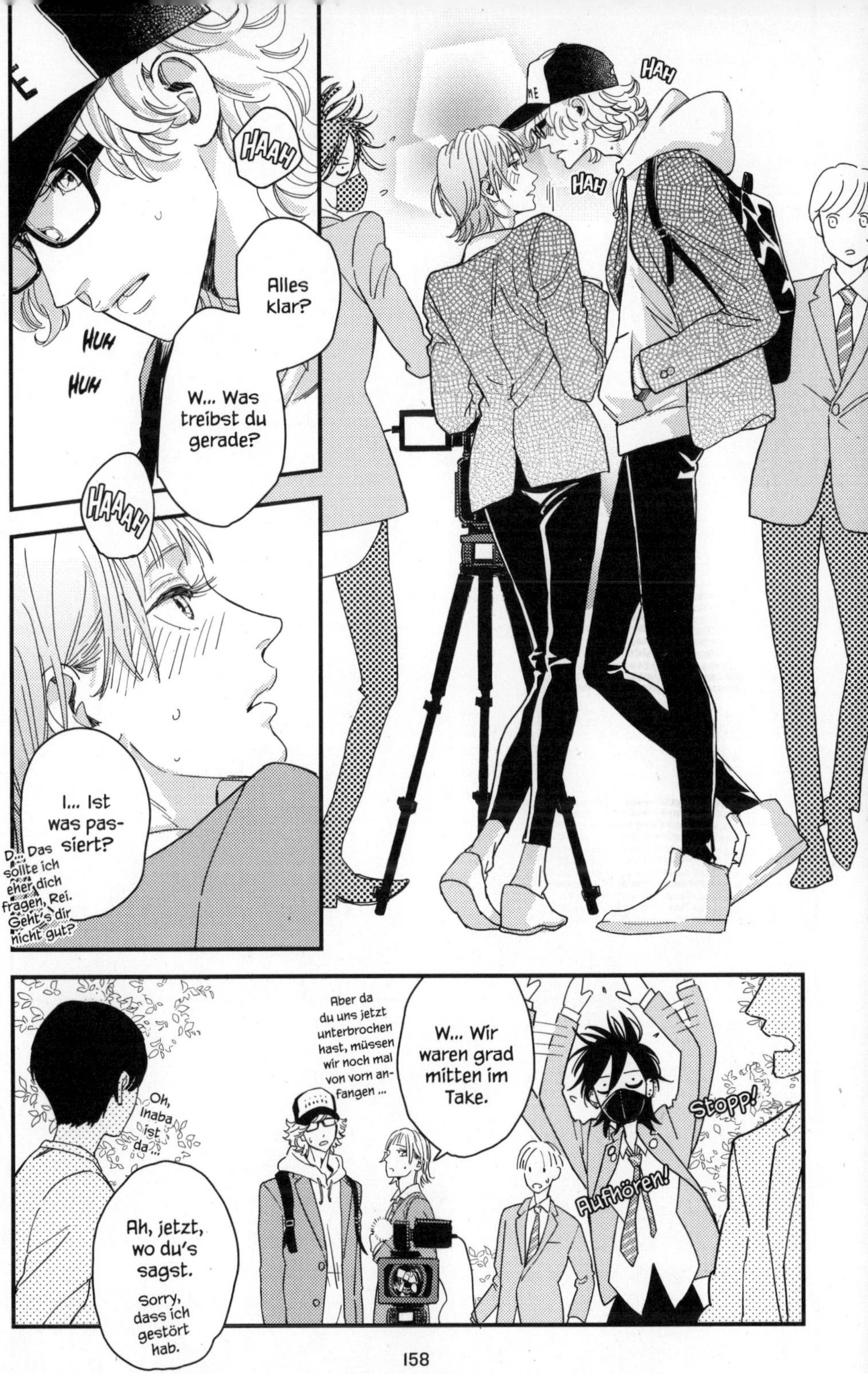
HAH
HAH
HAAH
Alles klar?
HUH
HUH
W... Was treibst du gerade?
HAAAH
I... Ist was passiert?
D... Das sollte ich eher dich fragen, Rei. Geht's dir nicht gut?
Stopp!
Aufhören!
W... Wir waren grad mitten im Take.
Aber da du uns jetzt unterbrochen hast, müssen wir noch mal von vorn anfangen ...
Oh, Inaba ist da ...
Ah, jetzt, wo du's sagst.
Sorry, dass ich gestört hab.

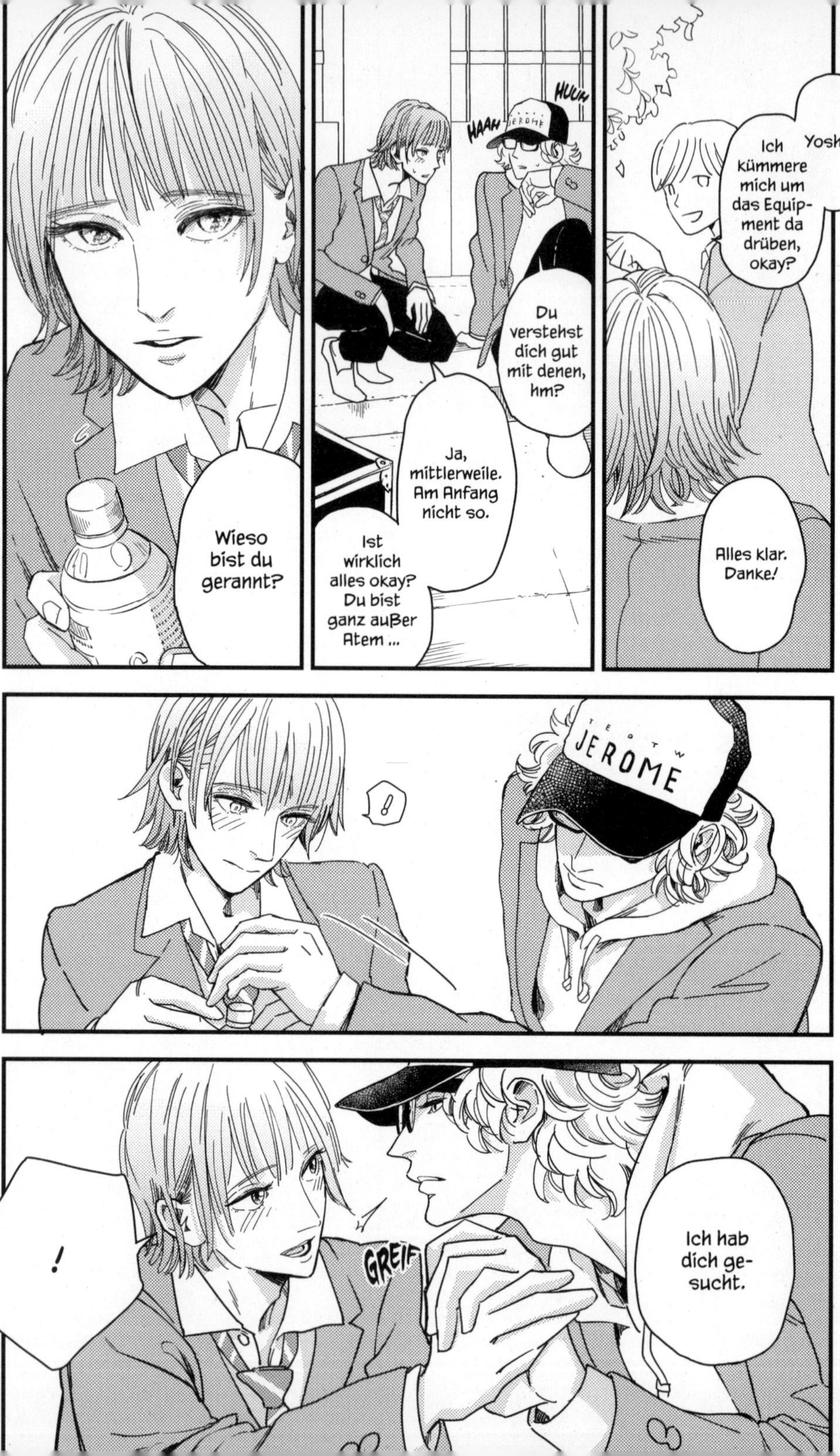
Yoshino.
Ich kümmere mich um das Equipment da drüben, okay?
Alles klar. Danke!
HUUH
HAAH
JEROME
Du verstehst dich gut mit denen, hm?
Ja, mittlerweile. Am Anfang nicht so.
Ist wirklich alles okay? Du bist ganz außer Atem ...
Wieso bist du gerannt?
JEROME
!
Ich hab dich gesucht.
GREIF
!

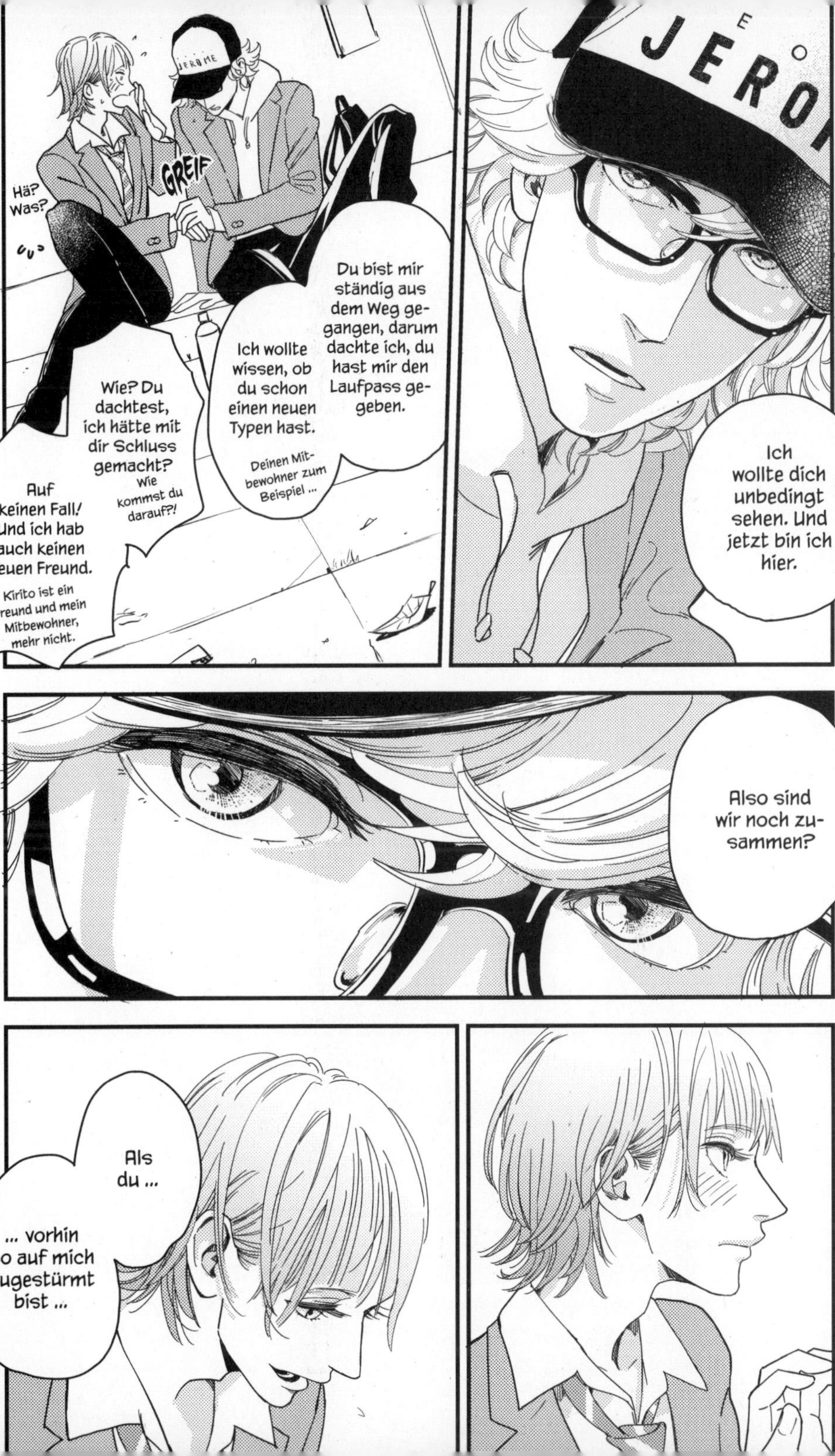
JEROME
Ich wollte dich unbedingt sehen. Und jetzt bin ich hier.
JEROME
Hä? Was?
GREIF
Du bist mir ständig aus dem Weg gegangen, darum dachte ich, du hast mir den Laufpass gegeben.
Ich wollte wissen, ob du schon einen neuen Typen hast.
Deinen Mitbewohner zum Beispiel ...
Wie? Du dachtest, ich hätte mit dir Schluss gemacht?
Wie kommst du darauf?!
Auf keinen Fall! Und ich hab auch keinen neuen Freund.
Kirito ist ein Freund und mein Mitbewohner, mehr nicht.
Also sind wir noch zusammen?
Als du ...
... vorhin so auf mich zugestürmt bist ...

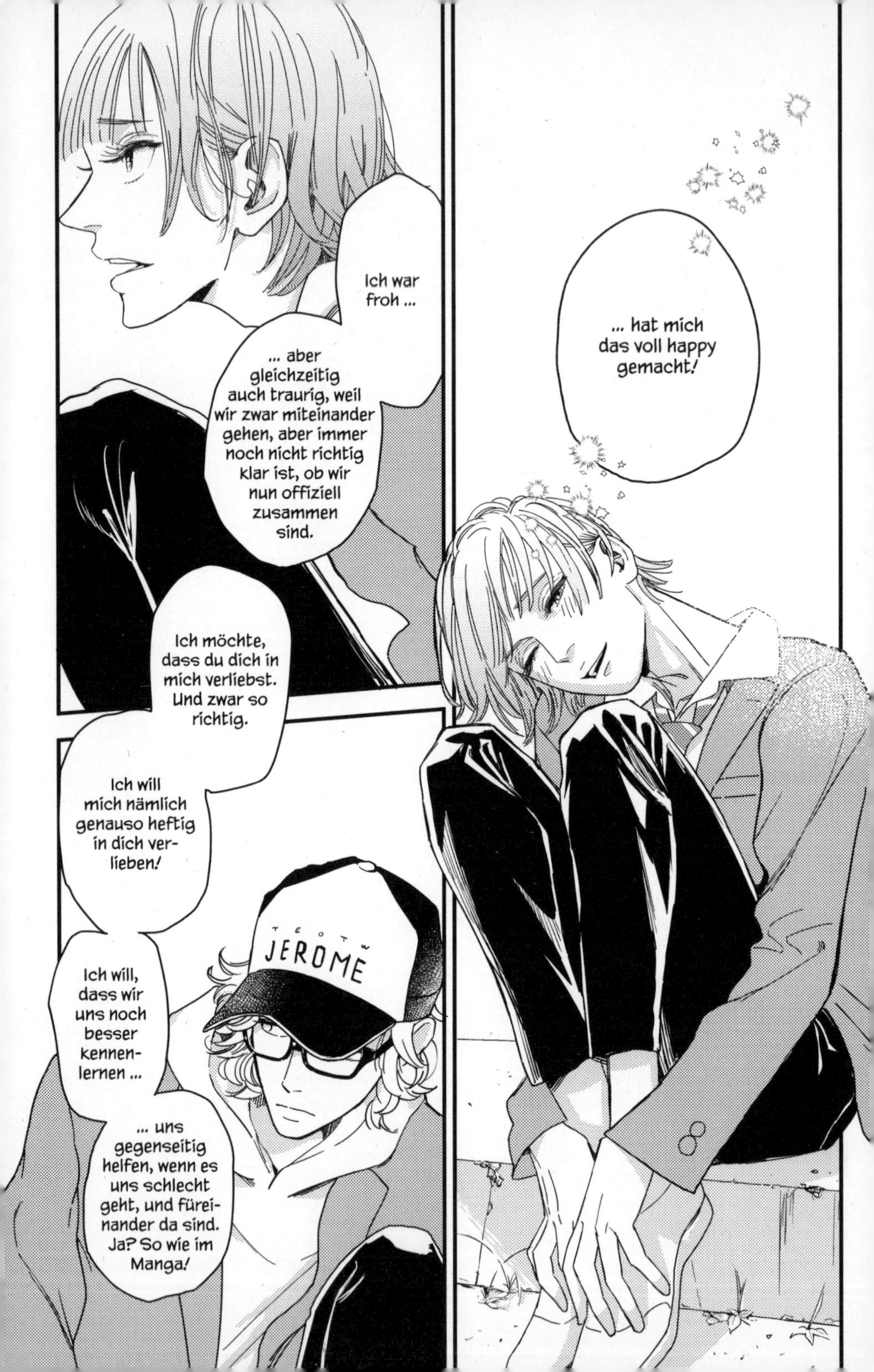
... hat mich das voll happy gemacht!
Ich war froh ...
... aber gleichzeitig auch traurig, weil wir zwar miteinander gehen, aber immer noch nicht richtig klar ist, ob wir nun offiziell zusammen sind.
Ich möchte, dass du dich in mich verliebst. Und zwar so richtig.
Ich will mich nämlich genauso heftig in dich verlieben!
TEOTW
JEROME
Ich will, dass wir uns noch besser kennenlernen ...
... uns gegenseitig helfen, wenn es uns schlecht geht, und füreinander da sind. Ja? So wie im Manga!

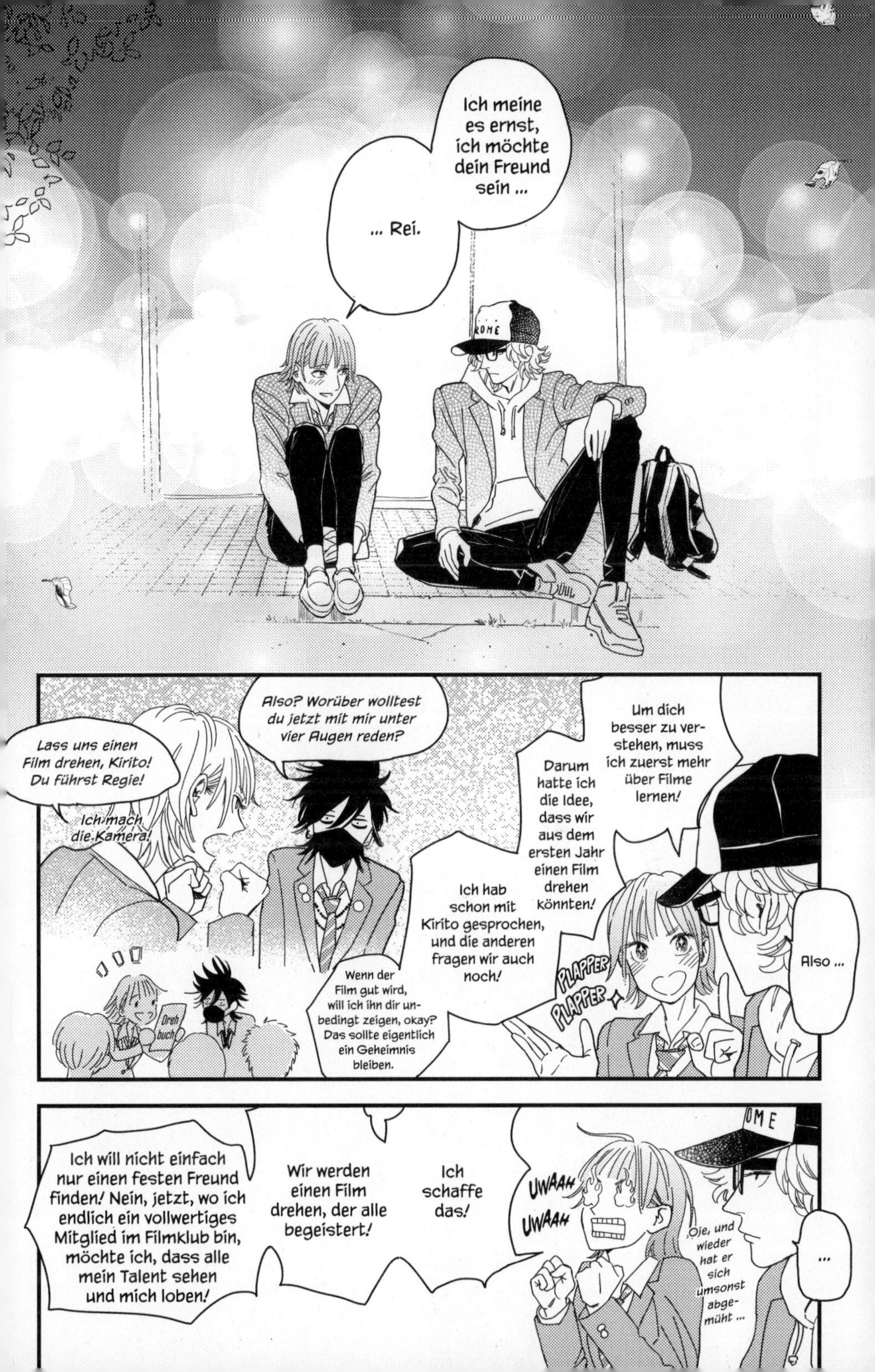

Ich meine es ernst, ich möchte dein Freund sein ...
... Rei.
Um dich besser zu verstehen, muss ich zuerst mehr über Filme lernen!
Darum hatte ich die Idee, dass wir aus dem ersten Jahr einen Film drehen könnten!
Ich hab schon mit Kirito gesprochen, und die anderen fragen wir auch noch!
Also ...
PLAPPER PLAPPER
Wenn der Film gut wird, will ich ihn dir unbedingt zeigen, okay? Das sollte eigentlich ein Geheimnis bleiben.
Also? Worüber wolltest du jetzt mit mir unter vier Augen reden?
Lass uns einen Film drehen, Kirito! Du führst Regie!
Ich mach die Kamera!
Dreh buch
Ich schaffe das!
Wir werden einen Film drehen, der alle begeistert!
Ich will nicht einfach nur einen festen Freund finden! Nein, jetzt, wo ich endlich ein vollwertiges Mitglied im Filmklub bin, möchte ich, dass alle mein Talent sehen und mich loben!
...
Oje, und wieder hat er sich umsonst abgemüht ...
UWAAH UWAAH

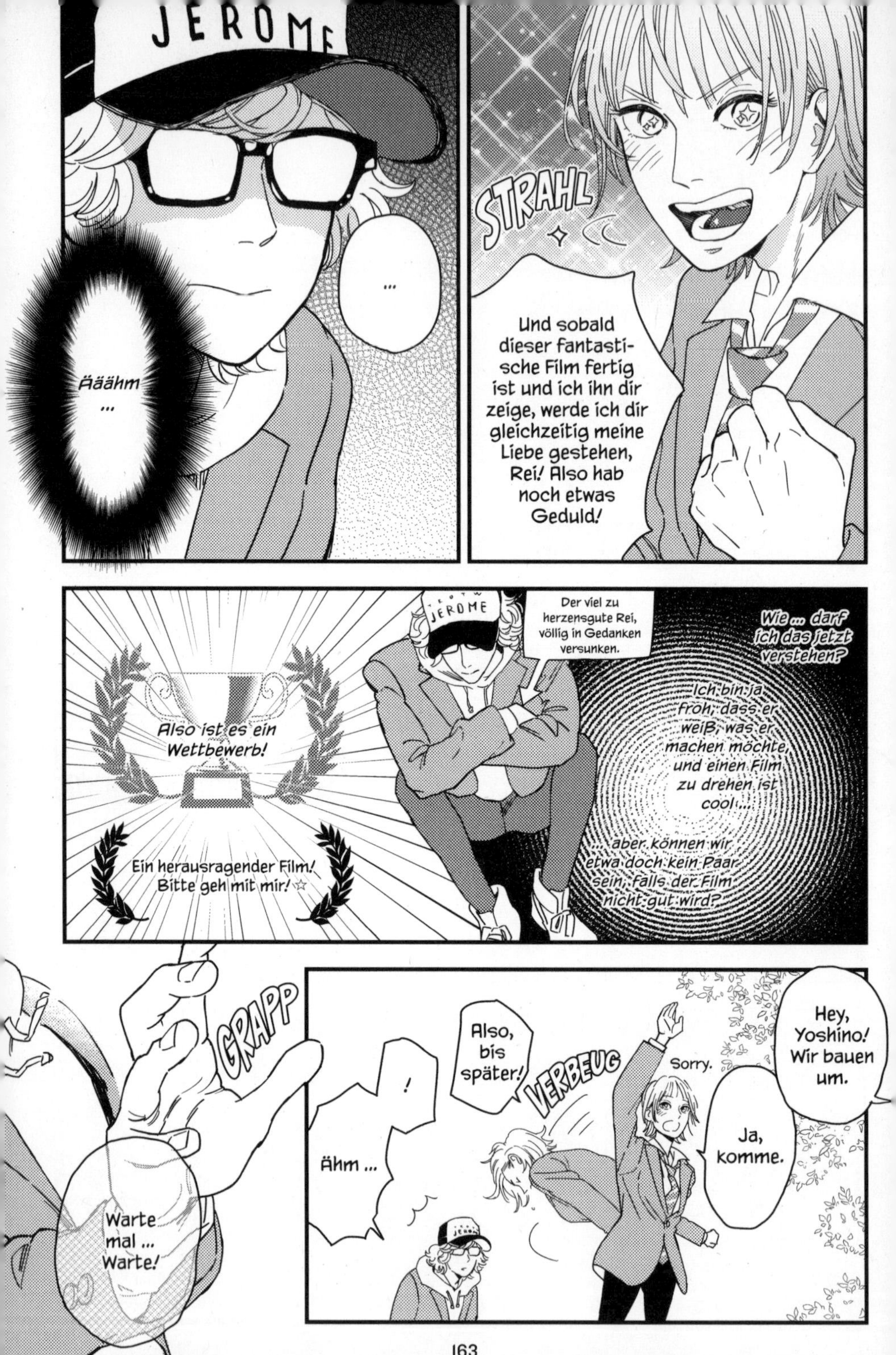
STRAHL
Und sobald dieser fantastische Film fertig ist und ich ihn dir zeige, werde ich dir gleichzeitig meine Liebe gestehen, Rei! Also hab noch etwas Geduld!
JEROME
...
Äääähm ...
Wie ... darf ich das jetzt verstehen?
Ich bin ja froh, dass er weiß, was er machen möchte, und einen Film zu drehen ist cool ...
... aber können wir etwa doch kein Paar sein, falls der Film nicht gut wird?
Der viel zu herzensgute Rei, völlig in Gedanken versunken.
JEROME
Also ist es ein Wettbewerb!
Ein herausragender Film! Bitte geh mit mir! ☆
Hey, Yoshino! Wir bauen um.
Sorry.
Ja, komme.
VERBEUG
Also, bis später!
!
Ähm ...
GRAPP
Warte mal ... Warte!

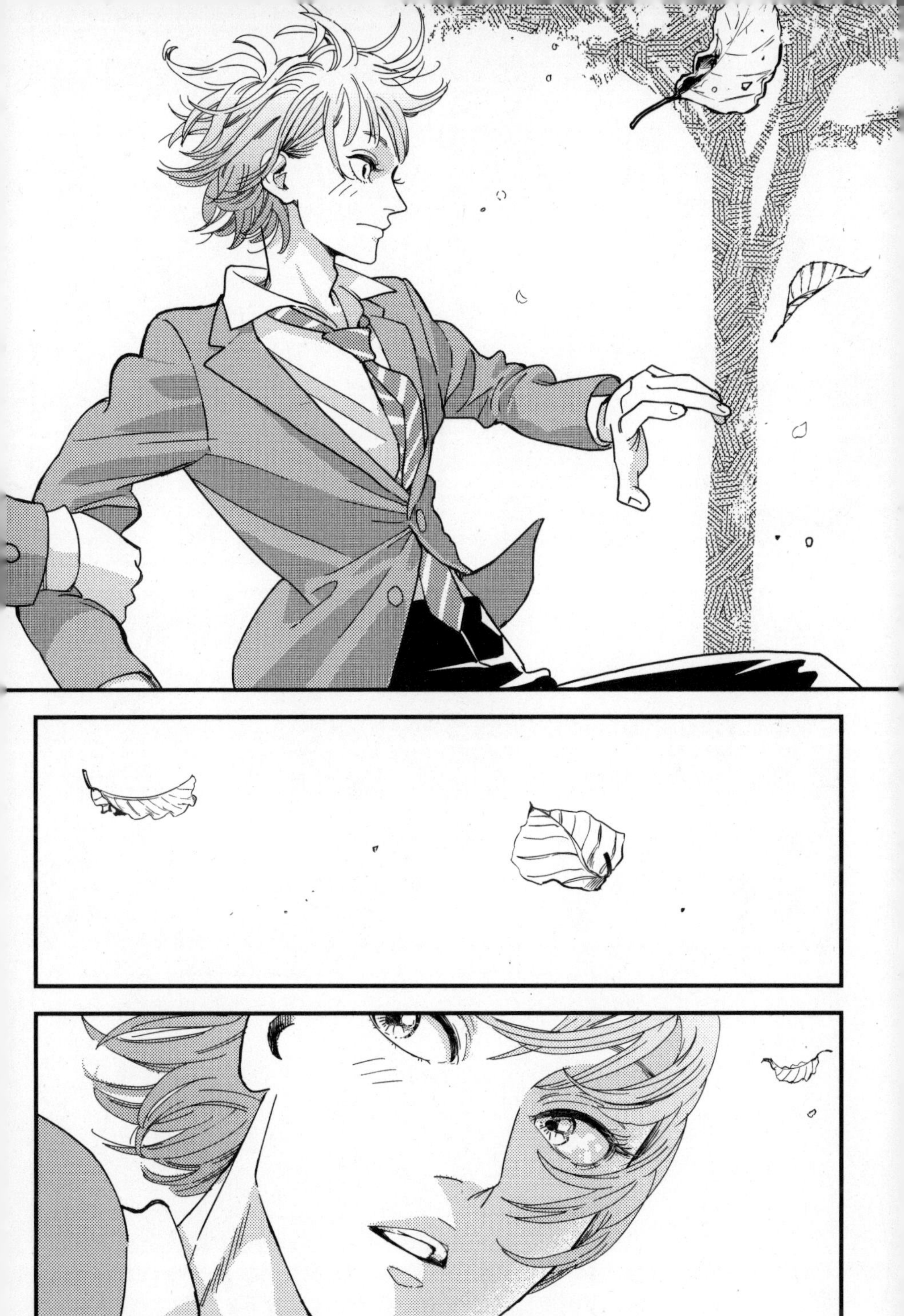

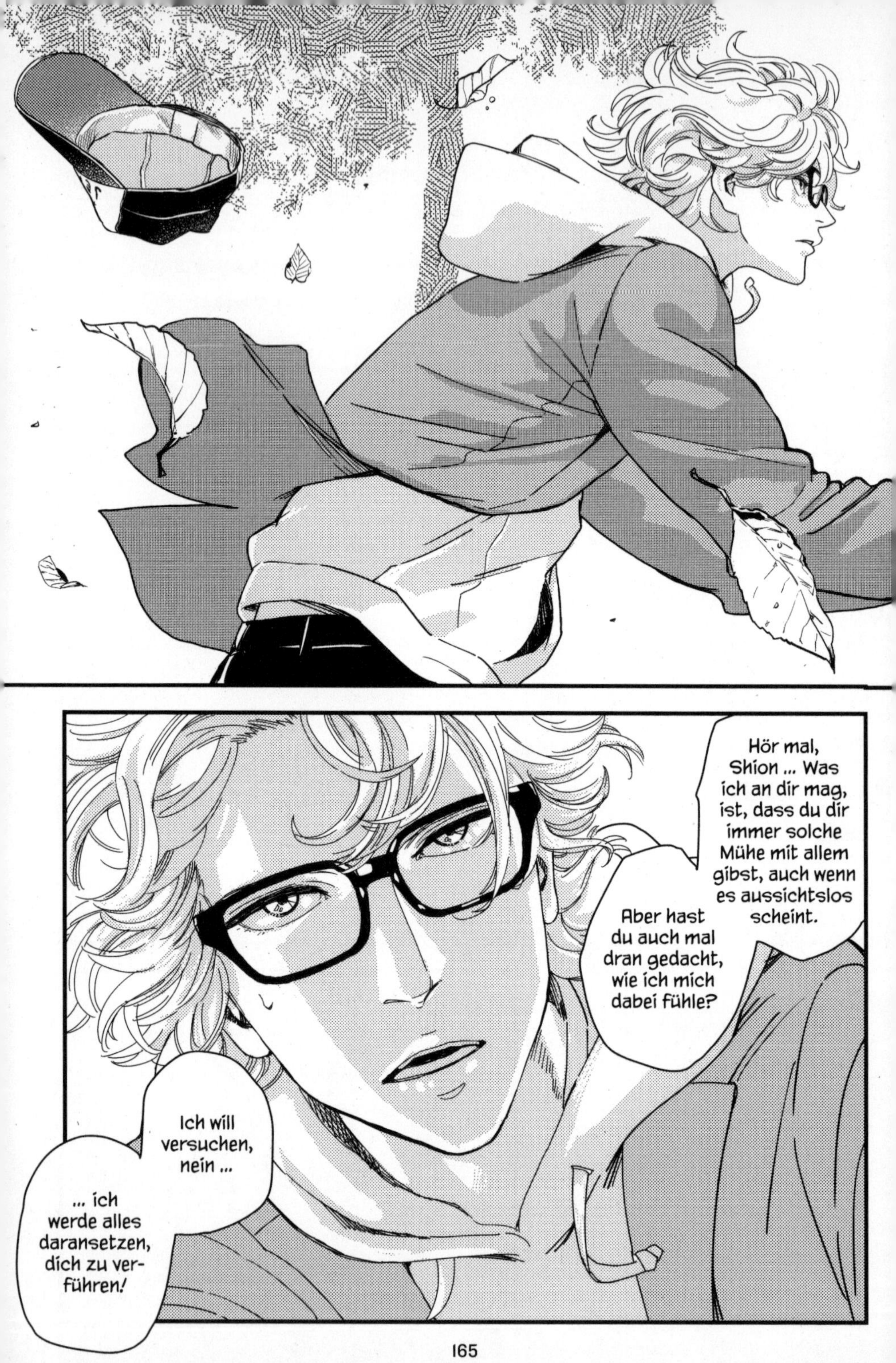
Hör mal, Shion ... Was ich an dir mag, ist, dass du dir immer solche Mühe mit allem gibst, auch wenn es aussichtslos scheint.
Aber hast du auch mal dran gedacht, wie ich mich dabei fühle?
Ich will versuchen, nein ...
... ich werde alles daransetzen, dich zu verführen!

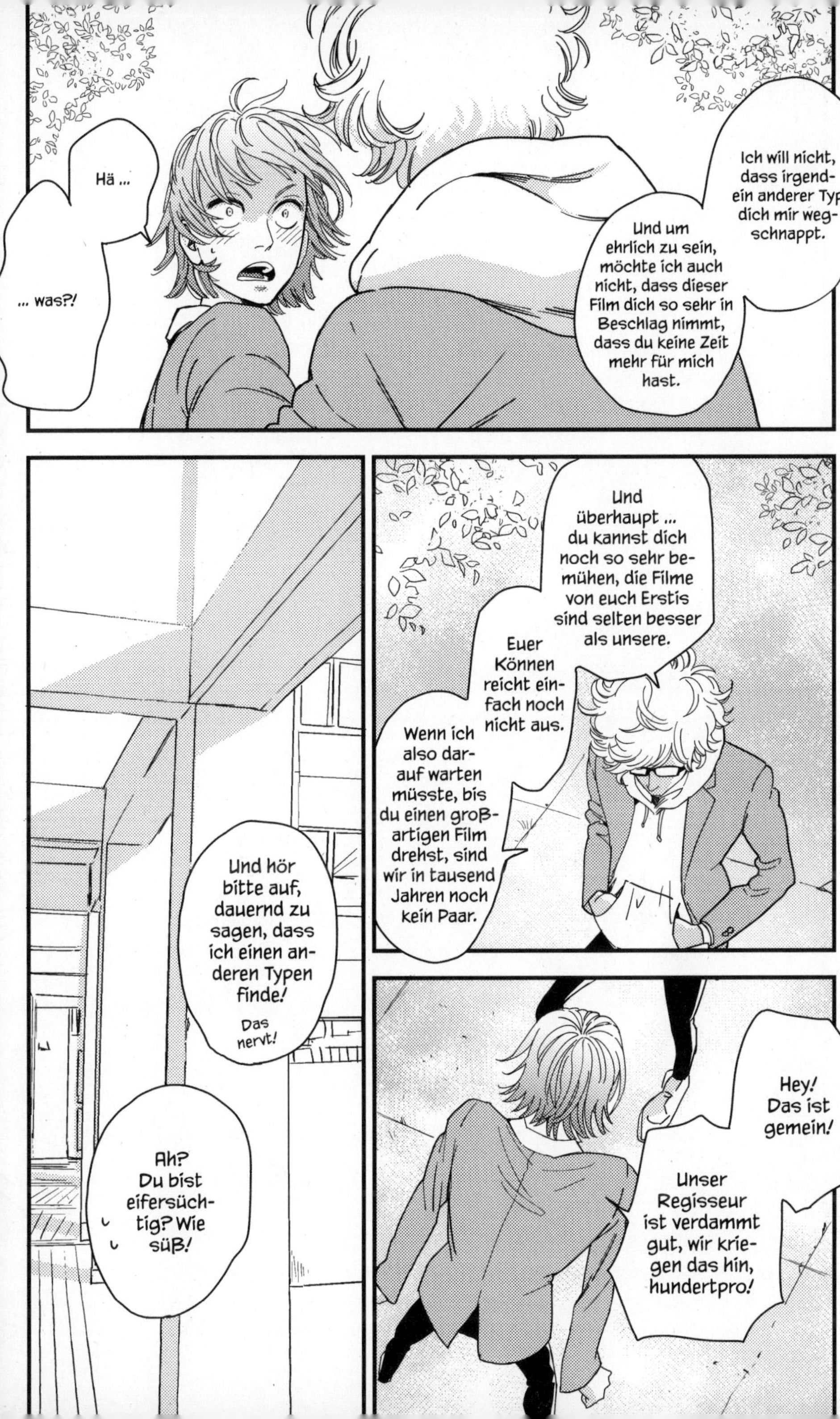
Ich will nicht, dass irgendein anderer Typ dich mir wegschnappt.
Und um ehrlich zu sein, möchte ich auch nicht, dass dieser Film dich so sehr in Beschlag nimmt, dass du keine Zeit mehr für mich hast.
Hä ...
... was?!
Und überhaupt ... du kannst dich noch so sehr bemühen, die Filme von euch Erstis sind selten besser als unsere.
Euer Können reicht einfach noch nicht aus.
Wenn ich also darauf warten müsste, bis du einen großartigen Film drehst, sind wir in tausend Jahren noch kein Paar.
Hey! Das ist gemein!
Unser Regisseur ist verdammt gut, wir kriegen das hin, hundertpro!
Und hör bitte auf, dauernd zu sagen, dass ich einen anderen Typen finde!
Das nervt!
Ah? Du bist eifersüchtig? Wie süß!

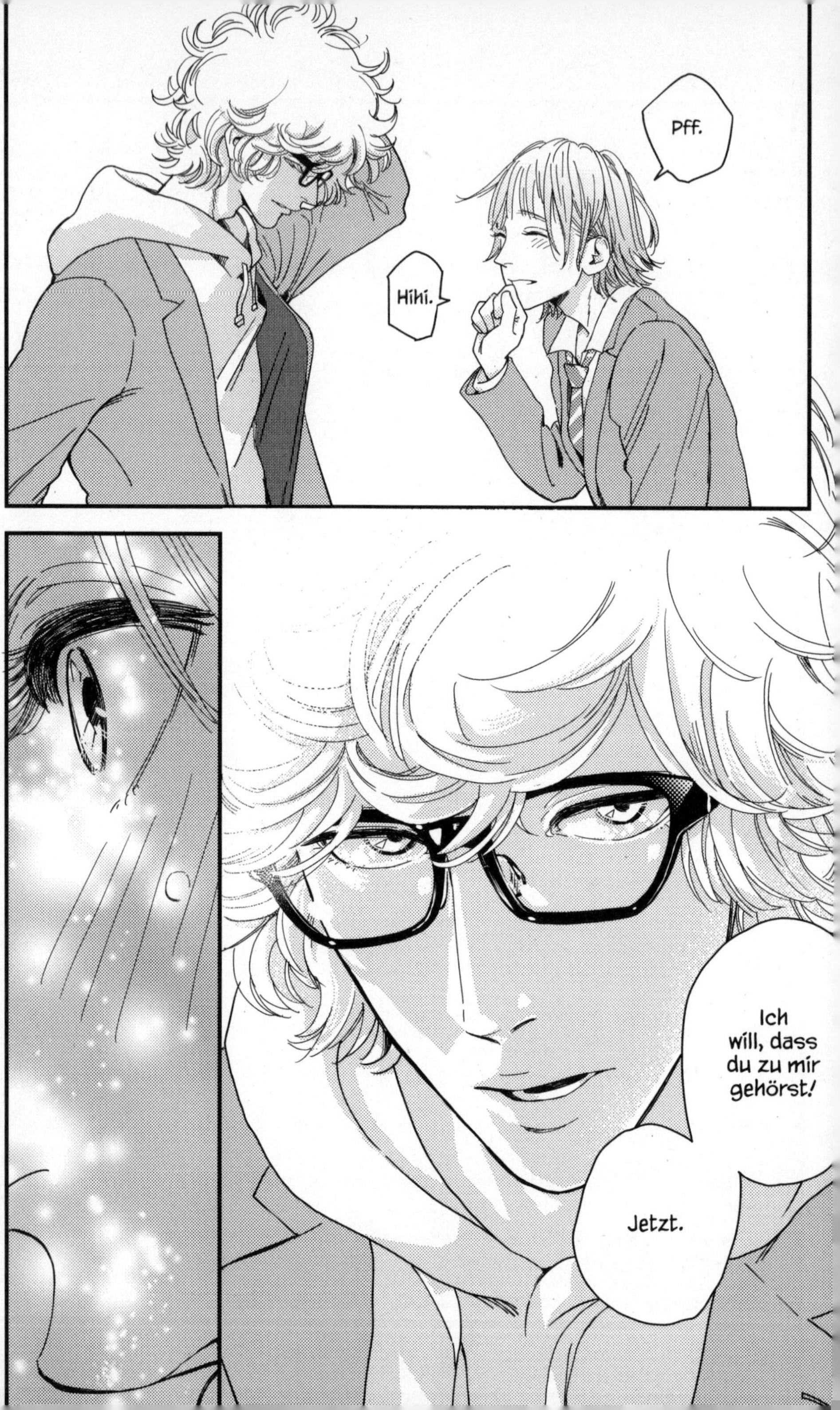
Pff.
Hihi.
Ich will, dass du zu mir gehörst!
Jetzt.

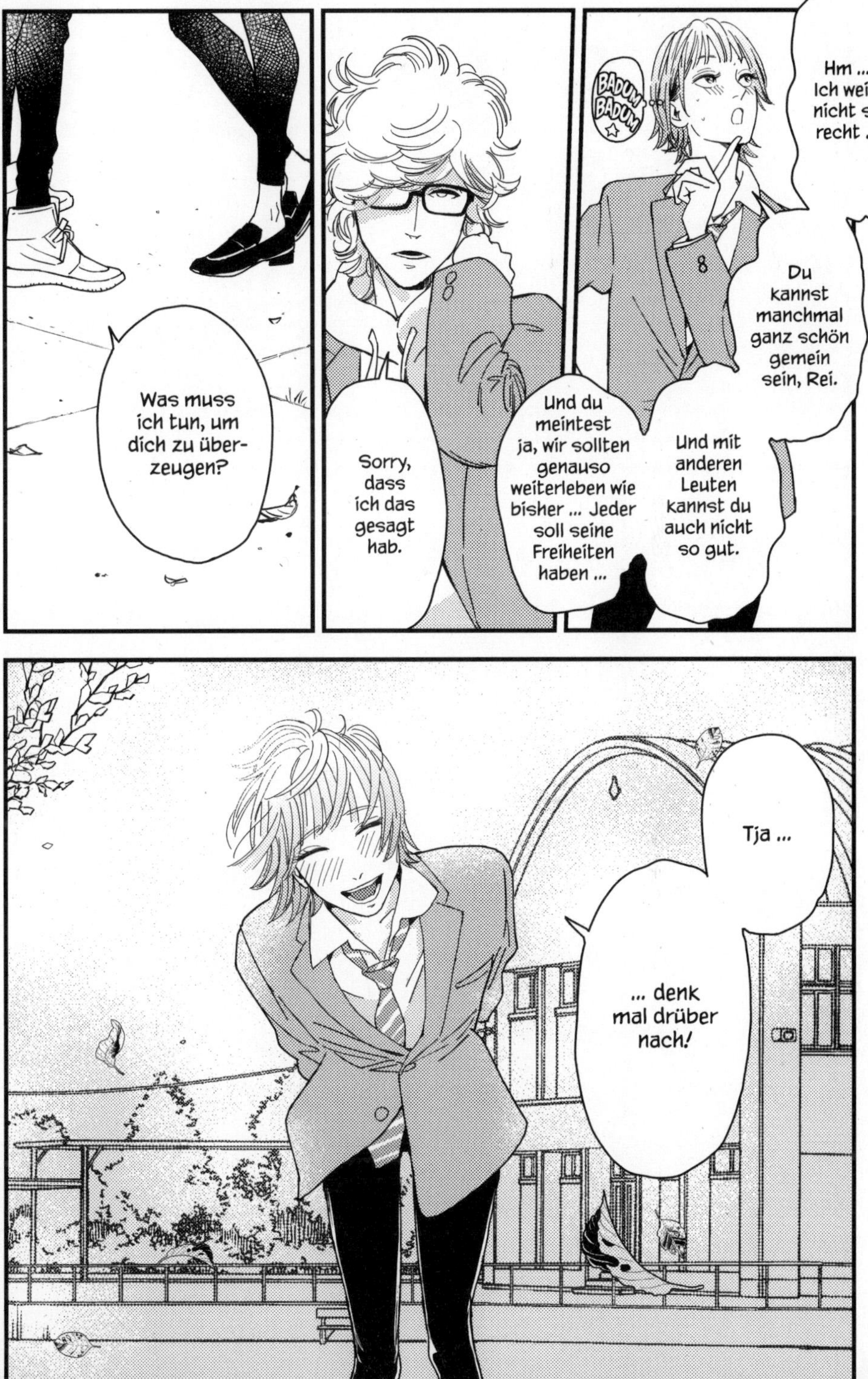
Hm ... Ich weiß nicht so recht ...
BADUM BADUM
Du kannst manchmal ganz schön gemein sein, Rei.
Und mit anderen Leuten kannst du auch nicht so gut.
Und du meintest ja, wir sollten genauso weiterleben wie bisher ... Jeder soll seine Freiheiten haben ...
Sorry, dass ich das gesagt hab.
Was muss ich tun, um dich zu über-zeugen?
Tja ...
... denk mal drüber nach!

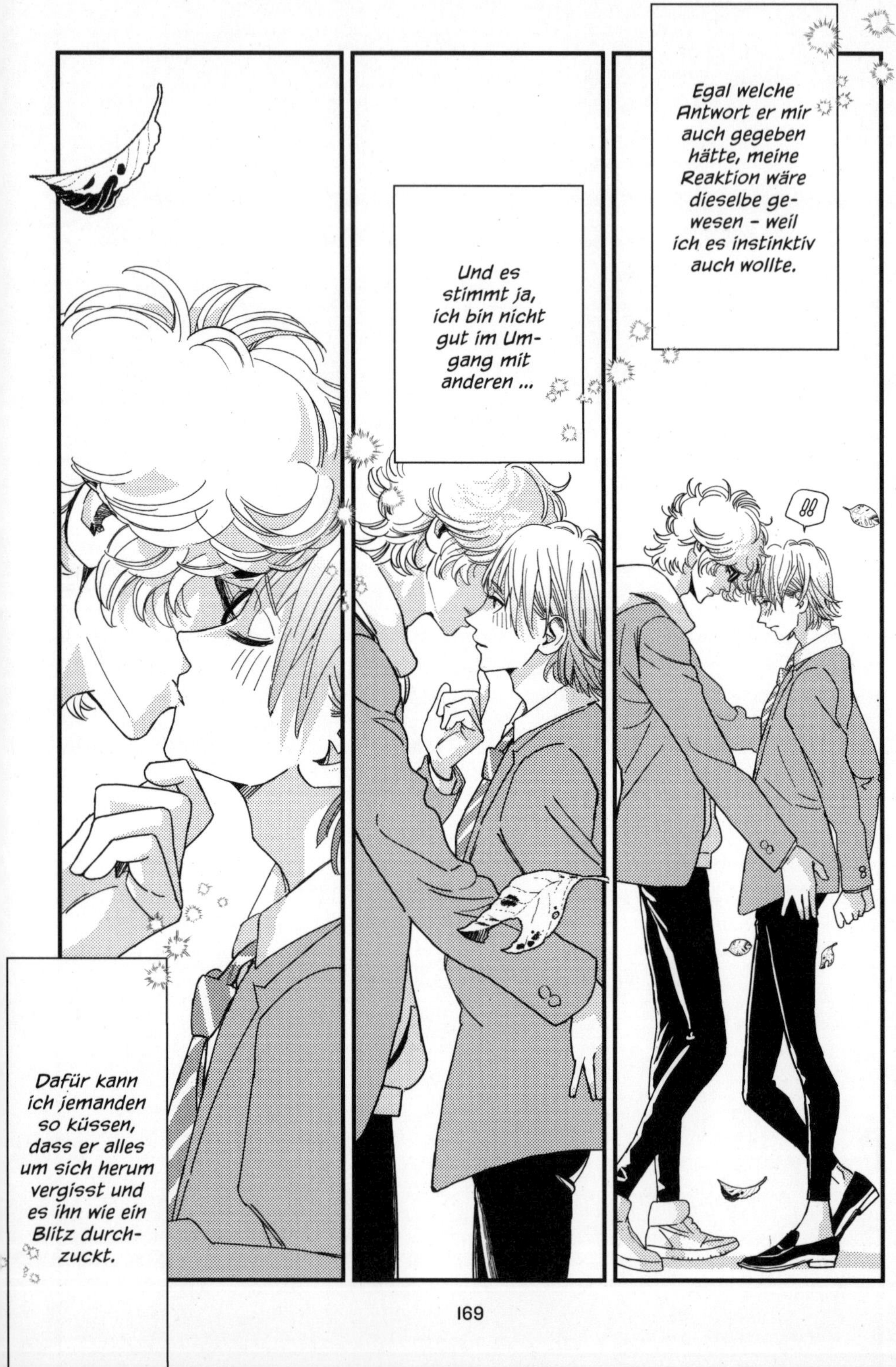
Egal welche Antwort er mir auch gegeben hätte, meine Reaktion wäre dieselbe gewesen – weil ich es instinktiv auch wollte.
Und es stimmt ja, ich bin nicht gut im Umgang mit anderen ...
!!
Dafür kann ich jemanden so küssen, dass er alles um sich herum vergisst und es ihn wie ein Blitz durchzuckt.

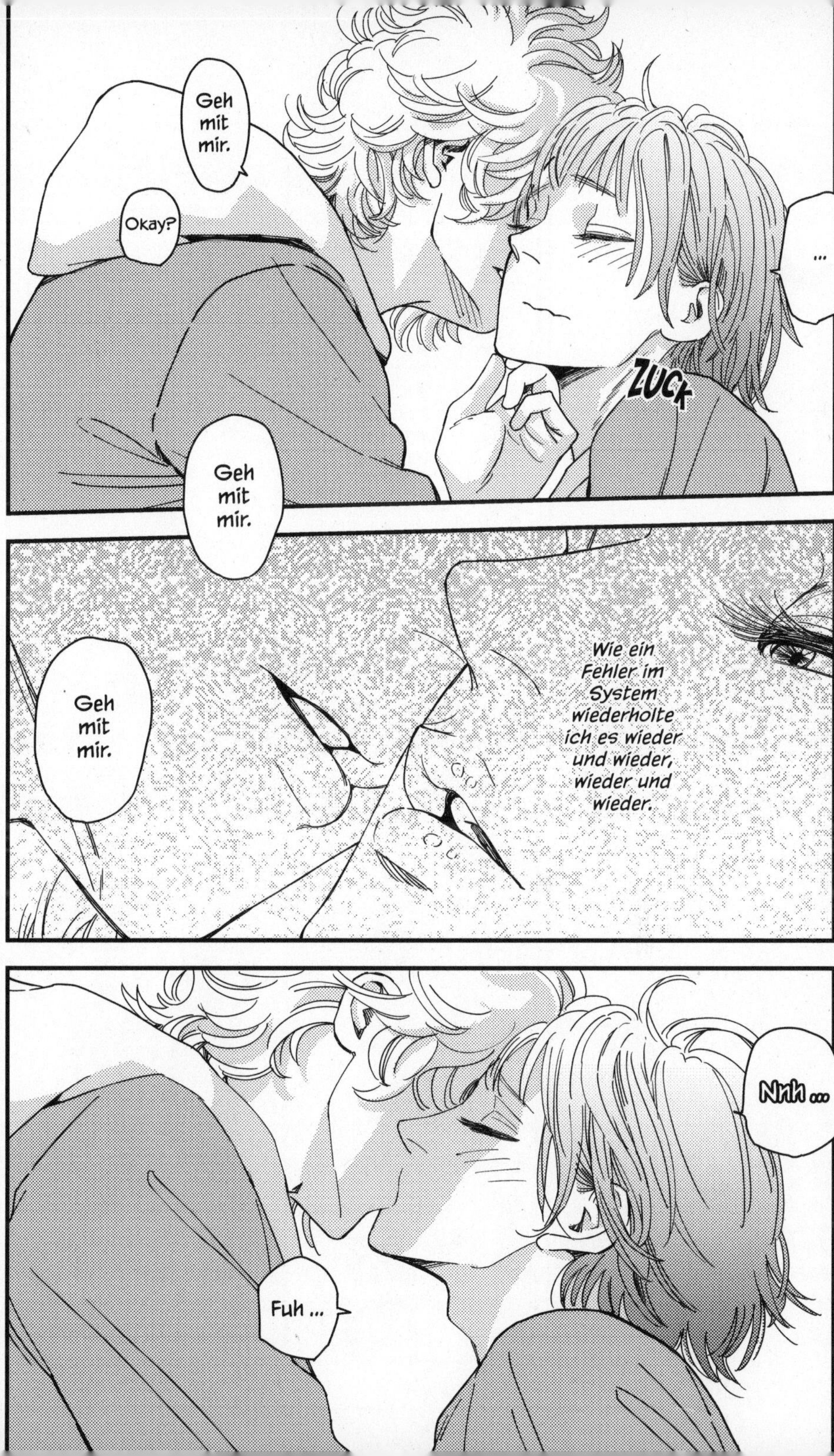
...
Geh mit mir.
Okay?
ZUCK
Geh mit mir.
Wie ein Fehler im System wiederholte ich es wieder und wieder, wieder und wieder.
Geh mit mir.
Nnh ...
Fuh ...

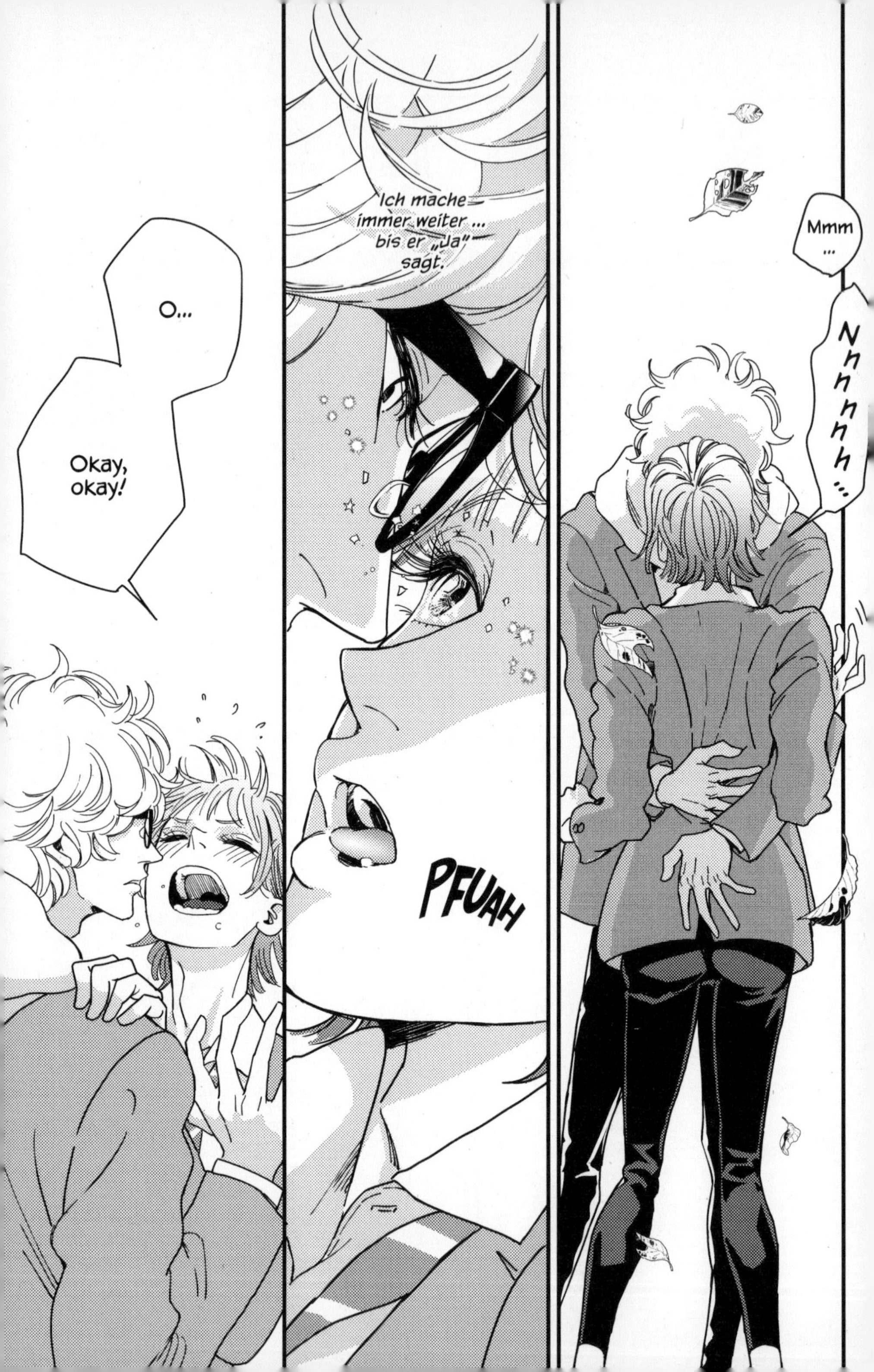
Mmm ...
Nnnnnn ...
Ich mache immer weiter ... bis er „Ja" sagt.
PFUAH
O...
Okay, okay!

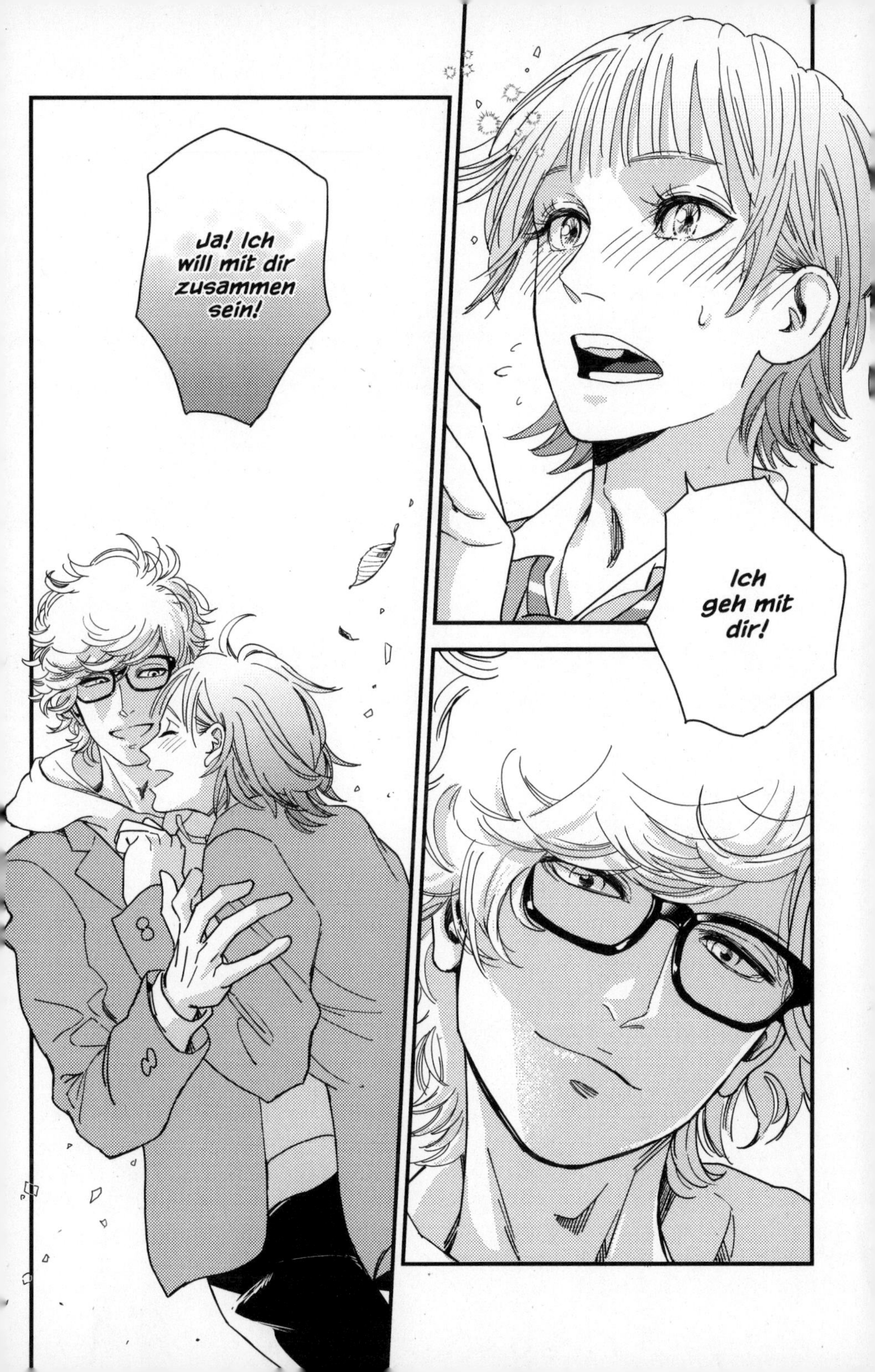
Ich geh mit dir!
Ja! Ich will mit dir zusammen sein!

Midnight Monologue

Jyanome

Midnight Monologue

JYANOME

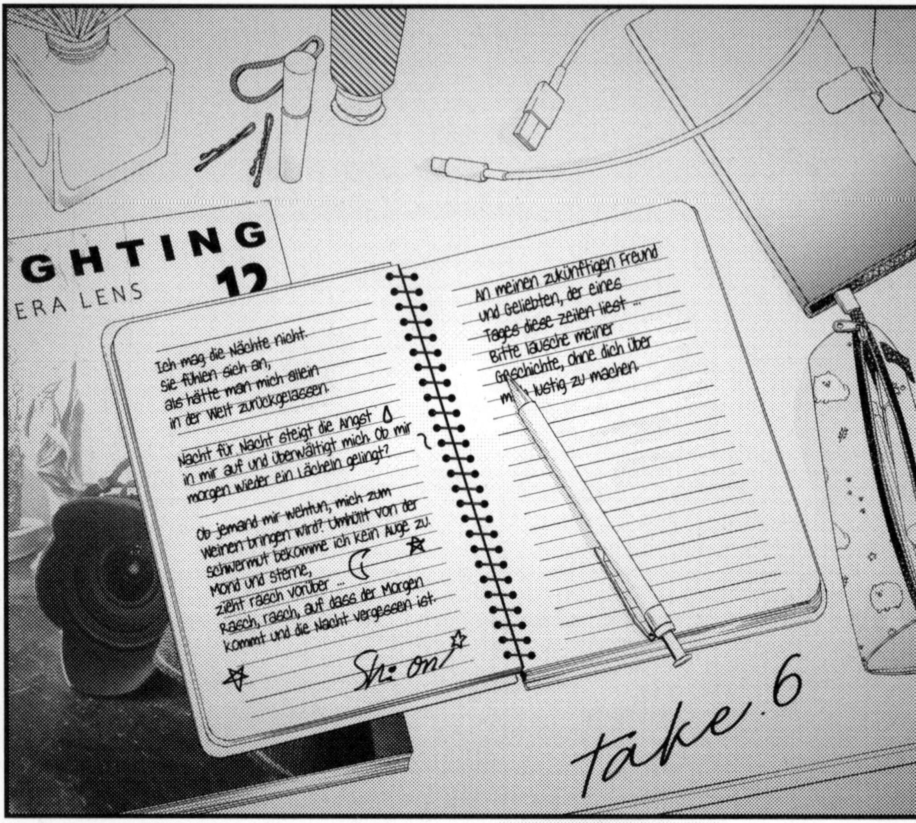

An meinen zukünftigen Freund und Geliebten, der eines Tages diese Zeilen liest ...

Bitte lausche meiner Geschichte, ohne dich über mich lustig zu machen.

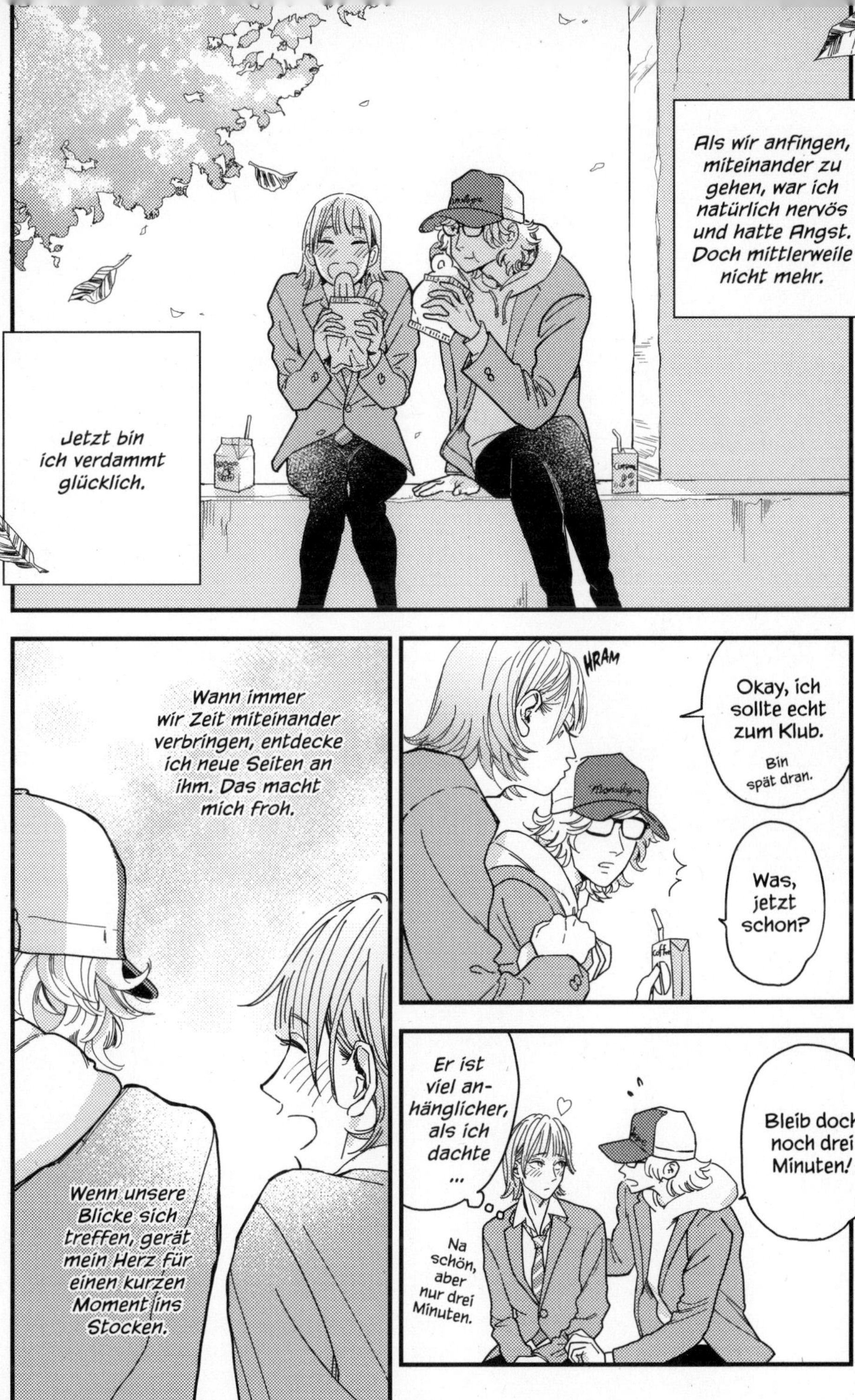
Als wir anfingen, miteinander zu gehen, war ich natürlich nervös und hatte Angst. Doch mittlerweile nicht mehr.
Jetzt bin ich verdammt glücklich.
Wann immer wir Zeit miteinander verbringen, entdecke ich neue Seiten an ihm. Das macht mich froh.
Wenn unsere Blicke sich treffen, gerät mein Herz für einen kurzen Moment ins Stocken.
HRAM
Okay, ich sollte echt zum Klub.
Bin spät dran.
Was, jetzt schon?
Bleib doch noch drei Minuten!
Er ist viel anhänglicher, als ich dachte ...
Na schön, aber nur drei Minuten.

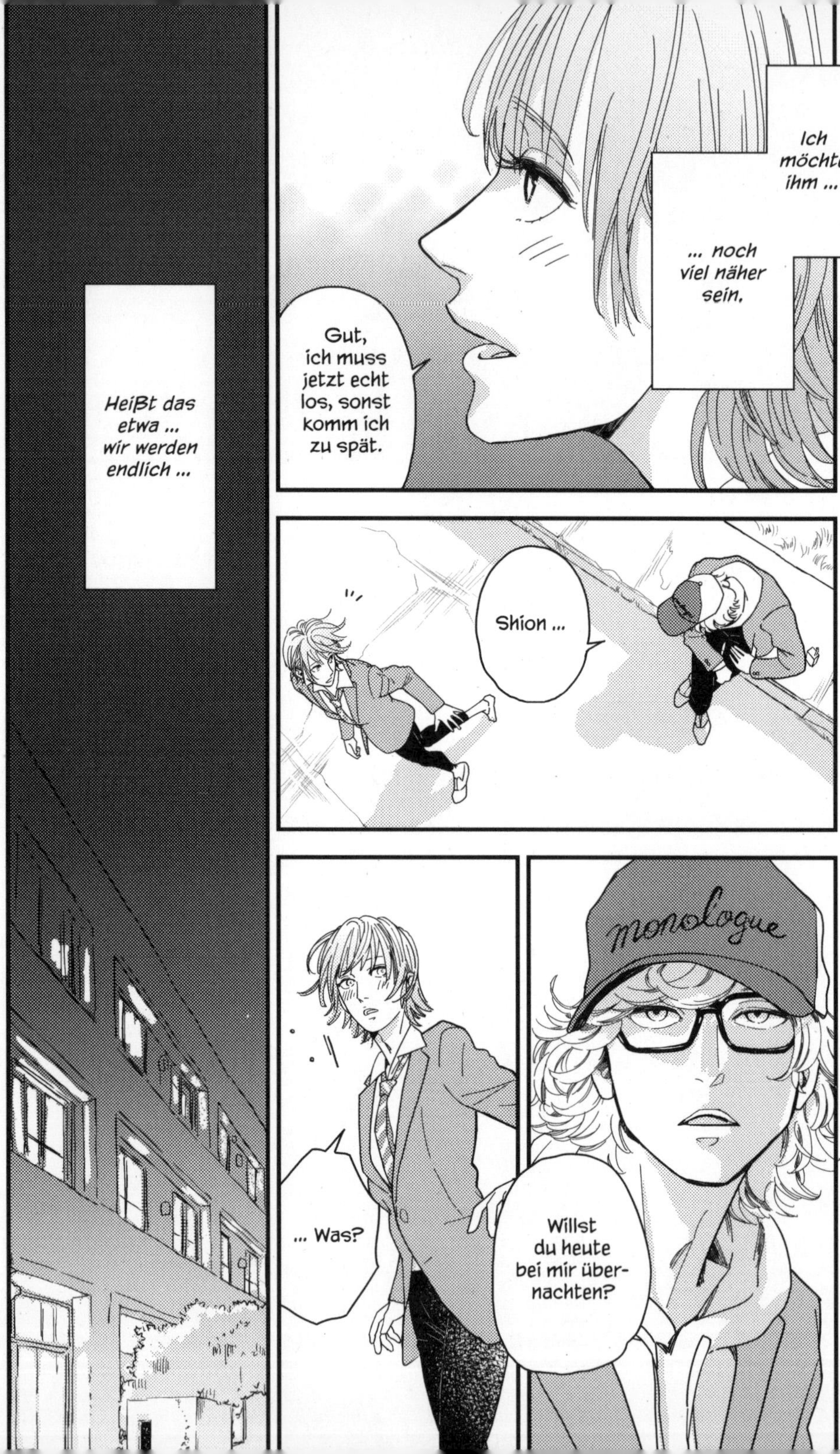
Ich möchte ihm ...
... noch viel näher sein.
Gut, ich muss jetzt echt los, sonst komm ich zu spät.
Heißt das etwa ... wir werden endlich ...
Shion ...
monologue
Willst du heute bei mir über-nachten?
... Was?

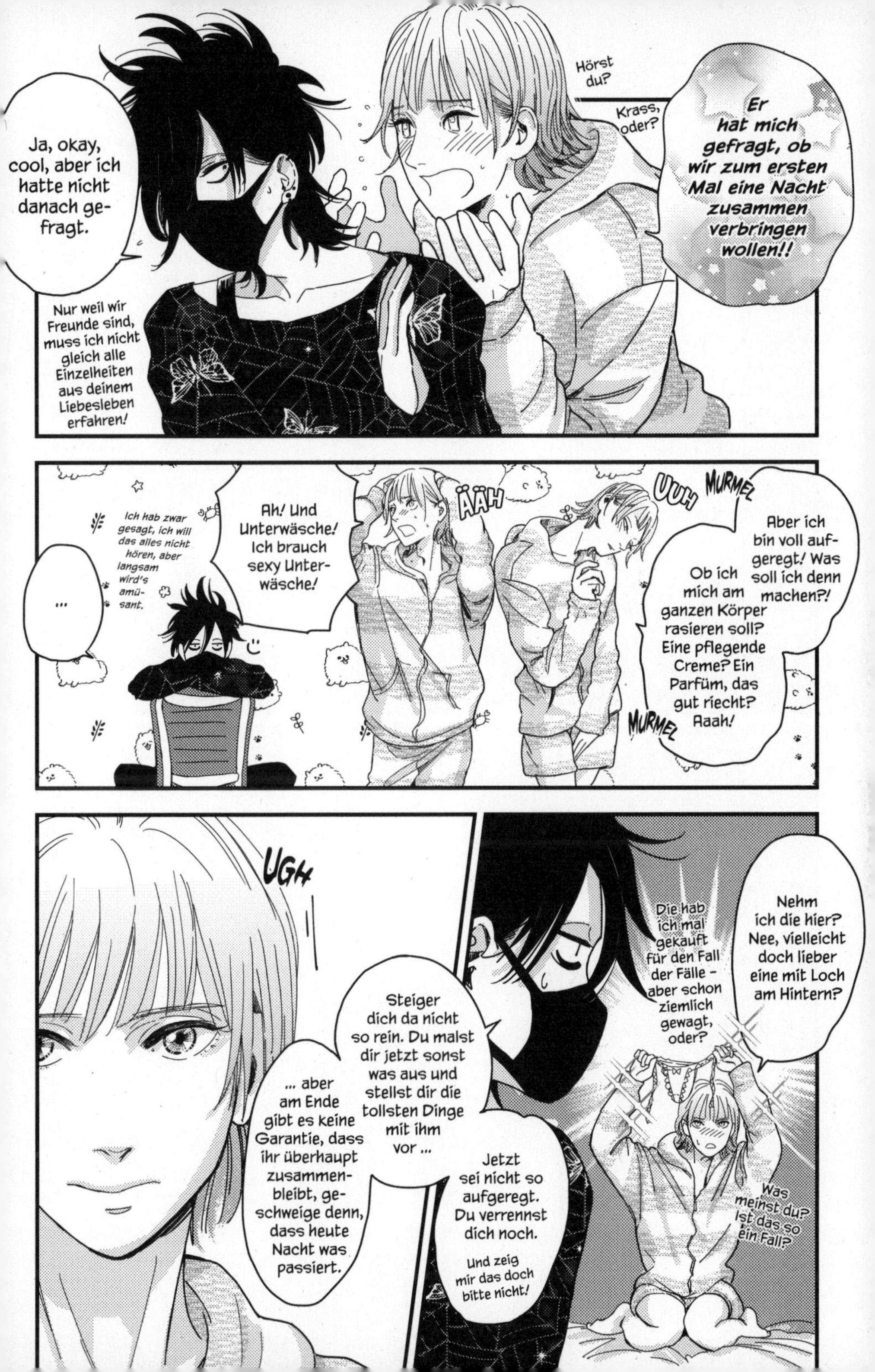
Er hat mich gefragt, ob wir zum ersten Mal eine Nacht zusammen verbringen wollen!!
Hörst du?
Krass, oder?
Ja, okay, cool, aber ich hatte nicht danach gefragt.
Nur weil wir Freunde sind, muss ich nicht gleich alle Einzelheiten aus deinem Liebesleben erfahren!
MURMEL
Aber ich bin voll aufgeregt! Was soll ich denn machen?!
Ob ich mich am ganzen Körper rasieren soll? Eine pflegende Creme? Ein Parfüm, das gut riecht? Aaah!
MURMEL
UUH
ÄÄH
Ah! Und Unterwäsche! Ich brauch sexy Unterwäsche!
Ich hab zwar gesagt, ich will das alles nicht hören, aber langsam wird's amüsant.
...
Nehm ich die hier? Nee, vielleicht doch lieber eine mit Loch am Hintern?
Die hab ich mal gekauft für den Fall der Fälle – aber schon ziemlich gewagt, oder?
Was meinst du? Ist das so ein Fall?
Jetzt sei nicht so aufgeregt. Du verrennst dich noch.
Und zeig mir das doch bitte nicht!
Steiger dich da nicht so rein. Du malst dir jetzt sonst was aus und stellst dir die tollsten Dinge mit ihm vor ...
... aber am Ende gibt es keine Garantie, dass ihr überhaupt zusammenbleibt, geschweige denn, dass heute Nacht was passiert.
UGH

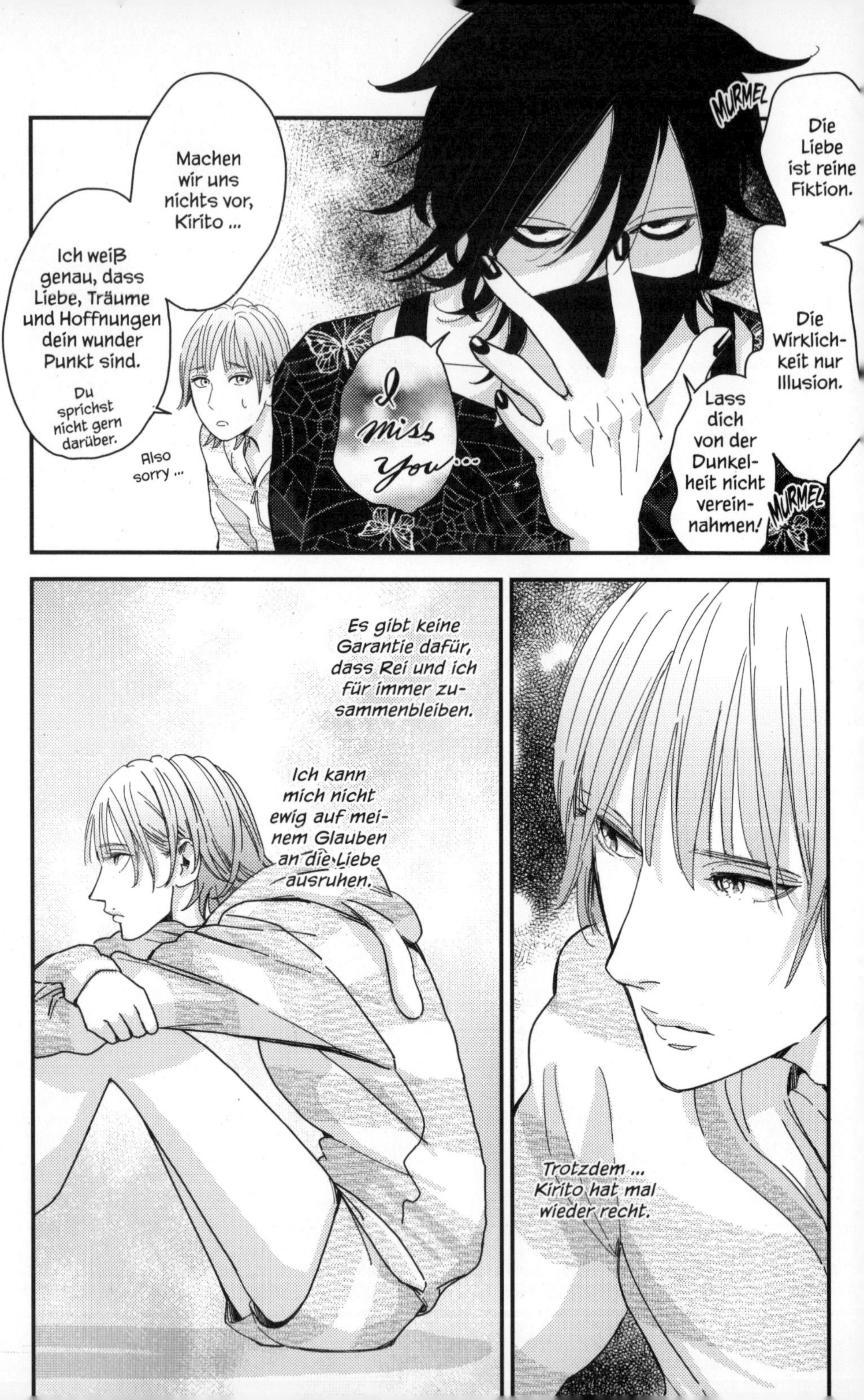
MURMEL
Die Liebe ist reine Fiktion.
Die Wirklichkeit nur Illusion.
Lass dich von der Dunkelheit nicht vereinnahmen!
MURMEL
I miss you …
Machen wir uns nichts vor, Kirito ...
Ich weiß genau, dass Liebe, Träume und Hoffnungen dein wunder Punkt sind.
Du sprichst nicht gern darüber.
Also sorry ...
Trotzdem ... Kirito hat mal wieder recht.
Es gibt keine Garantie dafür, dass Rei und ich für immer zusammenbleiben.
Ich kann mich nicht ewig auf meinem Glauben an die Liebe ausruhen.

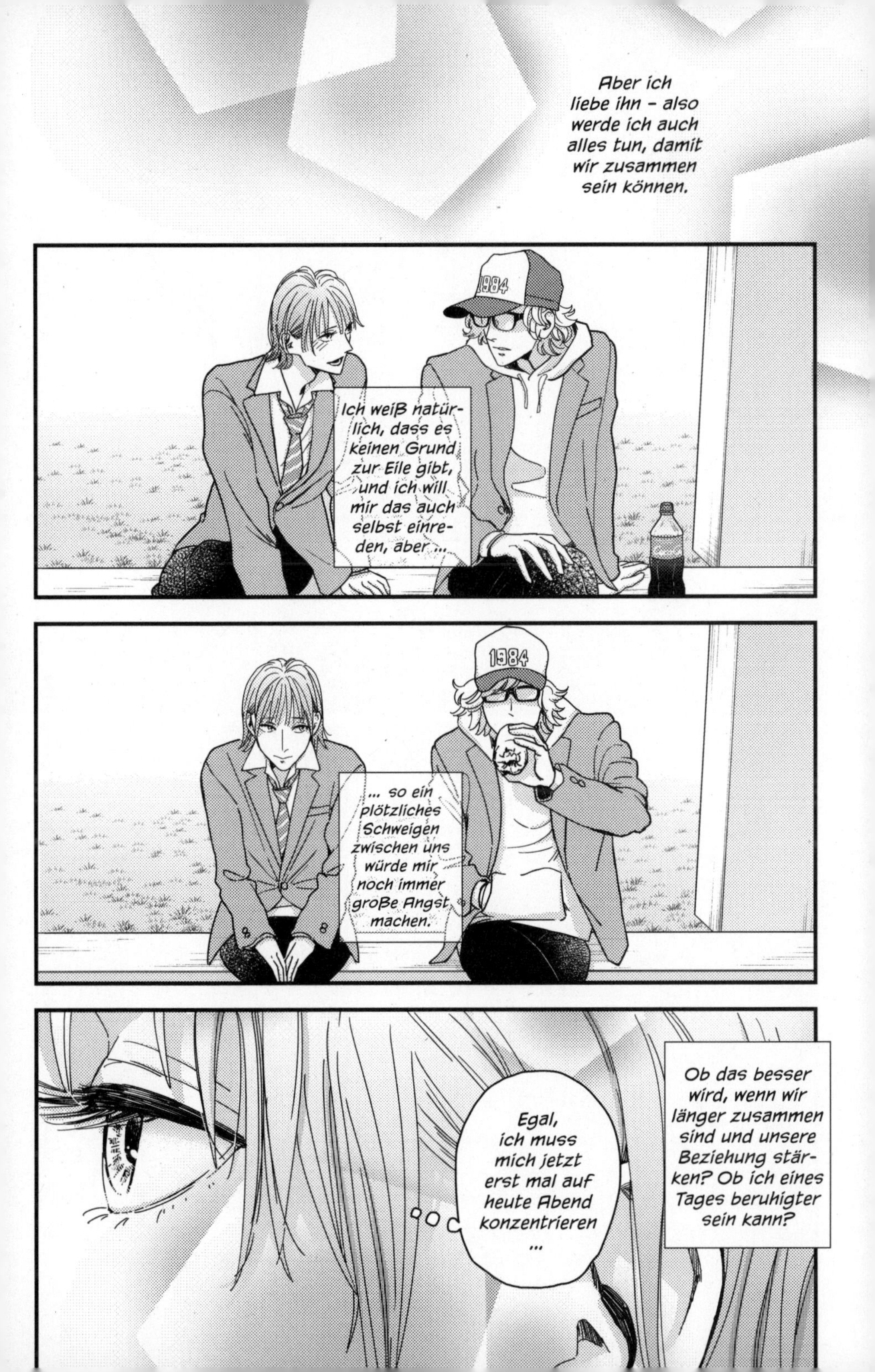
Aber ich liebe ihn – also werde ich auch alles tun, damit wir zusammen sein können.
1984
Ich weiß natürlich, dass es keinen Grund zur Eile gibt, und ich will mir das auch selbst einreden, aber ...
1984
... so ein plötzliches Schweigen zwischen uns würde mir noch immer große Angst machen.
Ob das besser wird, wenn wir länger zusammen sind und unsere Beziehung stärken? Ob ich eines Tages beruhigter sein kann?
Egal, ich muss mich jetzt erst mal auf heute Abend konzentrieren ...

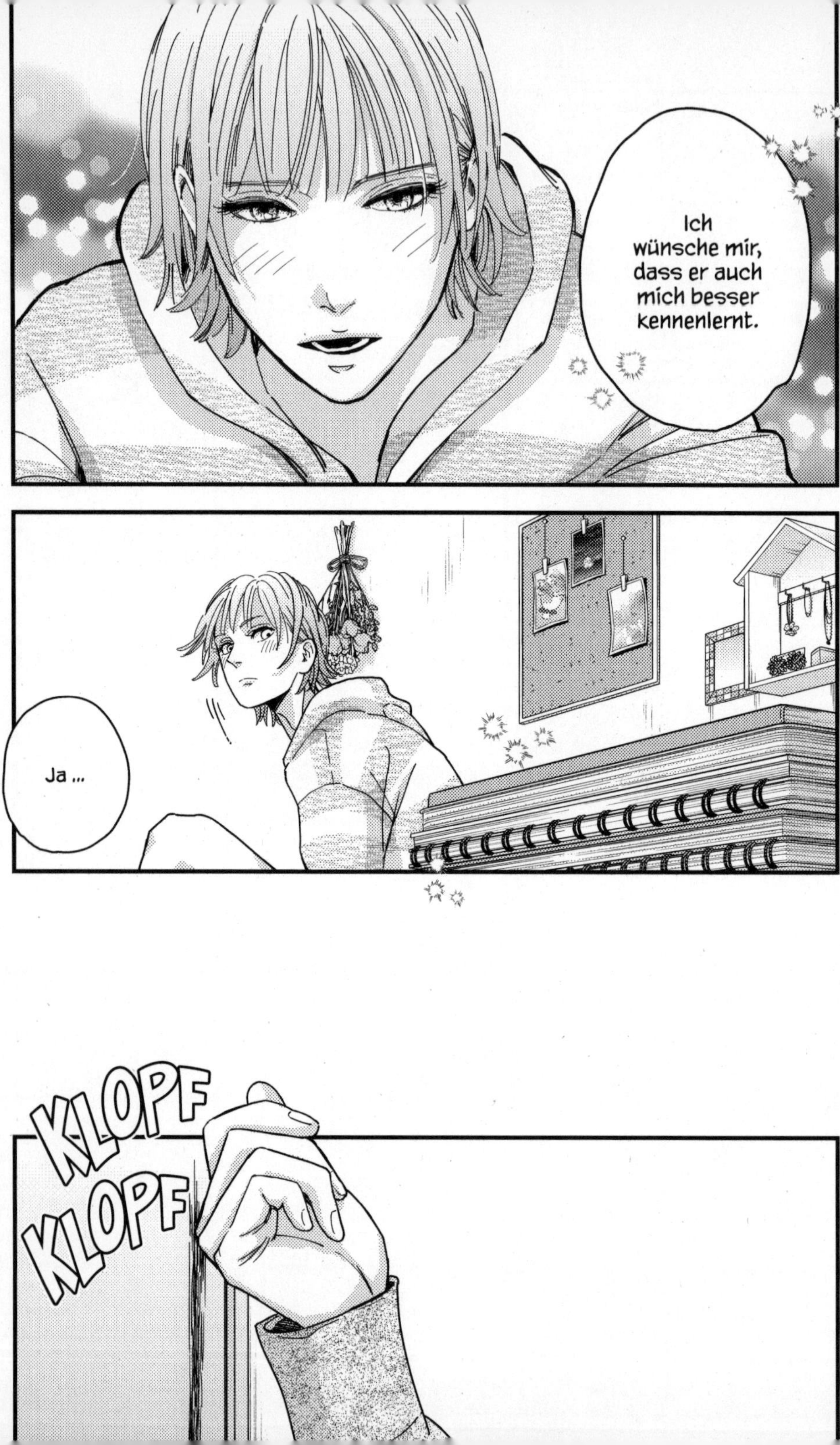
Ich wünsche mir, dass er auch mich besser kennenlernt.
Ja ...
KLOPF
KLOPF

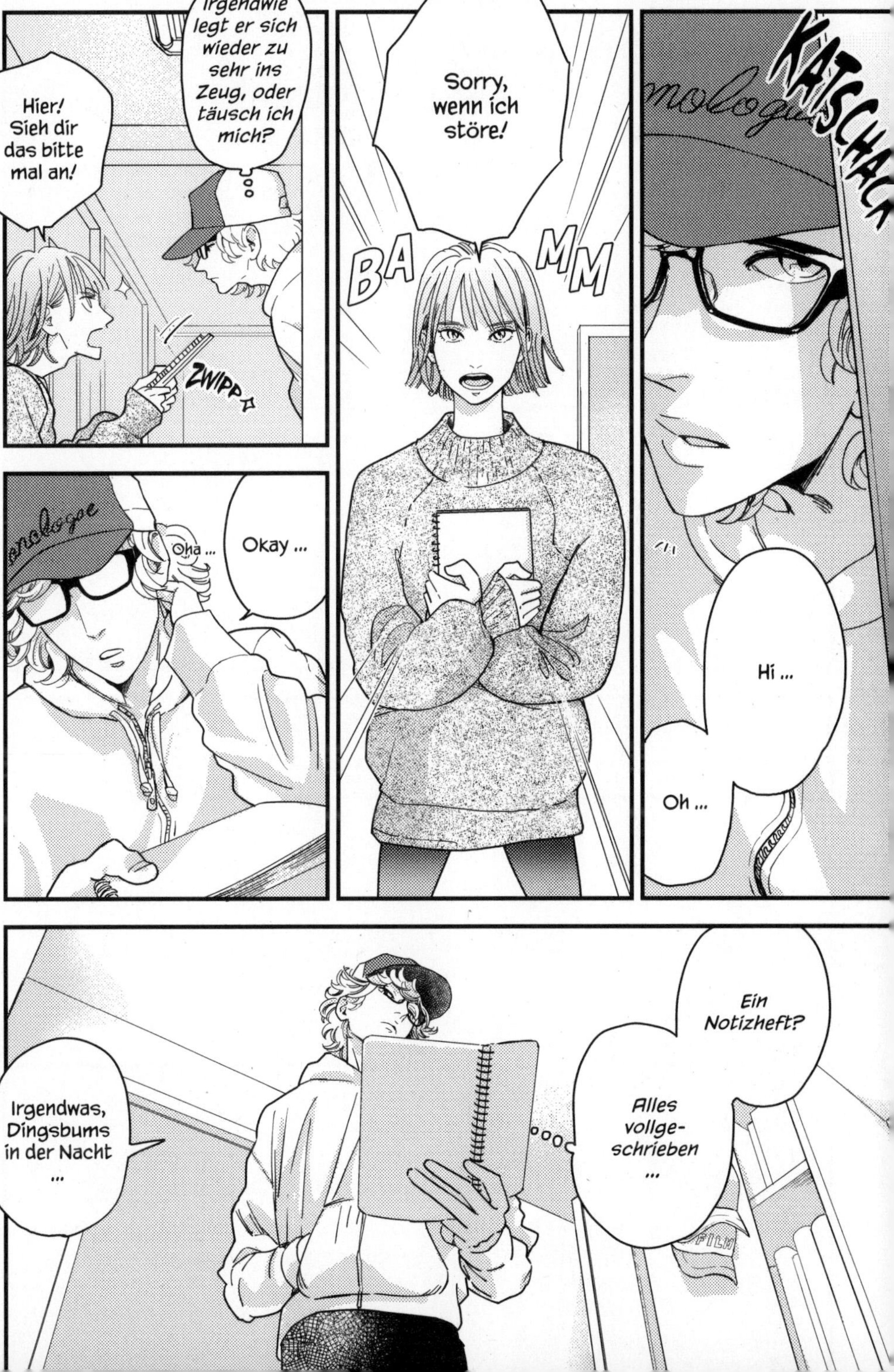
Hier! Sieh dir das bitte mal an!
Irgendwie legt er sich wieder zu sehr ins Zeug, oder täusch ich mich?
ZWIPP
Okay ...
Oha ...
Sorry, wenn ich störe!
BAMM
KATSCHACK
Oh ...
Hi ...
Ein Notizheft?
Alles vollgeschrieben ...
Irgendwas, Dingsbums in der Nacht ...

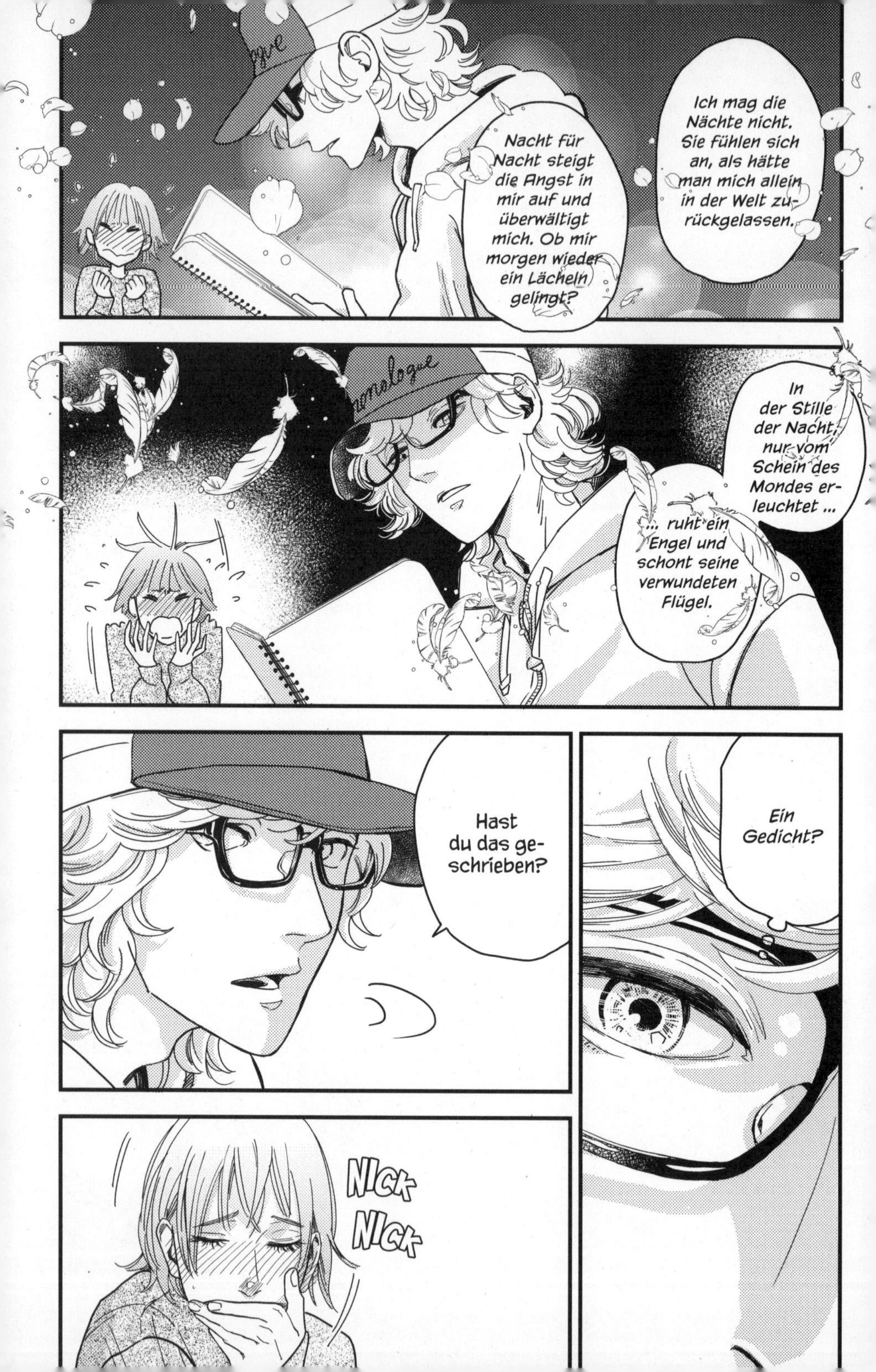
Ich mag die Nächte nicht. Sie fühlen sich an, als hätte man mich allein in der Welt zurückgelassen.
Nacht für Nacht steigt die Angst in mir auf und überwältigt mich. Ob mir morgen wieder ein Lächeln gelingt?
In der Stille der Nacht, nur vom Schein des Mondes erleuchtet ...
... ruht ein Engel und schont seine verwundeten Flügel.
Ein Gedicht?
Hast du das geschrieben?
NICK
NICK

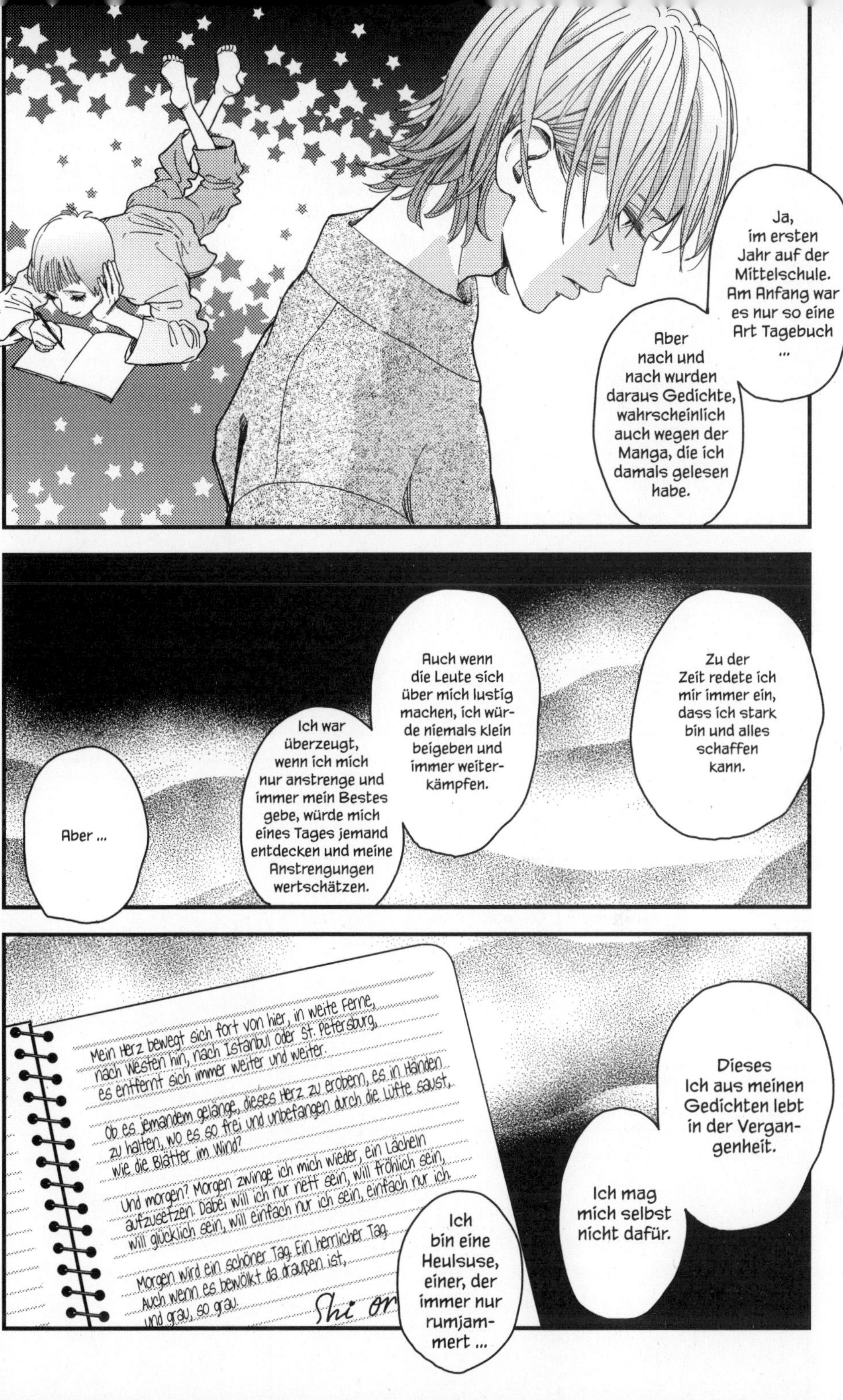
Ja, im ersten Jahr auf der Mittelschule. Am Anfang war es nur so eine Art Tagebuch ...
Aber nach und nach wurden daraus Gedichte, wahrscheinlich auch wegen der Manga, die ich damals gelesen habe.
Zu der Zeit redete ich mir immer ein, dass ich stark bin und alles schaffen kann.
Auch wenn die Leute sich über mich lustig machen, ich würde niemals klein beigeben und immer weiterkämpfen.
Ich war überzeugt, wenn ich mich nur anstrenge und immer mein Bestes gebe, würde mich eines Tages jemand entdecken und meine Anstrengungen wertschätzen.
Aber ...
Mein Herz bewegt sich fort von hier, in weite Ferne, nach Westen hin, nach Istanbul oder St. Petersburg, es entfernt sich immer weiter und weiter.
Ob es jemandem gelänge, dieses Herz zu erobern, es in Händen zu halten, wo es so frei und unbefangen durch die Lüfte saust, wie die Blätter im Wind?
Und morgen? Morgen zwinge ich mich wieder, ein Lächeln aufzusetzen. Dabei will ich nur nett sein, will fröhlich sein, will glücklich sein, will einfach nur ich sein, einfach nur ich.
Morgen wird ein schöner Tag. Ein herrlicher Tag. Auch wenn es bewölkt da draußen ist, und grau, so grau.
Shi or
Dieses Ich aus meinen Gedichten lebt in der Vergangenheit.
Ich mag mich selbst nicht dafür.
Ich bin eine Heulsuse, einer, der immer nur rumjammert ...

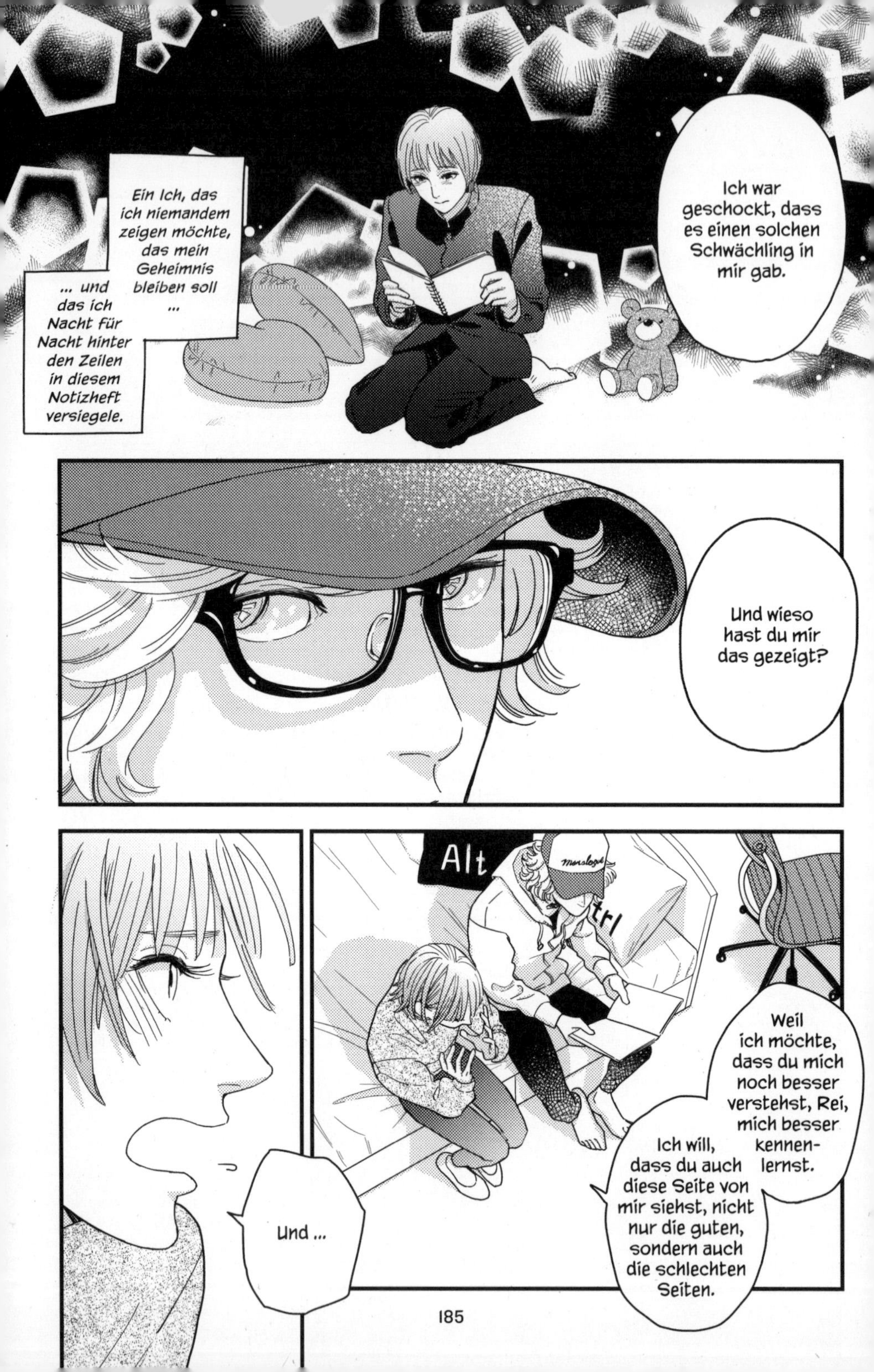
Ich war geschockt, dass es einen solchen Schwächling in mir gab.
Ein Ich, das ich niemandem zeigen möchte, das mein Geheimnis bleiben soll ...
... und das ich Nacht für Nacht hinter den Zeilen in diesem Notizheft versiegele.
Und wieso hast du mir das gezeigt?
Alt
trl
Weil ich möchte, dass du mich noch besser verstehst, Rei, mich besser kennenlernst.
Ich will, dass du auch diese Seite von mir siehst, nicht nur die guten, sondern auch die schlechten Seiten.
Und ...

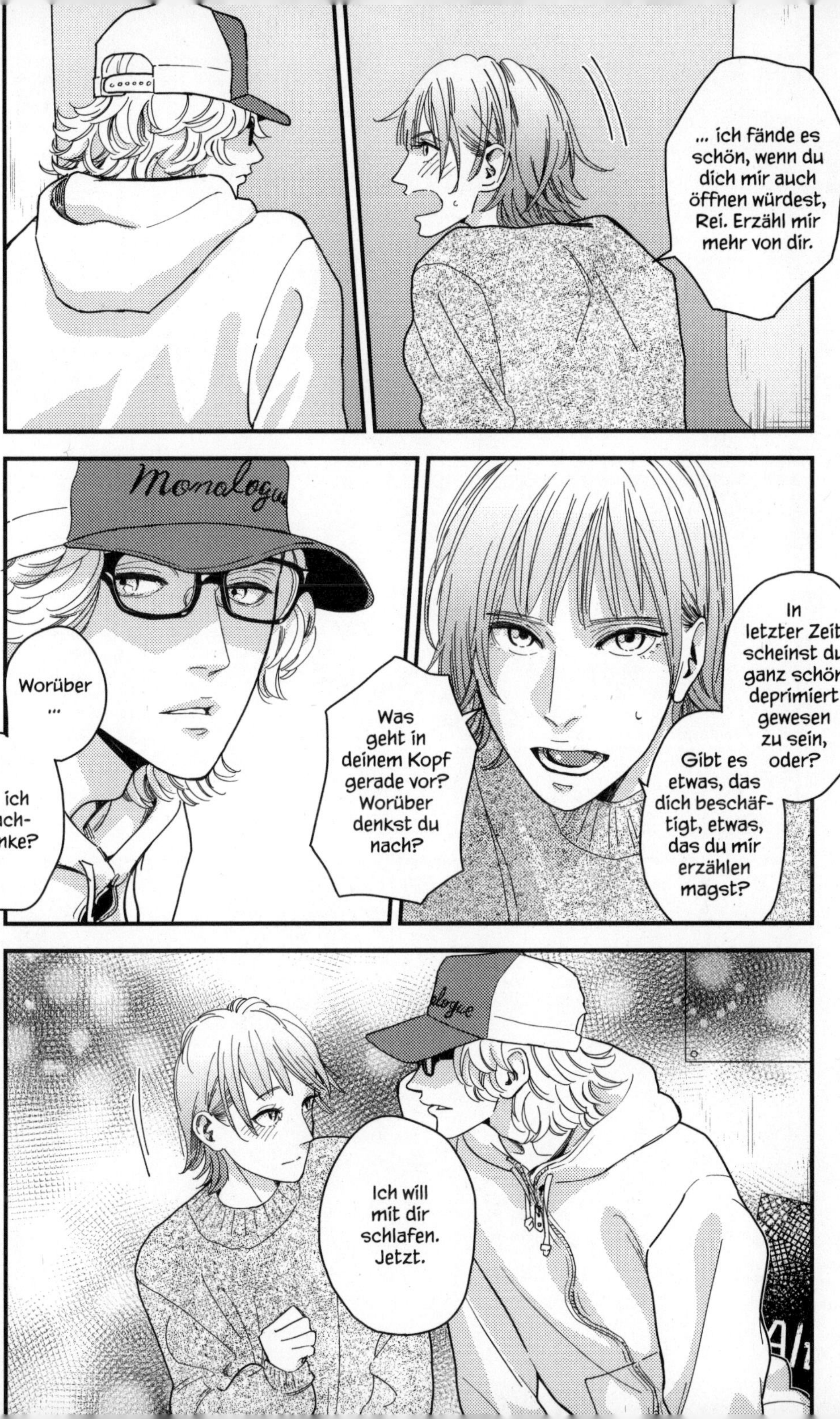

... ich fände es schön, wenn du dich mir auch öffnen würdest, Rei. Erzähl mir mehr von dir.
In letzter Zeit scheinst du ganz schön deprimiert gewesen zu sein, oder?
Gibt es etwas, das dich beschäftigt, etwas, das du mir erzählen magst?
Was geht in deinem Kopf gerade vor? Worüber denkst du nach?
Monologue
Worüber ...
... ich nachdenke?
Ich will mit dir schlafen. Jetzt.

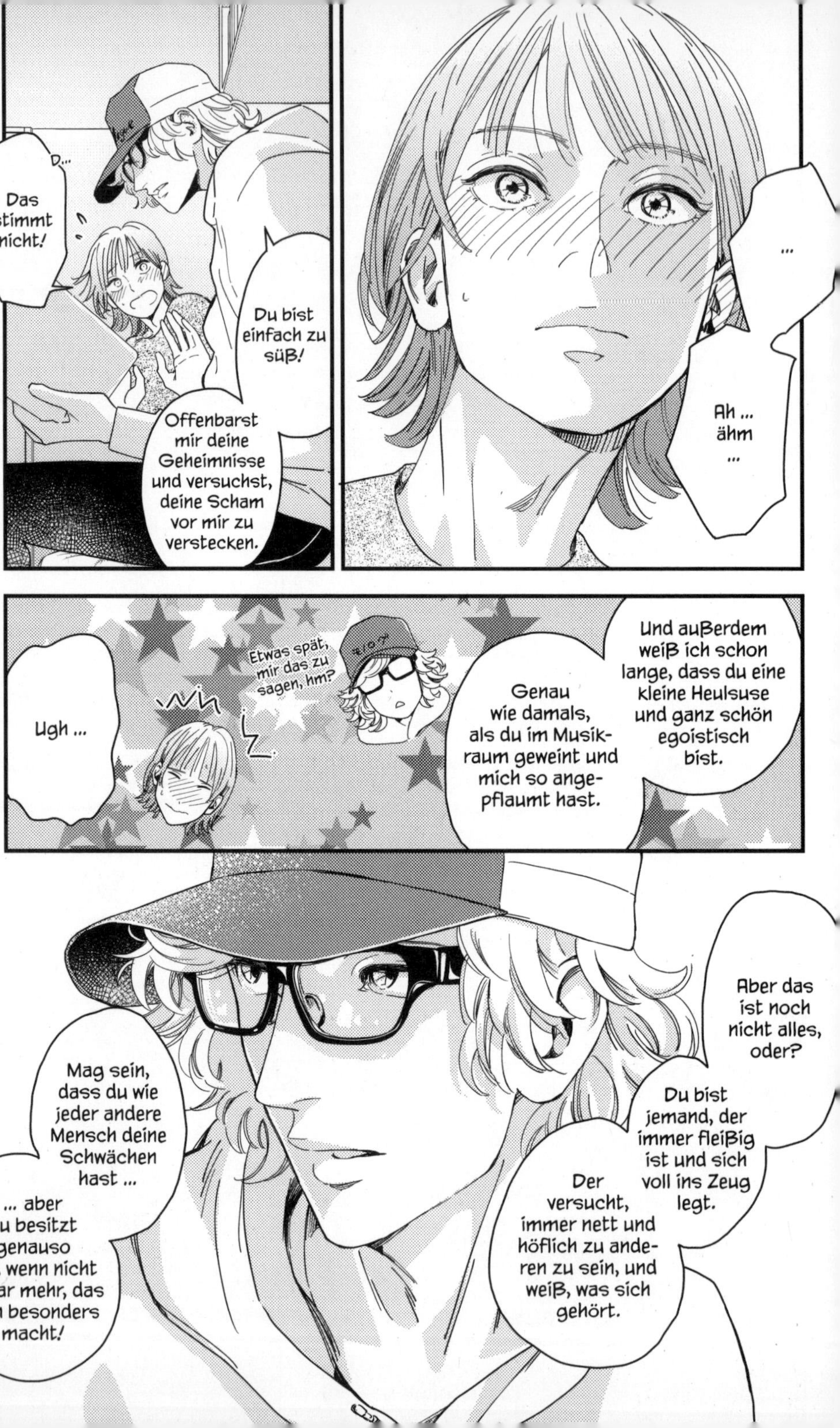
...
Ah ... ähm ...
Du bist einfach zu süß!
Offenbarst mir deine Geheimnisse und versuchst, deine Scham vor mir zu verstecken.
D... Das stimmt nicht!
Und außerdem weiß ich schon lange, dass du eine kleine Heulsuse und ganz schön egoistisch bist.
Genau wie damals, als du im Musikraum geweint und mich so angepflaumt hast.
Etwas spät, mir das zu sagen, hm?
Ugh ...
Aber das ist noch nicht alles, oder?
Du bist jemand, der immer fleißig ist und sich voll ins Zeug legt.
Der versucht, immer nett und höflich zu anderen zu sein, und weiß, was sich gehört.
Mag sein, dass du wie jeder andere Mensch deine Schwächen hast ...
... aber du besitzt genauso viel, wenn nicht sogar mehr, das dich besonders macht!

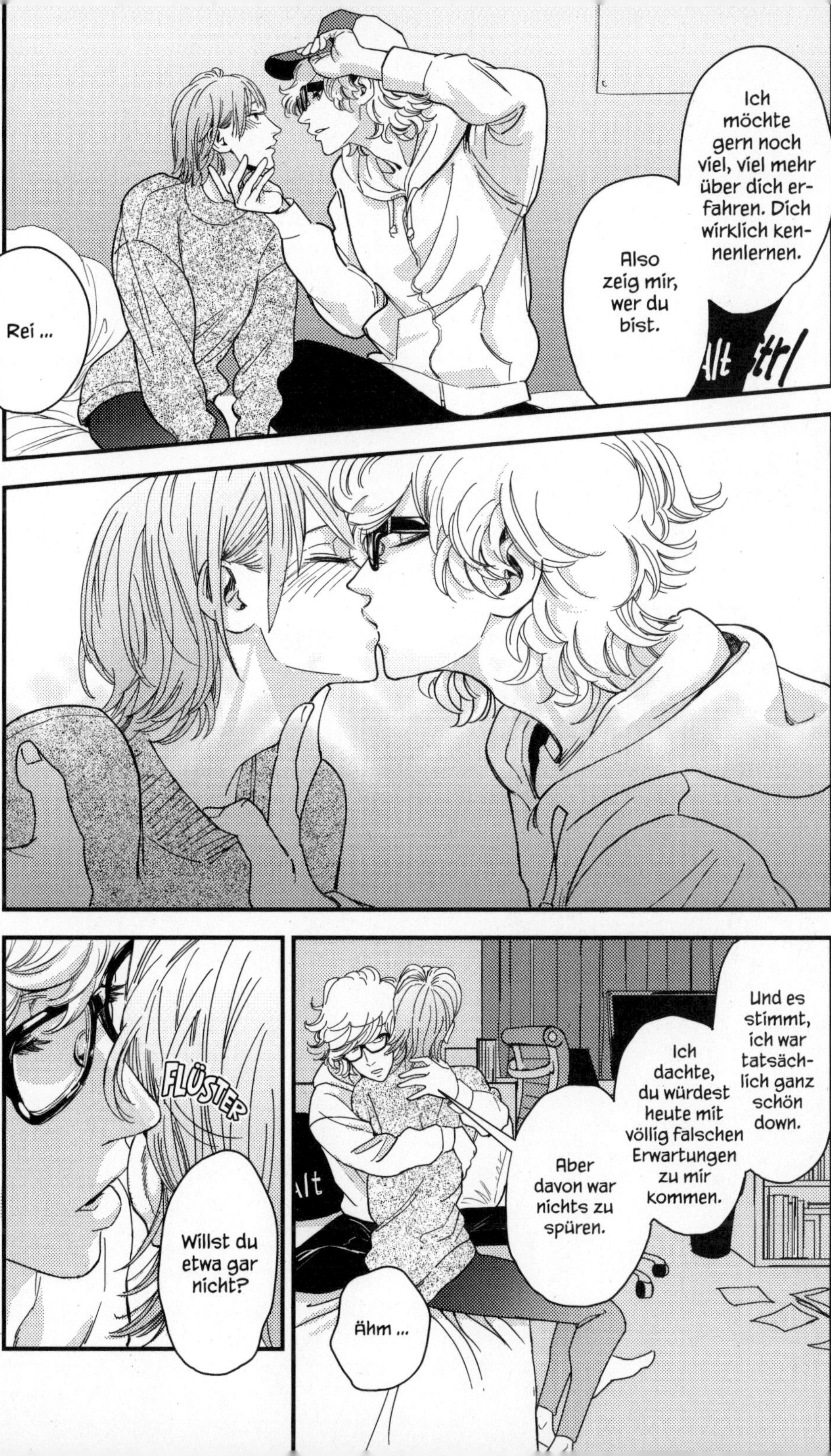
Ich möchte gern noch viel, viel mehr über dich erfahren. Dich wirklich kennenlernen.
Also zeig mir, wer du bist.
Rei ...
Und es stimmt, ich war tatsächlich ganz schön down.
Ich dachte, du würdest heute mit völlig falschen Erwartungen zu mir kommen.
Aber davon war nichts zu spüren.
Ähm ...
FLÜSTER
Willst du etwa gar nicht?

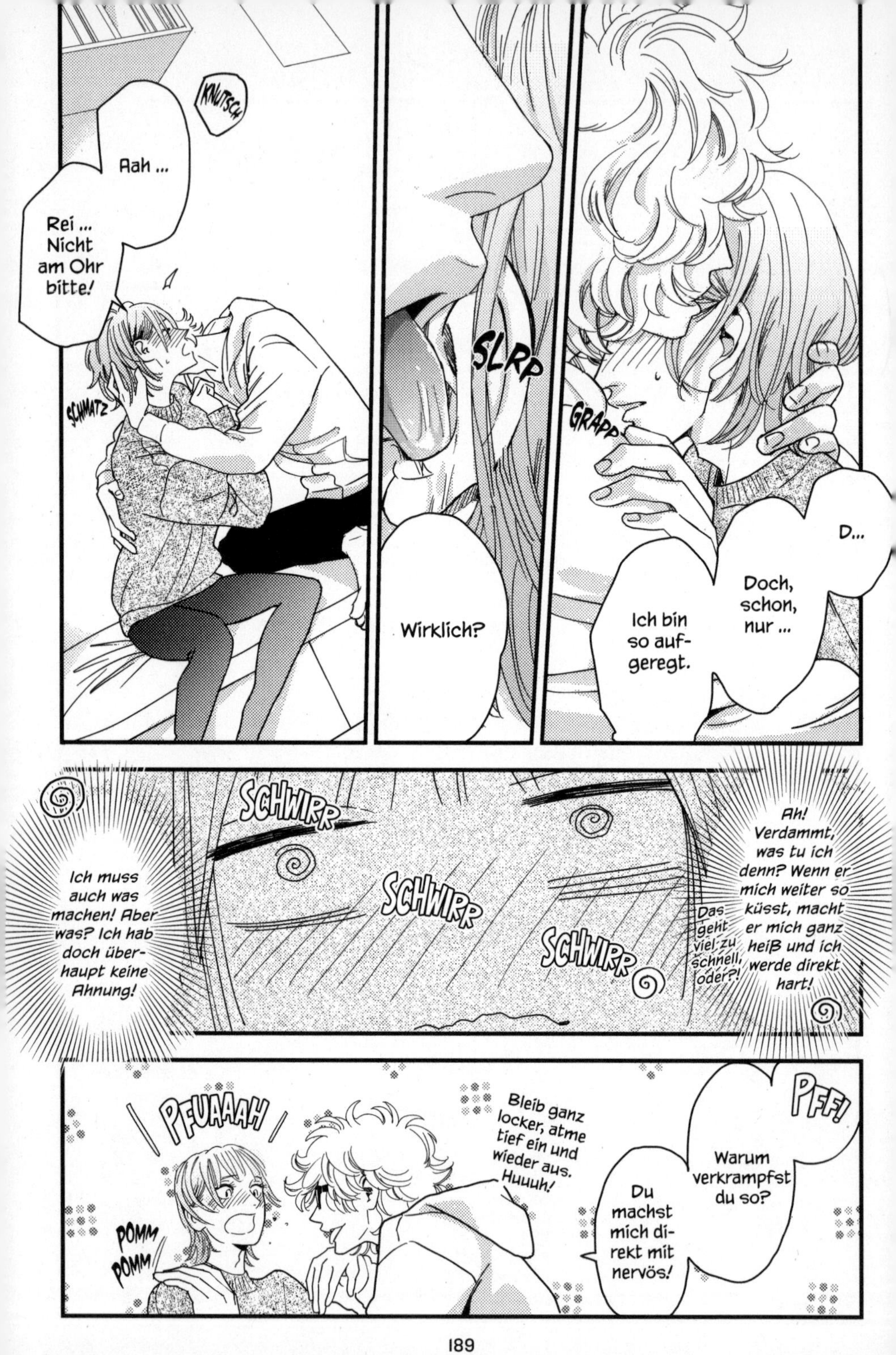
KNUTSCH
Aah ...
Rei ... Nicht am Ohr bitte!
SCHMATZ
SLRP
Wirklich?
GRAPP
D...
Doch, schon, nur ...
Ich bin so auf-geregt.
Ah! Verdammt, was tu ich denn? Wenn er mich weiter so küsst, macht er mich ganz heiß und ich werde direkt hart!
Das geht viel zu schnell, oder?!
SCHWIRR
SCHWIRR
SCHWIRR
Ich muss auch was machen! Aber was? Ich hab doch über-haupt keine Ahnung!
PFF!
Warum verkrampfst du so?
Du machst mich di-rekt mit nervös!
Bleib ganz locker, atme tief ein und wieder aus. Huuuh!
PFUAAAH
POMM POMM

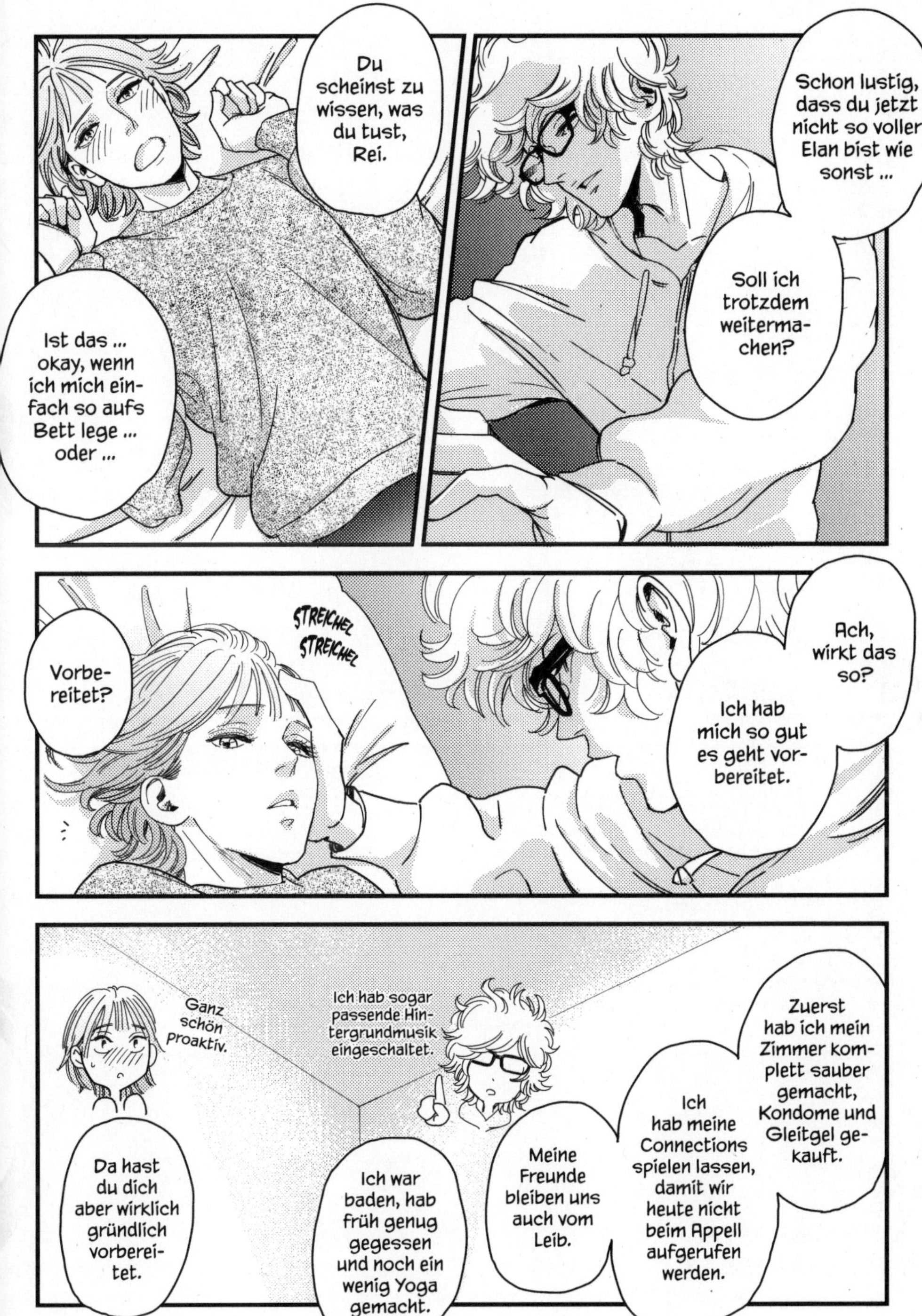
Schon lustig, dass du jetzt nicht so voller Elan bist wie sonst ...
Soll ich trotzdem weitermachen?
Du scheinst zu wissen, was du tust, Rei.
Ist das ... okay, wenn ich mich einfach so aufs Bett lege ... oder ...
Ach, wirkt das so?
Ich hab mich so gut es geht vorbereitet.
STREICHEL STREICHEL
Vorbereitet?
Zuerst hab ich mein Zimmer komplett sauber gemacht, Kondome und Gleitgel gekauft.
Ich hab meine Connections spielen lassen, damit wir heute nicht beim Appell aufgerufen werden.
Meine Freunde bleiben uns auch vom Leib.
Ich war baden, hab früh genug gegessen und noch ein wenig Yoga gemacht.
Ich hab sogar passende Hintergrundmusik eingeschaltet.
Da hast du dich aber wirklich gründlich vorbereitet.
Ganz schön proaktiv.

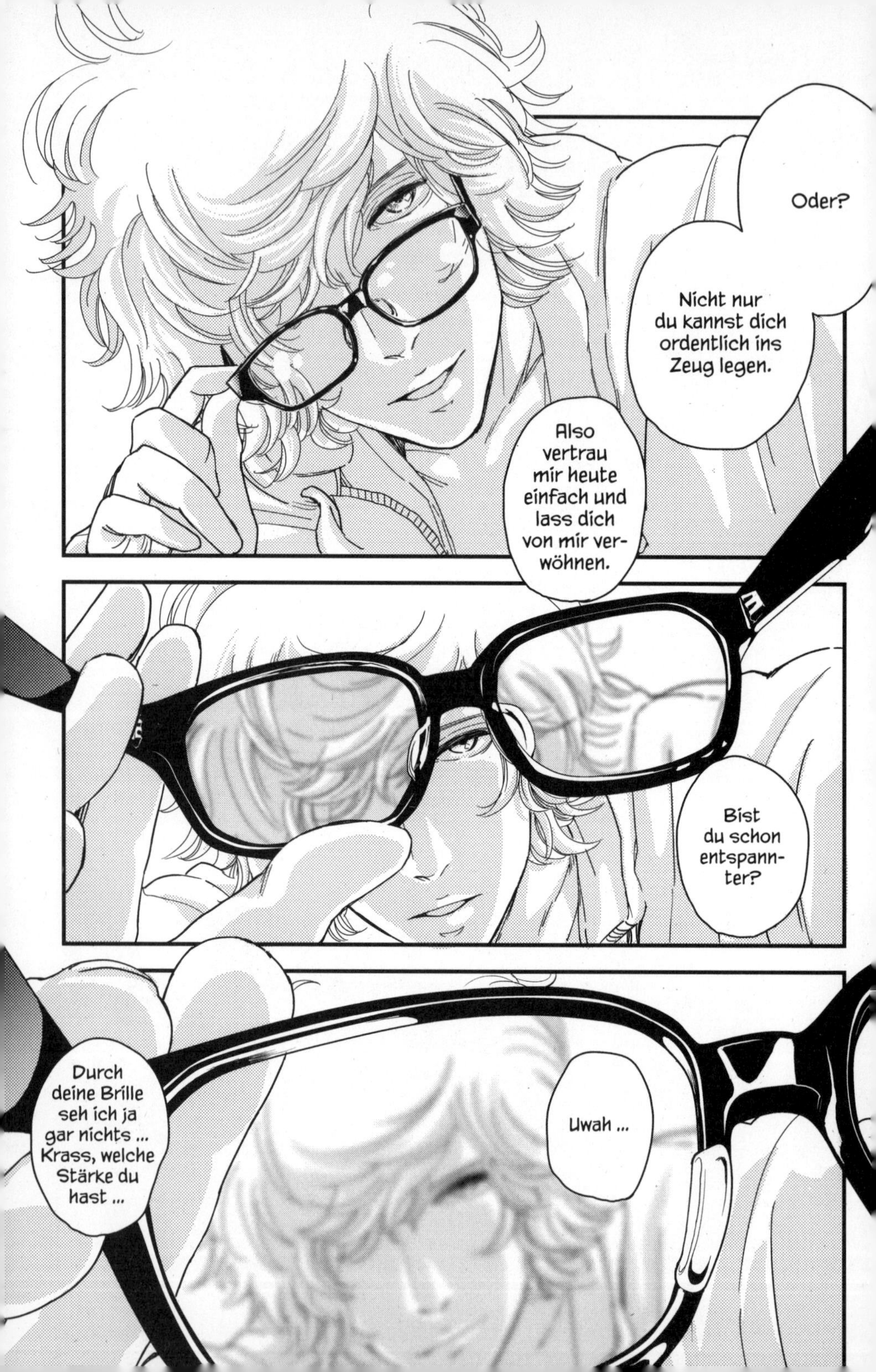
Oder?
Nicht nur du kannst dich ordentlich ins Zeug legen.
Also vertrau mir heute einfach und lass dich von mir verwöhnen.
Bist du schon entspanner?
Uwah ...
Durch deine Brille seh ich ja gar nichts ... Krass, welche Stärke du hast ...

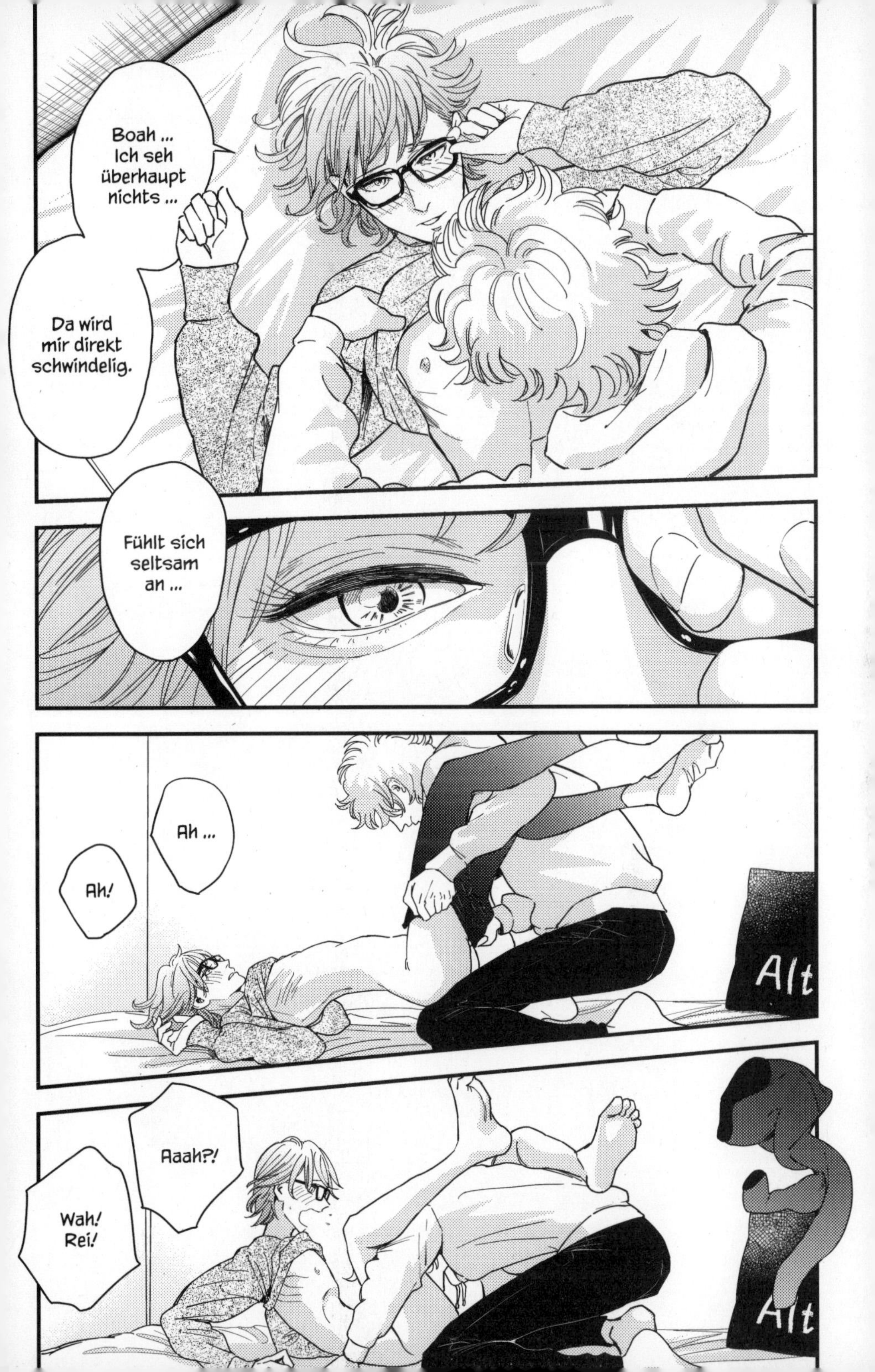
Boah ...
Ich seh
überhaupt
nichts ...
Da wird
mir direkt
schwindelig.
Fühlt sich
seltsam
an ...
Ah ...
Ah!
Alt
Aaah?!
Wah!
Rei!
Alt

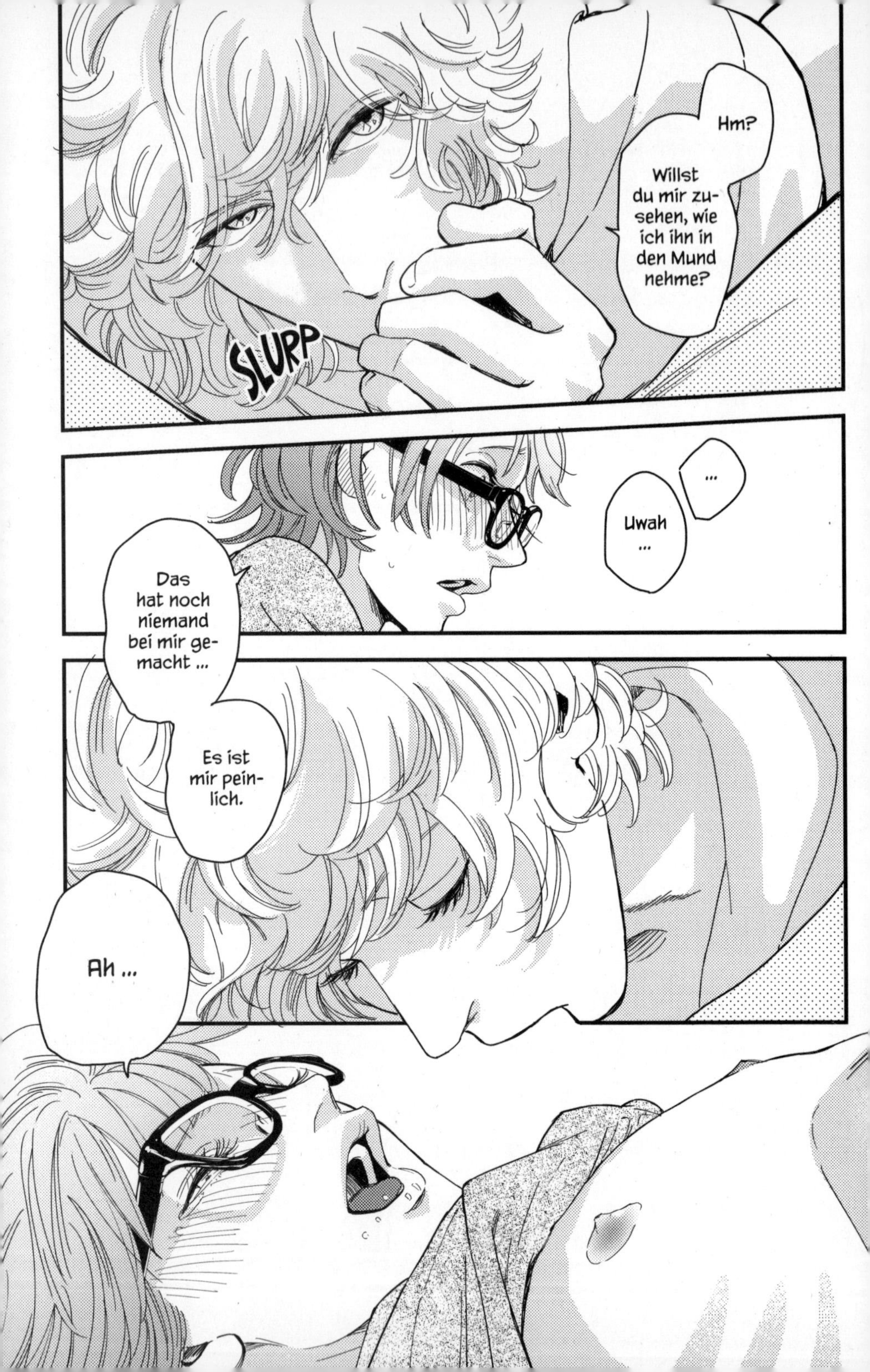
Hm?
Willst du mir zusehen, wie ich ihn in den Mund nehme?
SLURP
…
Uwah …
Das hat noch niemand bei mir gemacht …
Es ist mir peinlich.
Ah …

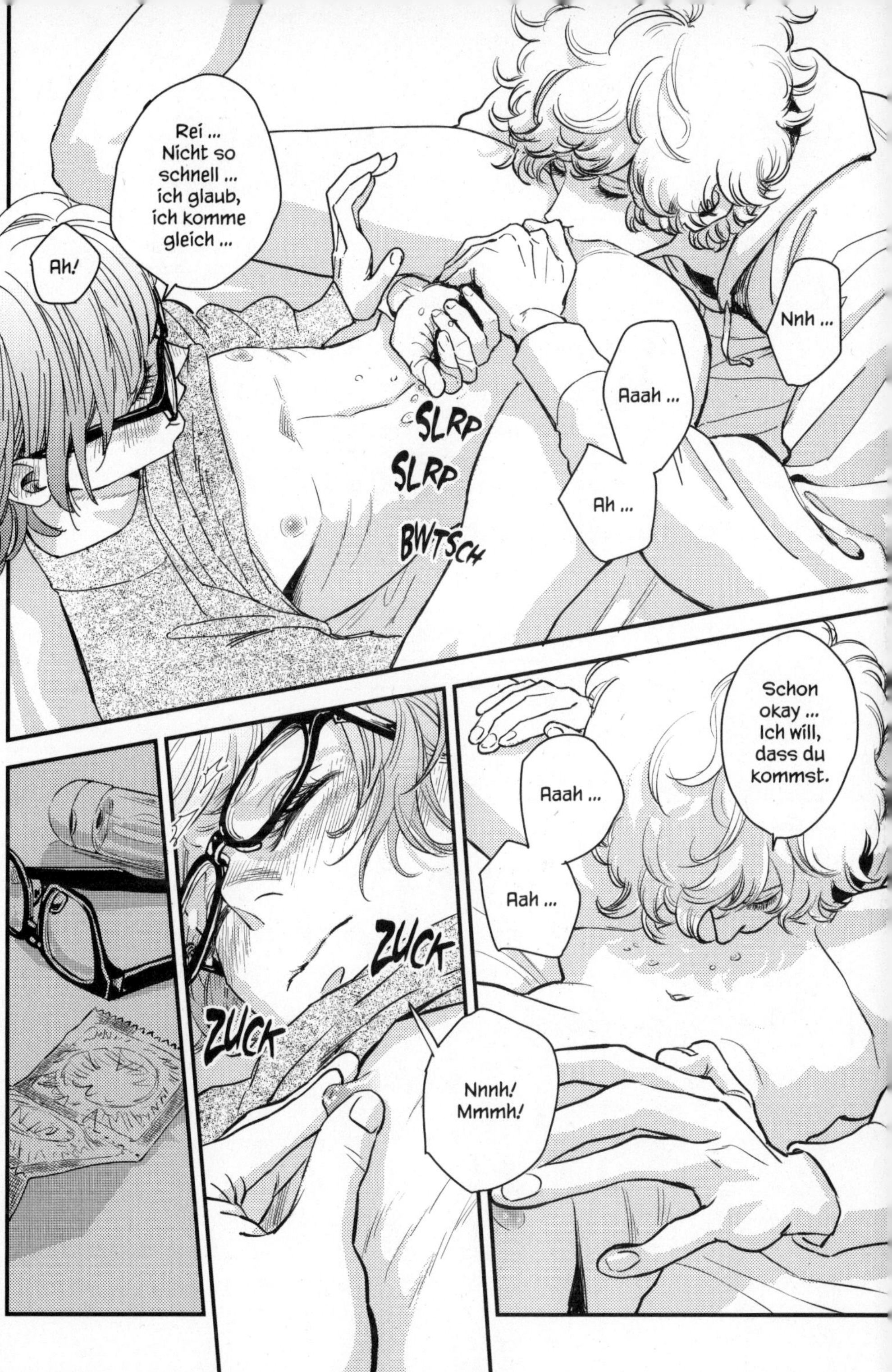
Nnh ...
Aaah ...
Ah ...
SLRP
SLRP
BWTSCH
Rei ... Nicht so schnell ... ich glaub, ich komme gleich ...
Ah!
Schon okay ... Ich will, dass du kommst.
Aaah ...
Aah ...
ZUCK
ZUCK
Nnnh! Mmmh!

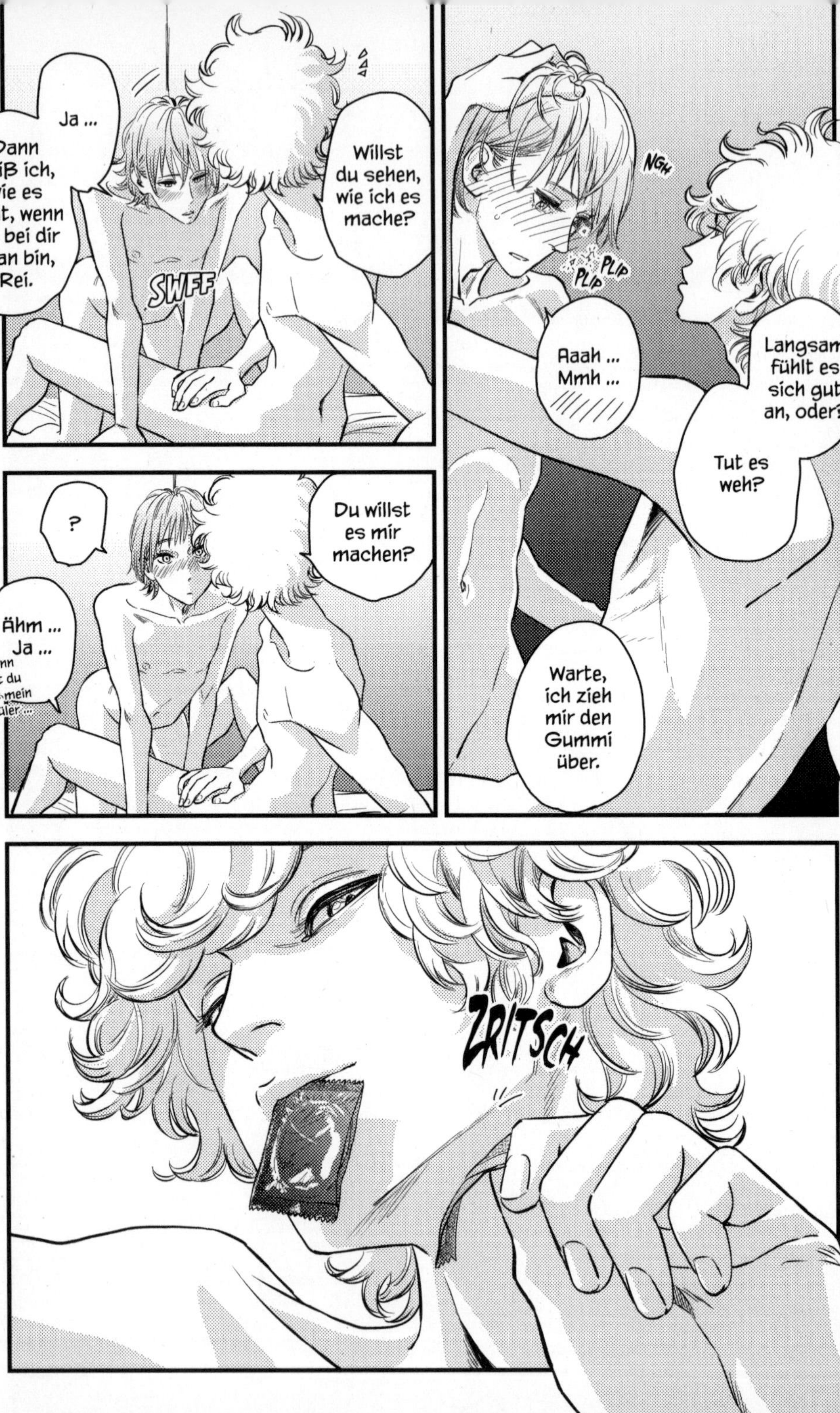
Willst du sehen, wie ich es mache?
Ja ... Dann weiß ich, wie es geht, wenn ich bei dir dran bin, Rei.
SWFF
Du willst es mir machen?
?
Ähm ... Ja ...
Dann bist du jetzt mein Schüler ...
NGH
PLIP PLIP
Langsam fühlt es sich gut an, oder?
Tut es weh?
Aaah ... Mmh ...
Warte, ich zieh mir den Gummi über.
ZRITSCH

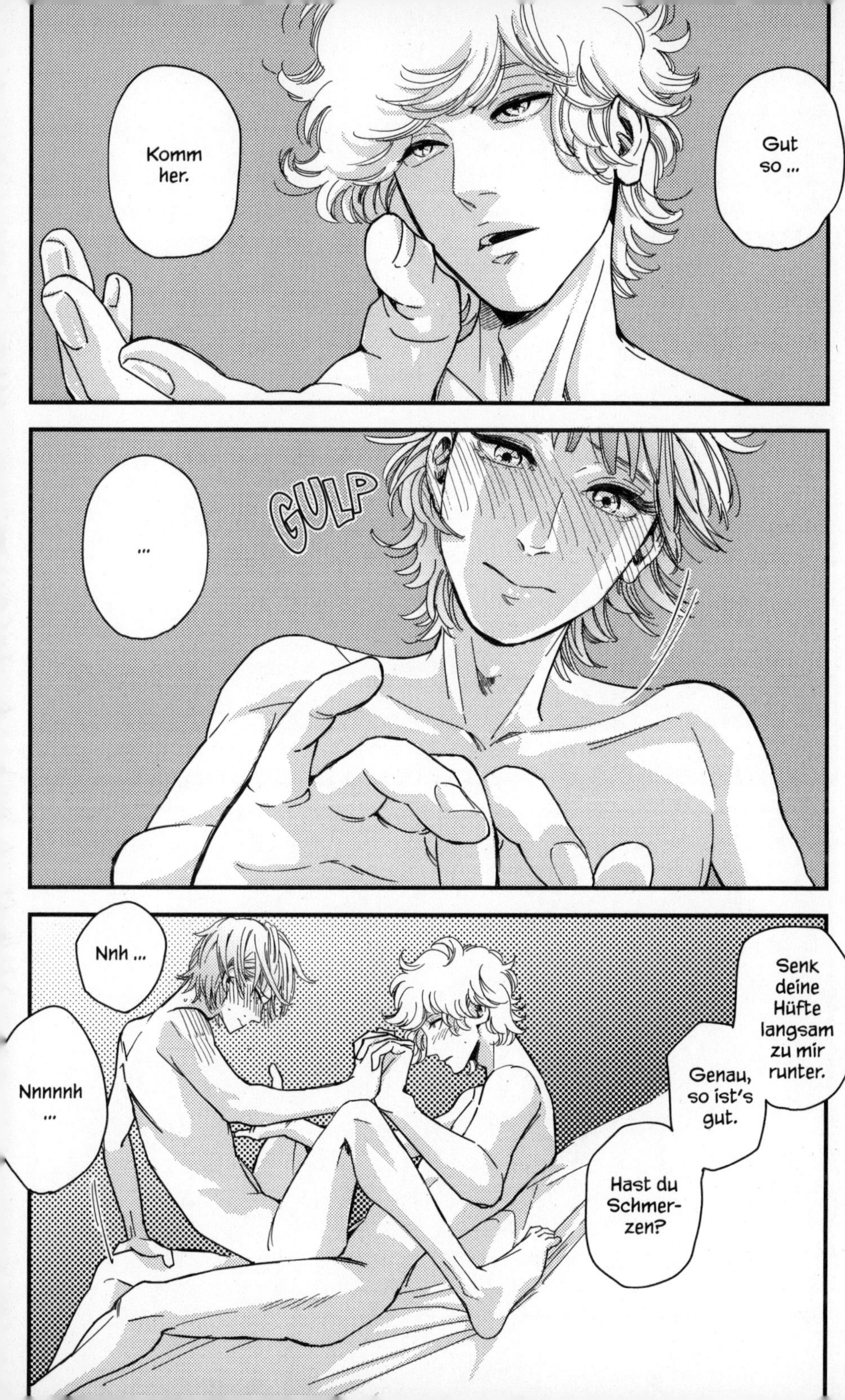
Gut so ...
Komm her.
...
GULP
Senk deine Hüfte langsam zu mir runter.
Genau, so ist's gut.
Nnh ...
Nnnnnh ...
Hast du Schmerzen?

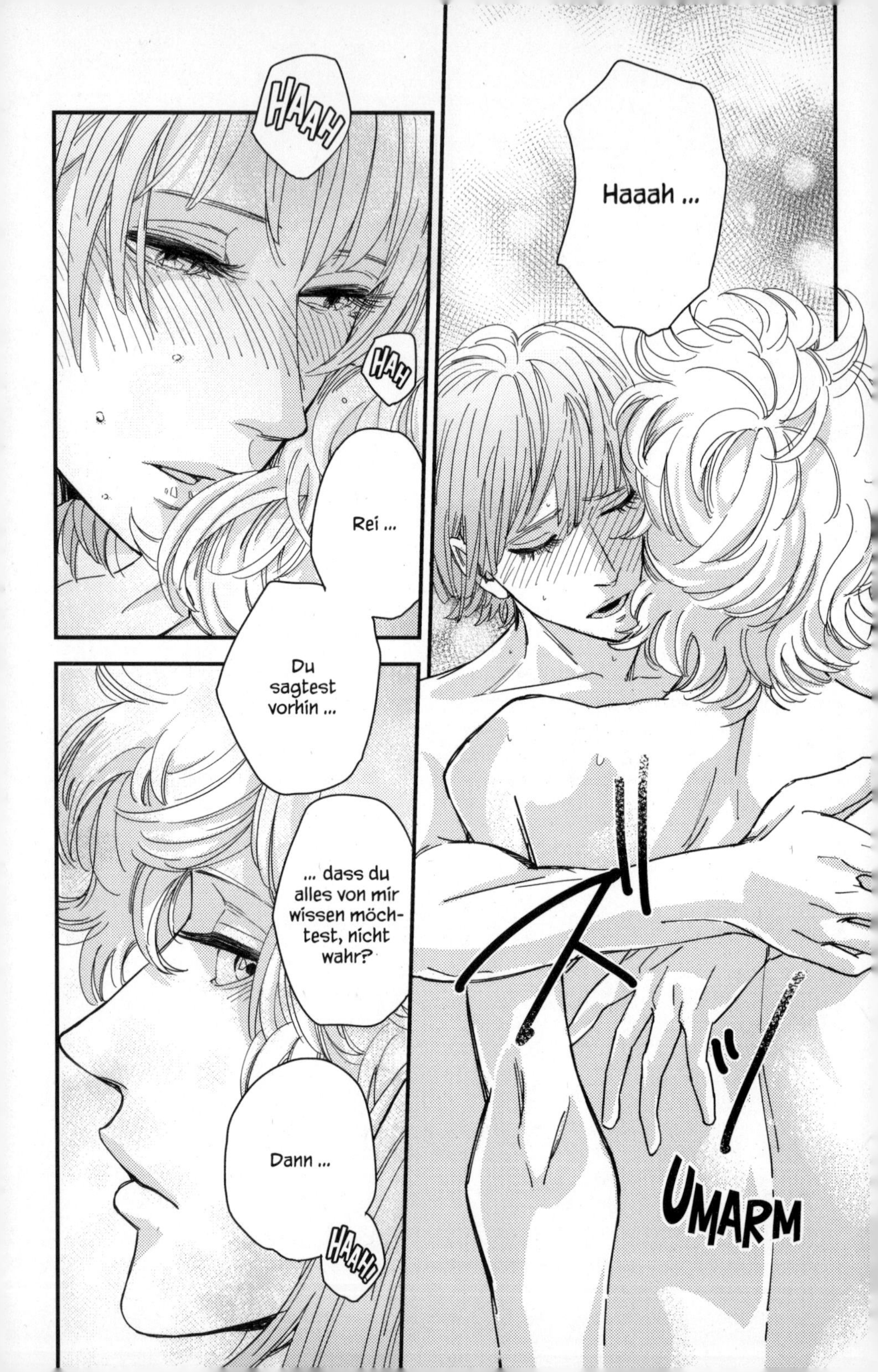
Haaah ...
UMARM
HAAAH
HAH
Rei ...
Du sagtest vorhin ...
... dass du alles von mir wissen möchtest, nicht wahr?
Dann ...
HAAH!

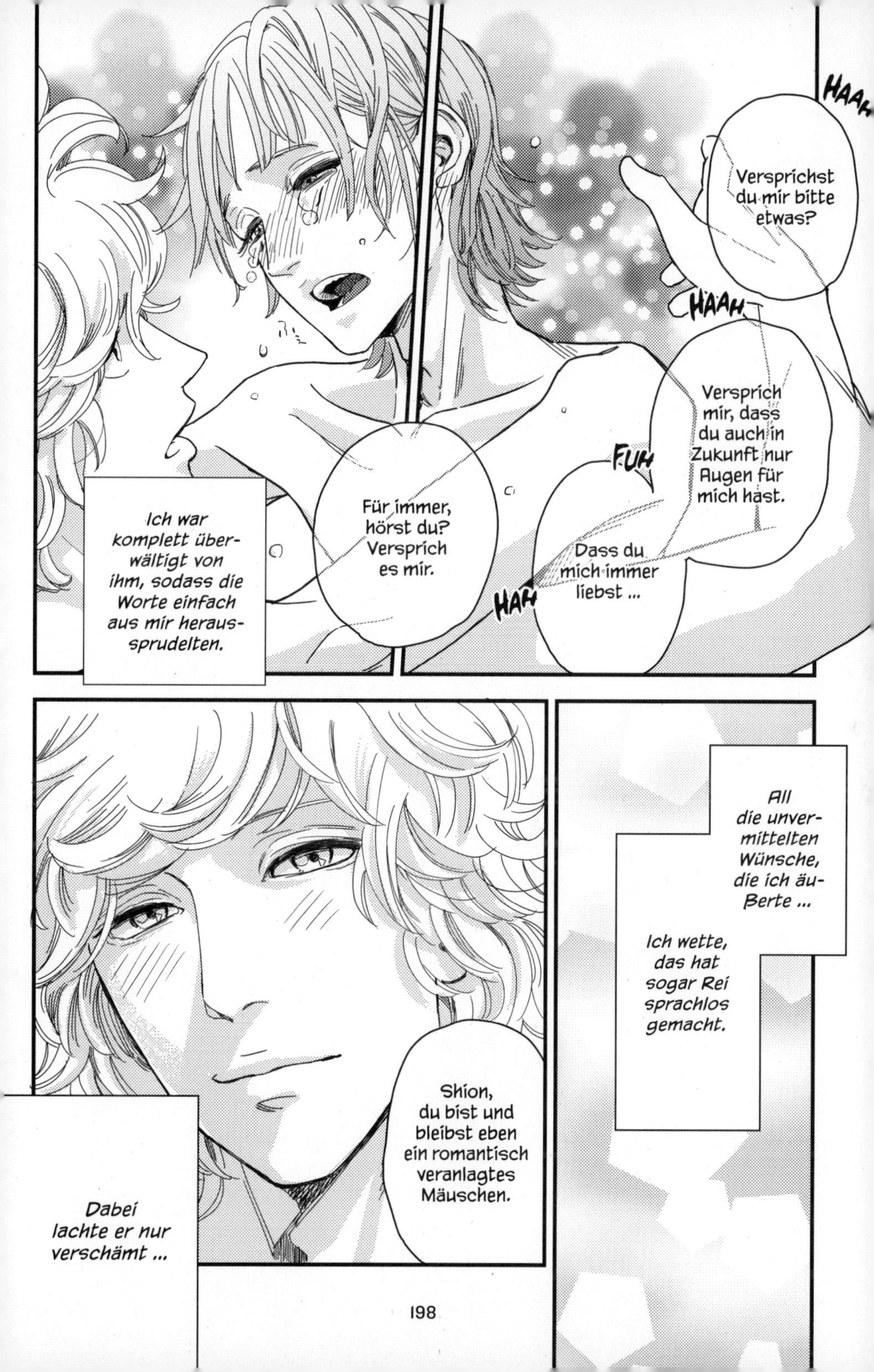

HAAH
Versprichst du mir bitte etwas?
HAAH
Versprich mir, dass du auch in Zukunft nur Augen für mich hast.
FUH
Dass du mich immer liebst ...
HAH
Für immer, hörst du? Versprich es mir.
Ich war komplett über-wältigt von ihm, sodass die Worte einfach aus mir heraus-sprudelten.
All die unver-mittelten Wünsche, die ich äu-ßerte ...
Ich wette, das hat sogar Rei sprachlos gemacht.
Shion, du bist und bleibst eben ein romantisch veranlagtes Mäuschen.
Dabei lachte er nur verschämt ...

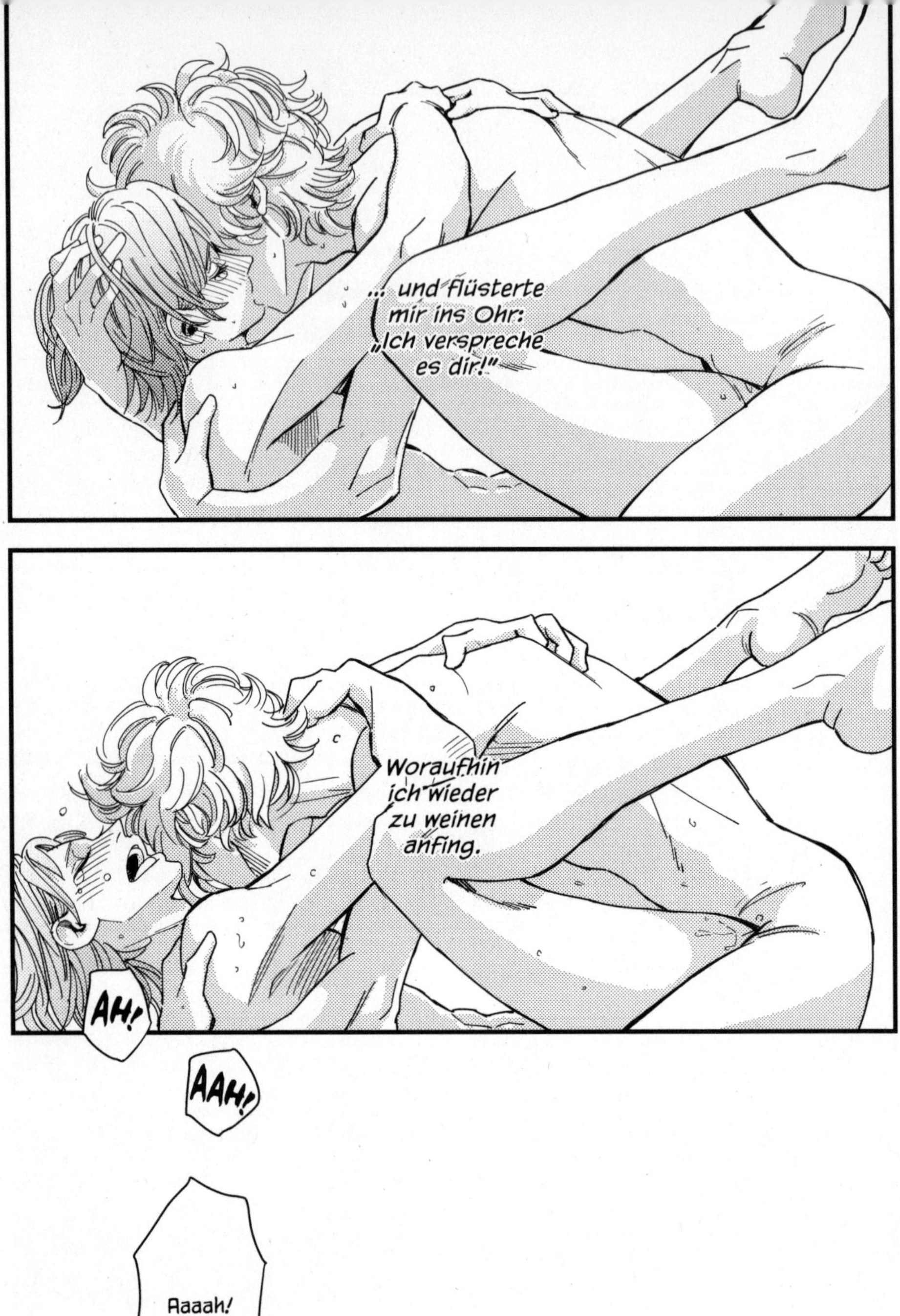
... und flüsterte mir ins Ohr: „Ich verspreche es dir!"
Woraufhin ich wieder zu weinen anfing.
AH!
AAH!
Aaaah!

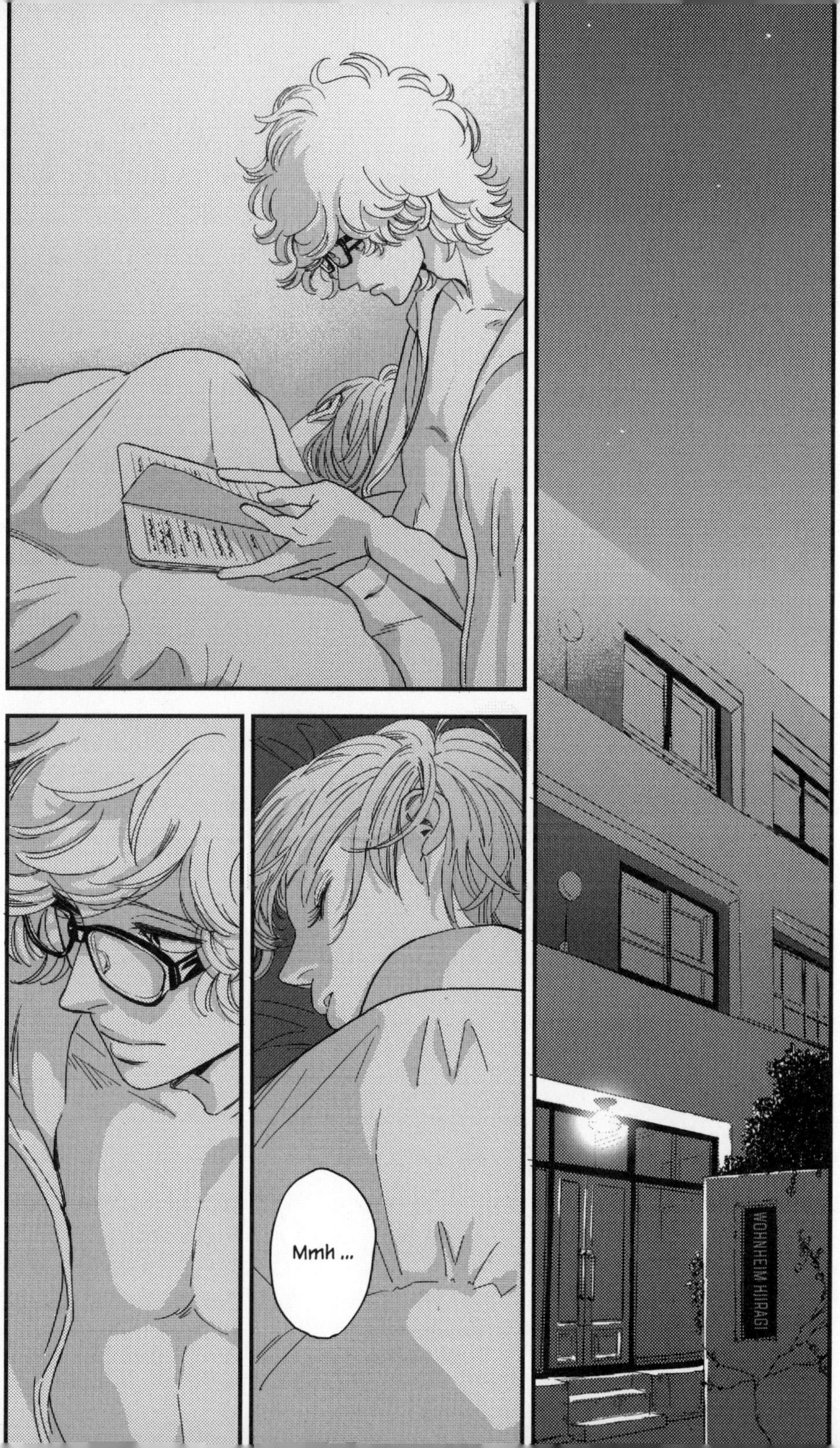
WOHNHEIM HIIRAGI
Mmh ...

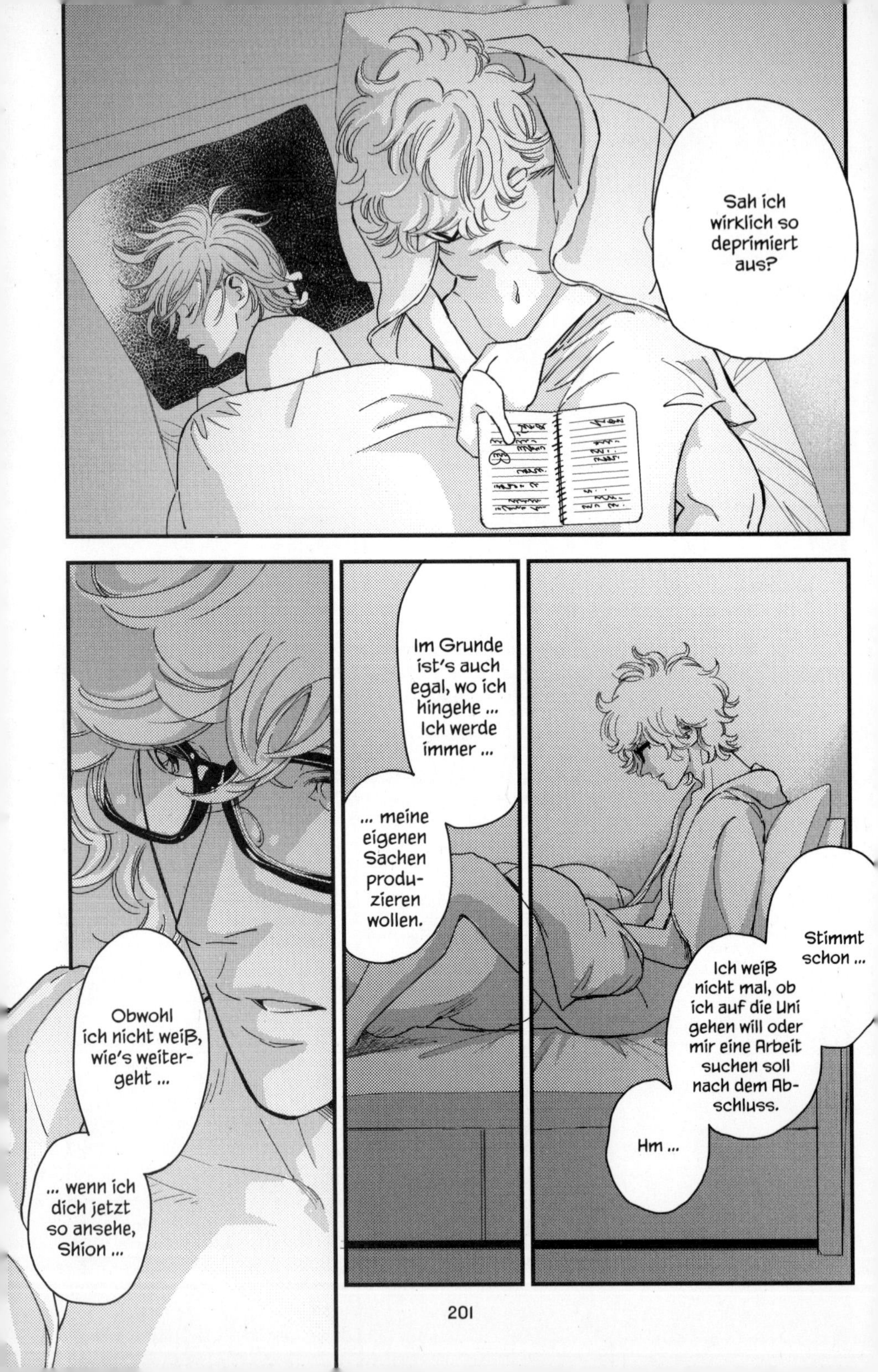
Sah ich wirklich so deprimiert aus?
Stimmt schon ...
Ich weiß nicht mal, ob ich auf die Uni gehen will oder mir eine Arbeit suchen soll nach dem Abschluss.
Hm ...
Im Grunde ist's auch egal, wo ich hingehe ... Ich werde immer ...
... meine eigenen Sachen produzieren wollen.
Obwohl ich nicht weiß, wie's weitergeht ...
... wenn ich dich jetzt so ansehe, Shion ...

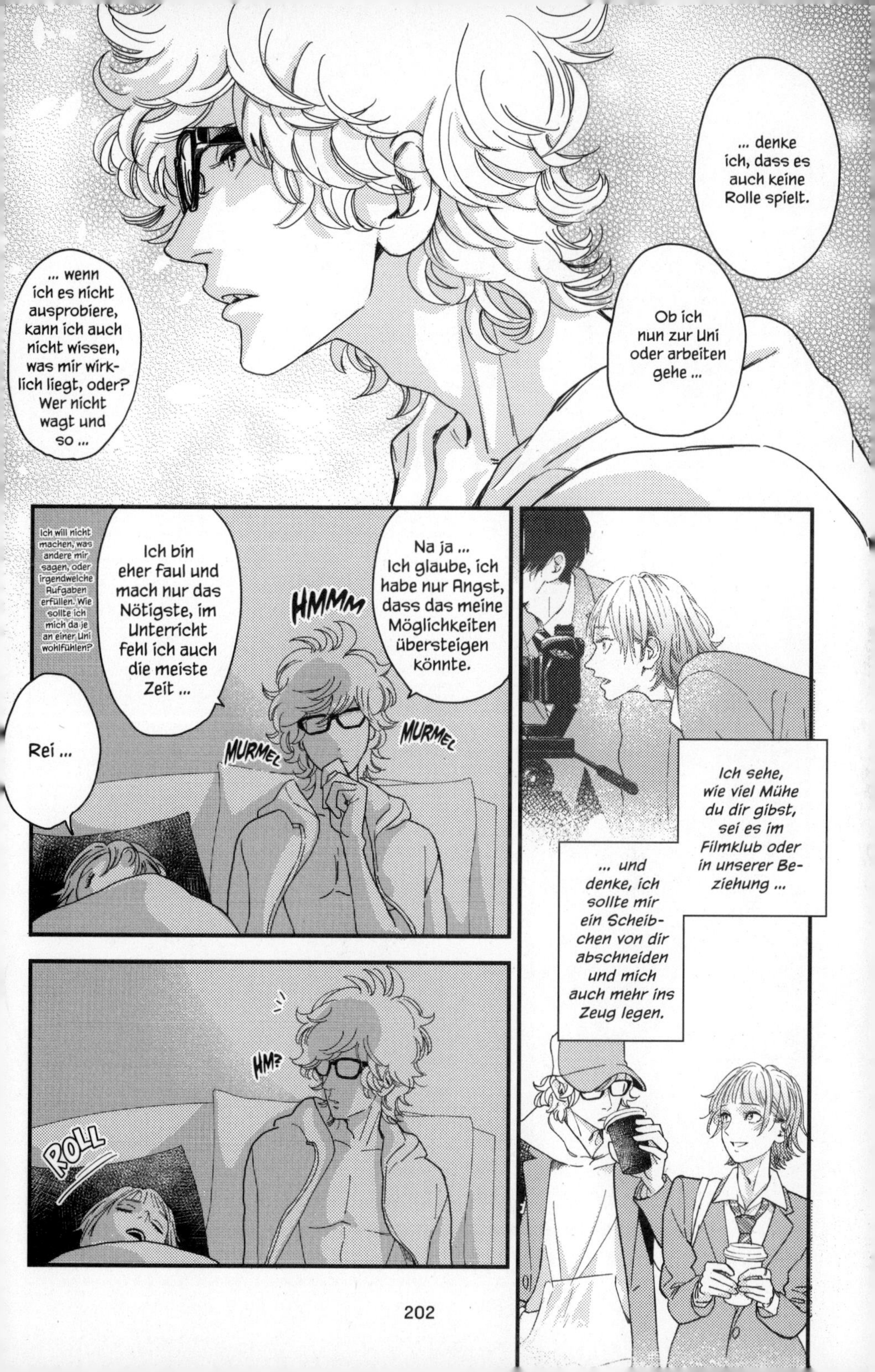

Ob ich nun zur Uni oder arbeiten gehe ...
... denke ich, dass es auch keine Rolle spielt.
... wenn ich es nicht ausprobiere, kann ich auch nicht wissen, was mir wirklich liegt, oder? Wer nicht wagt und so ...
Ich sehe, wie viel Mühe du dir gibst, sei es im Filmklub oder in unserer Beziehung ...
... und denke, ich sollte mir ein Scheibchen von dir abschneiden und mich auch mehr ins Zeug legen.
Na ja ... Ich glaube, ich habe nur Angst, dass das meine Möglichkeiten übersteigen könnte.
HMMM
Ich bin eher faul und mach nur das Nötigste, im Unterricht fehl ich auch die meiste Zeit ...
Ich will nicht machen, was andere mir sagen, oder irgendwelche Aufgaben erfüllen. Wie sollte ich mich da je an einer Uni wohlfühlen?
MURMEL
MURMEL
Rei ...
HM?
ROLL

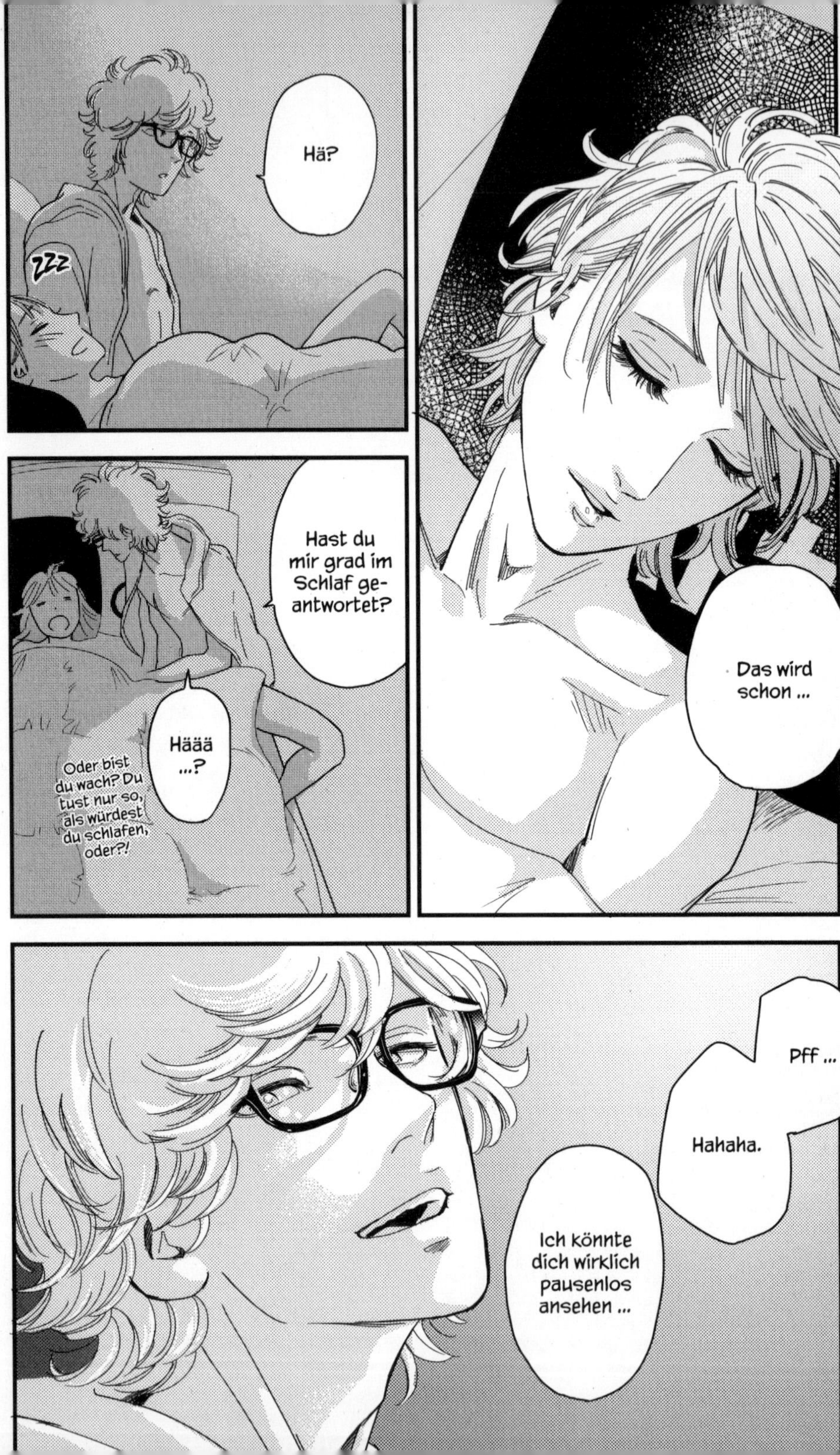
Hä?
Das wird schon ...
Hast du mir grad im Schlaf geantwortet?
Häää ...?
Oder bist du wach? Du tust nur so, als würdest du schlafen, oder?!
Pff ...
Hahaha.
Ich könnte dich wirklich pausenlos ansehen ...

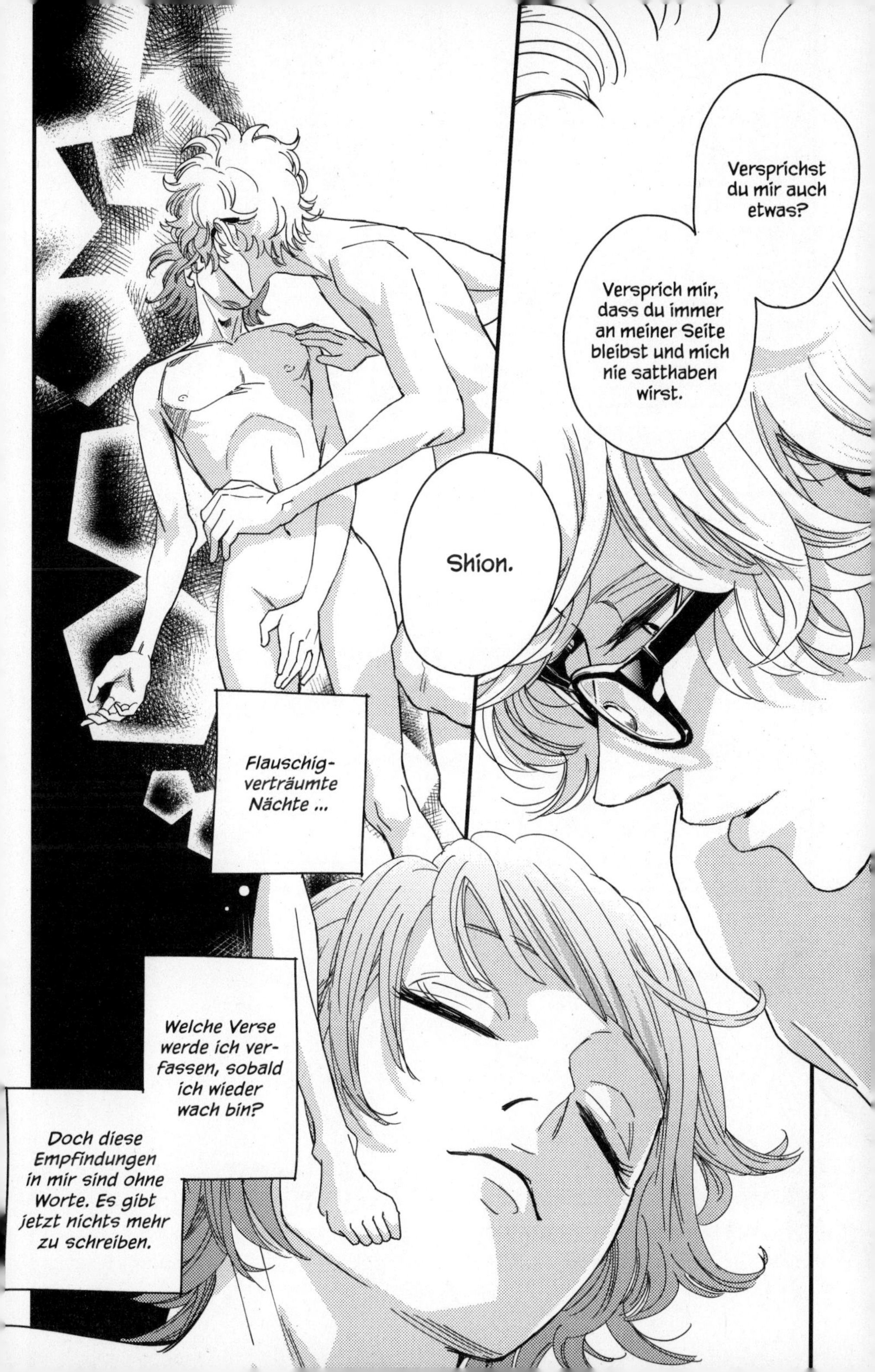
Versprichst du mir auch etwas?
Versprich mir, dass du immer an meiner Seite bleibst und mich nie satthaben wirst.
Shion.
Flauschig-verträumte Nächte ...
Welche Verse werde ich verfassen, sobald ich wieder wach bin?
Doch diese Empfindungen in mir sind ohne Worte. Es gibt jetzt nichts mehr zu schreiben.

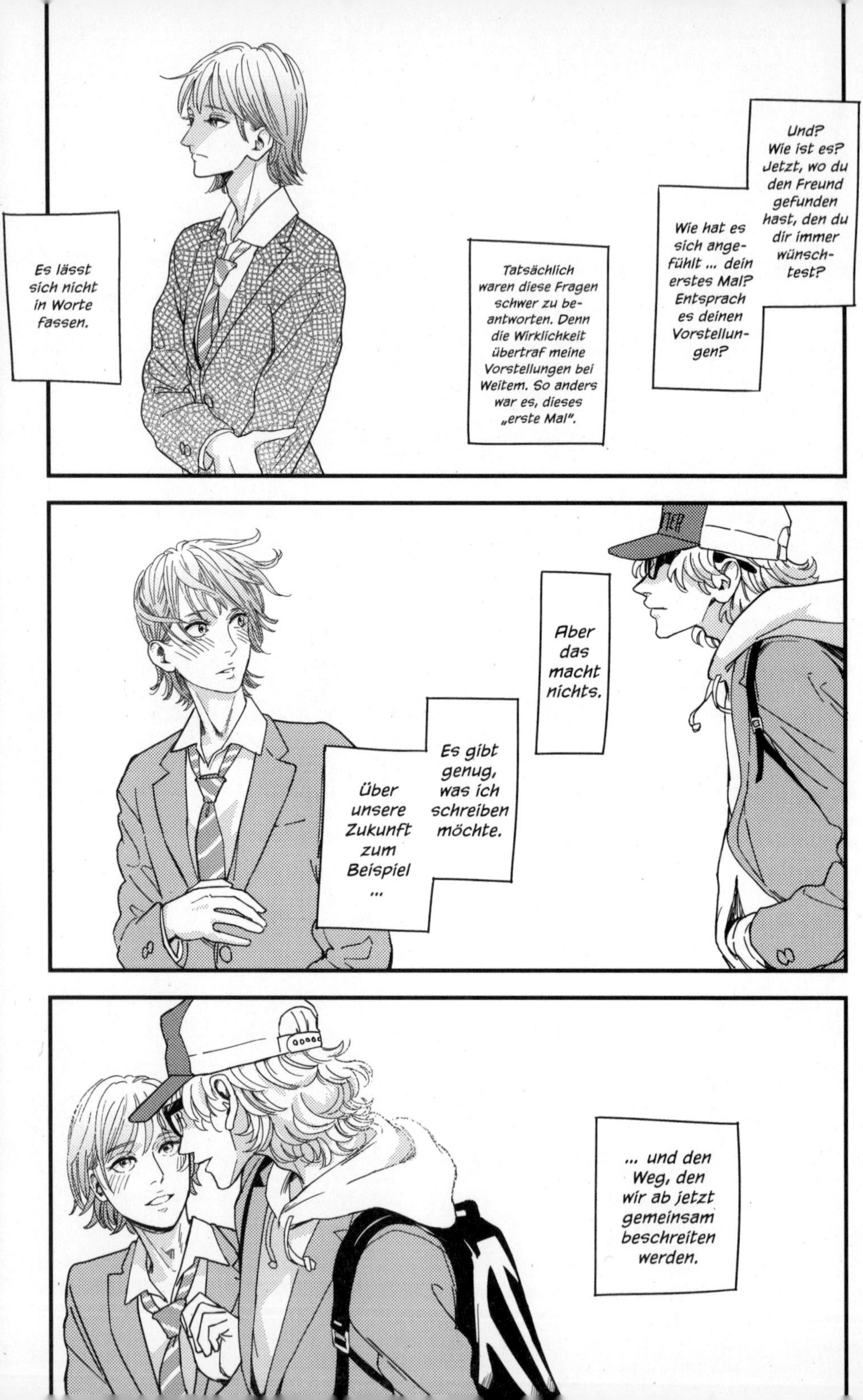

Und? Wie ist es? Jetzt, wo du den Freund gefunden hast, den du dir immer wünschtest?
Wie hat es sich angefühlt ... dein erstes Mal? Entsprach es deinen Vorstellungen?
Tatsächlich waren diese Fragen schwer zu beantworten. Denn die Wirklichkeit übertraf meine Vorstellungen bei Weitem. So anders war es, dieses „erste Mal".
Es lässt sich nicht in Worte fassen.
Aber das macht nichts.
Es gibt genug, was ich schreiben möchte.
Über unsere Zukunft zum Beispiel ...
... und den Weg, den wir ab jetzt gemeinsam beschreiten werden.

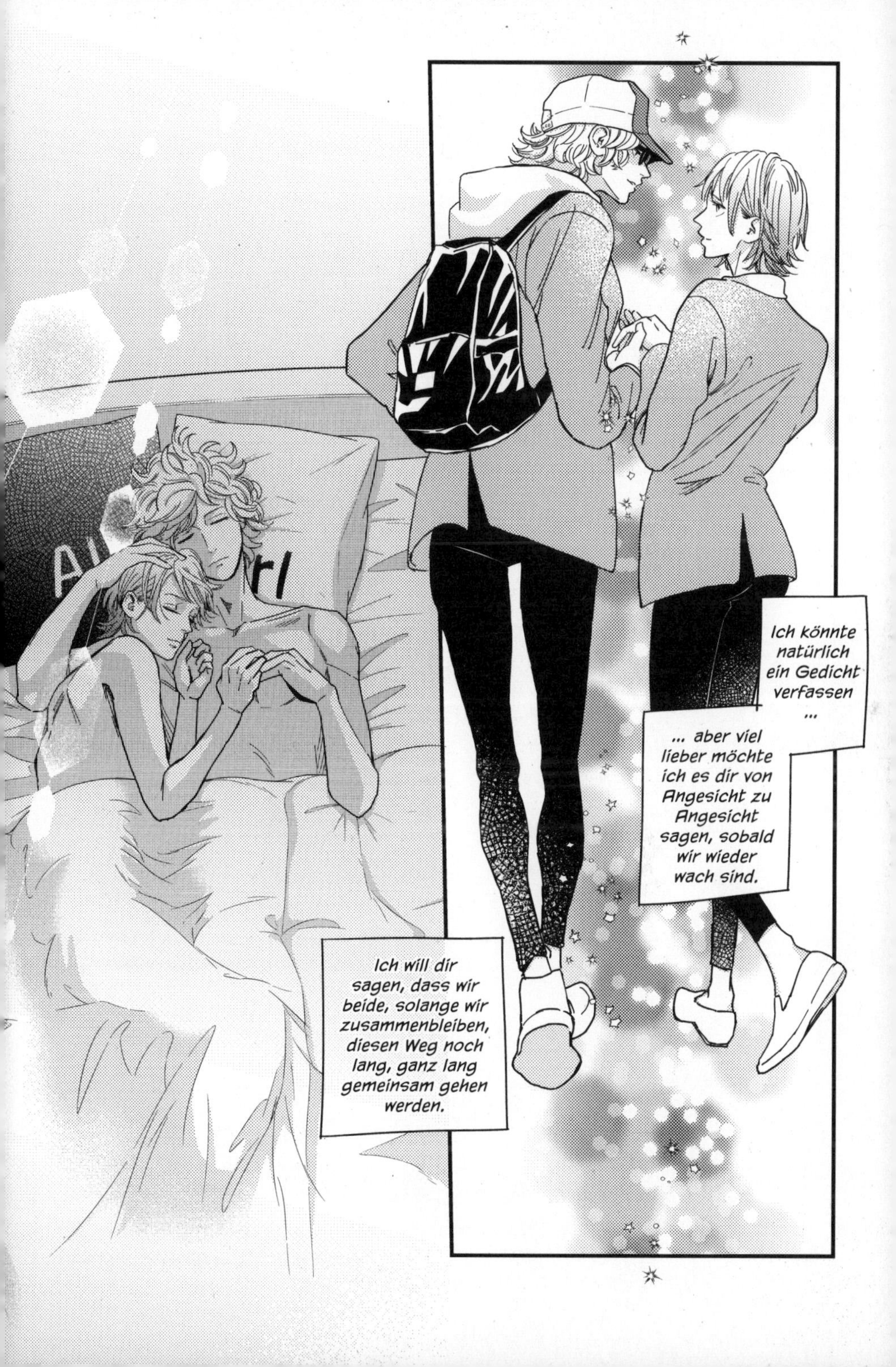
Ich könnte natürlich ein Gedicht verfassen ...
... aber viel lieber möchte ich es dir von Angesicht zu Angesicht sagen, sobald wir wieder wach sind.
Ich will dir sagen, dass wir beide, solange wir zusammenbleiben, diesen Weg noch lang, ganz lang gemeinsam gehen werden.

Midnight Monologue

end

Midnight Monologue

JYANOME

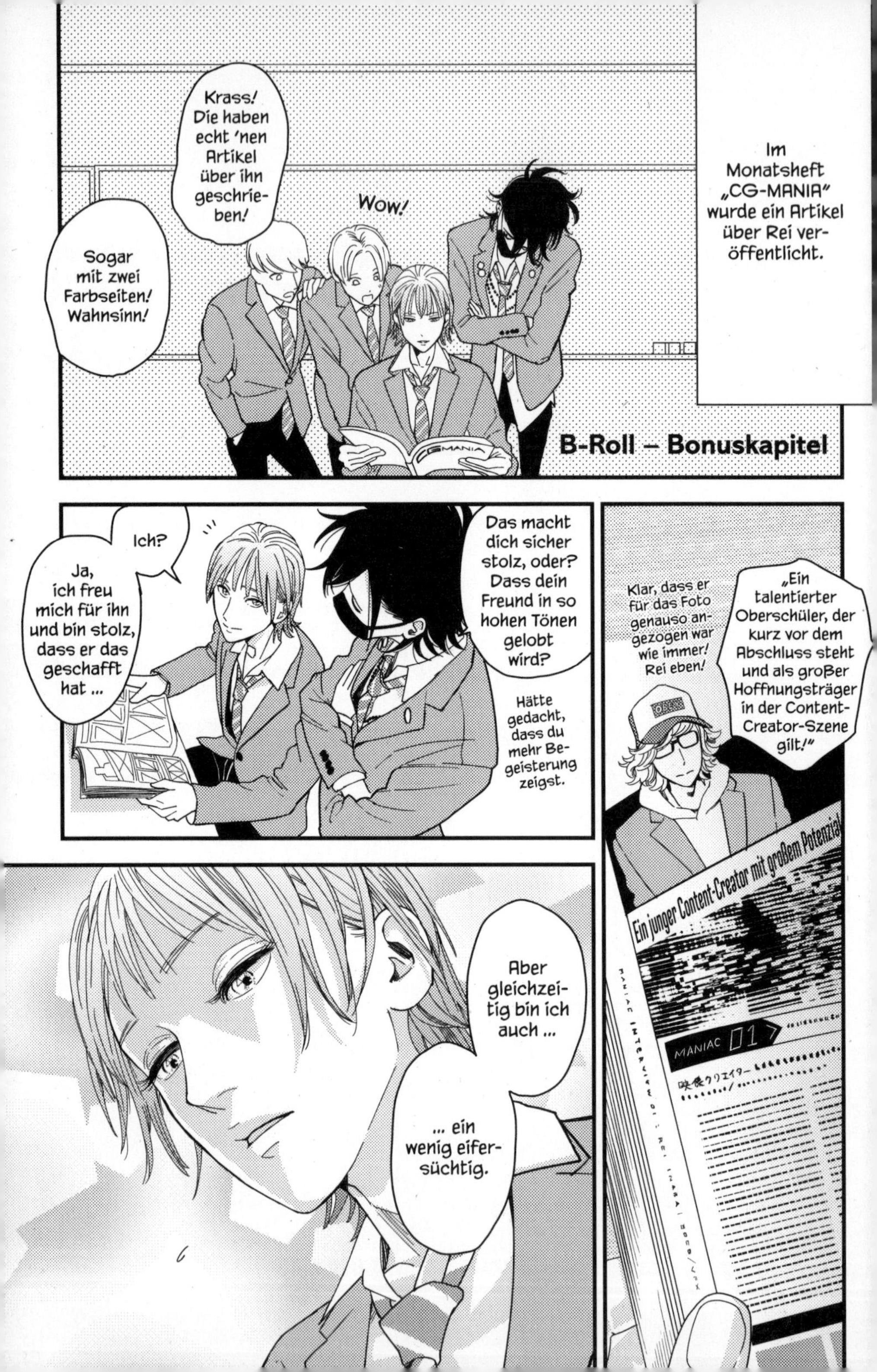
Im Monatsheft „CG-MANIA" wurde ein Artikel über Rei veröffentlicht.
Krass! Die haben echt 'nen Artikel über ihn geschrieben!
Wow!
Sogar mit zwei Farbseiten! Wahnsinn!
CG MANIA
B-Roll – Bonuskapitel
„Ein talentierter Oberschüler, der kurz vor dem Abschluss steht und als großer Hoffnungsträger in der Content-Creator-Szene gilt!"
Klar, dass er für das Foto genauso angezogen war wie immer! Rei eben!
Das macht dich sicher stolz, oder? Dass dein Freund in so hohen Tönen gelobt wird?
Hätte gedacht, dass du mehr Begeisterung zeigst.
Ich?
Ja, ich freu mich für ihn und bin stolz, dass er das geschafft hat ...
Ein junger Content-Creator mit großem Potenzial
MANIAC 01
映像クリエイター
Aber gleichzeitig bin ich auch ...
... ein wenig eifersüchtig.

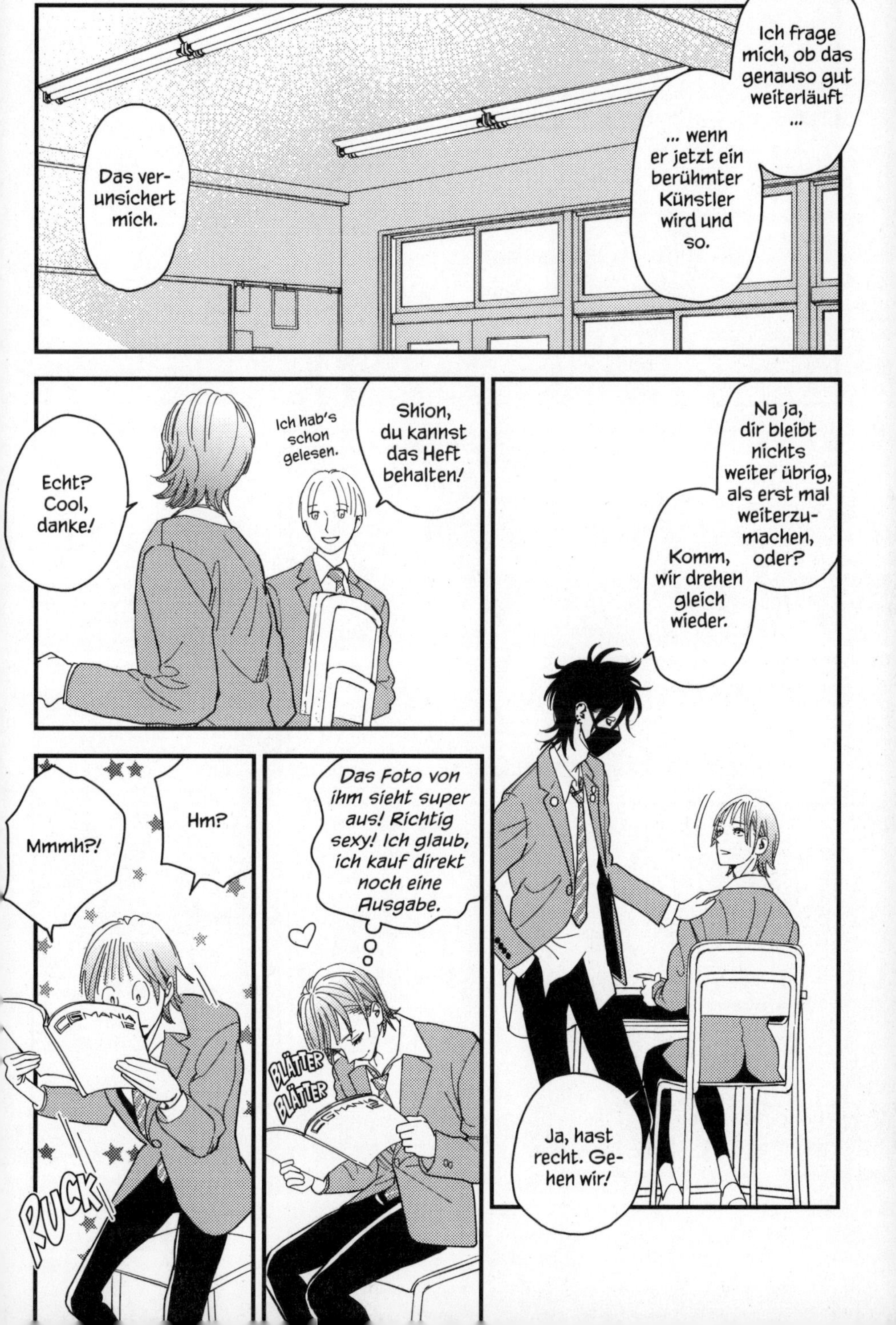
Ich frage mich, ob das genauso gut weiterläuft ...
... wenn er jetzt ein berühmter Künstler wird und so.
Das verunsichert mich.
Na ja, dir bleibt nichts weiter übrig, als erst mal weiterzumachen, oder?
Komm, wir drehen gleich wieder.
Ja, hast recht. Gehen wir!
Shion, du kannst das Heft behalten!
Ich hab's schon gelesen.
Echt? Cool, danke!
Das Foto von ihm sieht super aus! Richtig sexy! Ich glaub, ich kauf direkt noch eine Ausgabe.
BLÄTTER BLÄTTER
Hm?
Mmmh?!
RUCK

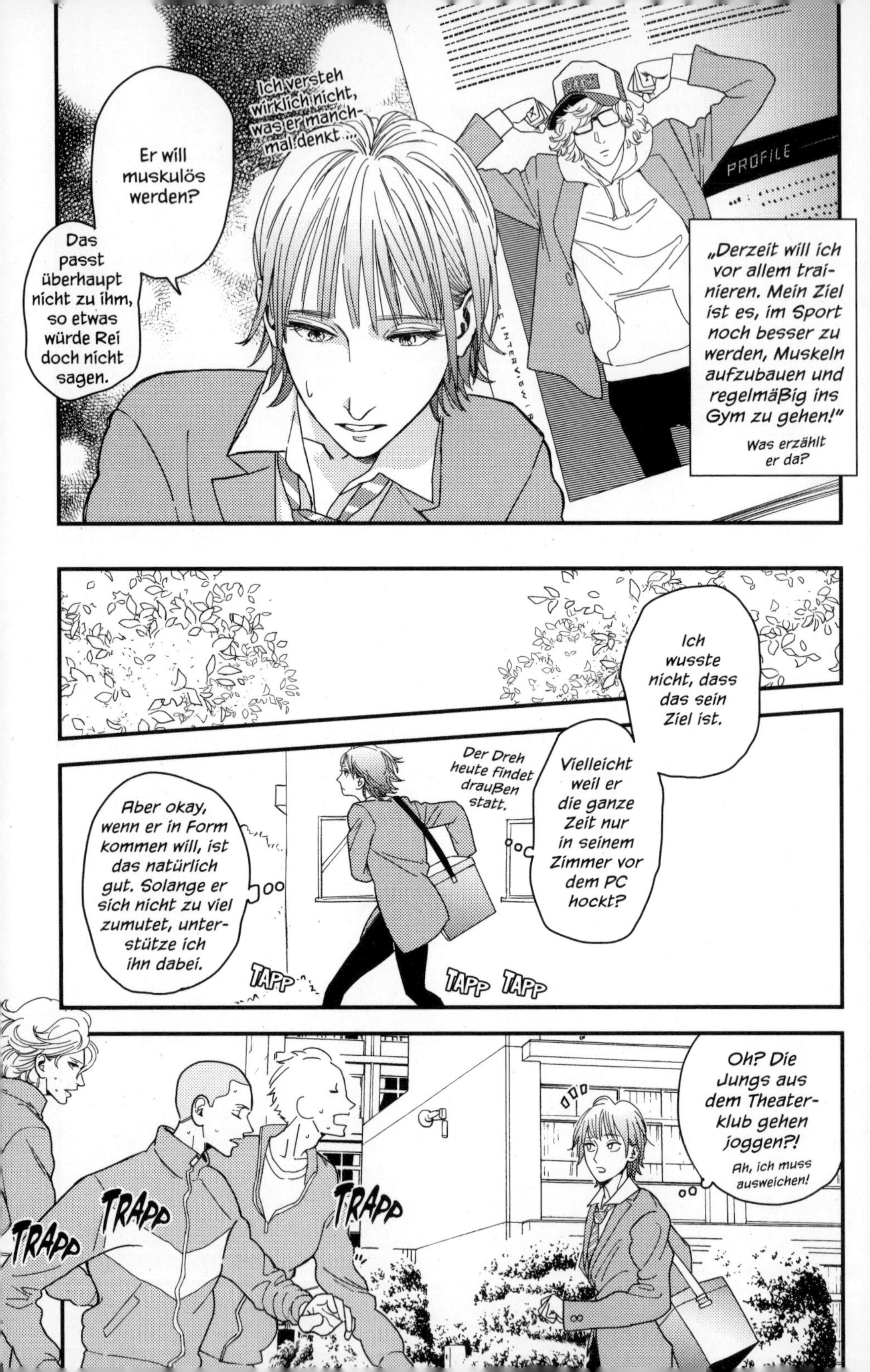
„Derzeit will ich vor allem trainieren. Mein Ziel ist es, im Sport noch besser zu werden, Muskeln aufzubauen und regelmäßig ins Gym zu gehen!“
Was erzählt er da?
PROFILE
Ich versteh wirklich nicht, was er manchmal denkt ...
Er will muskulös werden?
Das passt überhaupt nicht zu ihm, so etwas würde Rei doch nicht sagen.
Ich wusste nicht, dass das sein Ziel ist.
Vielleicht weil er die ganze Zeit nur in seinem Zimmer vor dem PC hockt?
Der Dreh heute findet draußen statt.
Aber okay, wenn er in Form kommen will, ist das natürlich gut. Solange er sich nicht zu viel zumutet, unterstütze ich ihn dabei.
TAPP TAPP
TAPP
Oh? Die Jungs aus dem Theaterklub gehen joggen?!
Ah, ich muss ausweichen!
TRAPP
TRAPP
TRAPP

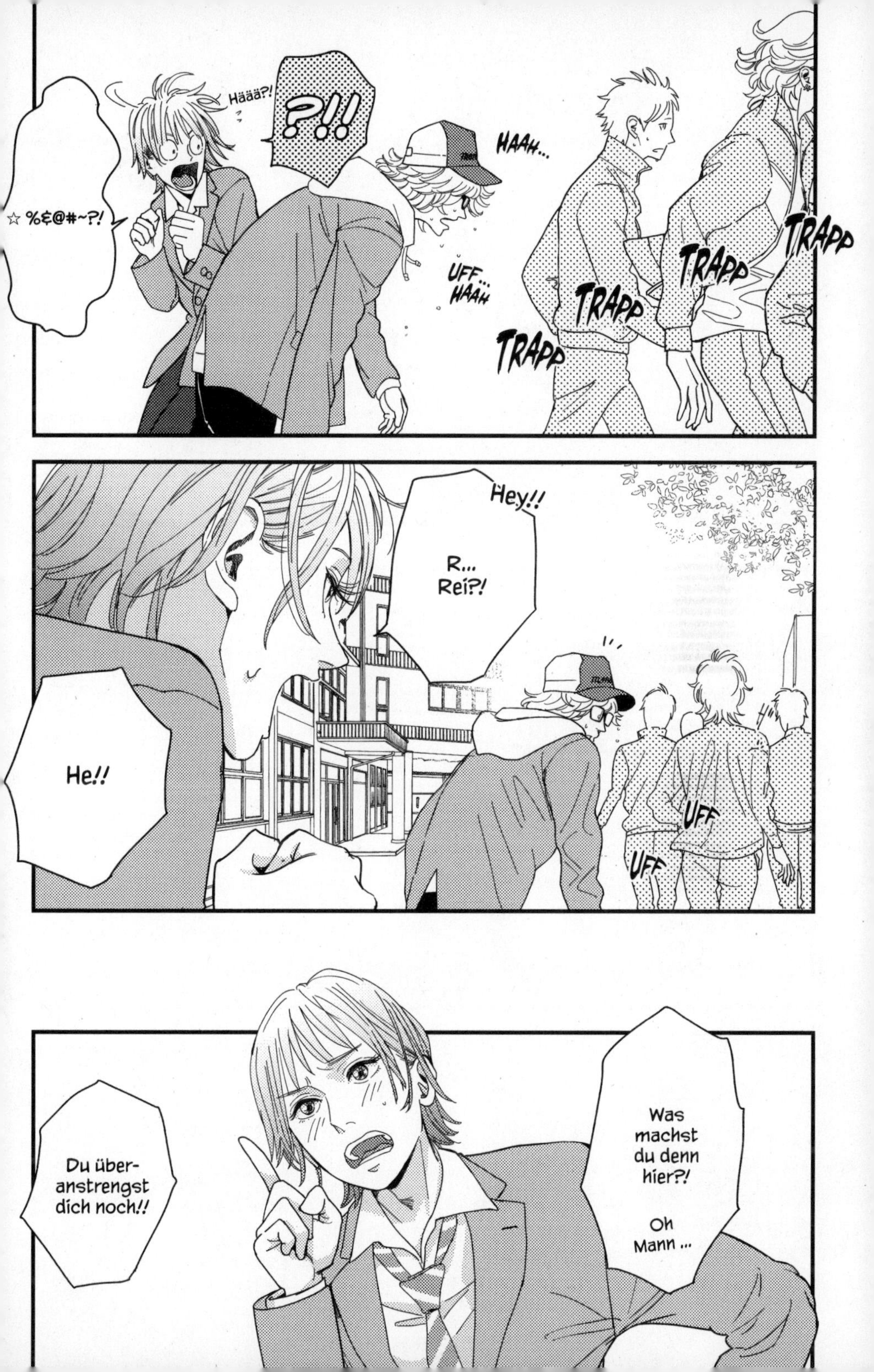
TRAPP
TRAPP
TRAPP
TRAPP
HAAH...
UFF... HAAH
?!!
Häää?!
☆ %&@#~?!
Hey!!
R... Rei?!
UFF
UFF
He!!
Was machst du denn hier?!
Oh Mann ...
Du über-anstrengst dich noch!!

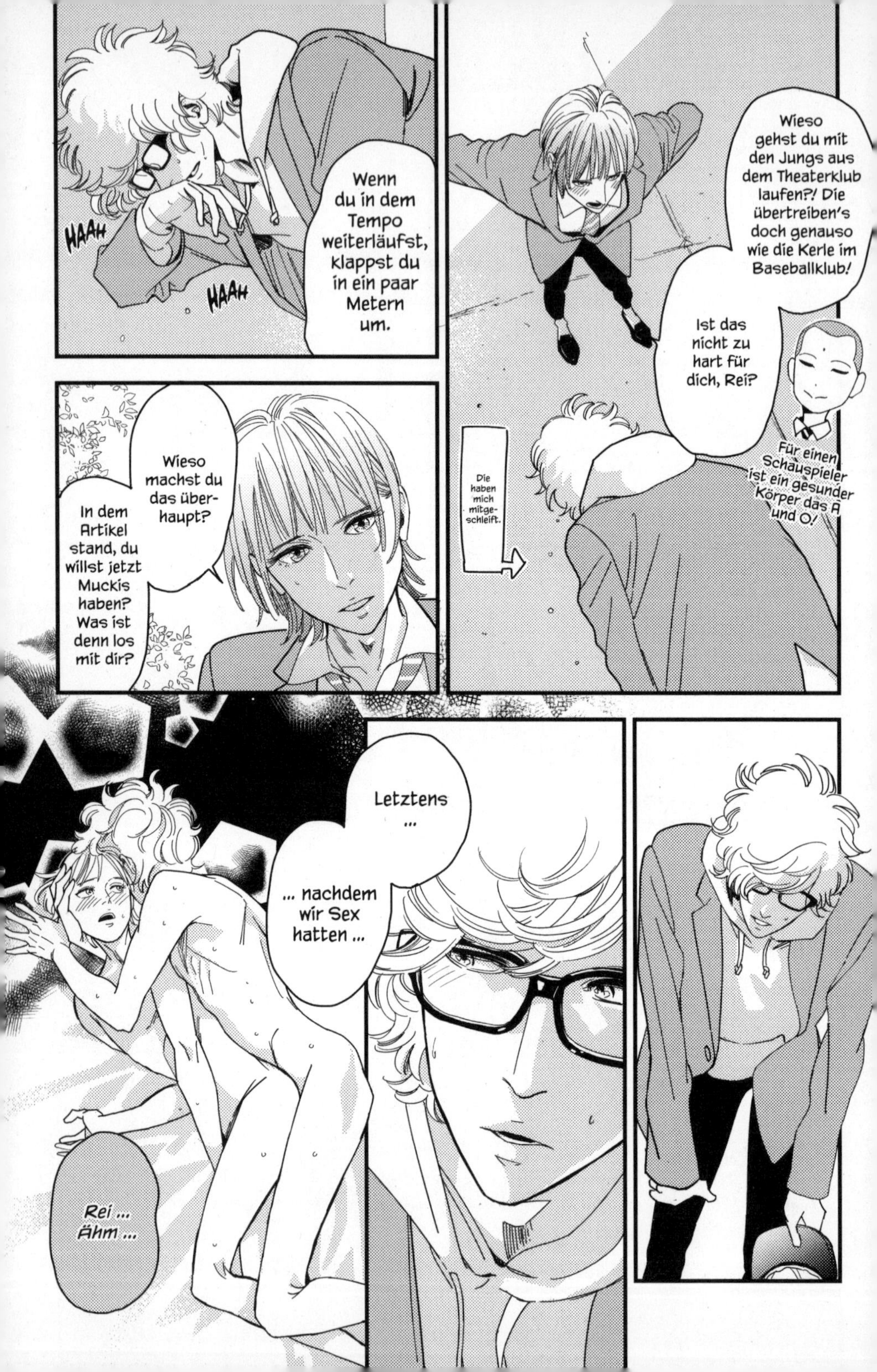
Wieso gehst du mit den Jungs aus dem Theaterklub laufen?! Die übertreiben's doch genauso wie die Kerle im Baseballklub!
Ist das nicht zu hart für dich, Rei?
Für einen Schauspieler ist ein gesunder Körper das A und O!
Die haben mich mitgeschleift.
Wenn du in dem Tempo weiterläufst, klappst du in ein paar Metern um.
HAAH
HAAH
Wieso machst du das überhaupt?
In dem Artikel stand, du willst jetzt Muckis haben? Was ist denn los mit dir?
Letztens ...
... nachdem wir Sex hatten ...
Rei ... Ähm ...

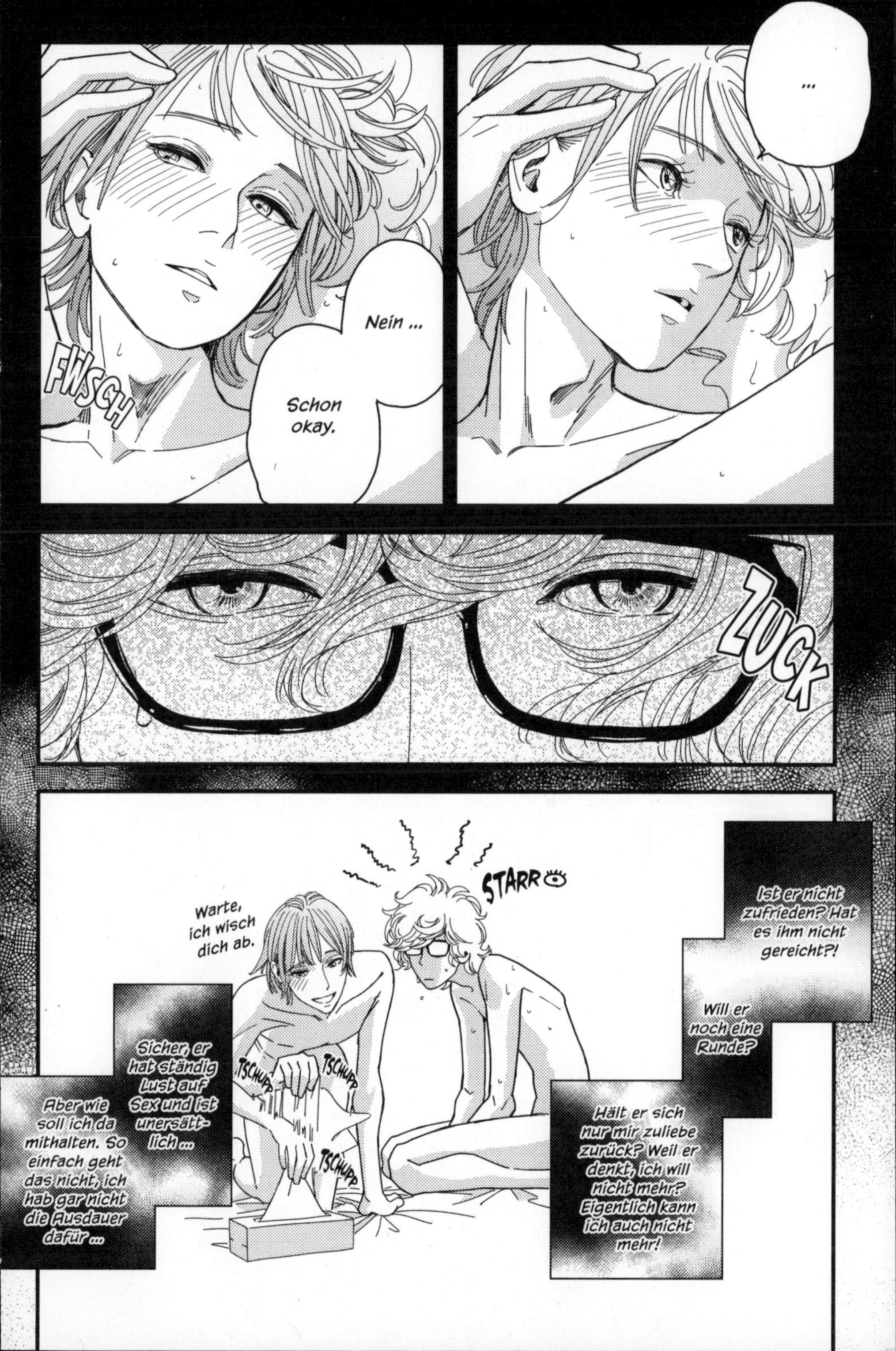
...
Nein ...
Schon okay.
FWSCH
ZUCK
STARR
Ist er nicht zufrieden? Hat es ihm nicht gereicht?!
Will er noch eine Runde?
Hält er sich nur mir zuliebe zurück? Weil er denkt, ich will nicht mehr? Eigentlich kann ich auch nicht mehr!
Warte, ich wisch dich ab.
TSCHUPP
TSCHUPP
TSCHUPP
Sicher, er hat ständig Lust auf Sex und ist unersätt-lich ...
Aber wie soll ich da mithalten. So einfach geht das nicht, ich hab gar nicht die Ausdauer dafür ...

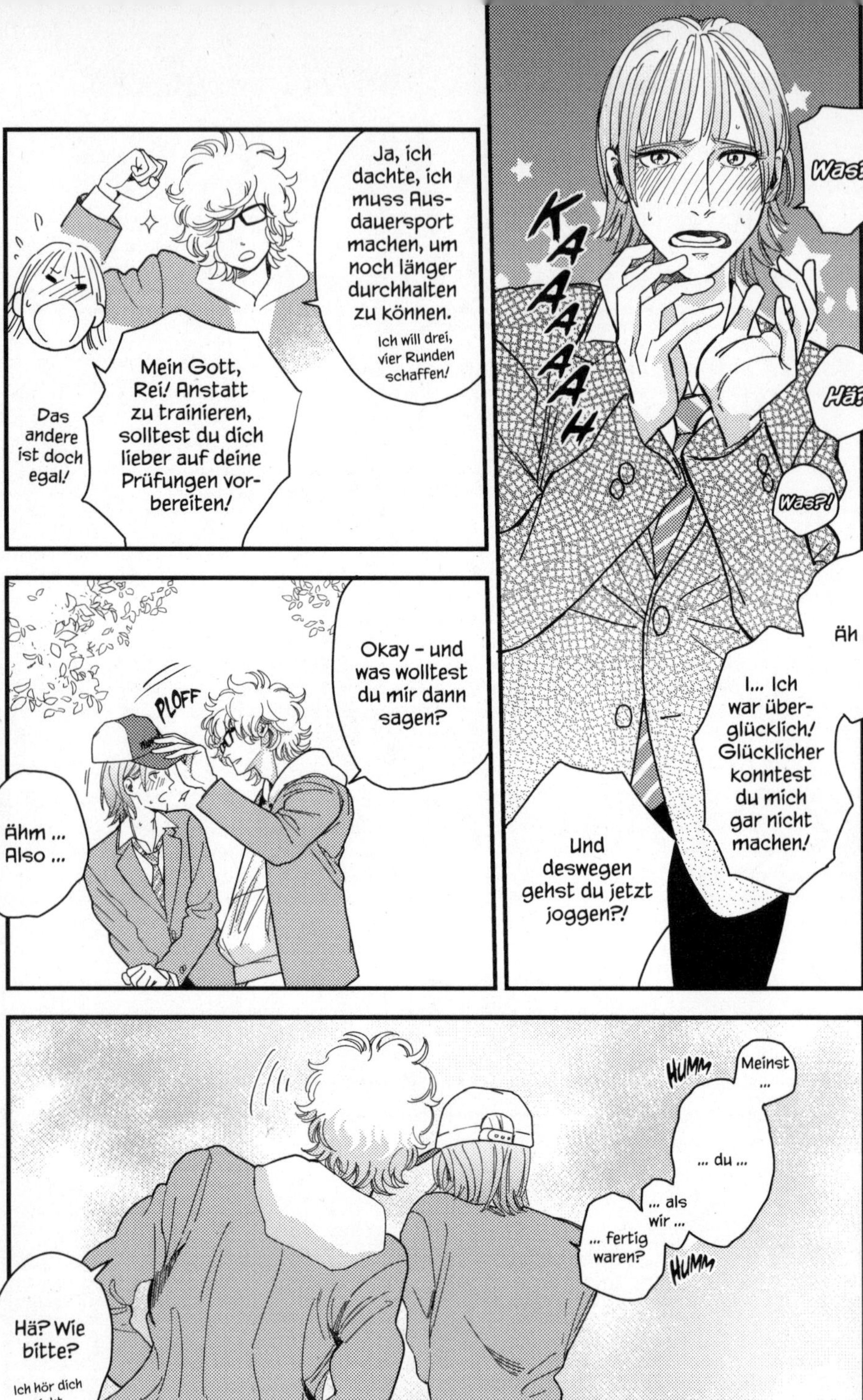
Was?!
Hä?
Was?!
KAAAAAAH
Äh ...
I... Ich war überglücklich! Glücklicher konntest du mich gar nicht machen!
Und deswegen gehst du jetzt joggen?!
Ja, ich dachte, ich muss Ausdauersport machen, um noch länger durchhalten zu können.
Ich will drei, vier Runden schaffen!
Mein Gott, Rei! Anstatt zu trainieren, solltest du dich lieber auf deine Prüfungen vorbereiten!
Das andere ist doch egal!
Okay – und was wolltest du mir dann sagen?
PLOFF
Ähm ... Also ...
HUMM
Meinst ...
... du ...
... als wir ...
... fertig waren?
HUMM
Hä? Wie bitte?
Ich hör dich nicht.

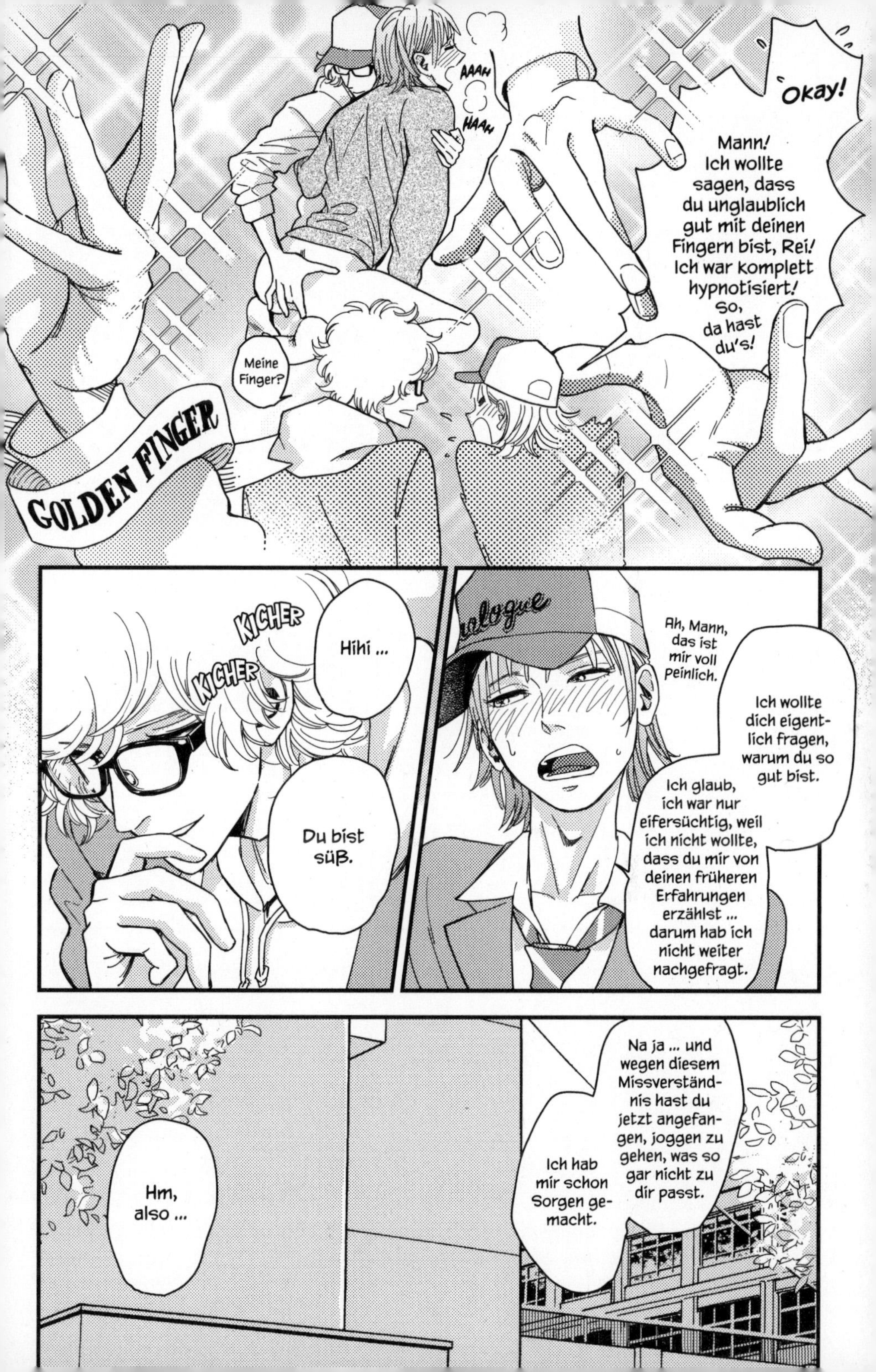
AAAH
HAAH
Okay!
Mann! Ich wollte sagen, dass du unglaublich gut mit deinen Fingern bist, Rei! Ich war komplett hypnotisiert! So, da hast du's!
Meine Finger?
GOLDEN FINGER
Ah, Mann, das ist mir voll peinlich.
Ich wollte dich eigentlich fragen, warum du so gut bist.
Ich glaub, ich war nur eifersüchtig, weil ich nicht wollte, dass du mir von deinen früheren Erfahrungen erzählst ... darum hab ich nicht weiter nachgefragt.
KICHER
KICHER
Hihi ...
Du bist süß.
Na ja ... und wegen diesem Missverständnis hast du jetzt angefangen, joggen zu gehen, was so gar nicht zu dir passt.
Ich hab mir schon Sorgen gemacht.
Hm, also ...

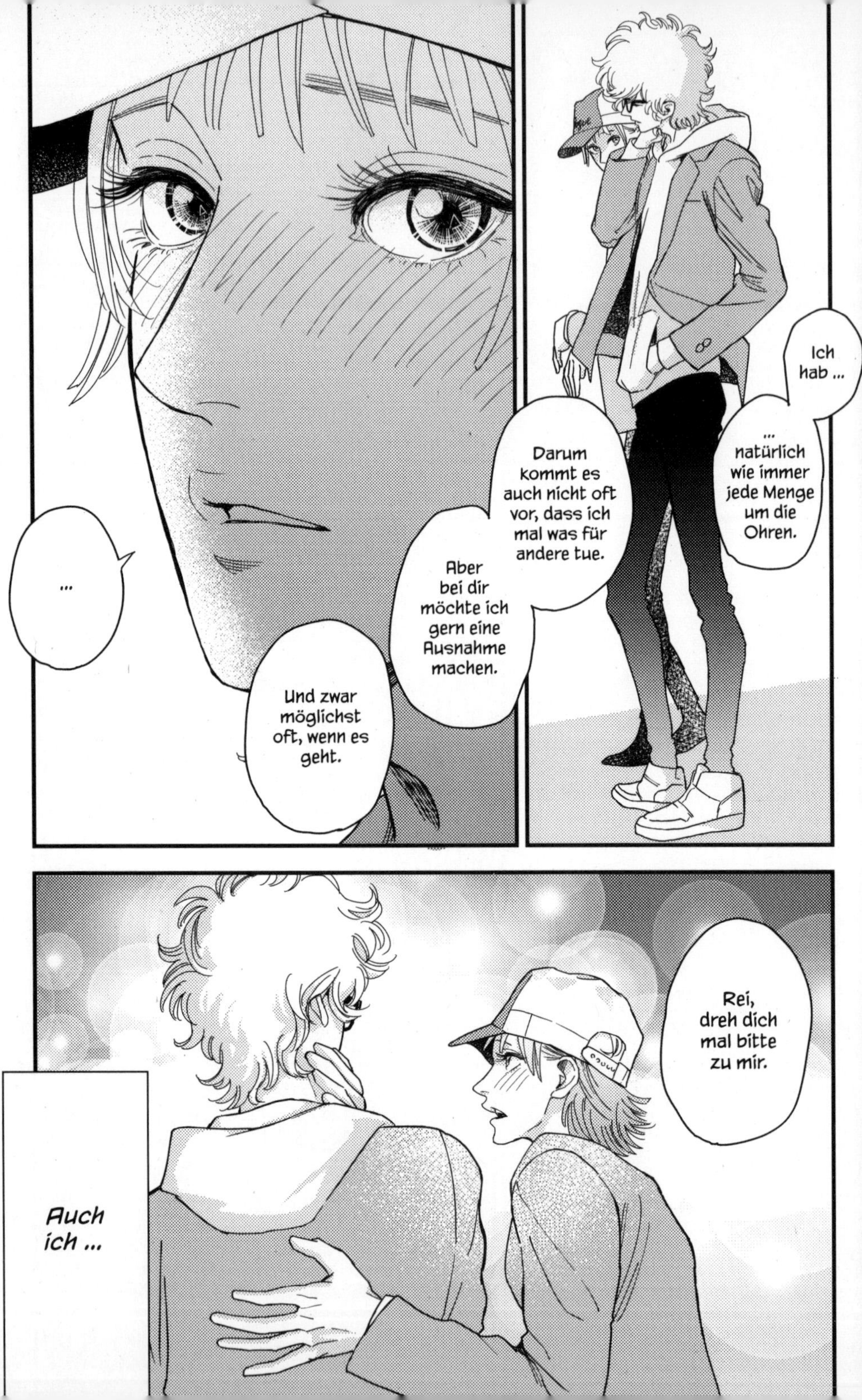

Ich hab ...
... natürlich wie immer jede Menge um die Ohren.
Darum kommt es auch nicht oft vor, dass ich mal was für andere tue.
Aber bei dir möchte ich gern eine Ausnahme machen.
Und zwar möglichst oft, wenn es geht.
...
Rei, dreh dich mal bitte zu mir.
Auch ich ...

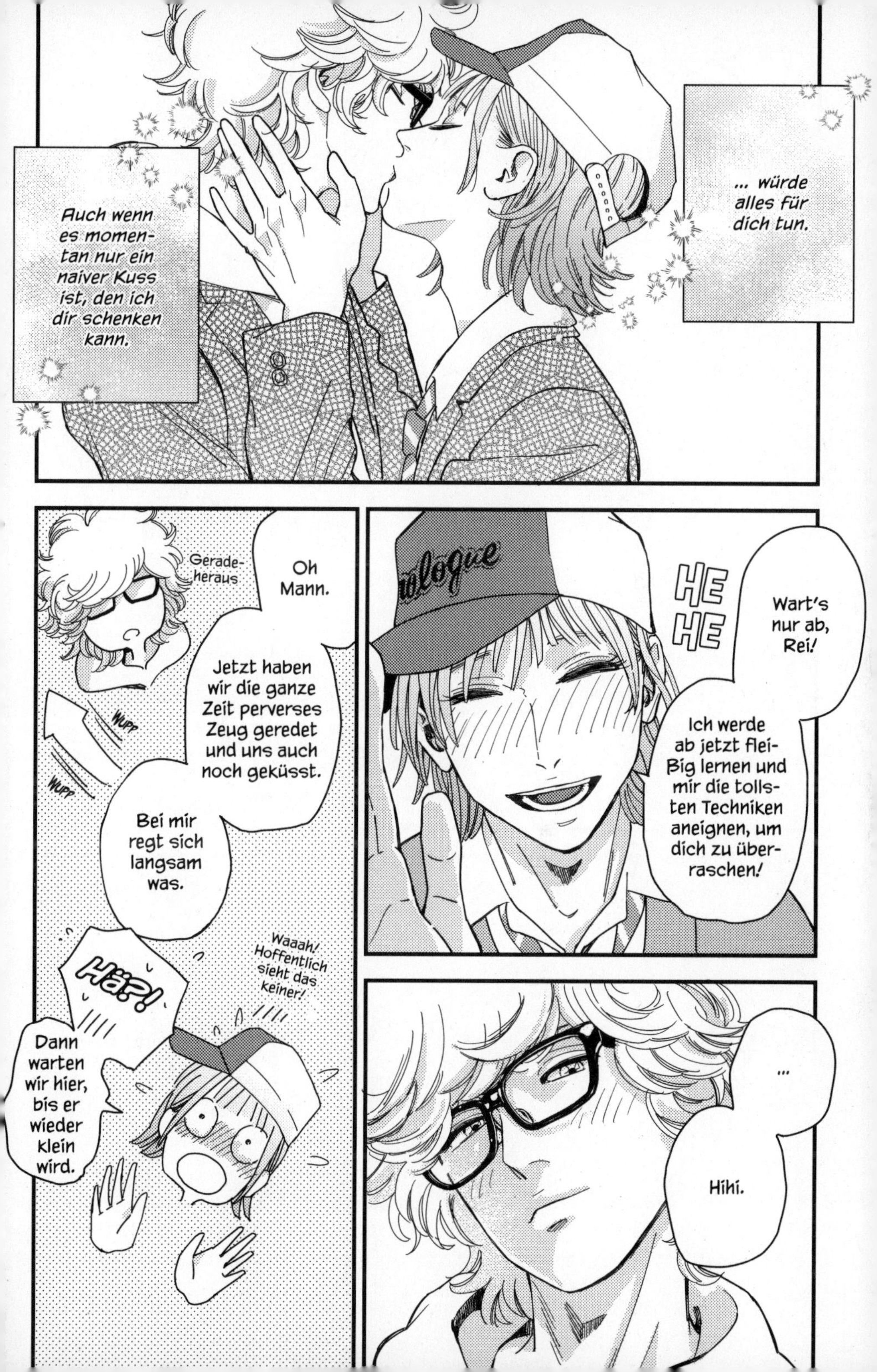
... würde
alles für
dich tun.
Auch wenn
es momen-
tan nur ein
naiver Kuss
ist, den ich
dir schenken
kann.
HE
HE
Wart's
nur ab,
Rei!
Ich werde
ab jetzt flei-
ßig lernen und
mir die tolls-
ten Techniken
aneignen, um
dich zu über-
raschen!
Oh
Mann.
Gerade-
heraus
Jetzt haben
wir die ganze
Zeit perverses
Zeug geredet
und uns auch
noch geküsst.
WUPP
WUPP
Bei mir
regt sich
langsam
was.
Häh?!
Waaah!
Hoffentlich
sieht das
keiner!
Dann
warten
wir hier,
bis er
wieder
klein
wird.
...
Hihi.

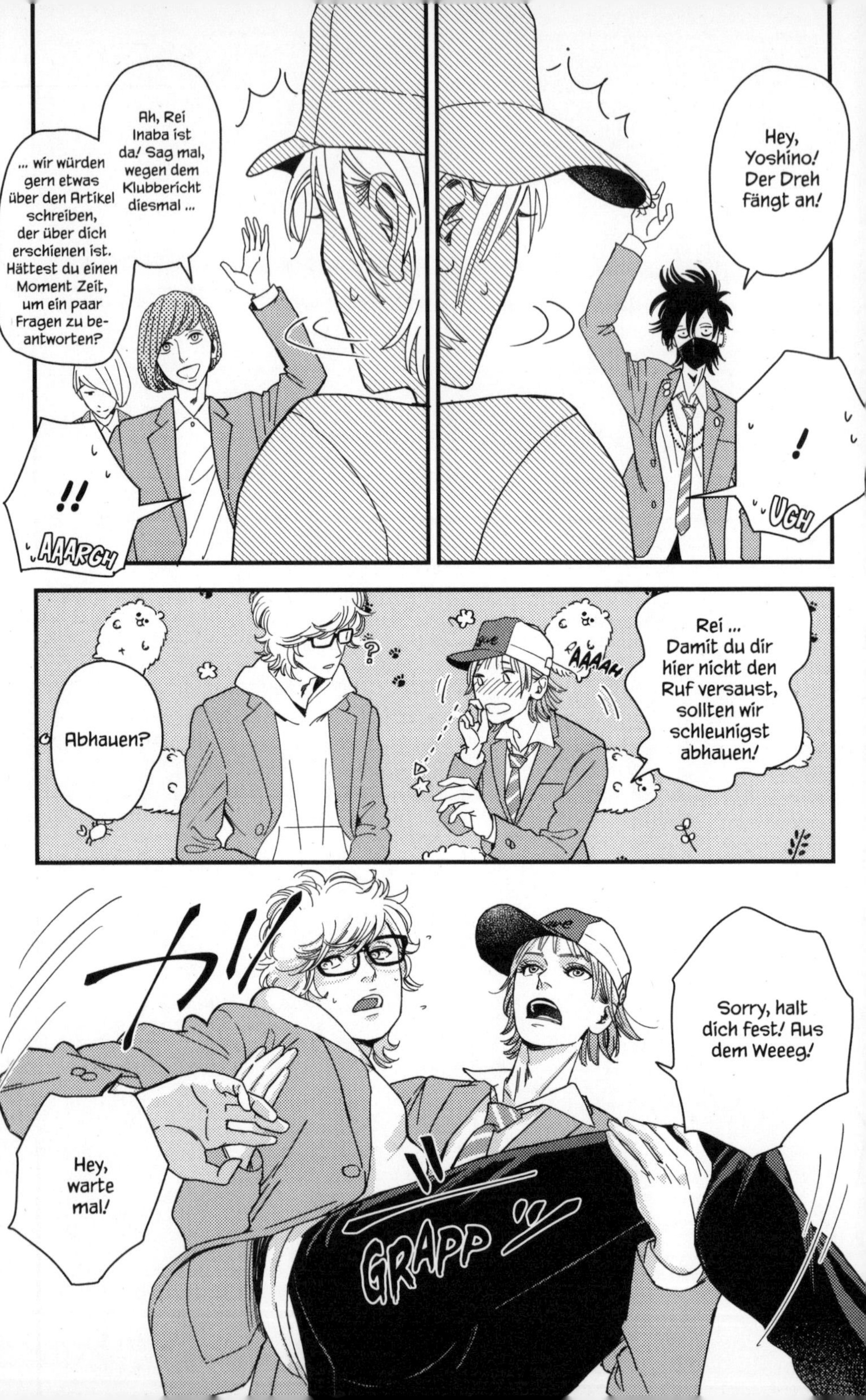
Hey, Yoshino! Der Dreh fängt an!
!
UGH
Ah, Rei Inaba ist da! Sag mal, wegen dem Klubbericht diesmal ...
... wir würden gern etwas über den Artikel schreiben, der über dich erschienen ist. Hättest du einen Moment Zeit, um ein paar Fragen zu beantworten?
!!
AAARGH
Rei ... Damit du dir hier nicht den Ruf versaust, sollten wir schleunigst abhauen!
AAAAH
Abhauen?
Sorry, halt dich fest! Aus dem Weeeg!
Hey, warte mal!
GRAPP

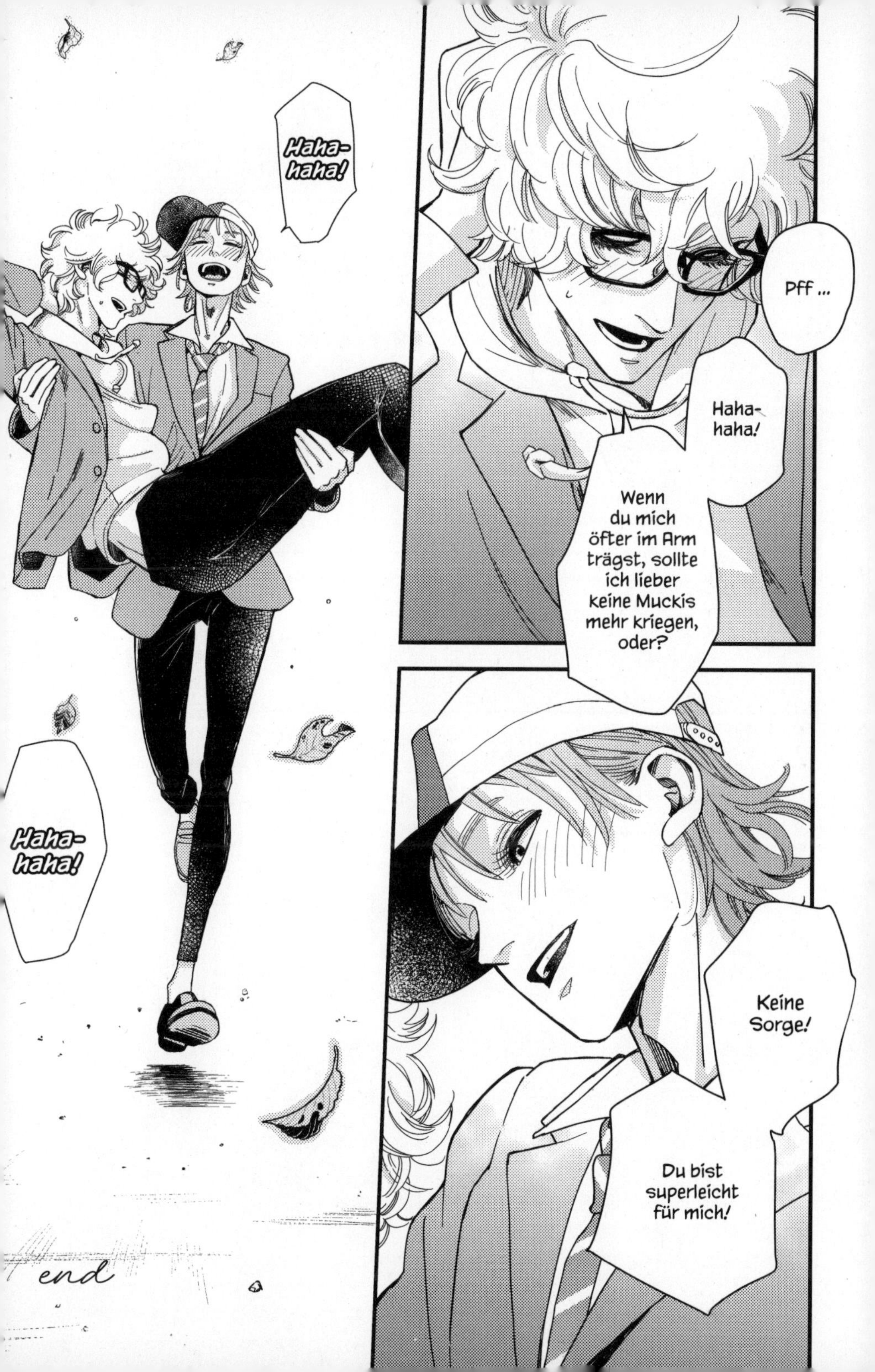
Pff ...
Haha-haha!
Wenn du mich öfter im Arm trägst, sollte ich lieber keine Muckis mehr kriegen, oder?
Keine Sorge!
Du bist superleicht für mich!
Haha-haha!
Haha-haha!
end

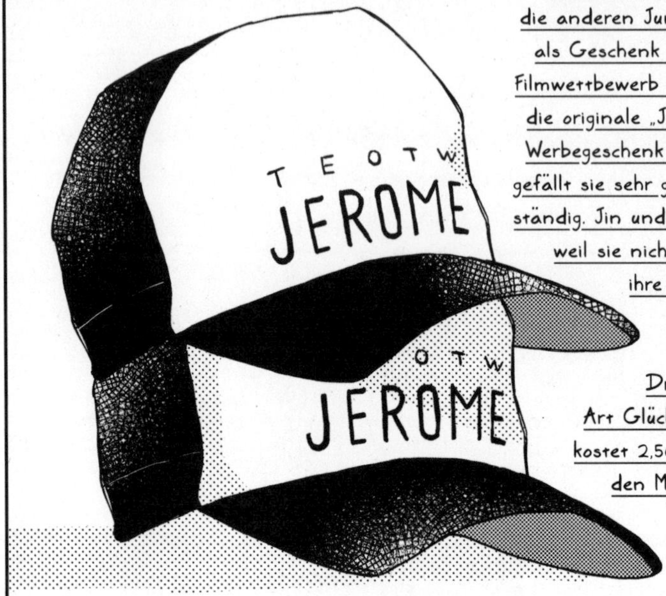

Diese Kappe bekamen Rei und die anderen Jungs aus dem Filmklub als Geschenk für ihren Sieg beim Filmwettbewerb im dritten Jahr. Es ist die originale „Jerome-Kappe", die als Werbegeschenk produziert wurde. Rei gefällt sie sehr gut, deshalb trägt er sie ständig. Jin und Chiaki tragen sie nicht, weil sie nicht wollen, dass die Mütze ihre Haare zerzaust. Rudy und Tsuchiya setzen sie immer nur bei Dreharbeiten auf, als eine Art Glücksbringer. Eine Mütze kostet 2,500 Yen* und kann bei den Mitgliedern des Klubs erworben werden.

* ungefähr 17 Euro

Hallihallo, es ist schon eine Weile her! Für diejenigen, die mich noch nicht kennen: Freut mich, eure Bekanntschaft zu machen! Ich bin Jyanome. Ich möchte mich zuerst bei allen bedanken, die mir bei der Erstellung dieses Mangas geholfen haben, bei meinen Vorgesetzten, meiner Familie und dem Verlag. Vielen Dank, dass ihr mich alle unterstützt habt! Ich bin euch unendlich dankbar. Ihr habt mir den Mut gegeben, dieses Werk überhaupt zu zeichnen und an dieser tollen Serie weiterzuarbeiten. Nach „Twilight Outfocus", „Afterimage Slow Motion" und „Twilight Outfocus: Overlap" ist dies nun endlich der vierte Band der Reihe: „Midnight Monologue". Ich bin so froh, dass mir die Möglichkeit gegeben wurde, so lange an dieser Serie zu arbeiten. Ich hoffe, ihr hattet Spaß bei der Lektüre! Wenn ihr mir Leserbriefe schreiben möchtet, nur zu, ich würde mich sehr darüber freuen!

Und aufgepasst! Schaut auch mal den Umschlag genau an! Da gibt's noch was zu lesen!

Jyanome

manga
漫画
cult

STOPP!

STOPP! DIES IST DIE LETZTE SEITE!

MIDNIGHT MONOLOGUE ist ein Manga, und einen japanischen Comic liest man von hinten nach vorne. Auch die Lesereihenfolge der Bilder und Sprechblasen auf den Seiten ist anders als gewohnt: von rechts oben nach links unten.

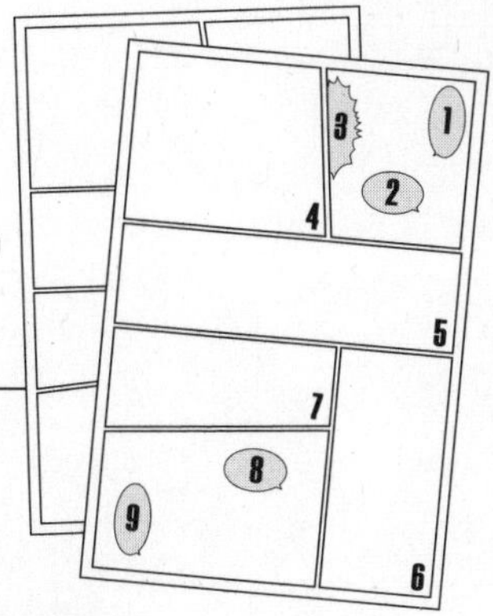

MIDNIGHT MONOLOGUE

von
JYANOME

1. Auflage, 2023
Deutsche Ausgabe/German Edition

Inh. Andreas Mergenthaler | Verlagsleitung: Luciana Bawidamann

Aus dem Japanischen von Martin Gericke

First published in Japan in 2021 by KODANSHA Ltd., Tokyo.
Publication rights for this German edition arranged through KODANSHA Ltd., Tokyo.

KODANSHA

Programmleitung: Alexandra Grimsehl
Redaktion: Alexandra Grimsehl
Lektorat: Matthias Höhne
Grafik/Produktionsleitung: Elke Epple
Layout und Lettering: Manga Cult, Datagrafix GSP GmbH, Berlin
Druck: GGP Media GmbH, Pößneck

Print-ISBN: 978-3-96433-804-4
Print-ISBN Limited Edition: 978-3-96433-805-1

www.manga-cult.de | Juni 2023